Recht & Psychologie

Manfred Rehbinder

Raimund Jakob, Martin Usteri & Robert Weimar
(Hrsg.)

Recht & Psychologie

Gelebtes Recht als Objekt qualitativer und
quantitativer Betrachtung

PETER LANG
Bern · Berlin · Bruxelles · Frankfurt am Main · New York · Oxford · Wien

Bibliografische Information Der Deutschen Bibliothek
Die Deutsche Bibliothek verzeichnet diese Publikation in der Deutschen Nationalbibliografie; detaillierte bibliografische Daten sind im Internet über ‹http://dnb.ddb.de› abrufbar.

Umschlaggestaltung: Thomas Jaberg, Peter Lang AG

ISBN 3-03910-757-7

Hochfeldstrasse 32, Postfach 746, CH-3000 Bern 9
info@peterlang.com, www.peterlang.com, www.peterlang.net

Printed in Germany

Inhaltsverzeichnis

III. Rechtsberuf & Forensik

IV. Justiz & Rechtsfindung

V. Literatur & Rechtserlebnis

VI. Varia & Ausblick

Vorwort

Manfred Rehbinder, Professor emeritus für Arbeitsrecht, Immaterialgüterrecht, Medienrecht und Rechtssoziologie der Universität Zürich, hat am 22. März 2005 seinen 70. Geburtstag gefeiert. An der Universität Zürich hat er der Rechtspsychologie Eingang in das rechtswissenschaftliche Studium verschafft. Eine nicht geringe Zahl von einschlägigen Schriften, Dissertationen und Doktoranden legen Zeugnis von diesem Schwerpunkt innerhalb seiner universitären Tätigkeit ab.

Als ein Ergebnis der Bemühung um die Etablierung von Rechtspsychologie als eigenständiges wissenschaftliches Angebot innerhalb des juristischen Fächerkanons ist 1991 ausserhalb der Universität, aber in faktischer und personaler Nähe zur Rechtsfakultät, in Zürich das „Europäische Institut für Rechtspsychologie" errichtet worden, dem Manfred Rehbinder und die Herausgeber sowie einige Autoren dieses Bandes in besonderer Weise verbunden sind. Mehrere Symposien und eine Reihe von Publikationen sind auf dieser Grundlage zustande gekommen. Manfred Rehbinder ist derzeit der wissenschaftliche Leiter und Direktor des Instituts.

In Zeiten, in denen an den Hohen Schulen der Sparstift regiert, kann das Wirken einer Institution dieser Art nicht hoch genug eingeschätzt werden. Dieser Grund, vor allem aber Manfred Rehbinders nachhaltiger Einsatz für die Rechtspsychologie in ihren unterschiedlichen Erscheinungsformen rechtfertigen es, dass die Weggefährten auf diesem Feld aus seinem umfangreichen Gesamtwerk gerade die Rechtspsychologie herausgreifen und sie anlässlich seines 70. Geburtstags, gemeinsam mit ihrem sozialen und soziologischen Umfeld, zum zentralen Gegenstand einer Festgabe machen.

Wenn hier von unterschiedlichen Erscheinungsformen der Rechtspsychologie die Rede ist, so geht es dabei einmal um die

Psychologie des Rechts, die sich in einem Naheverhältnis zur Rechtsphilosophie und zur Rechtssoziologie befindet, und andererseits um die Psychologie im Dienst der Rechtspflege, die als „angewandte Psychologie" bei den Naturwissenschaften ressortiert. Auf der Grundlage einer frühen gemeinsamen Geschichte und spezieller methodischer Ansätze (hier ist insbesondere der psychoanalytische zu nennen) finden wir zwischen beiden Disziplinen immer wieder Vernetzungen und Überschneidungen, die eine eindeutige Grenzziehung nicht immer leicht machen.

Folgt man dem Begründer der modernen wissenschaftlichen Psychologie, Wilhelm Wundt (Völkerpsychologie Bd. 7 und 8, Die Gesellschaft, Leipzig 1917 sowie Bd. 9, Das Recht, Leipzig 1918), so stehen am Beginn sämtlicher rechtspsychologischer Bemühungen zunächst einmal die Sozial- und die Geisteswissenschaften – und natürlich auch die Jurisprudenz und das Recht. In diesem Sinne ist der erste Abschnitt (Wegbereiter & Ideen) des vorliegenden Bandes soziologischen und sozialphilosophischen Beiträgen gewidmet. Der zweite (Kreativität & Rechtsbewusstsein) und der fünfte Abschnitt (Literatur & Rechtserlebnis) nehmen dann insbesondere die qualitativ und hermeneutisch arbeitende Psychologie des Rechts in den Blick. Anders liegen die Dinge beim dritten (Rechtsberuf & Forensik) und beim vierten Abschnitt (Justiz & Rechtsfindung), die zunächst einmal auf die quantitativ und naturwissenschaftlich arbeitende Psychologie im Dienst der Rechtspflege abstellen. Der Kreis zur Rechtspsychologie als Kulturwissenschaft schliesst sich mit dem sechsten Abschnitt (Varia & Ausblick), wo schliesslich die Besonderheiten einzelner Rechtskulturen Gegenstand der Überlegungen sind.

Im Hinblick auf den interdisziplinären Charakter dieses Bandes und die unterschiedliche Fachzugehörigkeit seiner zwanzig Autoren, die in sieben europäischen Nationalstaaten tätig sind, ist noch anzumerken, dass in die jeweilige fachspezifische Zitierweise (Fussnoten oder HSR) seitens der wissenschaftlichen Redaktion, die in den Händen von Raimund Jakob lag, bewusst nicht vereinheitlichend eingegriffen worden ist. Ähnliches gilt für die von den einzelnen Autoren der deutschsprachigen Beiträge herangezogene Rechtschreibung.

Dass die Drucklegung des Bandes möglich wurde, ist nicht zuletzt der grosszügigen finanziellen Förderung durch die Ernst Göhner-Stiftung, Zug, zu verdanken.

Die Herausgeber und die Mehrzahl der Autoren, die in dieser Festgabe mit ihren Beiträgen versammelt sind, stehen Manfred Rehbinder bereits seit vielen Jahren wissenschaftlich und persönlich nahe. Sie kommen aus verschiedenartigen Bereichen der Wissenschaft, es sind dies Juristen und Sozialwissenschafter, ebenso wie Natur- und Geisteswissenschafter, sie alle wünschen Manfred Rehbinder:

Ad multos faustos annos!

Robert Weimar
Siegen

Martin Usteri
Zürich

Raimund Jakob
Salzburg

I. Wegbereiter & Ideen

Georges S. Baur

Hendrik de Man – mit „Arbeitsfreude" zum „Dritten Weg". Eine biographische Notiz

1. Einführung

Hendrik de Man hatte Philosophie und Geschichte studiert, hatte sich mit Völker- und Arbeitspsychologie auseinandergesetzt und war, als belgischer Politiker, Sozialist. Als solcher hat er sich immer wieder zwischen alle Stühle gesetzt und sich sein Leben nicht leicht gemacht; er war unbequem und er war seiner Zeit voraus.

Was hat das mit einer Festschrift für Manfred Rehbinder zu tun? Eine der vielen wichtigen Leistungen von Manfred Rehbinder als Wissenschaftler und Forscher ist es, der Rechtssoziologie im deutschsprachigen Raum im Allgemeinen und den beinahe Vergessenen der (Rechts-)Soziologie im Besonderen, zu neuer Beachtung verholfen zu haben. Ohne seine unermüdliche Arbeit wären wohl Eugen Ehrlich[1], Theodor Sternberg[2], Arthur Nuss-

1 Eugen Ehrlich: Recht und Leben. Gesammelte Schriften zur Rechtstatsachenforschung und zur Freirechtslehre, ausgewählt und eingeleitet von Manfred Rehbinder, Berlin 1967; ders: Gesetz und lebendes Recht. Vermischte kleinere Schriften, hg. von Manfred Rehbinder, Berlin 1986; ders.: Grundlegung der Soziologie des Rechts, 4. A. hg. von Manfred Rehbinder, Berlin 1989.

2 Theodor Sternberg: Zur Methodenfrage der Rechtswissenschaft und andere juristische Schriften, ausgewählt und eingeleitet von Manfred Rehbinder, Berlin 1988.

baum[3] und andere dem in den 30er Jahren in Deutschland gewollten Vergessen anheim gefallen. Hendrik de Man hat, wie wir noch sehen werden, vielfältige Bezugspunkte zu der hier angesprochenen Zeit, zu einigen der damaligen Soziologen und zur Politik; seine sozialpsychologische Beschäftigung mit dem Sozialismus brachte ihn auch in Berührung mit dem Kommunitarismus und dem Faschismus. Hendrik de Man war – sowohl im Rahmen seiner wissenschaftlichen, als auch im Rahmen seiner politischen Tätigkeit – an der Arbeiterschaft und der Verbesserung ihrer Arbeitsbedingungen interessiert. Dabei fällt auf, dass er sich nicht von geltenden politischen Dogmen leiten liess, sondern – sich davon emanzipierend – einen sozialpsychologischen Ansatz vertrat. Seine Arbeiten sind eigentliche Vorläufer einer Soziologie der Arbeit. Auch dies etwas, was Manfred Rehbinder nicht fremd sein dürfte. Schliesslich ist das praktische Tätigkeitsgebiet Hendrik de Mans im arbeitspolitischen Bereich von grosser Aktualität: Vieles – was heute z. B. gerade in Deutschland wieder diskutiert wird – wurde schon damals angedacht und stiess in der praktischen Umsetzung auf allergrösste Widerstände. Es soll hier versucht werden, sich, von seiner Biographie ausgehend, über die Politik dem sozialpsychologischen Hintergrund von Hendrik de Mans Schaffen anzunähern. Damit soll aber keineswegs angedeutet werden, dass sich seine Ideen in einer direkten Linie aus dem Politischen ergaben. Wie wir noch sehen werden, lag hier wohl eher eine hermeneutische Entwicklung im Sinne Gadamers[4] vor. Allerdings kann dies hier nur in der gerafften Form einer biographischen Notiz dargestellt werden.

3 Arthur Nussbaum: Die Rechtstatsachenforschung. Programmschriften und praktische Beispiele, ausgewählt und eingeleitet von Manfred Rehbinder, Berlin 1968.

4 Siehe Hans-Georg Gadamer: Wahrheit und Methode. Grundzüge einer philosophischen Hermeneutik, 3. Aufl., Tübingen 1972, insbes. 279 ff.; Udo Leuschner, „Entfremdung – Neurose – Ideologie", Köln 1990, 133.

2. Hendrik de Man: eine kurze Biographie

Am 17. November 1885 wurde Hendrik de Man in Antwerpen geboren. Er wuchs in einem wohlbehüteten und intellektuellen Umfeld des gehobenen Bürgertums auf. Die Familie war geprägt von ihrer Herkunft als *Geusen*[5], d. h. den (vorwiegend protestantischen) Aufständischen gegen die spanische Besetzung der Niederlande im 16. Jahrhundert[6] und einer Einbettung in die flämische (Sprach-)Kultur, was damals im mehrheitlich französischsprachigen flämischen Bürgertum eher unüblich war. Der Aufstand der Antwerpener Drucker im Jahr 1898 weckte seinen Sinn für soziale Gerechtigkeit; 1902 wurde er Mitglied der Antwerpener sozialistischen Jungwacht. Seine Studien beendete er damals nicht, setzte sich in dieser Zeit aber ausgiebig mit marxistischen Ideen auseinander.

1905 wurde er von der Brüsseler Zeitung „Le Peuple“ zu einem Kongress nach Leipzig geschickt. Er blieb dort fünf Jahre wohnen, wurde Mitarbeiter der „Leipziger Volkszeitung“ und schloss seine Studien, auch in Wirtschaftsgeschichte, nun doch mit einem Doktorat in Philosophie ab. Seine Dissertation „Das Genter Tuchgewerbe im Mittelalter“ gibt schon einen Hinweis auf sein Hauptinteresse. Einen wesentlichen Teil seiner Studien hatten Vorlesungen in Völkerpsychologie bei Wilhelm Wundt in Anspruch genommen. 1910 hielt er sich ein Jahr in England auf, nachdem sein Interesse an der englischen Arbeiterbewegung geweckt worden war, welche den Marxismus ablehnte. Zurück in Belgien übernahm er die Leitung der neu errichteten „Centrale voor Arbeidersopvoeding“ (C. A. O.; Arbeiterbildungswerk).

5 Von frz. *gueux* (Bettler); von den Aufständischen unter Führung von Wilhelm v. Oranien, Egmont und Hoorn als Eigenbezeichnung übernommen.

6 Siehe exemplarisch Friedrich v. Schiller: Geschichte des Abfalls der vereinigten Niederlande von der Spanischen Regierung (1788), in: Der Teutsche Merkur 1788 (I) 3 ff. oder URLhttp://gutenberg.spiegel.de/schiller/niederld/Druckversion_niederld.htm (12.06.2005).

Nach dem Ersten Weltkrieg, an welchem er als Offizier der belgischen Armee teilgenommen hatte, wurde Hendrik de Man 1918 als Abgeordneter der sozialistischen Gewerkschaften Mitglied einer Regierungsdelegation. Er wurde mit einer Untersuchung der neuen industriellen Methoden in den USA beauftragt und studierte dort hauptsächlich das Verhalten der Arbeiter. 1919 zog er mit seiner Familie nach Amerika. In diesem Jahr veröffentlichte er sein erstes Buch „The remaking of a mind", worauf ihm der Lehrstuhl in Sozialpsychologie an der Universität von Seattle angeboten wurde. Allerdings kehrte er bereits 1920, auf Bitten von Emile Vandervelde, Sozialistenführer und später Regierungschef, nach Belgien zurück, um am Aufbau der Arbeiterhochschule in Brüssel mitzuwirken.

Nach der Scheidung von seiner ersten Frau zog er 1922 nach Frankfurt a.M. Er wurde Dozent an der dortigen Akademie der Arbeit. 1926 nahm er Wohnsitz in der Schweiz, wo er sein Meisterwerk „Zur Psychologie des Sozialismus" publizierte. Darin distanzierte er sich vom Marxismus. Ein Jahr später erschien seine Untersuchung „Der Kampf um die Arbeitsfreude".

Nach dem Scheitern seiner zweiten Ehe kehrte er 1929 nach Frankfurt zurück, wo er einen Lehrstuhl für Sozialpsychologie übernahm. 1931 erschien „Opbouwend Socialisme" und 1933 „Die sozialistische Idee".

Am 1. September 1933 hatte ihm das preussische Ministerium für Wissenschaft, Kunst und Volksbildung den Lehrauftrag an der Universität Frankfurt a.M. entzogen, weil er sich darüber beschwert hatte, dass die Lehrfreiheit nicht mehr gewährleistet sei. An der Freien Universität Brüssel (ULB) übernahm er daraufhin wieder eine Professur für Sozialpsychologie. In der selben Zeit arbeitete er den sog. Plan der Arbeit aus, welcher am Weihnachtskongress 1933 der Belgischen Arbeiterpartei enthusiastisch begrüsst wurde; dies verhalf Hendrik de Man zur Wahl zum stellvertretenden Vorsitzenden der Partei.

1935 trat Hendrik de Man in die erste drei-Parteien-Regierung unter Regierungschef Paul van Zeeland ein und erhielt das Ministerium für öffentliche Bauten und Beseitigung der Arbeitslosigkeit zugeteilt. Sein „Plan der Arbeit" wurde jedoch kaum realisiert. Ein Jahr später, in der zweiten Regierung der Nationalen Einheit, übernahm er das Finanzministerium. Obwohl die Regierung van Zeeland 1937 zurücktreten musste, blieb Hendrik de Man Finanzminister in der nachfolgenden Regierung Janson.

1938 trat Hendrik de Man wegen Gesundheitsproblemen als Minister zurück und zog wieder in die Schweiz. Im Auftrag von König Leopold III. versuchte Hendrik de Man im Dezember 1938, eine allgemeine Friedenskonferenz einzuberufen. Die geheime Mission dazu scheiterte endgültig im Februar 1939.

Mit Ausbruch des Zweiten Weltkriegs wurde Hendrik de Man, nunmehr Vorsitzender der Arbeiterpartei, Vizepremier im Kriegskabinett von Hubert Pierlot. Durch sein unbeirrtes Festhalten an der belgischen Neutralitätspolitik wurde er sowohl in der Regierung als auch in seiner eigenen Partei immer mehr isoliert. Im Januar 1940 trat er von Regierungsamt und Parteivorsitz zurück. Gute Kontakte behielt er zu König Leopold III. und dessen Mutter, Königin Elisabeth. Hendrik de Man kam zum Schluss, dass sich die Arbeiterpartei in politischer Hinsicht überlebt habe, deren wirtschaftliche und soziale Ideen jedoch weitergeführt werden müssten. Er gründete den „Nieuwe Belgisch Vakverbond" (Neue Belgische Gewerkschaft). Im November wurde unter deutschem Einfluss und deutscher Kontrolle die „Unie van Hand – en Geestesarbeiders" errichtet. Es handelt sich dabei um eine Gleichschaltung der sozialistischen, liberalen und christlichen Gewerkschaften mit der Gewerkschaftsorganisation des NS-freundlichen Vlaams Nationaal Verbond (VNV) „de Arbeidsorde". Hendrik De Man war v.a. an den vorausgegangen Verhandlungen beteiligt. Der Erfolg bei den Arbeitern blieb jedoch aus und Hendrik de Man verlor für das deutsche Militärgouvernement seinen Wert. Ende 1941 wurde ihm ein Redeverbot erteilt und ihm seine Professur an der ULB entzogen. Daraufhin zog er sich nach Hochsavoyen zurück und publizierte 1942 „Réflexions sur la paix", ein Werk welches umgehend eingezogen wurde.

Im September 1944 floh er in die Schweiz und beantragte – und erhielt – politisches Asyl. Über seine Zeit in Hochsavoyen schreibt er in seinem Buch „Cahiers de ma Montagne“. 1946 wurde er in Belgien in Abwesenheit zu zwanzig Jahren Gefängnis, 10 Mio. belgischen Franken Schadensersatz und Degradierung verurteilt. Eine Petition an den Senat blieb erfolglos. Durch die Veröffentlichung von „Cavalier Seul“ im Jahre 1948 handelte er sich eine zusätzliche Strafe ein, da politisch Verurteilte sich publizistisch nicht betätigen durften. Auch eine weitere Petition, 1949, blieb ohne Erfolg. 1950 und 1951 publizierte er „Jacques Coeur, der königliche Kaufmann“ sowie „Vermassung und Kulturverfall: eine Diagnose unserer Zeit“. Am 20. Juni 1953 kamen Hendrik De Man und seine dritte Ehefrau bei einem Autounfall bei seinem Wohnort in Greng bei Murten (Schweiz) ums Leben. Postum wurde das Werk „Gegen den Strom; Memoiren eines europäischen Sozialisten“ herausgegeben.

3. Politische Wandlungen

Hendrik de Man gilt als einer der originellsten sozialistischen Philosophen des zwanzigsten Jahrhunderts; es wird ihm selbst eine gewisse Genialität nicht abgesprochen[7]. Er blieb ein Leben lang Sozialist, wie er selber bekannte. Und doch wandelte er seine politischen Ansichten ungemein. 1911 bekannte er sich zum orthodox-marxistischen linken Flügel innerhalb der belgischen

7 Paul-Henri Spaak, eine der prominentesten Figuren der belgischen Arbeiterpartei, Weggefährte Hendrik de Mans, später belgischer Ministerpräsident und einer der Väter der EWG, meinte: „il est le plus authentique penseur socialiste du XXe siècle, et l'un des rares hommes qui, en quelques occasions, m'a donne la sensation du génie.“ (in: Combats inachevés, Bruxelles 1969, 26).

Arbeiterpartei (BWP/POB). Später, nach dem Ersten Weltkrieg und mit den Erfahrungen, die er in Nordamerika gesammelt hatte, entfernte er sich zunehmend vom klassischen, den Klassenkampf propagierenden Sozialismus. So schlug denn auch sein Buch „Zur Psychologie des Sozialismus" unter den Genossen wie eine Bombe ein und brachte ihm viel innerparteiliche Ablehnung[8]. Einschlägige Publikationsorgane verweigerten ihm den Abdruck von Diskussionsbeiträgen, so dass er „Eine Antwort an Kautsky"[9] denn eigenständig veröffentlichen musste. Er war aus der Sicht der SPD-Linken endgültig ins „revisionistische" Lager übergewechselt, welches vom Klassenkampf abrücken und einen realpolitischen Kurs fahren wollte. Da hatte man ihn – aus der materialistischen Denkweise des klassischen Marxismus vielleicht nicht unverständlich – missverstanden: Wie er selber sagte, und wie es sich auch schon aus dem Titel der französischen Übersetzung „Au delà du Marxisme" ergab, ging es ihm nicht um eine Revision, also eine Rückkehr zu kapitalistischen Ideen, sondern um einen Sozialismus, der inhaltlich wie auch von seiner ideellen Grundlegung her über die damalige Doktrin hinausreichte.

Nach Hendrik de Man ist Sozialismus nichts anderes als der Ausdruck der im Menschen verwurzelten ewigen Idee von sozialer Gerechtigkeit, die es ihm ermöglicht, nach seinem Gewissen zu handeln, aber auch durch seine Vernunft geleitet und dementsprechend verantwortlich, nach ebendieser sozialen Gerechtigkeit zu suchen. Daraus ergibt sich für Hendrik de Man die Notwendigkeit, den Sozialismus von der marxistischen Doktrin zu befreien und dem Marxismus einen Sozialismus auf ethischer Grundlage entgegenzustellen. Anstatt die Arbeiterfrage und den Sozialismus als durch Geschichte und Zeit bestimmt anzusehen,

8 Hendrik de Man, Die Sozialistische Idee, Jena 1933, 6.

9 Hendrik de Man, Antwort an Kautsky, Jena 1927; Karl Kautsky (1854–1938) österreichischer Sozialist, später wichtiger Theoretiker innerhalb der SPD, nahm, vom marxistischen Flügel kommend und die „Revisionisten" kritisierend, eine vermittelnde Rolle innerhalb der SPD ein.

erscheinen diese Phänomene vielmehr psychologischer Natur. Es kommt folglich weder darauf an, die Emanzipation der Arbeiter über den Klassenkampf und die Diktatur des Proletariats zu erreichen, noch die Werte und die Kultur der bürgerlichen und kapitalistischen Welt für sich zu vereinnahmen, wie es der politische Sozialismus getan hatte. Vielmehr sollte nach seiner Ansicht die Emanzipation der Arbeiterschaft dadurch erreicht werden, dass dem Arbeiter ein eigener Wert durch ein eigenständiges Wertesystem gegeben wird. Man musste folglich einen neuen Menschen schaffen, welcher nichts mehr mit den bürgerlichen Werten gemein hätte, sondern seine eigenen Werte schaffen würde und seine eigenen Normen, eine neue Kultur als Grundlage einer sozialistischen Gesellschaft. Sozialismus sollte also nicht nackter Materialismus sein („Beefsteak-Sozialismus"), sondern stellte sich als im Wesentlichen ethischen, kulturellen und geistigen Inhalts dar; es sollte somit nicht darum gehen, immer mehr materielle Güter aufzuhäufen, sondern die Arbeitsfreude in den Mittelpunkt der Ethik der Arbeiter zu stellen.[10]

Der von Hendrik de Man entwickelte „Plan der Arbeit" sieht im Gegensatz zu klassischen marxistischen Dogmen keine Verstaatlichung der Produktionsgüter vor. Der „Plan der Arbeit" sollte zunächst in Deutschland durch die Hamburger Sektion der SPD vorgestellt werden. Dazu kam es jedoch bekanntlich nicht. Das zu Weihnachten 1933 in Brüssel vorgestellte Programm sollte dazu verhelfen, aus den klassischen politischen Frontstellungen auszubrechen und den „Dritten Weg", nicht Links, nicht Rechts, zu beschreiten. In Frankreich wurde dieses Programm teilweise von der späteren Vichy-Regierung übernommen, weshalb auch Hendrik de Man von gewissen Autoren kurzerhand zum Faschisten gestempelt wurde und zum Teil heute noch

10 Peter Lemmens, Edgard Delvo: une quête sans repos de la justice sociale URLhttp://foster.20megsfree.com/267.htmhttp://foster.20megsfree.com/267.htm (12.06.2005).

wird.[11] Immerhin hegte er, durch die instabilen politischen Verhältnisse geprägt, eine gewisse Sympathie für die „Autoritäre Demokratie" um die politische Stabilität einer Regierung zu sichern und propagierte einen nationalen Sozialismus, worin er sich übrigens mit dem späteren Ministerpräsidenten und Parteikollegen Paul-Henri Spaak, und vielen anderen Sozialisten einig war[12].

Viele warfen Hendrik de Man – *ex post* natürlich – seine Haltung zu Beginn der Besetzung Belgiens durch die deutschen Truppen vor. Es ist hier nicht der Platz, dies *in extenso* zu behandeln, gewisse Aspekte müssen jedoch erwähnt werden. In der Tat kann Hendrik de Mans Haltung zu Beginn des Zweiten Weltkrieges Anlass zu Zweifeln an seiner politischen Verortung geben. Im Juli 1940 kam ihm, wie vielen anderen[13], der Untergang der parlamentarischen Demokratien in Belgien und Frankreich als Befreiung vor. Er sah dies als eine neue Chance für die Arbeiterschaft und den Sozialismus[14]. Ihm alleine deswegen Kollaboration und Sympathie für die nationalsozialsozialistischen Besetzer vorzuwerfen, greift wohl zu kurz: Zum einen hatte Hendrik de Man seine Kritik am parlamentarischen System schon viel früher explizit geäussert, schliesslich hatte er den Untergang der Weimarer Republik vor Ort erlebt und war in den späten 30er Jahren selber Mitglied einiger der sich manchmal im Monatsrhythmus

11 Zeev Sternhell, Fascist Ideology, Berkeley and Los Angeles, 337, URLhttp://www.coloradocollege.edu/Dept/PS/Finley/PS425/reading/Sternhell.html (24.05.2005); Denis Boneau p4 URLhttp://www.reseauvoltaire.net/article15364.html (12.06.2005).

12 Piet Tommissen, Hendrik de Man: Wanderer zwischen den politischen Welten – Jenseits von Karl Marx, in: Junge Freiheit Nr. 35/98 vom 21. August 1998.

13 Siehe nur z.B. Herbert Lüthi, Gesammelte Werke Bd. III, Irene Riesen/Urs Bitterli (Hg.), Zürich 2003, 8f.

14 Hendrik de Man, Manifesto to the Members of the POB, zitiert in: Peter Dodge, Beyond Marxism: The Faith and Works of Hendrik de Man, The Hague 1966, 197.

abwechselnden belgischen Regierungen gewesen. Zum andern kann man ihm nicht zum Vorwurf machen, nicht geflohen zu sein. Anders als andere von Deutschland besetzte Länder behielt Belgien seine Zivilverwaltung nahezu vollständig und auch der König blieb. Ausser den Ministern, die nach London geflohen waren, galt – zunächst – offiziell die Devise: „Bleiben und Schlimmeres verhindern"[15]. Es hiesse spekulieren, wollte man den Gründen von Hendrik de Mans späterer Verurteilung hier im Einzelnen nachgehen. Die Qualität der politischen Justiz in der unmittelbaren Nachkriegszeit war bekanntlich fragwürdig[16]. Anlass für die Angriffe gegen ihn hatte er in den Augen der „Sieger" von 1944/1945 insofern gegeben, als seine pazifistisch-neutralistische Grundhaltung, die sich mit jener des Königs deckte, zu jenem Zeitpunkt durch die Erfahrung der deutschen Besetzung diskreditiert war. Dazu kam seine Ambiguität hinsichtlich seiner politischen Vorstellungen vor dem konkreten Hintergrund der Besatzung: Er hatte jedenfalls *de facto* und wohl aus seiner politischen Überzeugung, eine Einheitsgewerkschaft sei zur Sicherung der Interessen der Arbeiter gerade unter der Besetzung besser geeignet[17], mitgeholfen, eine solche zu errichten. Den deutschen Besatzern verschaffte dies letztlich die Kontrolle über die Arbeiterschaft. Das Delikt auf Grund dessen er verurteilt wurde, zeigt aber auch die Unsicherheit seiner Richter: „pour avoir, étant militaire, méchamment servi la politique ou les desseins de l'ennemi" (in seiner Eigenschaft als Angehöriger der Streitkräfte, der Politik oder den Zielen des Feindes böswillig gedient zu haben). Vielen Sozialisten der alten Schule war er sicherlich schon vorher ein Dorn im Auge gewesen und dass er eine enge Beziehung zu König Leopold III hatte, war gerade in den 40er-Jahren, als die

15 Pierre Stéphany, Des Belges très occupés, Bruxelles 2005, 15f.
16 Georges-Henri Dumont, Chronologie de la Belgique, Bruxelles 2003, 237.
17 Hendrik de Man, Gegen den Strom, Stuttgart 1953, 254.

sogenannte Königsfrage[18] Belgien vollständig zu spalten drohte, ein weiterer Grund, ihn als *persona non grata* zu behandeln. Sicher ist jedoch, dass es die deutschen Okkupanten waren, die seine Karriere – schon zum zweiten Mal[19] – beendet hatten, bevor er 1941 das Land verliess. Sein erklärtes Ziel einer sozialen und nationalen Gemeinschaft unter der Führung des Königs, also eine klar auf der Existenz des belgischen Staates basierende Vorstellung, kollidierte mit ihrer Besatzungspolitik. Sie war aber ebenso wenig verträglich mit der Politik der Exilregierung in London, die sich schon 1940 Widerstand nur in der Form der Fortführung des Krieges an der Seite der Alliierten vorstellen konnte. Die sich

18 Die Königsfrage kann folgendermassen umrissen werden: Schon in der zweiten Hälfte der 30er Jahre des zwanzigsten Jahrhunderts wechselten die Regierungen in Belgien in einer Art, die man zuletzt in Europa nur noch in Italien kannte. Der König – seit 1934 Leopold III – mahnte die Politiker mehrmals, sich endlich wieder einer verantwortungsvollen Politik zu befleissigen, statt sich von Parteien, Interessengruppen und -untergruppen gängeln zu lassen. Dies haben ihm viele nie vergessen (Georges-Henri Dumont [Fn 16] 219). Auch in der Aussenpolitik setzte er neue Akzente: Weg von der bedingungslosen Allianz mit Frankreich und dem Vereinigten Königreich hin zu einer bewaffneten Neutralität. 1940, nach der Besetzung Belgiens durch die Wehrmacht, beschloss er schliesslich – entgegen dem Rat seiner Minister und anders als die Staatsoberhäupter anderer besetzter Staaten, aber gestützt von Hendrik de Man – als Kriegsgefangener in Belgien zu bleiben, um alles daran zu setzen, eine Wiederholung der Gräuel während der deutschen Besetzung Belgiens zwischen 1914 und 1918 zu verhindern. Die Regierung setzte sich nach London ab. Dass der König mitten im Krieg die schöne aber unbeliebte Lilian Baels zur zweiten Frau nahm, wurde in der Bevölkerung als Affront empfunden. Nach der Befreiung Belgiens flammte der Streit um eine Rückkehr des Königs, der mittlerweile von den Deutschen nach Österreich verschleppt worden war, heftig auf. Es kam zur Volksabstimmung, die er mit ca. 57 % für sich entschied. Da die Minderheit das Resultat nicht akzeptieren wollte, verzichtete Leopold III 1951 zu Gunsten seines Sohnes Baudouin auf den Thron, um ein weiteres Zerreissen des Staates zu verhindern. Weiterführend: Jean Stengers, Léopold III et le gouvernement, 2ème éd., Bruxelles 2002.

19 Hendrik de Man, Gegen den Strom, 206.

ab 1941 zunehmend verschlechternde Lage und die zunehmende Repression bewirkten, dass sich die Stimmung in der Bevölkerung zu ihren Gunsten änderte. Hendrik de Man war das Opfer seiner Haltung geworden, welche die Politik – ungeachtet der Zeitumstände und üblicher Taktiererei – als Versuchslabor für seine Ideen betrachtete. Er hatte sich damit zwischen alle Stühle gesetzt.

4. Völkerpsychologie und Arbeitssoziologie

Wie sich Hendrik de Mans Ansichten im Politischen wandelten, so entwickelten sich seine wissenschaftlichen Ideen weiter. Man kann hier einen hermeneutischen Vorgang im Gadamerschen Sinne beobachten, dessen sich Hendrik de Man übrigens durchaus bewusst war[20]. Hendrik de Mans Ideen sind zunächst einmal sozialphilosophisch im weitesten Sinne des Begriffes. Es scheint hier und in diesem Zusammenhang wenig sinnvoll, eine bestimmte „Denkschule" herausschälen zu wollen. Dies ist oft schwierig und zugleich unergiebig. Hilfreich kann es aber sein, das „Netzwerk" aufzuzeigen, innerhalb dessen ein Ideengebäude zustande kommt[21]. Hendrik de Man studierte in Leipzig beim Nationalökonomen Karl Bücher, beim Historiker Karl Lamprecht und beim Philosophen und Psychologen Wilhelm Wundt[22]. Beim Letzteren interessierten ihn nach eigenem Bekunden mehr die psychologischen Übungen; später beschäftigte er sich offenbar auch mit Freud[23]. Dass ihn sein völkerpsychologisches Interesse früher oder

20 Hendrik de Man, Zur Psychologie des Sozialismus, 2. A., Jena 1927, 1.

21 Siehe Georges Baur, Zur Verwendung der Archetypentheorie von C.G. Jung im Recht, Zürich 1995, 115.

22 Hendrik de Man, Gegen den Strom, 76.

23 Ebd. 77.

später auch zu C. G. Jung führen würde, verwundert kaum[24]. Auf Grund seiner Erfahrungen wurde er schliesslich – sein Buch „Vermassung und Kulturverfall" zeugt davon – zu einem eigentlichen Kulturpessimisten im Sinne von Spengler oder Toynbee[25]. Aber auch der Einfluss von Karl Lamprecht, einem der ersten Kritiker der damals noch vorherrschenden „Historischen Schule" darf nicht unterschätzt werden. Lamprecht war ein Protagonist der kulturell und gesellschaftlich orientierten Geschichtsschreibung auf der Grundlage kausalistischer und sozialpsychologischer Vorstellungen.[26]

In diesem knapp gehaltenen Rahmen sollen nur zwei Aspekte des Denkens von Hendrik de Man etwas vertieft werden: die Völkerpsychologie und die Arbeitssoziologie sowie ggf. deren Bezugspunkte zu anderen Denkern.

Die Völkerpsychologie ist wie die französische „Massenpsychologie"[27] eine Vorgängerin der modernen Sozialpsychologie. Der Soziologie nahe richtet sich diese heute z. B. stark auf die Erforschung von Prozessen zwischen und innerhalb von Gruppen aus. Die Völkerpsychologie war von Wundt als Gegenstück zu seiner experimentellen Psychologie des Individuums konzipiert worden und sollte sich mit den Ergebnissen der Interaktion von Individuen beschäftigen. Ihr Gegenstand sind also nicht nur sozialpsychologische, sondern auch kulturpsychologische Themen. Betrachtet wurde das „Volk". Dieses wurde über Sprache und Kultur definiert. Es hatte einen eigenen Volksgeist[28], der sich über die Interaktion und Kommunikation der Individuen ausdrückte.

24 Hendrik de Man, Massa en Leiders, Arnhem 1932, 47; ders., Vermassung und Kulturverfall, 3. A., Bern und München, 1970, 117, 121; Baur [Fn 21] 116.

25 Hendrik de Man, Vermassung und Kulturverfall, 116.

26 Hanno Helbling, Die Zeit bestehen, München/Zürich 1990, 204; Lutz Raphael, Geschichtswissenschaft im Zeitalter der Extreme, München 2003, 72 ff.

27 Wegleitend z. B. Gustave Le Bon, Les lois psychologiques de l'évolution des peuples, Paris 1894; ders., La psychologie des foules, Paris 1895.

28 Siehe dazu Baur [Fn 21] 119.

Daher rührt das Verhältnis der Völkerpsychologie zur Sprachwissenschaft, wie sie unter anderem von Wilhelm v. Humboldt oder Jakob Grimm begründet wurde, zur Ethnologie und zur Geschichtswissenschaft. Sie erforscht die Gründe der Entstehung, der Entwicklung und des Unterganges von Völkern, das Verhältnis des Einzelnen zur Gesamtheit, die Entwicklung der Sitten, der Mythen, der Gottesidee, der Schrift, der Wissenschaft, der Kunst usw. Dieser erste Ideenstrang, eher theoretischer Natur, fand in Hendrik de Mans Studien zur „Psychologie des Sozialismus" oder die „Sozialistische Idee" ihren Niederschlag. Auch ein gewisser religiös-moralischer Einschlag ist dort festzustellen. Dieser dürfte wesentlich von Henri de Saint-Simon inspiriert sein, wie sich aus einer Bemerkung Hendrik de Mans schliessen lässt:

> Ce socialisme-là, certes, comprendra Marx; mais il comprendra aussi ses ancêtres utopistes depuis Platon et Jésus jusqu'à Fourier et Saint-Simon, il comprendra aussi ses adversaires Proudhon et Bakounine, il comprendra aussi ses successeurs hérétiques Kropotkine et Sorel et Masaryk[29].

„Die Psychologie des Sozialismus" fand vor allem hinsichtlich ihrer politischen Aussagen weltweite Beachtung. Der psychologische Ansatz hingegen ging beinahe unter, was auch gewissen Fehlern in der Abstraktion zugeschrieben wird[30].

Ein zweiter Ideenstrang, der aber wieder mit dem ersten in Beziehung steht[31], ist viel konkreter und eher soziologischer Natur: So analysierte Hendrik de Man beispielsweise anlässlich einer Forschungsexpedition in Neufundland die Bewohner eines Trapperdorfes: irische Einwanderer und Micmac-Indianer. Seine Analyse der beiden Gemeinschaften führte ihn zum Schluss, dass die Indianer den irischen Einwanderern kulturell überlegen waren. Er begründete dies damit, dass „die Indianer den Vorzug

29 Hendrik de Man, Socialisme et Marxisme, in: La Vie Socialiste, 3. März 1928, 8.

30 Leuschner [Fn 4] 134.

31 Zum Vergleich bei C. G. Jung: siehe Baur [Fn 21] 121 f.

einer seit Jahrhunderten feststehenden, traditionsbildenden, gesellschaftlichen Gliederung besassen, während die Weissen im Grunde verwilderte Nachkommen von vor drei oder vier Generationen eingewanderten irischen Bauern oder Arbeitern waren"[32].

Wegweisend ist Hendrik de Mans Werk „Der Kampf um die Arbeitsfreude". Sein Entstehen verdankte diese Studie Hendrik de Mans Wunsch, seine in der „Psychologie des Sozialismus" aufgrund von Erfahrungen in Belgien, dem Vereinigten Königreich und den USA gemachten Aussagen anhand von deutschem Material empirisch zu prüfen[33]. Im Mittelpunkt dieser Arbeit steht die Frage nach den Ursachen und Hemmungen von Arbeitsfreude. In 78 schriftlichen Berichten und mündlichen Interviews liess Hendrik de Man Arbeiter zu Wort kommen. Nach der Erfassung des beruflichen Werdegangs und der Beschreibung der Arbeitstätigkeiten fragte Hendrik de Man nach den Gefühlen einer Person. Dabei standen die Gefühle der Arbeitsfreude und Arbeitsunlust im Vordergrund[34].

Wozu das Ganze gut sein sollte, erschloss sich Vielen angesichts der alsbald hereingebrochenen Massenarbeitslosigkeit und, wenig später, des NS-Arbeitsdiensts nicht mehr. Es brauchte weitere fünfzig Jahre, bis in den 70er Jahren des Zwanzigsten Jahrhunderts die Forschungen zur menschlicheren Gestaltung des Arbeitslebens Bedeutung erlangten. Es wurde deutlich, dass neben objektiven Kriterien für humane Arbeitssituationen auch subjektive Bewertungen berücksichtigt werden müssen. Damals fehlte aber ein Indikator für eine möglichst umfassende subjektive Beurteilung des Erlebens von Arbeit und Arbeitsgestaltung. Diesen meinte man durch die Einführung des Konstruktes der Arbeitszufriedenheit gefunden zu haben. Allerdings ist mittlerweile innerhalb der deutschsprachigen Arbeits- und Organisationspsychologie bekannt, dass Arbeitszufriedenheit, definiert als „Soll-

32 Hendrik de Man, Gegen den Strom, 153.

33 Hendrik de Man, Der Kampf um die *Arbeitsfreude*, Jena 1927, 3.

34 Ebd. 4.

Ist-Diskrepanz" und mit Hilfe von Fragebogen erhoben, keinen brauchbaren subjektiven Erlebnis-Bewertungs-Indikator ergibt. Offenbar impliziert die Frage nach der Einstellung zur Arbeit aber nicht nur kognitive und motivationsbezogene, sondern auch emotionale Aspekte. Diese wurden in der Arbeitszufriedenheitsforschung bis dahin völlig vernachlässigt. Im Rahmen dieser Forschungen wurde Hendrik de Man wieder entdeckt: In den von ihm aufgenommenen Berichten zeigt sich deutlich, dass das Erleben von Arbeits*freude* eine „*auf den Prozess der Ausübung der Tätigkeit* bezogene Empfindung ist, die von den befragten Arbeitern besonders häufig mit vollständigen Arbeitsaufgaben und Handlungsspielraum in Verbindung gebracht wird."[35] Dies zum Unterschied zur Arbeits*zufriedenheit*:

> Im Gegensatz zur *prozessbezogenen* Arbeitsfreude ist Zufriedenheit nach der ‚klassischen' Definition innerhalb der Arbeits- und Organisationspsychologie mehr eine *ergebnisbezogene* Emotion, die sich einstellt, wenn ‚Soll-Werte' (z. B. Ziele) erreicht wurden. Voneinander abgegrenzt werden kann somit ‚tätigkeitsbezogene Freude', ‚ergebnisbezogene Zufriedenheit' (z. B. Arbeitszufriedenheit als Ergebnis von Soll-Ist-Wert-Vergleichen) und ‚ereignisbezogene Freude'.[36]

Nur der Vollständigkeit halber sei hier erwähnt, dass Hendrik de Man nebenbei auch einen Blick auf das Sexualverhalten der von ihm Untersuchten wirft und daraus ebenfalls interessante Erkenntnisse über das Verhältnis von Arbeit, sozialer Stufe der Partner und Sexualverhalten gewinnt[37].

35 Germi Temme/Ulrich Tränkle, Arbeitsemotionen – Ein vernachlässigter Aspekt in der Arbeitszufriedenheitsforschung, Arbeit, Heft 3, Jg. 5 (1996), S. 285 (Hervorhebung im Original).

36 Ebd. 286.

37 Hendrik de Man, Arbeitsfreude, 129 ff.

5. Was bleibt?

Nun, von dem Wenigen, das hier ausgebreitet werden konnte, von dem vielen Verwirrenden, das hier nur unzulänglich entwirrt werden konnte, wird Folgendes klar: Hendrik de Man ist eine widersprüchliche Figur – bürgerlicher Herkunft und prominenter Sozialist, aber letztlich doch bürgerlich; als Intellektueller in einem gewissen Sinne anti-intellektuell, und doch Intellektueller – und deshalb eine faszinierende Gestalt. „Ist“ auch schon deswegen, weil er mit seinen Ideen weit über seine Zeit hinaus reicht und gerade wegen seiner wirklich europäischen Tragweite noch immer aktuell ist. Es kann hier offen bleiben, ob ihn seine Zeit richtig erkannt hat; seine Ideen kamen wohl schlicht zum falschen Zeitpunkt.

Als Politiker wandelte er sich vom jugendlichen Heisssporn und Marxisten zum Sozialisten bürgerlicher Prägung. Seine Erfahrung beeinflusste ihn und liess ihn auf einer Haltung bestehen, von der ihn auch die sich für ihn persönlich daraus ergebenden negativen Folgen nicht abbringen konnten. Auch hier schimmert seine Herkunft durch: „Hier stehe ich, ich kann nicht anders“. Er musste wohl auch in seinem Privatleben einsehen, dass sich Herkunft nicht einfach – im Sinne von leicht – abstreifen lässt[38]. Aber er dachte vor, was heute der einzige Erfolg versprechende Weg für viele Sozialisten zu sein scheint. Auch Tony Blair hatte sich zu Beginn seiner Amtszeit den „Dritten Weg“ aufs Banner geschrieben – und ähnliche Reaktionen wie weiland Hendrik de Man provoziert. Als origineller politischer Denker ist letzterer jedenfalls anerkannt.

Als Sozialpsychologe hat Hendrik de Man Beiträge geleistet, die dem Gegenstand seines Interesses, der arbeitenden Bevölke-

38 In erster Ehe hatte Hendrik de Man in sozial(istisch)em Überschwang eine junge Textilarbeiterin geheiratet; später stellte er fest, dass man „die Klassenzugehörigkeit nicht so leicht wechseln“ könne (Gegen den Strom, 67)

rung, damals nicht zugute kommen konnten. Die Politik und die Zeitumstände standen dem im Weg. Man könnte überspitzt sagen, dass er als Wissenschaftler wegen der Politik nicht reüssierte und als Politiker nicht wegen der Wissenschaft.

Man kann nicht behaupten, Hendrik de Man werde totgeschwiegen, aber nur Wenige haben sich bisher ohne Scheuklappen mit ihm beschäftigt. Eine vertiefte Beschäftigung mit dieser Persönlichkeit durch eine Generation, deren Denken nicht mehr durch die schrecklichen Erfahrungen des letzten Weltkriegs und anderer historischer Einschnitte eingeschränkt wird, dürfte auch zu ergiebigeren Resultaten in Bezug auf seine Leistungen führen. In Belgien, wo Hendrik de Man aus politischen Gründen lange verfemt war, greift jedenfalls seit geraumer Zeit eine mildere Betrachtungsweise Platz. Politisch wurde sein Werk damals wie heute diskutiert; dies hat den sozialpsychologischen Beitrag aber nahezu verdeckt. Gerade auch im Bereich der Arbeitspsychologie gilt es deshalb, Hendrik de Man noch zu entdecken.

Gregorio Robles

Die deutschen Wurzeln von Émile Durkheim

I. Die „positive Wissenschaft der Moral"

Im Jahrgang 1885–1886 wurde Durkheim (1858–1917) ein Stipendium zur Vertiefung seiner Ausbildung in Deutschland verliehen. Er besuchte damals die Universitäten Berlin und Leipzig. Folge jenes Aufenthalts waren zwei wichtige Studien: „La science positive de la morale en Allemagne"[1] und „La philosophie dans les universités allemandes",[2] beide 1887 veröffentlicht.

Die erste der erwähnten Arbeiten ist die entscheidenste, um den Einfluss der deutschen Denker in Durkheims Werk nachzuvollziehen. Man muss sie aber mit einigen Rezensionen und mit gewissen Vorlesungen, die er in Bordeaux hielt und die schriftlich dokumentiert sind, vervollständigen. Die zweite Studie ist für unseren Zweck weniger aufschlussreich, da es sich um einen Bericht über die Lehre der Philosophie an den deutschen Universitäten handelt.

Durkheim war von der Lektüre der Autoren, die er allgemein „deutsche Moralisten" nannte, tief beeindruckt. Im Gegensatz zu den beiden in Frankreich vorherrschenden ethischen Strömungen, die „Spiritualisten und Kantianer" und die „Utilitaristen", entdeckte er bei den „deutschen Moralisten" eine neue Methode zur Erforschung der moralischen Phänomene. Es war ihm be-

1 *Revue philosophique* 24, 2 (1887), S. 33–58, 113–142, 275–284; jetzt in É. Durkheim, *Textes 1*, hrsg. von Victor Karady, Paris (Minuit) 1975, S. 267–343.

2 *Revue internationale de l'einseignement*, 13 (1887), S. 313–338 und 423–440; jetzt in É. Durkheim, *Textes 3*, hrsg. von Victor Karady, Paris (Minuit) 1975, S. 437–486.

wusst, dass es mit dieser Methode möglich war, die Ethik zu einer echten Wissenschaft zu erheben. Von einer bloß spekulativen Disziplin verwandelte sie sich auf diese Weise in eine positive Wissenschaft, die „die moralischen Regeln und Handlungen […] als Eigenschaften der sozialen Gefüge“[3] versteht. Aber Durkheim wurde bald gewahr, dass die Ideen der „Moralisten“ in einer umfangreicheren Bewegung aufgingen, die verschiedene Zweige der Wissenschaft betrafen. Die erwähnte Studie ist der Erforschung dieser Bewegung gewidmet.

An erster Stelle kommen die Volkswirtschaftler. Von der Volkswirtschaftslehre, und insbesondere von den so genannten *Kathedersozialisten*, geht die gesamte Bewegung aus. In seiner Abhandlung beschäftigt sich Durkheim mit den Beiträgen von Adolf Wagner (1835–1917) und Gustav Schmoller (1838–1917).

Neben den Volkswirtschaftlern stellt er sofort die *Soziologisten (sociologistes)*, deren Repräsentant Albert Schäffle (1831–1903) ist, der seine organizistische Theorie in einem imposanten Werk von vier Bänden aufstellte.

An dritter Stelle befasst sich Durkheim mit den Juristen, insbesondere mit Rudolf von Ihering (1818–1892) und Albert Post (1839–1895). Obwohl er auch Georg Jellinek (1851–1911) anführt, legt er unberechtigterweise keinen Wert auf ihn, wie wir sehen werden.

Aber erst in der vierten Gruppe von Autoren, den *Moralisten* im engeren Sinne *(moralistes)* und hauptsächlich im Werk Wilhelm Wundts (1832–1920), nimmt nach Durkheim diese gesamte intellektuelle Bewegung festere Gestalt an.

Was verband diese verschiedenartige Gesamtheit von Autoren? Einfach nur, dass sie sich dem Gegenstand ihrer jeweiligen Wissenschaften durch eine ähnliche Methode annähern, und zwar durch die positive soziologische Methode. Die Entdeckung Durk-

3 A. Giddens, „Durkheim as a Review Critic“, *Sociological Review*, 1970, Band 18, S. 171–196; jetzt in *Émile Durkheim: Critical Assessments*, hrsg. von Peter Hamilton, Band I, London/New York (Routledge), 1990, S. 137–159; 141.

heims war, dass man mit den verschiedenen Disziplinen in ähnlicher Art und Weise umging, und dass sie mit ähnlichen Problemen zu tun hatten, weil sie alle als *Sozial*wissenschaften galten. Im Grunde genommen fand Durkheim, dass die soziologische Methode in einer Vielzahl von zerstreuten und verschiedenen Wissenschaften angewendet wurde. Dann meinte er, dass es nötig war, die Grundzüge dieser gemeinsamen Methode herauszuarbeiten. Diesem Ziel hat er seine Arbeit gewidmet.

II. Die Volkswirtschaftler: Gustav von Schmoller

Die Wirtschaftler, auf die sich Durkheim bezieht, lassen sich im Rahmen des deutschen Historismus beschreiben. Um es vereinfacht darzustellen, können wir sagen, dass dieser Historismus verschiedene Versionen aufweist: der von Hegel dargestellte idealistische philosophische Historismus; der juristische Historismus der historischen Rechtsschule von Savigny; und der so genannte wirtschaftliche Historismus, welcher sich einerseits im Marxismus und andererseits in der historischen Wirtschaftsschule verkörperte. In dieser letzten befinden sich die zwei Gelehrten, auf die Durkheim seine Aufmerksamkeit lenkt: Adolf Wagner und Gustav von Schmoller.

Bezeichnend für diese Kathedersozialisten ist, dass sie die Volkswirtschaftslehre in Gegenüberstellung zu den Thesen des Wirtschaftsliberalismus, den sie etwas abwertend „Manchestertum“ nennen, verstehen. Die wirtschaftlichen Begriffe sind nicht, wie die englischen Wirtschaftsliberalen behaupten, ethisch neutral, sondern sie sind mit der Moral beladen, da sie das soziale Leben betreffen. Im Gegensatz zu dem abstrakten *homo oeconomicus* stellen sie den Menschen in seiner geschichtlichen und sozialen Wirklichkeit dar. Die Wirtschaft darf nicht als etwas verstanden werden, das sich auf das abstrakte Individuum bezieht, das eigentlich gar nicht existiert. Jede Wirtschaft ist eine „nationale“ oder „soziale“ Wirtschaft. Das wirkliche Wirtschaftssubjekt ist nicht das Individuum, sondern die Gesellschaft. Die Volkswirtschaft ist nicht die bloße Summe der einzelnen Wirtschaften, sondern sie hat ein eigenes, selbständiges Wesen. Deshalb soll man den Markt nicht sich selbst überlassen. Eine rationale Leitung, d.h. der Eingriff des Staates, ist nötig. Nicht der Gendarmenstaat des Liberalismus, sondern ein interventionistischer Staat ist notwendig. Diese Verteidigung der Tätigkeit des Staates im wirtschaftlichen Bereich führte dazu, dass die Kathedersozialisten auch „Staatssozialisten“ genannt wurden.

Sie schreiben dem Sozialen moralischen Charakter zu, und aus diesem Grunde hat das Wirtschaftliche auch diese moralische Natur, da jede wirtschaftliche Wirklichkeit in ihrem Wesen auch sozial ist. Aber sie verstehen die Moral nicht im individualistischen Sinne, sondern als ein kollektives Phänomen. Wie es in der Wirklichkeit keinen abstrakten *homo oeconomicus* gibt, so gibt es auch keinen abstrakten *homo moralis*. In jeder Gesellschaft kristallisiert sich die Moral in den Sitten, die ihrerseits Ausdruck der kollektiven Gefühle sind. Moral und Recht machen die „Kristallisierung“ dieser kollektiven Gefühle aus.

Die Ethik geht somit nicht mehr spekulativ vor und wird zu einem Teil der Soziologie. Die Moral ist ein soziales Phänomen; und die Ethik muss, damit sie als Wissenschaft gelten kann, eine empirische Ethik sein.

Dieser Schritt von der spekulativen zur empirischen bzw. soziologischen Ethik geht einher mit der Verwandlung der britischen *political economy* in eine echte Soziologie der Wirtschaft.

Diese Ideen können wir im Werk Schmollers finden. Eine der interessantesten Studien über dieses Thema ist sein Buch *Über einige Grundfragen des Rechts und der Volkswirtschaft*.[4]

4 Gustav Schmoller, *Ueber einige Grundfragen des Rechts und der Volkswirtschaft. Ein offenes Sendschreiben an Herrn Professor Dr. Heinrich von Treischke*, 2. Aufl. Jena (Verlag von Friedrich Mauke), 1875.

Schmoller meint, dass die neue Richtung der Volkswirtschaft, die er selbst früher als ethisch bezeichnet hat (in einer Fußnote erläutert er, dass man diese als „psychologische" bezeichnen könnte)[5] im Gegensatz zu der alten, die er als „dogmatisch abstrakt" charakterisiert, in einem engen Verhältnis zur Moral und zum Recht steht. Er fügt hinzu, dass die „ältere Nationalökonomie" die Existenz einer *Volk*swirtschaft, eines *Volk*skapitals, eines *Volk*seinkommens leugnete, da sie nur die Existenz der individuellen Wirtschaften, Kapitale und Einkommen anerkenne. Die nationale wirtschaftliche Wirklichkeit beschränkt sich nicht auf „eine Summe von Einzelwirtschaften", sondern sie macht „ein einheitliches Ganzes" aus. Die „Einzelwirtschaften" sind verbunden durch „ein Tieferes: die Gemeinsamkeit der Sprache, der Geschichte, der Erinnerungen, der Sitten und Ideen. Es ist eine gemeinsame Gefühls- und Ideenwelt, es ist eine Herrschaft gemeinsamer Vorstellungen [...], es ist eine aus diesen übereinstimmenden psychologischen Grundlagen herausgewachsene, objektiv gewordene gemeinsame Lebensordnung, es ist das gemeinsame Ethos, wie der Grieche das in Sitte und Recht kristallisierte sittlich-geistige Gemeinbewusstsein nannte, das alle Handlungen der Menschen, also auch die wirtschaftlichen, beeinflusst."[6] Die Gesellschaft ist ein „Wesen", das sich von den Individuen unterscheidet, und deshalb gibt es ein Kollektivbewusstsein und auch eine Volkswirtschaft mit eigenen Merkmalen.

Die Auffassung von Moral und Recht als „Kristallisierung" der Gefühle, die das kollektive Leben erzeugt, und die auch im Werk Georg Jellineks erscheint, wird von Durkheim in seiner Arbeit „La science positive de la morale en Allemagne" kommentiert. Diese Ansicht wird in seinen Schriften immer wieder erscheinen.[7]

5 Schmoller (FN 4) S. 31.

6 Schmoller (FN 4) S. 32.

7 Gregorio Robles, „Das Recht als Kristallisierung des sozialen Lebens: Durkheim und die Rechtssoziologie", in *Recht im Wandel seines sozialen und technologischen Umfeldes. FS für Manfred Rehbinder*, München/Bern, 2002, S. 593–602.

Als soziale Begriffe sind für Schmoller die wirtschaftlichen Begriffe ethisch nicht neutral. So weist er z. B. darauf hin, dass

> der heutige Begriff der Arbeit, auch der rein individuellen, [...] einen sittlichen Gehalt [hat]; wir nennen Arbeit diejenige vernünftige Selbsttätigkeit, die mit dauernder Anstrengung etwas in dem System der menschlichen Zwecke als berechtigt Anerkanntes zu bewirken strebt, die in gewissem Sinne Selbstzweck geworden ist, sofern sie uns als die Schule aller Tugenden erscheint [...].[8]

Die Wirtschaft ist nicht eine technische, sondern vor allem eine psychologische Sache, die ihrerseits in der Moral und im Recht sichtbar wird.[9] Für Schmoller wie auch für Durkheim gestalten die Moral und das Recht ein Geflecht von Normen ähnlicher Natur; obwohl ihre jeweiligen Entwicklungen einen eigenen Weg einschlagen, sind sie wie „Zwillingsbrüder".[10] Die „freie Sittlichkeit" oder die Sittlichkeit des Bewusstseins ist „nur eine Sache weniger hochbegabter und bevorzugter Menschen"; die meisten Leute folgen der sozialen Moral.[11] Durkheim vertritt die gleiche Ansicht.

Diese Ideen Schmollers tauchen auch in seinem Lehrbuch über Wirtschaftspolitik[12] auf; dieses Buch stellt eigentlich ein wahres Werk der Soziologie dar, in dem die Wirtschaft im Mittelpunkt steht. In ihm wird die Homogenität der primitiven Gesellschaft und ihre allmähliche Entwicklung zu einer größeren Komplexität beschrieben.[13] Er legt besonderen Wert auf die Gemeinsamkeit von Vorstellungen und Gefühlen, die zur Kohäsion führen, die er mit zwei Begriffen zusammenfasst, die in seiner Zeit sehr geläufig waren: *Volksgeist* und *objektiver Geist*, der „nicht außer-

8 Schmoller (FN 4) S. 33.
9 Schmoller (FN 4) S. 37.
10 Schmoller (FN 4) S. 45.
11 Schmoller (FN 4) S. 45.
12 Schmoller, *Grundriss der Allgemeinen Volkswirtschaftslehre*, zwei Bände, verschiedene Auflagen: 1900, 1901, 1904, 1908 (Leipzig, Duncker & Humblot). Ich zitiere die letzte.
13 Schmoller, *Grundriss I* (FN 12) S. 16.

halb der Individuen, sondern in ihnen lebt". Jedes Individuum „ist ein Teil des objektiven Geistes".[14] Mit diesen Sätzen weist Schmoller auf eines der Hauptprobleme der Soziologie hin: die Beziehung zwischen Individuum und Gesellschaft. Die Gesellschaft lebt im Individuum. Dies ist ein Problem, mit welchem sich Durkheim ständig auseinandersetzt, und er findet eine Lösung, die der Lösung Schmollers nicht sehr fern liegt.

Ein weiterer wichtiger Punkt im Werk Schmollers ist die Arbeitsteilung. Er verweist auf zwei Aufsätze, die eher als Durkheims Werk verfasst wurden,[15] und kritisiert die Thesen dieses letzten.[16] Besonders streng zeigt sich Schmoller in Bezug auf die Thesen Durkheims im zweiten Band seines Werks. Er behauptet beinahe, dass die Hauptthese Durkheims nicht nur falsch, sondern auch oberflächlich ist. Durkheim habe in der Arbeitsteilung die Panazee gefunden, um das schwierige Problem der sozialen Entwicklung und des sozialen Fortschritts zu lösen; aber in seiner These habe er weder auf den inneren (psychologischen) Aspekt noch auf die Schwierigkeiten, die die Arbeitsteilung mit sich bringt, geachtet. Marx wäre in dieser Hinsicht rücksichtsvoller damit umgegangen.[17] Es ist zu vermuten, dass Durkheim das Thema der Arbeitsteilung bei der Lektüre der wirtschaftstheoretischen Werke der Kathedersozialisten erwählte, mit dem Ziel, eine soziologische Untersuchung durchzuführen.

Schließlich soll Schmollers Auffassung der ökonomischen Methode erwähnt werden. Er nimmt die klassische, von den Briten (Smith, Ricardo, usw.) vertretene Wirtschaftslehre und auch den marxistischen Sozialismus, dem er einen übermäßigen Doktrinarismus und eine mangelhafte Kenntnis der geschichtlichen Wirklichkeit anlastet, nicht kritiklos hin. Er behauptet: „Die Haupt-

14 Schmoller (FN 13) S. 16.

15 Schmoller, „Die Tatsachen der Arbeitsteilung", *Jahrbuch für Gesetzgebung, Verwaltung und Volkswirtschaft im deutschen Reiche*, 1889; und „Wesen der Arbeitsteilung", *Jahrbuch*, 1890.

16 Schmoller (FN 13) S. 388.

17 Schmoller, *Grundriss II*, 2. Aufl. 1904 (FN 12) S. 658.

aufgaben strenger Wissenschaft sind: erstens, richtig beobachten; zweitens, gut definieren und klassifizieren; drittens, typische Formen finden und kausal erklären."[18] Er unterscheidet die juristische von der wirtschaftlichen Methode und rollt letztere in die Richtung seiner Soziologisierung auf. Dilthey folgend behauptet er: „Die Psychologie ist uns der Schlüssel zu allen Geisteswissenschaften und also auch zur Nationalökonomie."[19] Diese Auffassung wird von Durkheim energisch bestritten, denn für ihn liegt der Schlüssel der Soziologie als Wissenschaft darin, dass sie von den anderen Wissenschaften, einschließlich der Psychologie, unabhängig ist. Aber es ist nicht zu leugnen, dass Durkheim, trotz der Aufstellung dieses Grundsatzes, oft zur Beschreibung und Analyse der „sozialen Gefühle" und der psychosozialen Phänomene im Allgemeinen neigt.

III. Die „Soziologisten": Schäffle

Mit dem Begriff „Soziologisten" bezieht sich Durkheim vor allem auf Albert Schäffle, dessen Werk *Bau und Leben des sozialen Körpers* ein wahrhaft enzyklopädisches Traktat darstellt, dessen Inhalt sich vielmehr mit der Sozialphilosophie (verstanden im positivistischen Sinne) als mit der Soziologie selbst befasst. Es besteht aus vier Bänden, die zwischen 1875 und 1878 veröffentlicht wurden; die zweite Auflage des genannten Werks erschien im Jahre 1881[20]. Durkheim schrieb eine Rezension, die 1885 publiziert wurde, über den ersten Band der zweiten Auflage.[21]

18 Schmoller (FN 13) S. 101.

19 Schmoller (FN 13) S. 108.

20 Albert Schäffle, *Bau und Leben des socialen Körpers*, 2. Aufl., Tübingen (Verlag der H. Laupp'schen Buchhandlung), 1881.

21 *Revue philosophique*, 19, S. 84–101; jetzt in É. Durkheim, *Textes I* (FN 1), S. 355–377.

Schäffle hat eine organizistische Auffassung der Soziologie, auch wenn er vor allem in der zweiten Auflage von *Bau und Leben* darauf hinwies, dass der Vergleich zwischen Gesellschaft und biologischem Organismus nur eine Analogie sei, die dem Zweck der Veranschaulichung diene. Trotzdem ist unverkennbar, dass der biologische Gedanke in seinem Werk immer wieder auftaucht. Im Vorwort der ersten Auflage seines Werkes finden wir dieses Zitat von Goethe:

> Jedes Lebendige, – es ist kein Einzelnes, sondern eine Mehrheit; selbst insofern es uns als Individuum erscheint, bleibt es doch eine Versammlung von lebendigen selbständigen Wesen, die theils ursprünglich verbunden sind, theils sich finden und vereinigen. Je unvollkommener das Geschöpf ist, desto mehr sind diese Theile einander gleich oder ähnlich, und desto mehr gleichen sie dem Ganzen; je volkommener das Geschöpf wird, desto unähnlicher werden die Theile einander. Je ähnlicher die Theile einander sind, desto weniger sind sie einander subordiniert.[22]

Es ist augenscheinlich, dass sich das Zitat Goethes, dessen Vorliebe für die Botanik bekannt ist, in eine rein soziologische Stellungnahme verwandelt werden kann, welche die Gesellschaften in zwei Typen teilt: die einfachen oder kaum entwickelten Gesellschaften, die sich durch die Ähnlichkeit ihrer Mitglieder, d.h. der Individuen, die sie bilden, kennzeichnen; und die komplexen oder fortgeschrittenen, zivilisierten Gesellschaften, deren Haupteigenschaft die Unähnlichkeit der Individuen ist. Diese soziologische Auffasung, die das ganze Werk von Schäffle durchzieht, ist zugleich eine der Hauptideen Durkheims, die vor allem in seiner Dissertation *De la division du travail social* (1893) zu finden ist.

Das Werk Schäffles hatte einen beträchtlichen Einfluss auf Durkheims Denkweise. Das gesteht Durkheim selbst, indem er Schäffle eine einzigartige Stellung in seiner Zeit zuschreibt,[23] und indem er über die geringe Kenntnis klagt, die man in Frankreich

22 Schäffle (FN 20), I S. VII.
23 Durkheim, *Textes I* (FN 1) S. 282.

von seinem Werk hat;[24] aber er entfernte sich etwas vom deutschen Autor durch die von Simon Deploige verursachte Polemik:

> Rien de plus inexact que d'attribuer à l'influence de Schäffle la conception que M. Deploige apelle réalisme social. Elle m'est venue en droite ligne de Comte, de Spencer et de M. Espinas que j'ai connus bien avant de connaître Schaeffle. M. Deploige laisse entendre, il est vrai, que si on la trouve chez Espinas, c'est qu'il était ‚très informé de la litterature sociologique allemande'. Je crois ne commettre aucune indiscrétion en faisant savoir à M. Deploige que M. Espinas n'a appris l'allemand que tardivement, en tout cas, il est certain qu'il ignorait Schaeffle quand il fit ses *Sociétés animales*.[25]

Trotzdem ist in den Schriften, die Durkheim in seiner Jugend verfasste, seine Vorliebe für Schäffle erkennbar.

Ähnlich wie für Schmoller ist für Schäffle die Gesellschaft „ein lebendiger Körper eigener Art", von „geistiger (psychischer)" Natur; sie ist „ein durch Vorstellungen bewirkter, durch symbolisierendes und praktisches Handeln vollzogener ‚idealer' Zusammenhang." Sie ist ein Wesen in sich selbst, das von den Individuen unabhängig ist, und das der organischen Welt nicht angehört, sondern eine ideelle Existenz hat.[26] Der „soziale Körper" ist „ein zusammenhängendes Ganzes von functionell differenzierten Grundbestandtheilen"; er hat ein „eigenartiges Leben", und ist „ein Ganzes mit ununterbrochenem Collectivbewusstsein"; sein geistiges Leben spiegelt sich im „Collectivbewusstsein" wieder.[27] Das Individuum ist, so Schäffle, ein Produckt der Gesellschaft. Jedes Individuum ist Träger eines individuellen Bewusstseins; und das Kollektivbewusstsein ist nicht die bloße Summe der Bewusstseine jedes einzelnen Individuums, sondern etwas anderes: „Das Gesamtbewusstsein [...] ist mehr als die Summe der individuellen Bewusstseinsinhalte", „das Individuum ist [...] viel

24 Durkheim, *Textes I* (FN 1) S. 355.
25 Durkheim, *Textes I* (FN 1) S. 403.
26 Schäffle (FN 20) S. 1.
27 Schäffle (FN 20) S. 3.

mehr das Product als der Urheber der Gesellschaft."[28] Diese Ansichten, die den damals so genannten sozialen Realismus widerspiegeln, der dem philosophischen Individualismus und dem Kontraktualismus der Aufklärung entgegensteht, tauchen im Werk Durkheims auf, sogar mit derselben Terminologie.

Da der soziale Körper seine eigene Natur hat, welche auf keine andere zurückzuführen ist, behauptet Schäffle, dass jener einer selbständigen Wissenschaft bedarf, die weder die Staatswissenschaft, noch die Ökonomie, noch die Technik, und nicht einmal die Psychologie sein kann. Diese Wissenschaft kann nur die „Sozialwissenschaft (sociologie, sociology)" sein."[29] Durkheim wird auch die Notwendigkeit einer autonomen Wissenschaft mit einer eigenen Methode zur Untersuchung der sozialen Tatsachen deutlich machen.

Die Methode dieser neuen Wissenschaft soll nach Schäffle eine empirische Methode sein, die die kausale und die teleologische (oder funktionale) Forschung verbindet.[30] Schäffle widmete der Darstellung dieser Methode einen Anhang im vierten Band seines Werkes *Bau und Leben*. Er meint, die Soziologie habe eine mehrfache Aufgabe: die „Ermittlung der Tatsachen", die „Feststellung der Typen", die „Erkenntnis des Nacheinander der Erscheinungen" und die Anwendung der politischen Teleologie.[31] Die Terminologie ist keineswegs modern, aber in den Ideen kann man inhaltsreiche Leitgedanken der von Durkheim verfochtenen soziologischen Methode finden. So erforscht die Soziologie nach Schäffle „Tatsachen", und nach Durkheim „faits sociaux". Sie bezweckt die Feststellung von „Gesellschaftstypen", die Durkheim „espèces sociales" nennt. Die Untersuchung der Aufeinanderfolge der sozialen Erscheinungen ist das dritte Ziel; die Soziologie teilt

28 Schäffle (FN 20) S. 12.
29 Schäffle (FN 20) S. 54.
30 Schäffle (FN 20) S. 85.
31 Schäffle, *Bau und Leben des socialen Körpers*, 4. Band, 2. Aufl. Tübingen (Laupp), S. 480.

sich in Statik und Dynamik; und in der Dynamik hat die Theorie des sozialen Wandels ihren Sitz. Diese Auffassung wird auch von Durkheim vertreten, obwohl man zugeben muss, dass diese Idee einen alten Ursprung hat, und dass sie schon bei Comte eindeutig auftaucht. Als Letztes fordert Schäffle die Anwendung der „praktischen Teleologie“, was selbstverständlich an der praktischen oder „moralischen“ Dimension, die Durkheim immer in der Soziologie sieht, Anschluss hat. Der französische Soziologe pflegte zu sagen, die Soziologie habe nicht nur die Aufgabe, die Wirklichkeit zu beschreiben und zu erklären, sondern sie hat auch den Zweck, die Grundsätze zu ihrer Verwandlung aufzustellen. Für Schäffle wie auch später für Durkheim hat die Soziologie einen „ethischen Charakter“, sie „krönt ihre Arbeit durch Berathung des Fortschrittes.“[32]

Nachdem Schäffle seine allgemeineren methodischen Ideen dargestellt hat, beschreibt er seine soziologische Methode in ausführlicher Weise. Diese beruht auf der Beobachtung, der Beschreibung und der Klassifikation.[33] Diese Ansicht wiederholt sich bei Durkheim. Mit dem erhaltenen Material geht Schäffle an die „analytischen Methoden der Induktion“ heran, mit dem Ziel, „Generalisationen“ zu erreichen. Diese Methoden sind: die „Generalisationsmethode oder die Methode der Übereinstimmung“, die „Methode der Unterschiede (Differenzen)“, die „Methode der Rückstände oder Reste“ und die „Methode der sich begleitenden Veränderungen“.[34] Schäffle fasst seine Ideen wie folgt zusammen: Die vielseitige Aufgabe der Soziologie ist die

> Festellung der Thatsachen durch Einzelbeobachtung und durch statistische Massenbeobachtung, durch die beschreibende und vergleichende Arbeit der Geschichtsschreibung und der Ethnographie, hierauf die Ermittlung aller besonderen Kausalzusammenhänge mit Hilfe der Methoden der Induk-

32 Schäffle (FN 31), S. 482.
33 Schäffle (FN 31), S. 483.
34 Schäffle (FN 31), S. 483–485.

> tion geschöpfter Obersätze der Deduktion, Berichtigung und Controlle der durch Deduktion gewonnenen Sätze durch Induktion-Verfahren.[35]

Eine nähere Erklärung verdient Schäffles Einstellung gegenüber der sozialen Pathologie. Wie später bei Durkheim ist die Unterscheidung zwischen Gesundheit und Krankheit und deren Anwendung auf die sozialen Erscheinungen einer der Punkte, der in seinem Werk hervorgehoben wird. Schäffle sagt,

> dass die krankhaften socialen Formen und Funktionen Verkümmerungen und Uebertreibungen, extreme Erschlaffungen und Steigerungen normaler Bildungen und Thätigkeiten sind, dass sie nicht völlig Neuartiges darstellen [...].[36]

Für Durkheim ist es genauso: Das Gesunde und das Kranke sind keine entgegengesetzten Modalitäten, sondern zwei Ausdrucksformen derselben Sache, d.h. der Wirklichkeit. Dieser Gedanke spiegelt die ärztliche Auffassung der Soziologie[37] wider, die damals Claude Bernard, der Gründer der so genannten Experimentalmedizin, verbreitete.[38] Als Ausdrucksform der Wirklichkeit soll das Pathologische in gleicher Weise wie das Gesunde untersucht werden. Das Problem, das jedoch nicht gelöst wird, ist, ein bestimmtes Kriterium zur Unterscheidung zwischen „normalen" und „kranken" sozialen Situationen zu finden. Allem Anschein nach ist die Beurteilung die einzige Lösung, aber diese würde das Prinzip der rein empirischen Forschung, das sowohl von Schäffle wie auch von Durkheim verteidigt wird, durchbrechen.

35 Schäffle (FN 31), S. 492.

36 Schäffle (FN 31), S. 504.

37 Alex Callinicos, *Social Theory-A Historical Introduction*, Cambridge (Polity Press), 1999, S. 132.

38 I. Bernard Cohen, *Revolution in Science*, Cambridge, Massachussets and London, England (The Belknap Press of Harvard University Press), 1985, S. 540ff. Carlo Montaleone, *Biologia sociale e Mutamento. Il pensiero di Durkheim*, Milano (Franco Agnelli), 1980, S. 37ff.

Es gibt noch weitere Aspekte im Werk Schäffles, die den Ideen Durkheims nahe sind. Er legt großen Wert auf die sozialen Gefühle, die die feste Grundlage der Moral, der Religion und des Rechts darstellen.[39] Besondere Bedeutung erlangt auch der soziale Begriff von „Beruf": Der Beruf ist „Wirken im Dienste socialen Lebens", eine „individualisierte Socialfunction";[40] je größer der Fortschritt, desto größer die Berufsfreiheit: „Jeder wahre Fortschritt der Civilisation führt [...] zu einem größeren Maße beruflicher Freiheit".[41] Mit Bezug auf den Begriff des Berufs führt Schäffle andere nicht weniger relevante Begriffe an, wie z. B. „individuelle Berufsfreiheit", „civile Freiheit", „bürgerliche Gleichheit", „Berufsverschiedenheit", „soziale Differenzierung".[42] Im zweiten Band von *Bau und Leben*, der der Erforschung der sozialen Evolution gewidmet ist, kommt Schäffle manchen Ideen Durkheims zuvor. Für Schäffle beruht die soziale Evolution auf der „Differenzierung (Arbeitstheilung)"[43]. Laut Schäffle erfolgt die Evolution der sozialen Körper nach einem Vorgang der „fortschreitenden Differenzierung ursprünglich homologer Elementargebilde verbunden mit steigend größerer Solidarität."[44] Ohne Zweifel leiten diese Sätze einige Grundthesen von Durkheims Auffassung ein.

Für Schäffle, wie später auch für Durkheim, fügen sich die Moral und das Recht, die als empirisch zu erforschende soziale Erscheinungen gelten, in die Ethik ein. Dank der Moral und dem Recht wird die soziale Kohäsion erzielt: „Wie ist es möglich, dass die millionenfältig sich kreuzenden collectiven und privaten Sonderwillen gleichwohl zu harmonischer Gesamtbewegung sich vereinigen? Welche Kräfte und Vorgänge bewirken das Emporsteigen aus dem Krieg Aller gegen Alle, und verhüten das fort-

39 Schäffle (FN 20), S. 129.
40 Schäffle (FN 20), S. 198.
41 Schäffle (FN 20), S. 197.
42 Schäffle (FN 20), S. 200 ff.
43 Schäffle, *Bau und Leben II*, 2. Aufl. 1881, S. 33.
44 Schäffle (FN 43), S. 34.

gesetzte Zurücksinken in das sociale oder vielmehr antisociale Chaos? Diese Frage ist gleichbedeutend mit dem Problem der Ethik, die sich als Moral- und als Rechtslehre mit dem Guten nach seinen zwei besonderen Bestimmtheiten, mit Moral und Recht befasst."[45] Nach Schäffle gliedern sich Moral und Recht in die Ethik ein. Diese Auffassung ist einerseits mit der Tradition des moralischen und rechtlichen Denkens verbunden; andererseits schlägt sie aber einen neuen Weg ein, indem sie diese Verbindung als eine empirische Verbindung versteht. Diesen Weg geht Durkheim, für den das Recht nichts anderes ist als ein sittliches Phänomen, oder, was auf das gleiche hinausläuft, ein soziales Phänomen, das empirisch zu erforschen ist. Neben einer spekulativen Ethik spricht Schäffle von einer „lebendigen Ethik".[46] Die „Mitarbeit", welche Durkheim nach dem französischen Solidarismus „solidarité" nennt, ist das, was die soziale Kohäsion erzeugt. Der Beruf ist nichts anderes als eine Art Kanal, die jede Mitarbeit ermöglicht, die wiederum das gesamte Leben der Gesellschaft möglich macht. Die Ethik bezeichnet den Inhalt des Willens der Einzelnen, der Handlungen und der Unterlassungen, die im Leben des sozialen Körpers mitwirken, als „das Gute". Der „Inbegriff aller dieser besonderer Güter", die die Entwicklung des kollektiven Lebens ermöglichen, „pflegt man ‚das' Gute, Ethische, oder in der Sprache der Ethiker und Moraltheologen auch das ‚höchste Gut' zu nennen."[47] Nachdem Schäffle die moralische Rolle der Berufe zur Erlangung dieser Mitarbeit, die die soziale Kohäsion ermöglicht, hervorgehoben hat, widmet er das letzte Kapitel des ersten Bandes seines Werkes der Erforschung der sozialen Institutionen, die die Gesellschaft gestalten. Er legt besonderen Wert auf die Berufskorporationen, und so kommt er Durkheim zuvor. Als der Franzose dieses Kapitel in der erwähnten Rezension kommentiert, unterstreicht er zwei Aspekte, mit

45 Schäffle (FN 20) S. 581.
46 Schäffle (FN 20), S. 583.
47 Schäffle (FN 20), S. 582.

denen er sich in den nachfolgenden Jahren beschäftigt, die Arbeitsteilung und die Notwendigkeit der Wiedereinführung der Berufskorporationen, mit dem Ziel, zwei Übel zu vermeiden: den Individualismus und den „despotischen Sozialismus".[48]

Durkheim war des Lobes voll über Schäffles Werk: Reichtum an Einzelheiten, Einheitlichkeit, große Gelehrsamkeit, unabhängiger Geist.

> On trouvera dans ces neuf cents pages, outre les doctrines sociales dont nous avons parlé [d.h. die Organizisten und Espinas, *Verf.*], une psychologie, une morale, une philosophie du droit, une théorie de la religion et les principes économiques du collectivisme. [...] il est peu de lectures plus hautement instructives por un Français. C'est par la pratique de ces patientes et laborieuses études que nous fortifierons notre esprit [...] trop amoureux de la simplicité. C'est en apprenant à regarder en face l'infinie complexité des faits, que nous nous déferons de ces cadres trop étroits, dans lesquels nous enfermons les choses. Il n'y a peut-être pas d'exageration à dire que l'avenir de la sociologie française est à ce prix.[49]

Aber Schäffles Werk ist nicht nur „une bonne éducation pour l'esprit"; das Wichtigste ist, dass es dazu führt, dass die Sozialwissenschaft einen entscheidenen Schritt wagt, „en revendiquant pour elle une complète indépendence".[50]

Deshalb kritisiert Durkheim Fouillée, weil dieser Schäffles Vorhaben nicht durchschaut hat; Fouillée meint nämlich, Schäffle habe sich vorgenommen, die Anwendung der biologischen Gesetze auf die Gesellschaft zu übertragen. Durkheim vertritt die Ansicht, Schäffle unternehme genau das Gegenteil. Er behauptet, dass, so wie der Arzt Claude Bernard der Physiologie einen großen Dienst erwies, indem er sie von der Physik und von der Chemie und auch von der Metaphysik trennte und sie somit für unabhängig erklärte, so sollte man auch „dans l'étude des sociétés" vorgehen und eine unabhängige Wissenschaft schaffen.[51] In

48 Durkheim, *Textes I* (FN 1), S. 371.
49 Durkheim, *Textes I* (FN 1), S. 372f.
50 Durkheim, *Textes I* (FN 1), S. 373.
51 Durkheim, *Textes I* (FN 1), S. 373.

Bezug auf Schäffle verkündet er: „La sociologie est maintenant sortie de l'âge héroïque."[52] Nichtsdestotrotz ist Schäffle, so Durkheim, zum Teil verantwortlich für das biologistische Bild seiner Auffassungen und auch für die Tatsache, dass er das Unabhängigkeitsprinzip nicht bis zu Ende geführt hat: „il répète à chaque instant qu'il n'admet pas la doctrine des biologistes: et pourtant il y fait d'importants emprunts."[53] Durkheim wirft ihm auch seinen „éclecticisme" vor.[54]

Durkheim lobte Schäffle auch im Rahmen einer Vorlesung im Studienjahr 1888: Die Soziologie, sagt er, „vous l'avez vue naître avec les économistes, se constituer avec Comte, se consolider avec Spencer, se déterminer avec Schäffle, se spécialiser avec les juristes et les économistes allemands."[55]

IV. Die Juristen: Ihering und Jellinek

Die juristische Denkweise der zweiten Hälfte des 19. Jahrhunderts steht unter dem Einfluss von Rudolf von Ihering. Nach Durkheim ist die neue, durch den Soziologismus geprägte Methode der Rechtsphilosophie in den beiden Bänden von *Der Zweck im Recht* (1877, 1883) enthalten.[56] Von dem „ersten" Ihering, d.h. von dem Ihering der Begriffsjurisprudenz, Autor des Werkes *Geist des römischen Rechts* (1862–1865), sagt er kein Wort. Was Durkheim am Werk Iherings reizte, war, dass sich im Bereich der

52 Durkheim, *Textes I* (FN 1), S. 374.

53 Durkheim, *Textes I* (FN 1), S. 374.

54 Durkheim, *Textes I* (FN 1), S. 375.

55 Durkheim, „Cours de science sociale. Leçon d'ouverture", *Revue internationale de l'einsegnement* 15, 1888, S. 23–48; in Durkheim, *La science sociale et l'action*, hrsg. v. Jean Claude Filloux, Paris (PUF), S. 77–110; S. 100.

56 Durkheim, *Textes I* (FN 1), S. 287.

Rechtswissenschaften, und im Besonderen in der Rechtsdogmatik, ein Denkmodell durchsetzte, welches mit der begriffsrechtlichen Tradition brach. Meiner Meinung nach beeindruckten Durkheim manche Auffassungen Iherings hinsichtlich der Natur des Rechts, die dieser mit großer Klarheit und Überzeugung vertrat.

Das ganze Werk Iherings ist mit einem pragmatischen Streben aufgebaut. Sein Grundgedanke lautet: „Der Zweck der Schöpfer des gesamten Rechts ist, dass es keinen Rechtssatz gibt, der nicht einem Zweck, d.i. einem praktischen Motiv seinen Ursprung verdankt."[57] Nach Ihering ist der Hauptzweck vom Recht im Wesentlichen ein sozialer Zweck. Das Recht ist ein Mittel für die Gesellschaft und kein Zweck an sich. „Endzweck des Staates wie des Rechts ist die Herstellung und Sicherung der Lebensbedingungen der Gesellschaft",[58] die sich nicht auf die materiellen Bedingungen beschränken, sondern auch die ideellen oder geistigen Bedingungen mit einbeziehen.[59] Daher soll die Rechtswissenschaft diese praktischen Motive analysieren, die zwangsläufig von sozialer Natur sind.

Die Ansichten Iherings über das Recht fassen das Paradigma des positivistischen Rechtsdenkens zusammen. Einerseits ist das Recht „der Inbegriff der in einem Staat geltenden Zwangsnormen."[60] Der Zwang ist ein wesentliches Element vom Recht und dieses ist ein staatliches Phänomen. Durkheims Werk ist von dieser Auffassung geprägt. Für ihn ist das Recht ein Bestandteil der sozialen Moral, und die Normen der sozialen Moral sind immer Zwangsnormen. Das Recht stellt den festesten Bestandteil der Moral dar und enthält somit den stärksten Zwang. Durkheim betrachtet die Funktion des Staats auch als etwas Wesentliches,

57 Rudolf von Ihering, *Der Zweck im Recht*, Erster Band, erste Auflage in volkstümlicher Gestalt, Leipzig (Druck und Verlag von Breitkopf und Härtel), 1923, S. V.

58 Ihering (FN 57), S. 330, 339 ff.

59 Ihering (FN 57), S. 346.

60 Ihering (FN 57), S. 249.

dabei hebt er dessen pädagogischen und geistigen Aspekt aber hervor.[61] Von einem anderen Gesichtspunkt, der das normativistische Konzept des Rechts ergänzt, verbindet Ihering das Recht mit der Gesellschaft, indem er behauptet, dass das Recht die Gesamtheit der Lebensbedingungen der Gesellschaft im weitesten Sinne des Wortes, die durch die äußere Staatsgewalt gesichert wird, darstellt.[62] Ihering unterstreicht den „gesellschaftlichen Charakter des Privatrechts",[63] die „gesellschaftliche Auffassung des Privatrechts"[64]; dies weist auf die soziologische Auffassung Durkheims hin, nach der das gesamte Recht sozialen Charakter hat und nach der die Unterscheidung zwischen öffentlichem und privatem Recht eine praktische, nicht aber eine wissenschaftliche Bedeutung hat.

Der Begriff der Rechtsnorm, mit dem Ihering umgeht, verbreitete sich zu jener Zeit:

> Jede Norm enthält einen bedingten Imperativ, die besteht also stets aus zwei Bestandteilen, dem Bedingenden (Voraussetzungen, Tatbestand) und dem Bedingten (Imperativ), sie lässt sich daher stets in der Formel „wenn – dann" wiedergeben.[65]

Dieser Begriff der Norm, der sich vor allem auf das Gesetz bezieht, ist der Begriff, der allgemein von den Juristen zur Zeit Durkheims benutzt wird.

Manche Ideen Iherings über das Verbrechen nehmen einige Auffassungen Durkheims vorweg. Bei Ihering findet man tatsächlich einen soziologischen Begriff des Verbrechens. Dieses sei ein schwerer Angriff auf die Lebensbedingungen der Gesellschaft,[66]

61 A. Callinicos (FN 37), S. 137: „Unlike Marx and Weber, Durkheim does not conceive the state as primarily a coercitive institution."

62 Ihering (FN 57), S. 399.

63 Ihering (FN 57), S. 415.

64 Ihering (FN 57), S. 416.

65 Ihering (FN 57), S. 272.

66 Ihering (FN 57), S. 382.

den das Gesetz als solchen feststellt, indem es jener verbrecherischen Handlung eine öffentliche Strafe zuteilt.[67] Je wichtiger das beschädigte Gut ist, desto härter ist die Strafe. „Der Tarif der Strafe ist der Wertmesser der sozialen Güter."[68] Für Durkheim spiegeln die Strafen die kollektiven Gefühle wider, die dann reagieren, wenn sie jemand verletzt.

Der zweite Band von *Der Zweck im Recht* ist der Untersuchung von „dem Sittlichen" gewidmet; dieser Begriff muss im weiteren Sinne verstanden werden, da für Ihering die moralische Erscheinung aus sozialen Imperativen oder Normen zusammengesetzt ist, die sich in vier Gruppen aufteilen: die Mode, die Sitte, die Moral und das Recht.[69]

Ihering verkündet deutlich, dass die „sittlichen Normen" den Ausgangspunkt seiner Theorien darstellen[70], so dass man von vornherein behaupten kann, dass es um eine normativistische Auffassung geht. Er fügt außerdem hinzu, dass „das Sittliche und das Gesellschaftliche gleichbedeutend" sind, so dass „man immer wenn man etwas als ‚sittlich' bezeichnet, diesen Ausdruck mit ‚gesellschaftlich' vertauschen kann", da „alle sittlichen Normen gesellschaftliche Imperative"[71] sind. Die Auffassung Iherings ist also soziologisch oder zumindest soziologistisch geprägt. Die moralischen Phänomene sind soziale Phänomene. Die Moral ist zugleich eine soziale und eine normative Wirklichkeit. „Moral" und „sozial" sind gleichwertige Begriffe, die sich gegenseitig ersetzen können, ohne die Bedeutung dessen, was man sagt, zu verändern. In diesem Sinne kann man behaupten, dass Iherings Auffassung der Richtung einer normativistischen Soziologie angehört, eine Bezeichnung, die im Allgemeinen auch für die Denkart Durkheims gilt. Auch für diesen ist das Moralische mit dem

67 Ihering (FN 57), S. 377.
68 Ihering (FN 57), S. 384.
69 Ihering, *Der Zweck im Recht*, zweiter Band, 1. Aufl. 1883, 2. Aufl. 1886, Neudruck Leipzig (Druck und Verlag von Breitkopf und Härtel), 1923, S. 44 f.
70 Ihering (FN 69), S. 77.
71 Ihering (FN 69), S. 81.

Sozialen vergleichbar, und genauso versteht er die Moral im normativistischen Sinne.

Wenn man in diese soziologische Auffassung der Moral, die Ihering und Durkheim teilen, eindringt, kann man feststellen, dass der erste die Tatsache betont, dass „die Gesellschaft [...] die Quelle alles Sittlichen“[72] ist. Die Gesellschaft ist nicht die bloße Summe von Individuen, sondern eine Vielzahl von Individuen in „Zusammengehörigkeit, Verbindung, Einheit“, die in einer Ordnung sichtbar wird; „keine Gesellschaft ohne gesellschaftliche Ordnung“; jede Ordnung setzt die „Abhängigkeit der Teile vom Ganzen“; „die Begriffe Gesellschaft, gesellschaftliche Ordnung, gesellschaftliche Norm, gesellschaftlicher Zwang hängen demnach aufs Engste zusammen.“[73] Deshalb betrachtet er seine Auffassung als eine „soziale“ Theorie der Ethik. Aber da sich die Gesellschaft im ständigen Fortschritt befindet, sollte nicht von einer bloß sozialen Theorie die Rede sein, sondern eher von einer „geschichtlich-gesellschaftlichen“ Theorie.[74] Diese Auffassung muss die „Relativität des Sittlichen“ annehmen, die nicht als „wahr“, sondern als „richtig“ zu definieren ist. Die Wahrheit besteht nur darin, dass sich die Moral fortentwickelt.[75] Diese Gedanken findet man auch bei Durkheim.

Von diesen Ideen ausgehend, kritisiert Ihering die vorherrschende ethische Lehre, weil diese unhistorisch und abstrakt, „philosophisch“ ist. Gegen die „philosophische Behandlungsweise der Ethik“ richtet sich Iherings Lehre als ein

> Zweig der Gesellschaftswissenschaft und eine Zwillingschwester aller derjenigen Disziplinen, die mit ihr auf demselben realen Boden der geschichtlich-gesellschaftlichen Erfahrung stehen, d.i. der Jurisprudenz, Statistik, Nationalökonomie, Politik.[76]

72 Ihering (FN 69), S. 93.
73 Ihering (FN 69), S. 139f.
74 Ihering (FN 69), S. 94.
75 Ihering (FN 69), S. 95.
76 Ihering (FN 69), S. 98.

Die Ethik, wissenschaftlich behandelt, wird für Ihering zur „Königin unter den Gesellschaftswissenschaften", mit einer offenbaren „praktischen Verwendbarkeit", von der die soziale Politik ausgeht, und insbesondere der wichtigste ihrer Zweige: „die nationale Pädagogik".[77] Ich bin mir sicher, dass Durkheim beim Lesen dieser Seiten bei Ihering entweder die Eingebung oder die Bestätigung seiner noch nicht zu Papier gebrachten Gedanken fand.

Der Gründer der französischen Soziologie macht auch eine Anspielung, obgleich nur beiläufig, auf ein Buch, das Jellinek im Jahre 1878 veröffentlichte, und welches die ethische und soziale Bedeutung des Rechts, des Verbrechens und der Strafe untersucht.[78] Es ist bemerkenswert, mit welcher Ungezwungenheit Durkheim der intellektuellen Pflicht ausweicht, den Inhalt dieses Buches zu behandeln. Er meint: „Une étude de ce livre appartiendrait d'ailleurs plutôt à un travail sur la criminologie allemande."[79] Dennoch erweist die Analyse jenes Buches, dass es, wie schon der Titel andeutet, von der ethischen und sozialen Bedeutung dreier grundlegender Rechtsbegiffe handelt, eine Aufgabe, die auch Durkheim in seinem Werk ausführen wird. Es genügt, das Vorwort zu lesen, um sich der völligen Übereinstimmung in der wissenschaftlichen Motivation beider Autoren gewahr zu werden: „Die folgende Abhandlung – behauptet Jellinek – hat vor allem den Zweck, den wissenschaftlichen Begriff vom Ethischen festzustellen, um von ihm aus den Überblick über die Fundamentalfragen des Rechts zu gewinnen." Das Ziel Jellineks ist die Ersetzung der „spekulativen" durch die „wissenschaftliche" Philosophie. Bis jetzt, meint er, hätten die Naturwissenschaften diese wissenschaftliche Philosophie untermauert; es ist nötig, dass dies auch im Bereich der Geisteswissenschaften geschieht. Das Recht gehört zur Ethik, und diese soll wissenschaftlich und nicht spekulativ untersucht wer-

77 Ihering (FN 69), S. 103 ff.

78 Georg Jellinek, *Die sozialethische Bedeutung von Recht, Unrecht und Strafe*, Wien, 1878, Neudruck Georg Olms Verlagsbuchhandlung, Hildesheim 1967.

79 Durkheim, *Textes I* (FN 1), S. 287.

den, damit auch von einer echten Rechtswissenschaft die Rede sein kann.[80] Ist dies nicht etwa dieselbe Absicht und dieselbe Auffassung, die Durkheim dazu führte, seine Werke zu schreiben? Jellinek deutet außerdem den für ihn richtigen Weg an: die in Frankeich von August Comte, in England von John Stuart Mill und Herbert Spencer, in Deutschland von Schäffle und Wagner eingeschlagene Richtung.[81] Das sind genau die Autoren, die auch für Durkheims Weg zur Soziologie bestimmend waren!

Jellineks Buch besteht aus fünf Teilen: die Einleitung, in der es um „die Socialwissenschaft" geht, und vier Kapitel, die mit folgenden Titeln versehen sind: „Die Socialethik", „Das Recht", „Das Unrecht" und „Die Strafe". Der Inhalt erhellt, dass Durkheim mit Jellinek nicht nur in der allgemeinen Stellungnahme übereinstimmt.

Die Einleitung hat eine methodologische Absicht. Nachdem Jellinek die Objetktivität für die Wissenschaft fordert, meint er, Comte folgend, dass es nötig sei, „[die] abstrakte, über den Dingen schwebende Begriffe [...] auf[zu]geben", denn „nur allzu oft begegnen wir [...] der durchgängigen Verwechslung von *nomen* und *res* und der unbewussten Hypostasierung abstracter Begriffe."[82] Nur ein Schritt entfernt ist diese Idee von der Behauptung, man müsse an die Sachen selbst herangehen, was ein Prinzip der von Durkheim eingeführten soziologischen Methode ausmacht; oder, genauer gesagt, man sagt das gleiche, aber mit anderen Worten. Das positivistische Programm wird auch deutlich von Jellinek gestaltet. Die Sozialwissenschaften sollen dem gleichen Weg wie die Naturwissenschaften folgen:

> [...] Tatsachen sammeln, prüfen, sichten, aus ihnen feste Regeln inducieren, aus diesen Gesetzen andere deduciren, das Zusammengesetzte analysieren, die einzelne Teile zu complicirteren Verbindungen zusammenzufügen suchen.[83]

80 Jellinek (FN 78), S. V f.
81 Jellinek (FN 78), S. 33–41.
82 Jellinek (FN 78), S. 4 f.
83 Jellinek (FN 78), S. 9.

„Die Socialwissenschaft erfasst also und begreift den Staat, die Wirtschaft, das Recht, die Sprache, die Sitten, die Religion, die Kunst, die Wissenschaft und zuhöchst die Geschichte als gesellschaftliche Produkte." In der Gesellschaft, nicht als „ein abstrakter Begriff", sondern als „die reale Tatsache des Zusammenlebens und Zusammenarbeitens" verstanden, „finden die einzelnen Disziplinen ihren gemeinsamen Einigungspunkt."[84] Hier sehen wir auch einige Irisierungen, die an die erkenntnistheoretische Auffassung von Durkheims Soziologie erinnern. Mit dieser Auffassung ist Jellineks Idee, die Soziologie habe neben dem kognitiven auch einen praktischen Zweck, nicht weniger verbunden, da sich aus der Theorie eine praktische Folge für das wirkliche Leben ergebe.[85]

Das erste Kapitel widmet Jellinek der „Sozialethik", eine Überschrift, die sich Durkheim bald zu eigen macht: die „moral sociale". Jellinek meint, es gebe zwei verschiedene Betrachtungsweisen, um die Frage nach der Erkenntnis der Moral anzuschneiden: den spekulativen und den empirischen Gesichtspunkt. Der erste geht den Weg der Metaphysik, während der zweite den Weg der Erfahrung einschlägt. Da das Individuum nicht in sich selbst, sondern als soziales Produkt existiert, „so wird die empirische Ethik den Ursprung des Sittlichen in Natur und Gesellschaft suchen, sie wird Socialethik sein müssen."[86] Die sozialen Normen kommen von der Existenz der Gesellschaft, die auf der „Solidarität der Gesellschaftsmitglieder" beruht.[87] Wer sich in Durkheims Werk einarbeitet, wird zweifellos einen klaren Parallelismus und sogar eine Übereinstimmung mit diesen Ideen finden.

Das zweite Kapitel widmet Jellinek dem Sinn des Rechts. Das Recht ist „das ethische Minimum",[88] das die Existenzbedingun-

84 Jellinek (FN 78), S. 11.
85 Jellinek (FN 78), S. 12.
86 Jellinek (FN 78), S. 15f.
87 Jellinek (FN 78), S. 25.
88 Jellinek (FN 78), S. 42.

gen in einer bestimmten Gesellschaft bewahrt.[89] Die individualistisch-kontraktualistische Theorie hat das Recht von der Moral getrennt, aber „beide entstammen der Sitte, der ethischen Gewohnheit."[90] Die vereinfachende These, das Recht gehöre dem Äußeren, während der Bereich der Moral das Innere ausmache, ist unannehmbar, denn das Recht hängt direkt vom Rechtsgefühl der Einzelnen ab und darauf beruht seine „ethische Bedeutung"[91] und seine „Innerlichkeit".[92] Die Innerlichkeit des Rechts erklärt sich durch das Bedürfnis der sozialen Ordnung sowohl nach äußeren Verhaltensformen wie auch nach dem „inneren Wollen" der Individuen, das Recht aufrecht zu erhalten, obwohl es nicht unentbehrlich ist, dass jeder Einzelne jenes innere Wollen hat; es reicht, wenn es „die Gesamtheit" der Mitglieder der Gesellschaft hat.[93] So ist für Jellinek das Recht eine soziale Erscheinung. Recht und Moral sind soziale Phänomene, deren Analyse einer positiven Wissenschaft zukommt: der sozialen Ethik. Das ist, glaube ich, genau Durkheims Auffassung. Man kann feststellen, dass Jellineks Werk keine Abhandlung über deutsche Kriminologie darstellt, wie der französische Soziologe behauptete.

Das dritte Kapitel ist dem Verbrechen gewidmet. Jellinek hat eine soziopsychologische Vorstellung des Verbrechens. Es ist „ein soziales Produkt",[94] „ein Angriff auf die Existenzbedingungen durch den normwidrigen menschlichen Willen."[95]

Das Verbrechen ist für Jellinek ein Akt, der die Rechtsnorm verletzt und der die Gesellschaft beeinträchtigt. Seine psychosozialen Wirkungen sind schlimm. Es erzeugt in der Gesellschaft eine Erschütterung, sowohl bei dem direkten Opfer, als auch bei den normalen Individuen, die nicht Opfer sind. Es ist ein schlech-

89 Jellinek (FN 78), S. 43.
90 Jellinek (FN 78), S. 50.
91 Jellinek (FN 78), S. 52.
92 Jellinek (FN 78), S. 51.
93 Jellinek (FN 78), S. 53.
94 Jellinek (FN 78), S. 80.
95 Jellinek (FN 78), S. 56.

tes Beispiel für die anormalen ethischen Individuen. Es erzeugt ein Gefühl der Unsicherheit, indem es die Festigkeit der festgesetzten Ordnung in Frage stellt; mit ihm flaut die soziale Ehrfurcht vor der Norm ab, und somit auch deren psychologische Wirksamkeit; und dies geschieht nicht nur mit der übertretenen Norm, sondern mit dem gesamten Recht; kurzum, das Verbrechen unterhöhlt die Autorität, indem es sie entwaffnet. Aus all diesen Gründen ist die soziale Reaktion gegen das Verbrechen nötig, die alles richtig stellt. Diese soziale Reaktion ist die Strafe.[96]

Die Schwere der Verbrechen soll hinsichtlich der Energie der sozialen Reaktion, d.h. hinsichtlich der Strafen, gemessen werden.[97] Die Strafe ist das entscheidende Element zur Erfassung der Schwere des sanktionierten Verbrechens. Die Strafe hat, nach Jellinek, eine soziale Funktion: „Sie ist ein Mittel, das die Gesellschaft anwenden muss, um die Bedingungen ihrer Existenz und Tätigkeitsformen zu erhalten."[98] Auf die Frage, welcher der konkrete Inhalt einer bestimmten Strafe sei, antwortet Jellinek, dass sie nicht im Abstrakten zu beantworten ist, sondern nur, wenn die Wandlung der sozialen Wirklichkeit in Betracht gezogen wird. „Bei minder entwickelten Völkern ist das Strafrecht noch innig mit dem Privatrecht verbunden."[99] Die Entwicklung der Zivilisation „ist begleitet von der stetigen Zunahme der Bedeutung und der Anerkennung der subjektiven Seite des Menschen"[100] und es taucht „ein neues Moment in das Rechtsbewusstsein [...] – die Schuld – auf."[101] „Die wachsende Bedeutung der Persönlichkeit im Fortgange der Geschichte ist [...] eine notwendige Folge der sozialen Entwicklung. Denn jede Entwicklung besteht in der Zunahme der Compliciertheit der in einem Körper vorgehenden

96 Jellinek (FN 78), S. 57f.
97 Jellinek (FN 78), S. 59.
98 Jellinek (FN 78), S. 109.
99 Jellinek (FN 78), S. 110.
100 Jellinek (FN 78), S. 111.
101 Jellinek (FN 78), S. 110.

Processe und in der sich stärker ausprägenden Individualität der einzelnen Glieder."[102] Die Verstärkung der Empfindsamkeit gegenüber dem Individuum hat drei Folgen: das Hervortreten des Begriffs der Schuld, die Individualisation der Strafe und die „Verminderung des Reactionstriebes" gegen den Verbrecher.[103] „In der modernen Zeit [hat] die Freiheitsstrafe alle anderen in den Hintergrund gedrängt."[104] Diese Deutung des Verbrechens und dessen Beziehung zur Strafe wie auch die Richtung ihrer Entwicklung ist dieselbe, die Durkheim vertritt, obgleich er ein weiteres Element hinzufügt, das ihn von Jellinek entfernt: Während Jellinek den pathologischen Charakter des Verbrechens bestätigt, behauptet Durkheim ihre „normale" Natur.

Auch die Ähnlichkeit bezüglich der Sanktionen und der Sanktionstypen lässt sich beweisen. Für Jellinek erfüllt die Strafe vor allem die Funktion der Wiederherstellung des sozialen Gleichgewichts, das durch das Verbrechen verletzt wurde. Dieses schädigt die Gesellschaft, die als eine Gesamtheit zu sehen ist. Das Verbrechen kann Gütern von unterschiedlich sozialer Wichtigkeit schaden, so dass die Reaktionen gegen den Verbrecher verschiedenartig sein werden. So sind manche Reaktionen Akte der „Reparation" hinsichtlich jener Güter, die „restituierbar" sind; andere sind Reaktionen der „Repression", das sind die Strafen im eigentlichen Sinne des Wortes.[105] Um den Unterschied zwischen „Reparation" („Ersatz") und „Strafe" zu erklären, beruft sich Jellinek auf „die lichtvollen Ausführungen Bindings",[106] der ein hervorragender Strafrechtler seiner Zeit war und der durch die Veröffentlichung seines Werkes *Die Normen und ihre Übertretung*[107] bekannt wurde.

102 Jellinek (FN 78), S. 112.
103 Jellinek (FN 78), S. 113 f.
104 Jellinek (FN 78), S. 128.
105 Jellinek (FN 78), S. 119 ff.
106 Jellinek (FN 78), S. 121.
107 Karl Binding, *Die Normen und ihre Übertretung*, 1. Band,Leipzig, 1872, S. 207 ff. Neudruck der 4. Aufl. Leipzig 1922 (Scientia Verlag Aalen, 1991), S. 287 ff.

Jellinek sagt:

> [Die] Repression ist nur möglich durch eine Reaktion gegen den Urheber des Delictes und dadurch unterscheidet sie sich von der Reparation, welche nur die Wiederherstellung des objektiven Zustandes der Rechtsgüterwelt im Auge hat, und daher in viel engerer Beziehung zu dem die objective Störung verursachenden Individuum steht als die strafende Repression.[108]

Jellinek hebt hervor, dass die Strafen verschiedene Funktionen haben: die Genugtuung des Opfers oder Beleidigten, die repressive Funktion, die Sozialisierung des Verbrechers und die Funktion der „sozialen Gerechtigkeit", unter der man die Wiedereinsetzung der Gerechtigkeit versteht, die einer bestimmten Gesellschaft zukommt.[109]

Wenn man die Thesen, die Jellinek in dem genannten Werk auslegt, mit den Thesen Durkheims bezüglich des Strafrechts, der Natur des Verbrechens und der Strafe vergleicht, so stellt man nicht nur Ähnlichkeiten fest, sondern auch perfekte Übereinstimmungen. Es erweist sich als vollkommen unangebracht, dass Durkheim Jellineks Werk abfertigt, indem er sagt: „une étude de ce livre appartiendrait d'ailleurs plutôt à un travail sur la criminologie allemande."[110] Eher als mit der Kriminologie beschäftigt sich diese Abhandlung mit der „sozialen Ethik", nach Jellineks Bezeichnung, oder, wenn man es anders ausdrücken will, mit der Sozialphilosophie (oder Soziologie) des Strafrechts; dies bedeutet natürlich, dass Jellineks und Durkheims Auffassungen zu diesen Problemen identisch oder zumindest sehr ähnlich sind.

108 Jellinek (FN 78), S. 121.
109 Jellinek (FN 78), S. 121–130.
110 Durkheim, *Textes I* (FN 1), S. 287, Fussnote 18.

V. Die „Moralisten": Wilhelm Wundt

Wilhelm Wundt ist einer der Autoren, den Durkheim in seiner Jugend am meisten schätzte. Nachdem er Medizin studierte, widmete er sich der Psychologie und der Philosophie. Ab 1875 war er Professor in Leipzig; er wurde durch die Gründung und Leitung des Institut für experimentelle Psychologie sehr bekannt. Das Werk Wundts, mit dem sich Durkheim am intensivsten beschäftigte, war *Ethik*.[111]

Es ist bemerkenswert, dass der Ausdruck „sittliches Leben" ständig benutzt wird, was in den Sozialwissenschaften des 19. und Anfang des 20. Jahrhunderts üblich war.[112] Die Ethik hat die Erforschung der Tatsachen und der Gesetze des moralischen Lebens zum Ziel. Unter dem Begriff „moralisches Leben" ist vor allem die kollektive Moral, die soziale Moral zu verstehen. Wundt nimmt sich vor, die Ethik empirisch zu begründen: „eine empirische Begründung der Ethik".[113] Die Tür, um zur Ethik zu gelangen, ist die „Völkerpsychologie", der Wundt sein umfangreichstes Werk widmete.[114] Die Aufgabe dieser Wissenschaft ist, „die Geschichte der Sitte und der sittlichen Vorstellungen unter psychologischen Gesichtspunkten zu behandeln."[115] Für Wundt ist die Ethik eine „Normwissenschaft".[116] Aber für die Normen ist kennzeichnend, dass sie als „Verallgemeinerungen aus Thatsachen" erscheinen, so dass der explikative Standpunkt Vorrang hat und

111 Wilhelm Wundt, *Ethik. Eine Untersuchung der Thatsachen und Gesetze des sittlichen Lebens*, Stuttgart, Verlag von Ferdinand Enke, 1886.

112 Über den Gebrauch des Begriffes „Leben" in dieser Zeit vgl. G. Robles, *Ley y derecho vivo. Método jurídico y sociología del derecho en Eugen Ehrlich*, Madrid, Centro de Estudios Políticos y Constitucionales, 2002.

113 Wundt (FN 111), S. III.

114 Wilhelm Wundt, *Völkerpsychologie*, 10 Bände, 1900–1920.

115 Wundt (FN 111), S. III.

116 Wundt (FN 111), S. 1.

Vorgänger des bloß spekulativen Standpunkt der Ethik ist.[117] Jedes Werturteil ist für Wundt eine Tatsache, und ihre authentische Grundlage stützt sich auf den menschlichen Willen (Wundts Voluntarismus).[118]

Die Hauptmethode zur Untersuchung der Ethik ist die „Beobachtung", sowohl in ihrem inneren oder subjektiven Aspekt der inneren Wahrnehmung, wie auch im äußeren oder objektiven Aspekt hinsichtlich der in der Gesellschaft und in der Geschichte vorkommenden Erscheinungen.

> Die subjektive Methode leidet unter der verbreiteten Einseitigkeit psychologischer Betrachtung, indem sie bald auf die Reflexion, bald auf die Gefühlsmotive des Handelns das Hauptgewicht legt. Die objektive Methode stützt sich, um nicht der erdrückenden Vielgestaltigkeit sittlicher Thatsachen zu erliegen, entweder auf die Geschichte [...] der Sitte, oder auf die allgemeine Culturgeschichte, oder sie sucht die in den objectiven Rechtsbildungen zum Ausdruck gelangten Normen, oder auch in den Erscheinungen des wirthschaftlichen Verkehrs nachzuweisenden Motive des Handelns für ihre Zwecke zu verwerthen. So entspringt aus der subjectiven Methode eine Reflexions- und eine Gefühlsethik, die untereinander wieder lebhaft im Streite liegen, und die objective spaltet sich in eine anthropologische, historische, juristische, nationalökonomische Ethik, wobei es übrigens an Verbindungen dieser specielleren Richtungen nicht ganz gefehlt hat.[119]

Aber für Wundt ist die Ethik „weder eine rein speculative noch eine rein empirische Disziplin, sondern sie ist, wie jede allgemeine Wissenschaft, empirisch und especulativ zugleich."[120] Durkheim lobt die von Wundt aufgestellte Methode sehr.[121]

Im Werk Wundts findet man eine ausführliche Untersuchung der moralischen Tatsachen und deren Entwicklung.[122] Dieses ganze Material fasst Durkheim zusammmen, indem er sagt, dem Werk

117 Wundt (FN 111), S. 2f.
118 Wundt (FN 111), S. 3f.
119 Wundt (FN 111), S. 10f.
120 Wundt (FN 111), S. 12.
121 Durkheim,*Textes I* (FN 1), S. 298ff.
122 Wundt (FN 111), S. 15–233.

des Deutschen folgend, dass vier wesentliche Faktoren die Bildung der Moral verursacht haben: die Religionen, die Sitten, die Umwelt und die Zivilisation.[123]

Wundt legt besonderen Nachdruck auf die Notwendigkeit, zwischen dem Motiv und dem Zweck zu unterscheiden[124] und verteidigt „das Gesetz der Heterogonie der Zwecke". Er sagt:

> Mit diesem Namen wollen wir die allgemeine Erfahrung bezeichnen, dass in dem gesamten Umfang menschlicher Willenshandlungen die Bethätigungen des Willens immer in der Weise erfolgen, dass die Effecte der Handlungen mehr oder weniger weit über die ursprünglichen Willensmotive hinausreichen, und dass hierdurch für künftige Handlungen neue Motive entstehen, die abermals neue Effecte mit ähnlichen Folgen hervorbringen.

Diese Unterscheidung läuft parallel zu Durkheims Unterscheidung zwischen Ursache und Funktion; Wundt folgend, behauptet er: „les moeurs naissent ou se modifient sous l'influence des causes très differentes des fins qu'elles rempliront plus tard."[125]

Vom „Völkerbewusstsein"[126] oder „Gesamtbewusstsein der Gesellschaft"[127] spricht Wundt häufig. Beim Auslegen der Grundbegriffe seiner Ethik geht er vom Begriff „Willen" aus und hält den individuellen Willen vom „Gesamtwillen", ein Begriff, der Rousseaus „allgemeinem Willen" sehr nahe steht, auseinander. An all diesen Ausdrücken fand Durkheim Gefallen, und er verwendet sie auch in seinen Werken.

Für Wundt bilden die Religion, die Sitten und Bräuche, die Moral und das Recht ein zusammenhängendes Ganzes. Der Mythos ist für ihn „eine ursprüngliche Metaphysik".[128] Die Religion drückt „alle diejenigen Vorstellungen und Gefühle, die auf ein

123 Durkheim (FN 111), S. 301.
124 Wundt (FN 111), S. 231.
125 Durkheim, *Textes I* (FN 1), S. 313.
126 Wundt (FN 111), S. 38.
127 Wundt (FN 111), S. 92.
128 Wundt (FN 111), S. 38.

ideales, den Wünschen und Forderungen des menschlichen Gemüthes vollkommen entsprechendes Dasein sich beziehen", aus.[129] Die Götter stellen „sittliche Ideale" dar.[130] Jede Religion trägt eine „sittliche Weltordnung" in sich, die oft sichtbar wird im Glauben an das Leben nach dem Tode und in der Idee der Vergeltung, die später auf das Recht übertragen wird.[131] Die Sitten und Bräuche entstehen durch religiöse Praktiken und Vorstellungen.[132] Dennoch hat sich die Religion in unserer Kultur von den Sitten und Bräuchen so entfernt, dass sie für uns „zwei völlig verschiedene Gebiete"[133] darstellen. Die Sitten und Bräuche erfahren Umwandlungsvorgänge und Zweckmetamorphosen, genauso wie bei den Wörtern ein Bedeutungswandel eintritt.[134] Von den Sitten stammen das Recht und die Sittlichkeit.[135] In Verbindung mit diesen Ideen baut Wundt ein System von „Grundnormen" auf, wobei er den „sittlichen Normen", die für ihn die „Rechtsnormen" einbeziehen, besondere Aufmerksamkeit schenkt.[136] Ich glaube, das die Gesamtheit dieser Ideen ein theoretisches Fachwerk bilden, welches auf Durkheims Denkweise einen starken Einfluss hatte. Dieser hält das Recht für einen Teil der Sittlichkeit, und zugleich versteht er die Moral im empirischen oder sozialen Sinne. Die Religion ist der Ursprung von allem Sozialen. Obwohl Durkheim einige Jahre später behauptete, dass er beim Lesen von Robertson Smiths Werk der sozialen Wichtigkeit des religiösen Phänomens gewahr wurde, kann nicht geleugnet werden, dass er schon bei Wundt eine Hinterlassenschaft von Ideen und Anregungen fand, die diese Richtung einschlugen.

129 Wundt (FN 111), S. 41.
130 Wundt (FN 111), S. 55.
131 Wundt (FN 111), S. 70ff.
132 Wundt (FN 111), S. 93.
133 Wundt (FN 111), S. 96.
134 Wundt (FN 111), S. 97.
135 Wundt (FN 111), S. 106ff.
136 Wundt (FN 111), S. 462ff.

Eine weitere Ähnlichkeit, die zwischen beiden Autoren festzustellen ist, ist deren Neigung zum „Normativismus“. Für Wundt sind die Normen das Wichtigste in der Sittlichkeit. Seine Ethik ist eine normative Ethik. Aber außerdem ist sie eine soziale Ethik. D.h., dass er von den sozialen Tatsachen ausgeht, um die Normen zu verstehen; die Normen sind Verallgemeinerungen, die den sozialen Tatsachen zu entnehmen sind. Bei Durkheim finden wir eine ähnliche Auffassung. Selbst sein Konzept der „faits sociaux“ ruht grundsätzlich auf normativem Boden.[137]

Man muss auch darauf hinweisen, dass Wundt eine Unterscheidung zwischen den verschiedenen Bereichen der Sittlichkeit einführte, die auf Durkheim einwirkte. Vom Individuum ausgehend bis zur Menschheit unterscheidet man: die individuelle oder autonome Sittlichkeit, die Sittlichkeit der verschiedenen sozialen Gruppen (wie z.B. der Familie, der Gesellschaftsklassen, der Vereine, der Korporationen usw.), die Sittlichkeit des Staates, die Durkheim „morale civique“ nennt, und schließlich die Sittlichkeit, die die ganze Menschheit als Anhaltspunkt hat.[138] Obgleich mit einer anderen Terminologie und z.T. auch mit anderem Inhalt, ist dieser Einfluss in den *Leçons de Sociologie*, den von Durkheim ab 1900 gehaltenen Vorlesungen, die 1950 veröffentlicht wurden, klar erkennbar.

Durkheim bewertet Wundts *Ethik* sehr hoch. Er betrachtet sie als eine Synthese der zerstreuten Bemühungen, die in jener Zeit zum Aufbau einer neuen Wissenschaft der Moral unternommen wurden. Durkheim hebt hervor, dass in *Ethik* die Lehren des Kathedersozialismus, die Völkerpsychologie, manche Gesichtspunkte von Ihering und Kant, und vor allem Fichtes philosophischer Einfluss zu finden sind.[139]

137 G. Robles, *Crimen y castigo. Ensayo sobre Durkheim*, Madrid, Civitas, 2001, S. 23ff.
138 Wundt (FN 111), S. 511ff.
139 Durkheim, *Textes I* (FN 1), S. 321.

Für Durkheim bedeutet Wundts Ethik einen doppelten Fortschritt bezüglich der vorherigen ethischen Strömungen. Erstens bricht er mit der Methode des deduktiven und dialektischen Gedankengangs, der auf der Idee beruht, die Sittlichkeit sei etwas, an das man durch die Kalkulation und die Vernunft gelangen kann, ohne die Tatsachen in Betracht ziehen zu müssen.

> M. Wundt rompt définitivement avec cette méthode. Il répète à chaque instant qu'il s'agit de savoir non ce qui devrait être en bonne logique, mais ce qui est. […] c'est l'observation et non le raisonnement qui doit trancher la question.

Die Sittlichkeit ist nicht das Ergebnis einer individuellen, sondern einer sozialen Gewohnheit: „Quelque étrange que cela puisse paraître, les moeurs ont toujours été produites par des moeurs ou à l'origine par des pratiques religieuses."[140] Hier kann man die Eingebung einer der methodischen Ideen Durkheims erkennen, die er in *Les Règles de la méthode sociologique* behandelt: das Soziale ist vom Sozialen verursacht worden. Um die moralischen Inhalte der Normen zu ermitteln kann man sich nicht an die Logik wenden; es ist nötig, die Wirklichkeit der sozialen Tatsachen zu sehen. Die Antriebe unserer Handlungen sind nicht immer vernunftgemäß: „nous agissons sans savoir pourquoi, ou les raisons que nous nous donnons à nous-mêmes ne sont pas les vraies."[141] Die Wissenschaft der Moral, die von Durkheim später als Soziologie bezeichnet wird, muss die Gründe entdecken. Der zweite als Fortschritt verstandene Aspekt ist, dass Wundt bewiesen hat, dass sich die moralischen Ideen nach den von der Wissenschaft festzustellenden Gesetzen fortentwickeln.[142]

Trotz des Lobs kritisiert Durkheim manche Aspekte von Wundts Auffassung. Er sagt, dieser erkenne zwei Arten von Imperativen an: die einen haben im Zwang („contrainte") ihre Grund-

140 Durkheim, *Textes I* (FN 1), S. 325.
141 Durkheim, *Textes I* (FN 1), S. 326.
142 Durkheim, *Textes I* (FN 1), S. 326.

lage, die anderen in der Freiheit.[143] Außerdem sei für Wundt die Sittlichkeit in ihrer höchsten Gestalt nicht verpflichtend. Dagegen beteuert Durkheim:

> Le devoir, même fait avec enthousiasme, est toujours le devoir, et on n'a jamais observé de morale dont le devoir ne fût pas plus ou moins l'idée dominante. Mais alors la question se repose. A qui le devons-nous? A nous-mêmes? C'est un jeu de mots; car qu'est-ce qu'une dette où nous serions à la fois débiteur et créancier?[144]

Durkheim ist in dieser Hinsicht eindeutig: „la morale est avant tout une fonction sociale".[145] „Il y a autant de morales que de types sociaux, et celle des sociétés inférieures est une morale au même titre que celle des sociétés cultivées."[146] Letzten Endes wirft Durkheim Wundt vor, dieser sei nicht ganz soziologistisch vorgegangen: Er habe dem individualistischen Rationalismus Zugeständnisse gemacht, er habe die Sittlichkeit nicht ausschließlich als eine Gesamtheit von sozialen Tatsachen verstanden. Deshalb ist Wundt, laut Durkheim, kein echter Soziologe gewesen.

VI. Schlussfolgerung

Bis jetzt habe ich mich auf manche Autoren bezogen, deren Werke Durkheim mit Gewissheit gelesen hatte und die ihn (mit der Ausnahme von Jellinek) gemäß seinen eigenen Behauptungen stark gepägt hatten. Man sollte noch den möglichen Einfluss anderer Autoren untersuchen, unter denen sich der Volkswirtschaftler Wagner, der Jurist Post, der Philosoph Simmel und auch die

143 Durkheim, *Textes I* (FN 1), S. 327.
144 Durkheim, *Textes I* (FN 1), S. 328.
145 Durkheim, *Textes I* (FN 1), S. 329.
146 Durkheim, *Textes I* (FN 1), S. 331.

Vertreter der Völkerpsychologie Lazarus und Steinmetz befinden. In einer umfangreicheren, noch nicht veröffentlichten Studie,[147] die auch diese Frage nach den deutschen Quellen Durkheims betrachtet, beschreibe ich die bittere Polemik, die das Buch von Simon Deploige mit sich brachte. Hier möchte ich mich nicht bei dieser Polemik aufhalten, aber ein kurzer Hinweis muss gemacht werden. Es ist wahr, dass das Werk des Belgiers eine Kritik an der soziologistischen Ansicht der Moral sein sollte. Daher der Titel des Buches: *Le conflit de la morale et de la sociologie*. Aber einer der Hauptpunkte seiner Darlegung ist, die Originalität der Auffassungen Durkheims in Zweifel zu ziehen. Nach einer ausführlichen vergleichenden Analyse behauptet Deploige mit Überzeugung: „Au terme de cet examen que reste-t-il de ‚français' dans la sociologie de M. Durkheim? Ce n'est assurément pas lourd. L'apport allemand y est d'une prépondérance écrasante."[148] Die Schlussfolgerung des Kapitels IV ist eklatant: Das Werk Durkheims ist „made in Germany".[149]

Was mich persönlich dazu gebracht hat, die deutschen Quellen von Durkheims Soziologie zu untersuchen, ist eine Tatsache, die meine Aufmerksamkeit erregte, und zwar, dass dieser Autor in seinen ersten Schriften ständig die deutschen Autoren bewundert, und wenig später zitiert er diese fast nicht mehr. Es ist eine feststellbare Tatsache, dass Durkheim während seiner Ausbildung den deutschen Werken besondere Aufmerksamkeit widmete; von 1885 bis 1890 gibt es ständig begeisterte Hinweise auf jene Werke. Man gewinnt den Eindruck, Durkheim habe sich vom 27. bis zum 32. Lebensjahr ausgiebig mit den deutschen Werken auseinandergesetzt; seine Veröffentlichungen bezeugen dies. Es gibt viele Stellen, an denen Durkheim diese Werke zitiert. Er beklagt

147 G. Robles, *La influencia del pensamiento alemán en la sociología de Émile Durkheim*, im Druck.

148 Simon Deploige, *Le conflit de la morale et de la sociologie*, 3. Aufl (Vorwort von Jacques Maritain), Paris, Nouvelle Librairie Nationale, 1923, S. 128.

149 Deploige (FN 147), S. 137.

die Tatsache, dass man in Frankreich bloß zwei Typen von Sittlichkeit kennt, die der Spiritualisten und die der Utilitaristen, während in Deutschland der korrekte Weg eingeschlagen worden war, eine „spezielle Wissenschaft" in ähnlicher Weise wie die anderen positiven Wissenschaften aufzubauen.[150] Diese „science de la morale" ist im Aufbruch, meint Durkheim in seiner Abhandlung über die positive Wissenschaft der Moral in Deutschland, und „il reste encore beaucoup à faire";[151] d.h., dass diese Wissenschaft in Deutschland ihren Beginn hat, und dass man in diese Richtung weiter forschen soll. Ähnliche Gedanken sind in seiner Studie von 1887 über die Lehre der Philosophie an den deutschen Universitäten zu finden. Er beobachtet, dass sich die Franzosen immer mit der Metaphysik und dem Naturrecht beschäftigen, während die Deutschen sich mit der Erforschung der Wirklichkeit und des positiven Rechts auseinandersetzen.[152] Aber wenige Jahre später zitiert Durkheim die deutschen Autoren kaum noch. In seiner Dissertation *De la division du travail social* (1893) sind Comte und Spencer die Autoren, die am häufigsten erwähnt werden. Auf Schmoller wird nur selten hingewiesen. Schäffle, Tönnies und Wundt tauchen kaum auf. Simmel und Ihering werden ein einziges Mal erwähnt. Jellinek niemals. In *Règles* (1895) ist diese Abwesenheit noch auffälliger, wenn man das Thema, das dieses Buch behandelt, in Betracht zieht. Steinmetz und Vierkandt werden nur ein Mal zitiert; die restlichen Autoren, die er so sehr bewundert hatte, bleiben unerwähnt.

Beim Anblick dieser Daten muss man den Schluss ziehen, dass der intellektuelle Weg Durkheims eine Änderung bzw. eine Wendung nimmt, nicht so sehr bezüglich der Ideen und des Inhalts, sondern eher bezüglich der Zuteilung derselben. Welches war der Grund für diesen Wandel? Es ist möglich, verschiedene Mut-

150 Durkheim, *Textes I* (FN 1), S. 267.
151 Durkheim, *Textes I* (FN 1), S. 342.
152 Durkheim, *Textes III*, S. 461 f.

maßungen aufzustellen, die diese Frage zu beantworten suchen, aber bis jetzt kennt niemand den wahren Anlass.

Durkheim wollte außerdem diese Trennung vermerken. 1895 veröffentlichte er eine Studie in italienischer Sprache über die Situation der Soziologie in Frankreich,[153] in der er manche überraschende Äußerungen macht. Nach Durkheim befindet sich Frankreich „dans les conditions les plus favorables pour contribuer au progrès de la sociologie." Der Grund, der zu dieser Situation geführt hat, ist der französische Nationalgeist („l'esprit français"), der Merkmale aufweist, die der deutsche Nationalgeist nicht hat:

> la conscience qu'ils [die sozialen Phänomene, *Verf.*] sont assez complexes pour que le sociologue ne se laisse pas séduire par des explications trop faciles et trop claires, et un état d'esprit rationaliste qui permette de ne pas désespérer d'introduire de la clarté dans une telle obscurité.[154]

Diese Verherrlichung des „französischen Nationalgeistes" ergänzend, die laut Durkheims Meinung für die Soziologie am angemessensten ist, unterstellt er als wahr, falls jemand noch Zweifel hätte, dass die Deutschen zwar Wegbereiter gewesen waren, jetzt aber die Orientierung verloren haben und wahrscheinlich nicht mehr in der Lage sind, diese wieder zu erlangen, weil deren Nationalgeist sie, nach Durkheim, daran hindert.[155] Kein einziges Wort der Anerkennung zu den bis vor kurzem von ihm so gelobten Autoren wird ausgesprochen. Diesen radikalen Chauvinismus behält Durkheim sein ganzes Leben bei. 1902 verkündet er beim Beantworten einer Umfrage im *Mercure de France*:[156]

153 Durkheim, „Lo stato attuale degli studi sociologici in Francia", in *La riforma sociale* 2, Band III, S. 607–622, 691–707. Französische Version in Durkheim, *Textes I* (FN 1), S. 73–108.

154 Durkheim, *Textes I* (FN 1), S. 107.

155 Durkheim, *Textes I* (FN 1), S. 106.

156 Durkheim, *Textes I* (FN 1), S. 400.

> Personellement, je dois beaucoup aux Allemands. C´est *en partie* à leur école que j'ai acquis le sens de la réalité sociale, de sa complexité [...]. Voilà pour le passé. Pour le présent, j'ai l'impression très nette que, depuis quelque temps déjà, l'Allemagne n'a pas su renouveler ses formules.[157]

(*Hervorhebung des Verf.*: was vorhin unverhohlen zugegeben wurde, erweist sich jetzt als nur „zum Teil"). Man muss darauf hinweisen, dass Durkheims Behauptung, die deutsche Soziologie habe sich nicht zu erneuern gewusst, genau zu dem Zeitpunkt vorgebracht wird, als Tönnies, Simmel und Weber sich in ihrer Schaffensperiode befinden.

Das Ende der Geschichte kennen wir bereits. Sie wird durch die Polemik von Deploige von 1907 bis 1913 geprägt. Im Buch des belgischen Professors muss man zwei Aspekte unterscheiden: den Hauptzweck des Buches, den Konflikt zwischen Sittlichkeit und Soziologie, und die Analyse der deutschen Abstammung von Durkheims Ideen. Obwohl es wahr ist, dass Deploige eine Rückkehr in die *philosophia perennis* vorschlägt, kann man nichtsdestotrotz den deutschen Einfluss im Werk Durkheims als eine gesonderte Frage aufwerfen.

Das Problem ist einfach das folgende: Sind die Hauptideen Durkheims, insbesondere die, die mit der soziologischen Methode und seiner allgemeinen Auffassung zu tun haben, deutscher Herkunft? Die Antwort lautet meiner Meinung nach ja. Ich glaube, dass Durkheim ein Fortsetzer der deutschen Denkweise, ein Testamentsvollstrecker der deutschen sozialen Philosophie war. Das soll auf keinen Fall bedeuten, dass einerseits Comte und Spencer und andererseits Espinas und Fustel de Coulanges keinen entscheidenden Einfluss auf ihn ausgeübt hätten. Letzten Endes prägten die Anschauungen der ersten Autoren die allgemeine Atmosphäre seiner Zeit, und man kann behaupten, dass sie auf die deutschen Denker, die Durkheim zitiert, einen tiefen Eindruck hinterlassen hatten. Und was die zwei anderen Auto-

157 Durkheim, *Textes I* (FN 1), S. 400.

ren betrifft: Ihre Gekanken haben Durkheim mit Sicherheit inspiriert. Aber um seine methodischen Vorstellungen und elementaren sozialen Thesen nachzuvollziehen, darf man die Begeisterung, die die Entdeckung der Schriften der deutschen Autoren in seiner Jugend in ihm auslöste und das Gefühl, mit deren Ideen übereinzustimmen, nicht außer Acht lassen.

Diese Schlussfolgerung verringert übrigens überhaupt nicht seinen großen Wert und seine Genialität als intellektueller Schöpfer. Sie nimmt einfach an, dass die Geschichte der Ideen kein Vermächtnis ist, das ausschließlich einer Nation gehört, und dass die politischen Spannungen und Konflikte kein Anlass sein dürfen, in der Geschichte die kollektive Arbeit einer Zivilisation nicht zu erkennen. Durkheim konnte erkennen, was die Autoren, mit deren Werk er sich auseinandergesetzt hatte, gemeinsam hatten, und er fand, was er gesucht hatte: eine Wissenschaft, die die Gesamtheit der Lehren über die Gesellschaft, die Moral und das Recht in umfassender Weise und mit einer einheitlichen Methode einschließt. Und da er dieses Vorhaben mit entfesselter Leidenschaft ausführte, veröffentlichte er einmalige und unentbehrliche Werke, auch wenn heutzutage seine hauptsächlichen Thesen in Frage gestellt werden und es nicht wenige Autoren gibt, die diese widerlegen. Der Gedankengang Durkheims ist entstanden im Rahmen einer Tätigkeit der Verknüpfung verschiedener Richtungen, die von ihren jeweiligen Vertretern ausgearbeitet und dargelegt wurden, wobei die deutschen Autoren, die seine Vorgänger gewesen waren, eine wesentliche Rolle spielten.

Übersetzung von Elisa Robles

Emil Salagean

Leben und Werk von Eugen Ehrlich und Manfred Rehbinder

Es ist mir eine besonders grosse Ehre, anlässlich des 70. Geburtstags meines Lehrers und Doktorvaters, einen Beitrag im Rahmen der vorliegenden Festgabe liefern zu dürfen. Hierfür möchte ich mich ganz besonders bei Herrn Prof. Dr. Martin Usteri für seinen freundlichen Vorschlag, seine hilfreiche Unterstützung und nicht zuletzt sein grosszügiges Vertrauen bedanken.

Neben den bemerkenswerten Leistungen, die der Jubilar in seinen Rechtsgebieten, nämlich dem Arbeits-, Urheber-, Medienrecht und der Rechtssoziologie erbracht hat, beschäftigte er sich im Rahmen des Letzteren unaufhörlich, eifrig und minutiös mit dem Leben und Werk des Rechtssoziologen Eugen Ehrlich. Der Untergang der Donau-Monarchie nach dem Ersten Weltkrieg – die den Wissenschafter Eugen Ehrlich als Opfer sah –, die Anschauungen der Rechtswissenschaft im Dritten Reich – die die jüdischen und sozialdemokratischen Autoren zur Vergangenheit erklärten – und die Verweigerung der klassischen Rechtswissenschaft der Nachkriegszeit in Deutschland, eine Auseinandersetzung mit der Freirechtlehre zu gestatten[1], haben dazu geführt, dass Ehrlichs Gesamtwerk beinahe in Vergessenheit geriet. Seit mehr als vier Jahrzehnten aber bemüht sich Manfred Rehbinder, demjenigen, der zusammen mit Max Weber als Begründer der Wissenschaftsdisziplin Rechtssoziologie gilt, seine gerechte Stelle

1 Siehe dazu *Manfred Rehbinder*, Die Begründung der Rechtssoziologie durch Eugen Ehrlich, 2. A. Berlin 1986, S. 11.

in der Geschichte zu sichern. Es wird im folgenden Beitrag versucht, dies anhand konkreter Beispiele zu erläutern.

I. Das Wichtigste aus dem Leben von Eugen Ehrlich

Das Leben und Schaffen von Eugen Ehrlich wurde bereits von einigen Autoren[2] ausführlich untersucht und dokumentiert. Prof. Eugen Ehrlich ist allgemein bekannt als ein mehrsprachiger, vielgereister und weltoffener Gelehrter, der in seiner Heimat, der Bukowina tätig und fest verwurzelt war. Nach seiner Studienzeit an der juristischen Fakultäten in Czernowitz, Lemberg und vor allem Wien und erster beruflichen Tätigkeit als Anwalt und Privatdozent in Wien kam er als Professor für römisches Recht in die Bukowina zurück. Während der Lehrtätigkeit an der Universität Czernowitz (von 1896 bis 1914) schuf er sein wissenschaftliches Lebenswerk, das ihn als Mitbegründer der Freirechtslehre und einer neuen Wissenschaftsdisziplin sah, nämlich der Rechtssoziologie. Leider hinterliessen die beiden Weltkriege und deren staatspolitische Folgen tiefgreifende Wunden in der Bukowina und beeinträchtigten auch Ehrlichs Werk, das zum Teil verschollen ist. Demgemäss verwundert es kaum, dass noch heute Neues über sein Leben und Werk entdeckt wird. Zunächst wird sein Werdegang unter Berücksichtigung der aktuellsten Literatur auf die wesentlichen Ereignisse zusammengefasst.

Eugen Ehrlich wurde am 14. September des Jahres 1962 in Czernowitz geboren, damals Landeshauptstadt des Herzogtums

2 Dazu gehörten insbesondere *Tetsu Isomura, Rin-Itsu Kawakami, Roscoe Pound und Hubert Rottleuthner.* Gegenwärtig neben dem Jubilar insbesondere auch *Stefan Vogl.*

Bukowina, an der Ostgrenze des Österreich-ungarischen Imperiums, und hat auch dort einen kurzen Teil seiner Kindheit verbracht. Aufgrund der Ernennung seines Vaters zum Advokaten in Galizien zog die Familie Ehrlich drei Jahre später in die Stadt Sambor. Eugen Ehrlich besuchte die dortigen Schulen und später das öffentliche humanistische Gymnasium.

Im Herbst des Jahres 1879 fing Eugen Ehrlich das rechtswissenschaftliche Studium zunächst an der Universität Czernowitz[3] an und setzte es später an der Universität Lemberg, in Galizien fort. Im Jahre 1881 entschied er sich, ab den 5. Semester die zweite Hälfte seines Studiums an der rechts- und staatswissenschaftlichen Fakultät der Universität Wien zu absolvieren. Während seines Wiener Jurastudiums besuchte er die Vorlesungen von geachteten Professoren, wie z.B. dem Zivilprozessrechtler Anton Menger, dem Handelsrechtler Karl S. Grünhut oder dem Zivilrechtler Franz Hofman[4]. Ehrlich zeigte während seines Universitätsstudiums ein unübliches Interesse an ausserjuristischen Fächern wie Nationalökonomie, Verwaltungslehre, Finanzwissenschaft und Geschichte[5]. Im Sommer 1883 schloss er sein Studium (Absolutorium) ab. Im Anschluss daran bestand er die 3 vorgeschriebenen Rigorosen und wurde damit, im Jahre 1886, zum Doktor der Rechte in Wien promoviert.

In den folgenden Jahren nahm sich Ehrlich die Aufgabe vor, seine Tätigkeit als Advokaturkandidat in Schwechat bei Wien zu absolvieren und gleichzeitig an seiner Habilitationsschrift mit dem Titel „Die stillschweigende Willenserklärung“ zu arbeiten.

3 Siehe dazu die Studentenliste der juridischen Fakultät Czernowitz, Czernowitzer Staatliches Gebietsarchiv, Fond 216, Op. 5, Akt 2, S. 10.

4 Letzteren beschrieb er später als „einen grossartigen akademischen Lehrer, dem er das beste seiner juristischen Ausbildung verdanke“. Siehe Diskussionsbeitrag Ehrlichs auf dem 31. Deutschen Juristentag am 4. September 1912 in Wien, Verhandlungen des deutschen Juristentages III (1913), S. 787.

5 Ausführlich dazu *Stefan Vogl*, Soziale Gesetzgebungspolitik, freie Rechtsfindung und soziologische Rechtswissenschaft bei Eugen Ehrlich, Baden-Baden 2003, S. 81–82.

Nach einem Jahr Gerichtspraxis konnte er seine Advokatentätigkeit beginnen und wurde später mit eigener Praxis „Hof- und Gerichtsadvocat" in Schwechat. Im Jahre 1888 veröffentlichte Ehrlich in den Juristischen Blättern die erste Abhandlung zur Freirechtslehre mit dem Titel „Über Lücken im Rechte". Sein Habilitationsverfahren dagegen erstreckte sich über längere Jahre. Obwohl Ehrlich die venia legendi bereits 1888 beantragte, wurde er erst 1894 zum Privatdozenten für römisches Recht an der Universität Wien ernannt[6]. Als Privatdozent hielt er nur wenige wöchentliche Stunden im römischen Recht und war ausserdem auch als Prüfer für römisches Recht tätig[7]. Ehrlich ist in den Jahren 1895 und 1896 im Rahmen der Zivilprozessreform durch seine öffentliche Kritik der Börsenschiedsgerichte gelungen, mit Referaten zum Thema nicht nur die öffentliche Diskussion anzuregen, sondern auch die Einschränkung der Tätigkeit der Börsenschiedsgerichte in der Gesetzesnovelle selbst umzusetzen.

Im Jahre 1896 kehrte Eugen Ehrlich in seine Heimatstadt Czernowitz zurück, da er zunächst als ausserordentlicher Professor für römisches Recht an die Franz-Josephs-Universität berufen wurde. Für die verfrühte Abschiebung in die Provinz des vielversprechenden Gelehrten werden insbesondere sein kritischer Geist, die enge persönliche Beziehung zu seinem akademischen Lehrer, dem Marxisten Anton Menger[8], sowie der verbreitete offene Antisemitismus[9] vermutet. Es ist aber eher wahrscheinlich,

6 Über die Einzelheiten zu seinem Habilitationsverfahren siehe ebd., S. 84–85.

7 Nachweise bei ebd., S. 85.

8 *Sternberg Theodor*, Historische Methode und Historismus in der Rechtswissenschaft, in: *ders.*: Zur Methodenfrage der Rechtswissenschaft und andere juristische Schriften, Manfred Rehbinder (Hg.), Berlin 1988, S. 137, 160. Ehrlich soll sich bereits als junger Mann von Mengers Marxismus distanziert haben. Siehe *Manfred Rehbinder*, Eugen Ehrlichs Plädoyer für ein soziales Vertragsrecht, FS Heinz Rey, Zürich 2003, S. 280, Fn. 9.

9 *Karl Renner*, Ein Buch vom juristischen Überbau, in: Zeitschrift für soziales Recht 2 (1930), S. 136. Obwohl Ehrlich zur katholischen Konfession übergetreten ist.

dass Ehrlich diese Berufung nicht ungern entgegennahm. Er sah sie trotz der vielen Jahre, die er in der Hauptstadt Wien verbracht hatte, als ausgezeichnete Gelegenheit an, um in seine geliebte Heimat, die Bukowina, zurückzukehren[10]. Nach dem Tode seines Amtsvorgängers wurde er, im Jahre 1900, aufgrund seiner kurz zuvor publizierten Monografie „Das zwingende und nichtzwingende Recht im Bürgerlichen Gesetzbuch für das Deutsche Reich" zum Ordinarius ernannt. Später wurde er dreimal zum Dekan der Rechts- und Staatswissenschaftlichen Fakultät und einmal zum Rektor gewählt.

Er veröffentlichte im Jahre 1903 sein Werk „Freie Rechtsfindung und freie Rechtswissenschaft". Diese Schrift enthielt Ehrlichs These zur Gesetzesauslegung im Sinne einer soziologischen Jurisprudenz und bildete das Gegenstück zum Dogma der Lückenlosigkeit der Rechtsordnung. Das dem österreichisch-ungarischen Reich angehörende multiethnische Herzogtum Bukowina stellte für Eugen Ehrlich einen idealen Wirkungskreis für Feldforschungen über die Diskrepanz zwischen geltendem und gelebtem Recht dar. Eugen Ehrlich gründete im Jahre 1909 das Seminar für lebendes Recht[11], das erst durch den Ausbruch des Ersten Weltkrieges beendet wurde. Im Rahmen seiner Seminare lehrte Ehrlich die Studenten eine neue Forschungsmethode, die sich wenige Jahre später beim Berliner Prof. Artur Nussbaum unter der Bezeichnung Rechtstatsachenforschung durchsetzte[12]. Ehrlichs empirischen Erhebungen des lebenden Rechts der Völker der Bukowina dienten der vergleichenden Gegenüberstellung zu den einzelnen

10 Ausführlich dazu *Manfred Rehbinder*, Die rechts- und staatswissenschaftliche Fakultät der Franz-Josephs-Universität in Czernowitz. Ihr Beitrag zur Erforschung des Rechts in einer multikulturellen Gesellschaft, FS Hans Stoll, Tübingen 2001, S. 341, Fn. 86.

11 Ausführlich dazu *Manfred Rehbinder*, Eugen Ehrlichs Seminar für lebendes Recht: Eine Einrichtung für die Weiterbildung von Rechtspraktikern in: recht 2005, S. 135–138.

12 Fn. 10, S. 339–340.

Bestimmungen der Gesetzbücher, die im ganzen Reich vor Gericht und Behörden Anwendung fanden (z. B. den einzelnen Paragraphen des ABGB). Die Ergebnisse seiner Untersuchungen sollten danach zu einer modernen Rechtstheorie vertieft und rechtspolitisch genutzt werden. Seine These für das einzig wirkliche, gelebte Recht stand damals dem etatistischen Positivismus gegenüber. Er war sich der Schwierigkeit des Unternehmens bewusst, die geltende positivistische Rechtsauffassung zu widerlegen; er nahm sich vor, eine enorme Fülle von Material zu sammeln, um es danach aus rechtsvergleichender und rechtshistorischer Sicht bis ins kleinste Detail zu analysieren. Die erste Fassung des Werkes war derart umfangreich, dass er sich auf Empfehlung des Verlages einschliessen musste, sein Manuskript aufzuteilen. So veröffentlichte Ehrlich im Jahre 1913 sein eigentliches Hauptwerk mit dem Titel „Die Grundlegung der Soziologie des Rechts". Die bearbeitete „Grundlegung der Soziologie des Rechts" war der mittlere Teil des Gesamtwerks, der seine theoretischen Ausführungen enthielt[13].

Die weltweite Anerkennung der wissenschaftlichen Leistungen von Eugen Ehrlich begründete seinen Ruf als radikaler Erneuerer der Rechtswissenschaft[14]. Ehrlich war weit über die Grenze der Bukowina bekannt und reiste häufig, um auswärtige Vorträge zu halten. Ehrlich trat im Jahre 1912 aktiv für eine von der Freirechtslehre beeinflusste Reform der Juristenausbildung ein. Ferner wurde Ehrlich 1914 in den USA von universitären Kreisen eingeladen, um mehrere Vorträge zu seiner Rechtssoziologie zu halten. Leider konnte er wegen des unmittelbar bevorstehenden Ausbruchs des Ersten Weltkriegs diese Einladungen nicht annehmen. Im gleichen Jahr erhielt Ehrlich, zusammen mit dem Vater des schweizerischen Zivilgesetzbuches Eugen Huber und dem französischen Freirechtler François Gény, die Ehrendoktorwürde der niederländischen Universität Groningen. Auch die

13 Fn. 1, S. 25.
14 Fn. 5, S. 95.

Czernowitzer Universität wurde derart von Ehrlichs Schaffen geprägt, dass „man sie in Westeuropa lange Jahre mit dem Professoren Eugen Ehrlich identifizierte“[15]. In gewissen Bukowiner Kreisen wurde er bis in die Zeiten nach dem zweiten Weltkrieg als ein hervorragender Vertreter der Bukowina in Wissenschaft und Wirtschaft angesehen[16].

Der Ausbruch des Ersten Weltkrieges traf Eugen Ehrlich, als er sich auf dem wissenschaftlichen Höhepunkt befand und eine zunehmende internationale Anerkennung genoss. Kurz nach dem Kriegesanfang wurde Czernowitz durch die russischen Truppen eingenommen (am 2. September 1914) und wechselte danach mehrmals den Besitzer. Ehrlich wurde somit gezwungen, einen beachtlichen Teil seiner Unterlagen zurückzulassen und ins Exil zu gehen. Er verbrachte die Kriegsjahre überwiegend in Wien. Aufgrund der damaligen Turbulenzen stellen die Kriegs- und Nachkriegszeit einen weniger bekannten Abschnitt des Lebens von Eugen Ehrlich dar.

Während des Krieges bestand Ehrlichs wissenschaftliche Arbeit in der Bearbeitung des Folgebandes seiner „Grundlegung der Soziologie des Rechts“, nämlich der „Juristischen Logik“. Ehrlich konnte die umfangreiche Arbeit angesichts der finanziellen Schwierigkeiten des Berliner Verlages Duncker & Humblot während der Kriegszeit nicht als Gesamtwerk veröffentlichen, sondern sah sich veranlasst, sie als Teile in Zeitschriften zu publizieren[17]. Aussenpolitisch engagierte sich Ehrlich in der Friedensbewegung und nahm regelmässig an internationalen Friedenskonferenzen teil[18].

15 Von einem ehemaligen Hörer, Professor Dr. Eugen Ehrlich, Allgemeine Zeitung von Czernowitz vom Sonntag, den 14. Mai 1922. Die Erinnerrungen sind vollständig wiedergegeben im Aufsatz von *Manfred Rehbinder*, Eugen Ehrlich als Rechtslehrer, in: Wilhelm Brauneder (Hg.): Die österreichischen Einflüsse auf die Modernisierung des japanischen Rechts (im Erscheinen).

16 *Karl Horniker*, Bukowiner in Wirtschaft und Wissenschaft, in: Die Stimme 64 (1955), S. 7.

17 Fn. 1, S. 25–26.

18 Fn. 5, S. 101–102.

Kurz vor dem Kriegsende war er im Auftrag des österreichischen Ministeriums in der Schweiz mit der Aufgabe tätig, eine Schrift in französischer Sprache zu publizieren, die dem Erhalt Österreich-Ungarns als Vielvölkerstaat dienen sollte[19]. Die Schrift ist im Jahre 1918 in Genf erschienen mit dem Titel *„Quelques aspects de la question nationale autrichienne"*. Während seines schweizerischen Aufenthaltes ging er auch wissenschaftliche Aktivitäten ein. Er hielt erfolgreiche Vorträge in den Juristenvereinen in Bern und Zürich sowie öffentliche Vorträge auf Einladung des Schweizerischen Studentenbundes. Ferner zeichnete er Pläne für eine Hochschule für Gesellschaftswissenschaften und setze sich auch für die Verlegung oder Schliessung der Universität Czernowitz ein[20].

Aufgrund der Begeisterung, die Ehrlich während seiner Auftritte in der Schweiz erregte und der Verbindungen, die er dabei knüpfte, versuchte er im Jahre 1920 sich zunächst an der philosophischen und später an der rechtswissenschaftlichen Fakultät der Universität Bern zu habilitieren. Leider blieben beide Versuche erfolglos[21]. Er verbrachte seine letzten Jahre bei seinem Neffen in Bukarest, wo er – trotz der beruflichen Niederlagen und seines immer schlechteren Gesundheitszustandes – wissenschaftlich weiterhin tätig war. Nach dem Kriegsende und dem Anschluss der Bukowina ans Königreich Rumänien, wurde ein Gesetz erlassen, das den rumänischsprechenden Professoren der ehemali-

19 Die Auflösung des Österreichisch-Ungarischen-Reiches beunruhigte ihn besonders. Die einzige mögliche Lösung zur „Nationalen Frage" war gem. Ehrlich und seiner Gruppe von sozialistischen Bukowinern die Gründung eines multinationalen sozialistischen Staates, der alle einzelnen Staaten, die sich im Donauraum befanden, umfassen und dessen Zentrum in Wien sein sollte. Siehe *Zoltàn Rostas*, Die Monografie als Utopie, Gespräche mit Henri Stahl (1985–1987), Bukarest 2000, S. 316–317.

20 Ehrlich hielt damals fest, dass die Universität Czernowitz ein „Unglück für das Land sei" und forderte ihre Ersetzung durch Fachschulen. Näher dazu Fn. 10, S. 335.

21 Nicht zuletzt wegen seiner aktiven politischen Tätigkeiten. Ferner Fn. 5, S. 103–104.

gen Franz-Josephs-Universität ermöglichte, ihre Stelle an der nunmehr rumänisierten Universität von Czernowitz zu behalten. Ehrlich stellte den Antrag auf Rückberufung, den die rumänische Regierung im Jahre 1921[22] guthiess. Zunächst wurde Ehrlich, wie allen anderen deutschsprachigen Professoren, im Rahmen deren Wiedereinsetzung ein einjähriger Forschungsurlaub gewährt, um sich auf Vorlesungen in der rumänischen Sprache vorzubereiten[23]. Seine Wiederernennung (vor allem auch diejenige von Prof. Adolf Last[24]) löste in Czernowitz eine besonders harte, vom Nationalgefühl geprägte Reaktion seitens der lokalen rumänischen Studentenschaft und der Presse aus. Ihm wurde vorgeworfen, ein getaufter Jude und überzeugter Vertreter des Österreichertums (des sog. Josephinismus) gewesen zu sein, sich während des Krieges am Kampf für die Verlegung oder Abschaffung der Universität Czernowitz energisch beteiligt zu haben (was zugleich als Herabsetzung der Bukowina interpretiert wurde) und sich während seiner Lehrtätigkeit stets verächtlich und sogar voller Hass gegenüber den rumänischen Studenten und Intellektuellen benommen zu haben[25]. Leider konnten sich weder der rumänische

22 Beweise bei Fn. 1, 27, Fn. 80; Fn. 5, 105, Fn. 269.

23 Fn. 1, S. 27; *Dimitrie Gusti*, Originalexemplar vom Manuskript Gusti, Gusti II MSS 12, Dreptul, S. 10. Obwohl Ehrlich oftmals als ausgezeichneter Kenner der rumänischen Sprache bezeichnet wurde, bleibt jedoch unaufgeklärt, wie gut er diese Sprache auch tatsächlich beherrschte. Seine auf rumänischen Sprache veröffentlichten Aufsätze tragen z. B. die Namen der Übersetzer Emanoil Bucuţa und Emil Isac. Sicher ist hingegen, dass Ehrlich die englische Sprache so gut kannte, dass seine Manuskripte keiner Änderungen bedurften. Zum Letzteren siehe *Roscoe Pound*, An Appreciation of Eugen Ehrlich, Harvard Law Rewiev Nr. 36 1922/1923, S. 129–130.

24 Näher dazu *Manfred Rehbinder*, Aus den letzten Jahren vom Leben und Schaffen von Eugen Ehrlich, FS Ernst-Joachim Lampe, Berlin 2003, S. 199–210.

25 Belege dazu in den folgenden Ausgaben der rumänischen Tageszeitung: Glasul Bucovinei Nr. 647, vom 4. März 1921, S. 1 f.; Glasul Bucovinei Nr. 652, vom 10. März 1921, S. 1; Glasul Bucovinei Nr. 655, vom 14. März 1921, S. 2; Glasul Bucovinei Nr. 656, vom 15. März 1921, S. 1, 2; Glasul Bucovinei Nr. 837, vom 2. Nov. 1921; Glasul Bucovinei Nr. 878, vom 23. Dez. 1921.

König Ferdinand[26] noch die zahlreichen rumänischen Gelehrten, die ihm beistanden, darunter insbesondere der Historiker und Politiker Nicolae Iorga sowie der Soziologe Dimitrie Gusti, mit ihrem Einfluss gegen den Willen der Studentenschaft[27] und Führungskräfte[28] der nunmehr rumänisierten Universität Czernowitz durchsetzen. Ehrlich blieb formell weiterhin als Professor an der Universität Czernowitz eingetragen[29], konnte aber seine Lehr-

26 *Nicolae Iorga*, Memoiren, 3. Bd. Bukarest 1931, S. 102–103.

27 Die rumänische Studentenschaft versammelte sich am Sonntag, den 13. März 1921 in den Räumlichkeiten der Czernowitzer Universität, um gegen die Wiederernennung der Professoren Eugen Ehrlich und Adolf Last eine Protestresolution zu verabschieden. In der Protestresolution wurden die beiden Professoren jüdisch-deutscher Herkunft als „Feinde des rumänischen Volkes und Vertreter des österreichischen Geistes" bezeichnet. Die Studentenschaft drohte die Behörden im Falle der Nicht-Berücksichtigung des Studentenbeschlusses, die „beiden Individuen unter Anwendung der Gewalt zu vertreiben und ihnen den Weg in ihr Vaterland zu zeigen". Die Protestresolution wurde auf der ersten Seite der Tageszeitung *Glasul Bucovinei* veröffentlicht (Glasul Bucovinei Nr. 656, vom 15. März 1921, S. 1).

28 Insbesondere Prof. Ion Nistor, der Rektor der am 24. Oktober 1920 eingeweihten rumänischen Universität von Czernowitz. Nicolae Iorga berichtet diesbezüglich: „Nistor will ihn nicht als Professor an der Universität Czernowitz wiederernennen, denn Ehrlich hätte die Rumänen an den Bettelstab gebracht". Fn. 26, S. 94. Den handschriftlichen Notizen vom rumänischen Soziologen und Begründer der Soziologischen Schule von Bukarest, Prof. Dimitrie Gusti, ist zu entnehmen, dass trotz seinem energischen Einsatz für die Wiederernennung von Eugen Ehrlich, musste er leider mit dem anhaltenden Widerstand von Prof. Ion Nistor rechnen, der aus politischen Gründen Ehrlich fürchtete. Nistor hatte nämlich Angst, dass Ehrlich nach seiner Wiedereinsetzung ihm seine Stimme bei der Universitätssenator-Wahlen nicht geben würde. Originalexemplar vom Manuskript Gusti, Gusti II MSS 12, Dreptul, S. 10.

29 Anlässlich der Feierlichen Eröffnung des Studienjahres 1922–1923 bedauert der Rektor der rumänischen Universität von Czernowitz Prof. Ion Nistor den Tod von Eugen Ehrlich, „der weit von seinem Lehrstuhl gestorben ist, den er bereits vor der rumänischen Umwandlung der Universität besass". Siehe *Ion Nistor*, Feierliche Eröffnung des Studienjahres 1922–1923, am 24. Oktober 1922, Czernowitz 1922, S. 9; *Eric Prokopowitsch*, Der Kampf um

tätigkeit faktisch nie wieder aufnehmen. Er hielt Vorträge und veröffentlichte mehrere Abhandlungen in der Tageszeitschrift *Neamul Românesc* sowie in der Zeitschrift *Arhiva pentru Ştiinţa si Reforma Socială*. Ferner soll Ehrlich auch geplant haben, eine Akademie der Sozialwissenschaften in Bukarest zu gründen[30]. Nur wenige Monate später, am 2. Mai 1922, erlag Ehrlich der damals mangels Insulin nicht behandelbaren Zuckerkrankheit im Spital der Kaufmannschaft in Wien. Bedauerlich ist für die Wissenschaft, dass mit seinem Tode auch sein „reicher literarischer Nachlass" von unveröffentlichten Werken untergegangen und noch heutzutage leider unauffindbar ist[31].

Ehrlichs Leben und Wirken lässt sich folglich in drei Abschnitte einteilen. Der erste umfasst seine Zeit als Student, Advokat und Privatdozent in Wien (von 1881 bis 1896). Der zweite betrifft seine akademische Laufbahn an der Universität Czernowitz (von 1896 bis 1914), in dem er sein wissenschaftliches Lebenswerk schuf. Der dritte bildet die politisch gefärbten Zeiten des Ersten Weltkriegs und die Verlust seiner Wirkungsstätte sowie die Nachkriegszeit und seine erfolglosen Habilitationsversuche in der Schweiz sowie seine eigentlich verhinderte Rückberufung nach Czernowitz (von 1914 bis 1922).

die Verlegung der Franz-Josephs-Universität in Czernowitz während des Ersten Weltkrieges, in: Österreichische Begegnung, Heft 2 Wien 1963, S. 28. Es wurde auch behauptet, Ehrlich hätte sich um eine Ernennung an der Universität Bukarest beworben. *Iancu Filipescu*, Eugen Ehrlich als Begründer der Rechtssoziologie, Revista română de Sociologie 1997, S. 576. Letztere Behauptung ist eine falsche Auslegung der lückenhaften Quelle (*Dimitrie Gusti*, Opere, 5. Bd., Bukarest 1971, S. 197–198), und kann aufgrund des Originalmanuskriptes von Gusti widerlegt werden. Siehe Originalexemplar vom Manuskript Gusti, Gusti II MSS 12, Dreptul, S. 10.

30 *Eugen Ehrlich*, Karl Marx und die Soziale Frage, in: Arhiva pentru Ştiinţa si Reforma Socială, 1922 Bukarest, S. 651, Anmerkung der Redaktion.

31 *Manfred Rehbinder*, Eugen Ehrlich als Rechtslehrer, in: Wilhelm Brauneder (Hg.): Die österreichischen Einflüsse auf die Modernisierung des japanischen Rechts (im Erscheinen).

II. Das Wichtigste aus dem Leben von Manfred Rehbinder

Manfred Rehbinder wurde im Jahre 1935 in Berlin geboren und ist als kleines Kind in den schwierigen Jahren vor und während des Zweiten Weltkriegs in Danzig aufgewachsen, wo sein Vater Direktor des Elektrizitätswerks Danzig-Westpreussen war. Am Ende des Krieges musste die Familie Danzig verlassen, um sich zunächst vorübergehend in Satrup, Flensburg, Bad Pyrmont und später fest in Hannover niederzulassen. Dort erhielt sein Vater eine bedeutende Position als Wirtschaftsprüfer der Deutschen Treuhand. In Hannover bestand er im Sommer des Jahres 1955 sein Abitur[32].

Das Jahr 1955 war für Manfred Rehbinder der Ausgangspunkt seiner juristischen Laufbahn, die ihn später durch Europa, Nordamerika und Asien führen wird. Er begann sein Jura-Studium an der Freien Universität Berlin (weil ihm seine Grossmutter dort Quartier bieten konnte) und schloss dieses 1959 mit der Ersten Juristischen Staatsprüfung ab. Im Anschluss daran wurde er zum Hilfsassistenten von Prof. Ernst E. Hirsch am Lehrstuhl für Bürgerliches Recht und Handelsrecht an der Freien Universität in Berlin ernannt. Zur gleichen Zeit studierte er an der Freien Universität Soziologie; dieses Studium setzte er später in Köln bei dem weltweit berühmten Prof. René König fort. Seine Lehrer, der Rechtssoziologe sowie Handels- und Urheberrechtler Ernst E. Hirsch und der Soziologe René König, haben ihn auf der wissenschaftlichen und menschlichen Ebene am nachhaltigsten geprägt[33].

32 Näher zu den Personalien von Manfred Rehbinder siehe auch *Norbert Flechsig*, Manfred Rehbinder zum 70. Geburtstag in: NJW 12/2005, S. 806–807.

33 Vorwort, in: *Jürgen Becker, Reto M. Hilty, Jean-Fritz Stöckli, Thomas Würtenberger* (Hg.), Recht im Wandel seines sozialen und technologischen Umfeldes, FS Manfred Rehbinder, Bern 2002, S. V.

Im Jahre 1961 promovierte Manfred Rehbinder bei Prof. Ernst Heinitz an der Freien Universität Berlin mit einer strafrechtlichen Dissertation zum Thema „Die öffentliche Aufgabe und rechtliche Verantwortung der Presse", erschienen als 1. Bd. der Schriftenreihe Berliner Abhandlungen zum Presserecht. Es ging um die heute noch umstrittene Frage einer Wahrnehmung berechtigter Interessen durch die Medien.

1962 erhielt Manfred Rehbinder das Diplôme de Droit Comparé an der Faculté Internationale de Droit Comparé in Luxemburg. Im Jahre 1964 bestand er die Zweite Juristische Staatsprüfung. Gleichzeitig war er als wissenschaftlicher Assistent bis im Jahre 1966 und später bis 1968 als Akademischer Rat am Institut für Rechtssoziologie und Rechtstatsachenforschung der Juristischen Fakultät der Freien Universität Berlin tätig. Im Rahmen letzterer Tätigkeit stellte er sich die Aufgabe, die „Frühgeschichte der Rechtssoziologie aus dem Dunkel des Vergessens hervorzuholen"[34].

Im Jahre 1968 habilitierte sich Rehbinder für die Fächer Rechtssoziologie, Handelsrecht und Arbeitsrecht. Anschliessend nahm er Gastdozenturen an den Universitäten Ankara, Freiburg i.Br., und in Zürich wahr und wurde 1969 zum wissenschaftlichen Abteilungsvorsteher und Professor an der Universität Bielefeld ernannt. Im Wintersemester 1969 war er *Research Associate* am *Center for Study of Law and Society* der *University of California* in Berkeley.

Ab dem Sommersemester des Jahres 1973 wurde Manfred Rehbinder zum Inhaber des Lehrstuhls für Arbeitsrecht, Immaterialgüterrecht, Medienrecht und Rechtssoziologie an der rechtswissenschaftlichen Fakultät der Universität Zürich berufen. Diese wollte die Disziplin der Rechtssoziologie neu etablieren, und zwar durch einen renommierten Gelehrten dieses Faches. Dies ist ihr glänzend gelungen. Die übrigen Fächer seines Lehrauftrages waren aufgrund seiner bisherigen Tätigkeit selbstverständlich.

34 Fn. 1, S. 12.

Besonders wichtig wurde das Medienrecht, das vorher nur Dr. H.W. Kopp im Lehrauftrag Presserecht gelesen hatte. Das Urheber- und Immaterialgüterrecht bedurfte einer neu intensivierten Pflege in Zürich. Als Arbeitsrechtler wurde Rehbinder der Nachfolger von Prof. Julius Lautner, einer Autorität des Rechts der Hethiter. Zürich blieb der Ort seines Lebenswerkes, das er nur für auswärtige Gastdozenturen (insbesondere in Japan und Südkorea) und Kolloquien verliess. Im Jahre 1974 wurde er auch zum Honorarprofessor für Rechtssoziologie sowie Urheberrecht- und gewerblichen Rechtsschutz an der Universität Freiburg i.Br. ernannt. Manfred Rehbinder war im Wintersemester 1979/1980 und 1985/1986 als Gastprofessor an der Universität Kyoto tätig – die Doshisha-Universität in Kyoto stellt ihm regelmässig ein Arbeitszimmer während seiner jährlichen Japan-Aufenthalte zur Verfügung. Da ist ihm auch die weitergeführte Bibliothek vom Zivilrechtlern Prof. Andreas von Tuhr zugänglich, welche nach dessen Tod dorthin gelangt war.

Ein Einblick in sein breites wissenschaftliches Gesamtwerk[35] gibt dem Beobachter den Eindruck, dass Manfred Rehbinder zu jener Kategorie von Rechtswissenschaftern gehört, die ihr Leben ausschliesslich der Wissenschaft gewidmet haben. Seine Publikationen in den Fächern Arbeitsrecht, Rechtssoziologie, Urheber- und Immaterialgüterecht, Medienrecht, Rechtspsychologie oder Konsumentenrecht sind durch einfachen, verständlichen Stil, die gründliche Sachkenntnis sowie die klarer Formulierung gekennzeichnet, die stets seine eigenständige, souveräne und kritische Auffassung widerspiegelten. Das wissenschaftliche Leitmotiv von Manfred Rehbinder ist die „interdisziplinäre Kooperation"[36].

35 Ein ständig aktualisiertes Publikationenverzeichnis von Manfred Rehbinder ist unter folgender Adresse abrufbar: www.rwi.unizh.ch/rehbinder (unter Publikationen).

36 *Thomas Würtenberger*, Manfred Rehbinder 70 Jahre alt, in: Freiburger Universitätsblätter Heft 167, März 2005, S. 100.

Manfred Rehbinder war drei Jahrzehnte lang als Autorität auf dem Gebiete des schweizerischen Arbeitsrechts tätig, dessen Entwicklung er massgeblich geprägt hat. Ihm wurde die Bearbeitung des Arbeitsvertrages im Berner Kommentar anvertraut. So schrieb Altbundesrat Prof. Hans Peter Tschudi, dass es im Schweizerischen Arbeitsrecht keine Bundesgerichtsentscheide gebe, wo Rehbinder nicht zitiert wird[37]. Sein ständig aktualisiertes Lehrbuch über das schweizerische Arbeitsrecht ist bis in die 15. Auflage gekommen.

Als Rechtssoziologe gehört er sowohl in der Schweiz wie auch in Deutschland zu den führenden Vertretern des Faches. Manfred Rehbinder hat sich stets für die sozial Benachteiligten und für materielle Gleichheit mit Nachdruck eingesetzt. Sein Lehrbuch, das als Standardwerk im deutschsprachigen Raum gilt, wurde auch ins Italienische, Japanische, Koreanische und Spanische übersetzt.

Auch im Gebiete des Urheberrechts gehört er zu den schweizerischen und deutschen führenden Autoren. Sein Lehrbuch des deutschen Urheberrechts wurde im Jahre 2004 auch ins Chinesische übersetzt.

Da es für Manfred Rehbinder üblich war, immer sein bestes für die Wissenschaft zu geben, hat er erfolgreich die Habilitationen der Professoren Jean-Fritz Stöckli, Roland A. Müller und Reto M. Hilty betreut.

Auch die 305 Doktoranden[38] gehören zu den Wissenschaftern, die ihm vieles zu verdanken haben. Diese ungewöhnlich grosse (obwohl noch nicht abgeschlossene) Zahl von promovier-

37 Hans Peter Tschudi, SJZ 90 (1994), S. 18.

38 Siehe das Verzeichnis der in Betreuung von Prof. Rehbinder erstellten Dissertationen (gültig bis im Jahre 2002) in: Fn. 33, S. 864–872. Ein ständig aktualisiertes Verzeichnis aller von Prof. Rehbinder promovierten Juristen ist unter folgender Adresse abrufbar: www.rwi.unizh.ch/rehbinder (unter Publikationen).

ten Juristen stellt den klaren Beweis für sein Interesse und die Bereitschaft dar, stets junge Talente zu fördern. Als Assistent des Jubilars kann der Verfasser bestätigen, dass jener sich für seine Doktoranden mit einem aussergewöhnlichen Einsatz stets verwendet und sie betreut hat, um sie bestmöglichst zu selbständig denkenden, redlichen und reifen Juristen auszubilden. Dabei gestattet er seinen Doktoranden völlige Freiheit, ihre persönlichen Gedanken einzubringen – was keine Selbstverständlichkeit darstellt – gewiss unter Einhaltung der strengsten formellen Regeln und höchsten wissenschaftlichen Ansprüche. Während man anderenorts erfährt, die Betreuung des eines oder anderen Doktorvaters sei mühselig oder unzuverlässig, hat sich Manfred Rehbinder durch seine rasche Korrektur sowie gerechte Bewertung als Meister und Vorbild auf dem Gebiete bewiesen. Er ist ferner auch Herausgeber von zahlreichen Schriftenreihen, nämlich des Archivs für Urheber- und Medienrecht (UFITA), der Schriftenreihe für Rechtssoziologie und Rechtstatsachenforschung, der Schriftenreihe zur Rechtspsychologie, der Schriften zum Schweizerischen Arbeitsrecht sowie der Schriften zum Medien und Immaterialgüterrecht. Diese Schriftenreihen ermöglichen den besten seiner Doktoranden, eine breitere Leserschaft zu erreichen.

Die Studenten von Manfred Rehbinder – zu denen der Verfasser auch gehörte – betrachteten ihn allgemein als einen hervorragenden Pädagogen, der sich nie begnügte, lediglich den trockenen Lehrstoff zu vermitteln; vielmehr gab er während seiner lebhaften und humorvollen Vorlesungen dem vorgetragenen Fache eine breitere Dimension. Ihm gelang es mit seinem klaren, sanften aber zugleich pikanten Redestil unter Einbeziehung von konkreten Beispielen zur vorgetragenen Materie die Zuhörerschaft zu packen und folglich zu begeistern.

Leben und Werk von Manfred Rehbinder kann man in zwei wichtige Abschnitte fassen. Zum einen die Zeiten seiner Ausbildung in Berlin. Zum anderen seine Lehrtätigkeit an der Universität Zürich, der er bis zur Emeritierung treu geblieben ist. Seit seiner – von ihm als *age discrimination*[39] betrachteten – Emeritierung hat sich kaum etwas geändert, denn Prof. Rehbinder ist weiterhin als Lehrbeauftragter für die Rechtssoziologie an 3 Universitäten tätig, nämlich in Freiburg i. Br., St. Gallen sowie Zürich und gibt regelmässig auswärtige Gastvorlesungen. Zudem leitet er als Direktor das Institut für Urheber- und Medienrecht in München sowie das Europäische Institut für Rechtspsychologie in Zürich.

III. Die Erforschung von Leben und Werk von Eugen Ehrlich durch Manfred Rehbinder

Manfred Rehbinder hat einen beachtlichen Teil seines wissenschaftlichen sowie privaten Lebens der Untersuchung von Leben und Werk des Begründers der Rechtssoziologie gewidmet. Sein Interesse für Eugen Ehrlich erstreckt sich nun auf mehr als vier Jahrzehnte und bildet – mit Ausnahme der ausländischen Symposien oder Gastvorlesungen, zu denen Manfred Rehbinder eingeladen ist – den eigentlichen Antrieb seiner ausländischen Reisen. Ihm ist zweifellos die gerechte Wiedergutmachung des Ansehens von Eugen Ehrlich zu verdanken, der in die wissenschaftliche Vergessenheit gefallen war. Die Ergebnisse seiner minutiösen Recherchen, die teilweise polizeilichen Ermittlungen ähneln und die Tradition der Rechtssoziologie hervortreten lassen, haben sich in seinen zahlreichen Fachpublikationen über Eugen Ehrlich niedergeschlagen[40].

39 *Manfred Rehbinder*, Sachbereiche im Recht der Personalführung mit Informationsbedarf aus der Psychologie, in: *ders.* (Hg.): Psychologische Aspekte im Recht der Personalführung. Schriften zur Rechtspsychologie Bd. 8, Bern 2005, S. 20.

40 Im Anhang dieses Beitrags wird ein Literaturverzeichnis aller Werke von Manfred Rehbinder über Eugen Ehrlich wiedergegeben.

Es ist auch Manfred Rehbinder zu verdanken, dass ein damals vollständiges Literaturverzeichnis der weit verstreuten Arbeiten von Ehrlich im Anhang seines Werkes mit dem Titel „Die Begründung der Rechtssoziologie durch Eugen Ehrlich" erschienen ist[41]. Die Faszination des Jubilars für die Rechtssoziologie und in der Folge für deren Begründer Ehrlich ist auf seinen bedeutendsten akademischen Lehrer zurückzuführen, nämlich Prof. Ernst E. Hirsch. Zunächst einige Zeilen zu deren Begegnung. Der junge Manfred Rehbinder wäre eigentlich gerne Pianist geworden. Doch der gestrenge Vater war nicht bereit, eine „brotlose" Laufbahn zu finanzieren. Er stellte daher seinen Sohn vor die Alternative, Ökonomie oder Jurisprudenz zu studieren. Da der Vater die Juristen zwar gar nicht liebte, entschied sich Rehbinder aus Protest für das Studium der Rechtswissenschaften. Später verkehrte er in der damaligen Künstler-Szene von West-Berlin und lernte den Schlager-Komponisten Heino Gaze kennen, der besonders in der Berliner Musik-Szene aktiv war. Gaze machte den jungen Juristen Rehbinder darauf aufmerksam, dass in der Urheberrechts-Industrie dringend ein Fachmann für die dortigen komplexen Urheberrechts-Verhältnisse benötigt werde. So war Rehbinder zum damaligen Urheberrechtler Prof. Ernst E. Hirsch gekommen. Obwohl Ernst E. Hirschs wissenschaftlicher Schwerpunkt das Handelsrecht war, stellte die Rechtssoziologie seine besondere Liebe dar. Prof. Ernst E. Hirsch ging besonders der Frage der Rezeption fremden Rechts[42] nach, mit der er sich aus der Nähe während seiner Wirkungszeit in der Türkei auseinandersetzen konnte. Der Zusammenhang zur Rechtssoziologie von Eugen Ehrlich ist nunmehr ersichtlich. Ehrlichs Beobachtungen in der multiethnischen Bukowina führten ihn zum Ergebnis, dass das in Wien verabschiedete und in der Bukowina geltende österreichische Recht sich nicht gegen das Gewohnheitsrecht der einzelnen Volksstämme durchsetzen konnte. Jeder dieser Stämme

41 Fn. 1, S. 143–147.

42 Siehe *Ernst E. Hirsch*, Rezeption als sozialer Prozess, Berlin 1981.

folgte in allen Verhältnissen des täglichen Lebens eigener Regeln[43]. Hirsch übernahm Ehrlichs Thesen und lehrte seine Schüler, dass das eigentliche Recht in erster Linie in der Gesellschaft selbst und nicht per Dekret des Gesetzgebers entstehe[44].

Als Ernst E. Hirsch später die finanziellen Mitteln für die Gründung eines Instituts für Rechtssoziologie und Rechtstatsachenforschung an der Freien Universität Berlin erhielt, hat sich Manfred Rehbinder mit der Frühgeschichte dieses relativ neuen Rechtsgebietes auseinandersetzen können[45]. Dabei entdeckte Rehbinder die letzten Exemplare des Werkes „Die Grundlegung der Soziologie des Rechts" von Eugen Ehrlich, welches beim Berliner Verlag Duncker & Humblot herausgekommen war. Da Ehrlich schon vergessen war, zündete der „Fund" ein Lebenslanges Feuer für Ehrlich und sein Werk an.

Im Rahmen seiner Tätigkeit am Institut für Rechtssoziologie und Rechtstatsachenforschung ist seine erste Monographie über Eugen Ehrlich mit dem Titel: „Die Begründung der Rechtssoziologie durch Eugen Ehrlich" entstanden, die später im Jahre 1986 in einer 2. völlig bearbeiteten Auflage veröffentlicht wurde. Auch im Jahre 1967 publizierte Manfred Rehbinder eine Sammlung von Ehrlichs Arbeiten zur Rechtstatsachenforschung und zur Freirechtslehre unter dem Titel: „Recht und Leben".Während seiner Reisen durch die ganze Welt, hat Manfred Rehbinder immer wieder Neues über Ehrlich der deutschsprachigen Forschung anbieten können. So brachte er während seiner Gastprofessur an der Universität Kyoto, im Wintersemester 1985/1986, eine weitere

43 *Eugen Ehrlich*, Das lebende Recht der Völker der Bukowina, in Ehrlich: Recht und Leben, Berlin 1967, S. 43.

44 *Günter Püttner*, Ernst Eduard Hirsch als Lehrer und Wissenschaftler, Rede anlässlich der Institutseröffnung, gehalten in Ankara, am 24. Mai 2004.

45 Dabei erwähnte er als erste Publikation über Ehrlich seinen Gedenkartikel zu dessen 100. Geburtstag, der voller Fehlinformationen war (als Ergebnis der damals spärlichen und lückenhaften Literatur). Siehe *Manfred Rehbinder*, Eugen Ehrlichs Plädoyer für ein soziales Vertragsrecht, FS Heinz Rey, Zürich 2003, S. 280. Siehe auch oben S. 85.

Sammlung von kleineren vermischten Schriften von Eugen Ehrlich zustande. Das Sammelwerk erschien in Berlin im Jahre 1986 mit dem Titel: „Gesetz und lebendes Recht". Dort kann man unter anderem Publikationen von Eugen Ehrlich lesen, die nur in japanischen Fachzeitschriften erschienen sind[46] – da letzterer in Japan grosses Interesse genoss. Im Jahre 1989 gab Manfred Rehbinder auch die 4. Auflage des Lebenswerkes von Eugen Ehrlich (Die Grundlegung der Soziologie des Rechts) heraus.

Aufgrund seiner im Jahre 2002 vom Verfasser entdeckten Funde in der Bibliothek der rumänischen Akademie kann bewiesen werden, dass beide Professoren, Ehrlich und Rehbinder, sehr ähnliche pädagogische Charakterzüge aufweisen. So veröffentlichte ein ehemaliger Student in der Czernowitzer Allgemeinen Zeitung kurze Zeit nach Ehrlichs Tode seine Erinnerungen an Eugen Ehrlich als Professor, aus denen interessante Anekdoten über seine Lehrtätigkeit zu entnehmen sind[47]. Dort kann der Leser erfahren, dass Ehrlichs Vorlesungen im römischen Recht stets gut besucht und besonders begehrt waren. Ehrlich las der Hörerschaft in einem leichten, allgemein verständlichen Ton die Materie vor, die er mit oft sarkastischen Bemerkungen anreicherte. Letztere waren kritische Aussprüche über die aktuellen Zustände in Politik und Wirtschaft im Allgemeinen sowie über einzelne Personen, die sich im Mittelpunkt des öffentlichen Interesses befanden. Ein anderer Student berichtet von Ehrlich als „einem Original in seinen Sprüchen"[48]. Nicht wenige könnten dabei Anhaltspunkte zu der so unkonventionellen Vortragsweise des Jubilars sehen. Auch lässt sich in den von beiden veröffentlichten Werken ein eleganter und provozierender Stil deutlich erkennen. Eine ähnliche Schadenfreude während den mündlichen Prüfungen wie

46 *Hiroshi Takahashi*, Vorwort, in: *ders.* (Hg.), Manfred Rehbinder zum 60. Geburtstag, Hiroshima 1995, S. 11.

47 Fn. 15.

48 *Carl Horniker-Utis*, Blick in das österreichische Czernowitz, in: Die Stimme Nr. 152 (1962), S. 9.

bei Ehrlich ist beim Jubilaren in keinem Falle zu beobachten – das Einwirken seines Protokollführers dient lediglich zur Bestimmung der gerechten Note.

Ferner kann man auch eine Parallele zwischen den beliebten wissenschaftlichen Ausflügen, die Ehrlich im Rahmen seiner Seminare durchführte, und den zahlreichen von Manfred Rehbinder geleiteten Seminaren sehen, mit denen stets der Besuch eines Instituts oder Museums verknüpft war; nur so können die Studenten die tatsächlichen Auswirkungen auf die Gesellschaft des abstrakt gelernten Rechtsstoffes wahrnehmen – das lebende Recht. Was die persönlichen Interessen anlangt, so gehörten z. B. weder Eugen Ehrlich noch Manfred Rehbinder einer politischen Partei an.

Auch die Vorliebe für japanische Kunst[49] verbindet in einer besonderen Art die beiden Professoren. In Japan unterhält Manfred Rehbinder zusammen mit seinem getreuen Lebenspartner lic. phil. Tetsutaro Kawata ein vielfältiges akademisches und privates Beziehungsnetz. Ehrlich interessierte sich ferner für japanisches Theater, dies trifft nur teilweise mit dem Geschmack des Jubilars überein. Manfred Rehbinder ist ein engagierter Freund der Kunst (nicht unbedingt der Oper oder der atonalen Musik), bekannt sogar als Veranstalter seiner berühmten Theaterpartys, die jährlich anlässlich des Erscheinens des Jahrbuchs für schweizerisches Arbeitsrecht stattfanden.

In anderen Aspekten hingegen stehen Manfred Rehbinder und Eugen Ehrlich auf völlig verschiedenem Boden. Zum Beispiel ist Eugen Ehrlich durch zahlreiche – teilweise atemberaubende – Anekdoten berühmt für seine einzigartige Zerstreutheit[50]. Eine

49 Fn. 5, S. 96–97. Näher zu Ehrlichs Beziehungen zu Japan bei *Manfred Rehbinder*, Die Bedeutung von Eugen Ehrlich für die deutschsprachige Rechtswissenschaft, in Wilhelm Brauneder (Hg.): Die österreichischen Einflüsse auf die Modernisierung des Japanischen Rechts (im Erscheinen).

50 Gleichzeitig vielleicht gewollte Zerstreutheit von Ehrlich, siehe Fn. 48, S. 9.

ähnliche Vergesslichkeit ist bei Manfred Rehbinder – schliesslich ein geborener Preusse – ganz und gar nicht zu beobachten. Ihn kennzeichnen eher eine strikte Arbeitsdisziplin und das langfristige Planen. Ferner kann man Ehrlichs Lieblingsbeschäftigung erwähnen, nämlich Florettfechten[51]; sprich eine Sportart. Wie es jeder engere Bekannte des Jubilars wissen sollte – nicht zuletzt weil dieser es auch gerne wissen lässt – konnte er seit seiner Kindheit, nichts mit dem Wort Sport anfangen (ein Protest gegen seine Mutter, einer Sportlehrerin? Wohl kaum, denn die verehrte Dame kam oft und gern mit in die auswärtigen Seminare z.B. nach Lugano, Salzburg oder die Türkei).

Schliesslich war Ehrlich auch durch seine Streitssucht und sein nervöses Auftreten bekannt. Manfred Rehbinder hingegen, ein durchaus friedliches Wesen, eher durch seine Freude und sein spontanes Lachen geschätzt. Die beiden Gelehrten von internationalem wissenschaftlichem Kaliber haben zu verschieden Epochen gelebt und wurden dadurch vom Schicksal unterschiedlich betroffen. Manfred Rehbinder hat zu Zeiten gewirkt, in denen es ihm möglich war, stets in Frieden sein Leben im Dienste der Rechtswissenschaft zu widmen. Ihm wünschen alle seine Freunde, Kollegen und Bekannten, dass er noch viele Jahre seine besonders hohe Schaffenskraft, blendende Laune und vor allem gute Gesundheit behält, damit auch künftige Generationen von Studenten, Doktoranden und Gelehrten von seinem enormen Wissen, seiner Integrität und Menschlichkeit profitieren können.

51 Fn. 5, S. 96.

Werke von Manfred Rehbinder über Eugen Ehrlich

I. Monographien

Die Begründung der Rechtssoziologie durch Eugen Ehrlich. Mit einem Geleitwort von Prof. Dr. René König. Schriftenreihe des Instituts für Rechtssoziologie und Rechtstatsachenforschung der Freien Universität Berlin Bd. 6, Berlin 1967; 2. erweiterte A. 1986.

II. Sammelwerke, Editionen, Bibliographien

Eugen Ehrlich: Recht und Leben. Gesammelte Schriften zur Rechtstatsachenforschung und zur Freirechtslehre, ausgewählt und eingeleitet von Manfred Rehbinder. Schriftenreihe des Instituts für Rechtssoziologie und Rechtstatsachenforschung der Freien Universität Berlin Bd. 7, Berlin 1967.

Eugen Ehrlich: Gesetz und lebendes Recht. Vermischte kleinere Schriften, hg. Von Manfred Rehbinder. Schriftenreihe zur Rechtssoziologie und Rechtstatsachenforschung Bd. 61, Berlin 1986.

Eugen Ehrlich: Grundlegung der Soziologie des Rechts, 4. A. hg. von Manfred Rehbinder. Schriftenreihe zur Rechtssoziologie und Rechtstatsachenforschung Bd. 69, Berlin 1989.

Eugen Ehrlich: Der Untergang der österreichisch-ungarischen Monarchie. Das Ende eines grossen Reiches, Berlin (in Vorbereitung).

III. Beiträge zu Sammelwerken

Neues über Leben und Werk von Eugen Ehrlich. Festschrift für Helmut Schelsky, Berlin 1978, S. 403–418.

Die rechts- und staatswissenschaftliche Fakultät der Franz-Josephs-Universität Czernowitz. Ihr Beitrag zur Erforschung des Rechts in einer multikulturellen Gesellschaft. Festschrift für Hans Stoll, Tübingen 2001, S. 327–344, sowie in Kaindl-Archiv 46 (2001), S. 51–66.

Eugen Ehrlichs Plädoyer für ein soziales Vertragsrecht, Festschrift für Heinz Rey, Zürich 2003, S. 279–283.

Aus den letzten Jahren im Leben und Schaffen von Eugen Ehrlich, Festschrift für Ernst-Joachim Lampe, Berlin 2003, S. 199–210.

Internationales Privatrecht als Weltrecht. Das Plädoyer des Rechtssoziologen Eugen Ehrlich für die Lehre von Ernst Zitelmann, in Prof. Dr. Gülören Tekinalp'e Amarğan, Istanbul 2003, S. 619–621.

Eugen Ehrlich als Rechtslehrer sowie Die Bedeutung von Eugen Ehrlich für die deutschsprachige Rechtswissenschaft, in: Wilhelm Brauneder (Hg.): Die österreichischen Einflüsse auf die Modernisierung des japanischen Rechts, Verlag Lang (im Erscheinen).

IV. Zeitschriftenaufsätze

Eugen Ehrlich, dem Begründer der deutschen Rechtssoziologie, zum 100 Geburtstag, in JZ 1962, S. 613–614.

Die Grundlegung der Rechtssoziologie durch Eugen Ehrlich, KZfSS 15 (1963), S. 338–353.

Richterliche Rechtsfortbildung in der Sicht von Eugen Ehrlich, Ritsumeikan Law Review 3 (1988), S. 91–100, sowie in recht 1989, S. 73–78, Nachdruck in Manfred Rehbinder, Abhandlungen zur Rechtssoziologie, hg. Von Thomas Würtenberger. Schriftenreihe zur Rechtssoziologie und Rechtstatsachenforschung Bd. 77, Berlin 1995, S. 191–202.

Eugen Ehrlichs Seminar für lebendes Recht: Eine Einrichtung für die Weiterbildung von Rechtspraktikern, in recht 2005, S. 135–138.

II. Kreativität & Rechtsbewusstsein

Georg Jakob

Der Geist – ein handelbares Gut?

1. Mehr als eine Terminologiedebatte

Manfred Rehbinder gehört zu den schärfsten Kritikern des Ausdrucks „Geistiges Eigentum", der in letzter Zeit unverdient, aber dennoch massiv an Boden zu gewinnen scheint.[1] Zutreffend entlarvt er diesen als ideologischen Kampfbegriff,[2] dessen Verwendung sehr konkrete rechtspolitische Ziele verfolge. Es geht also hier keineswegs bloß um terminologische Spitzfindigkeiten, sondern um jene Inhalte, die sich mit einer bestimmten Begrifflichkeit in der Praxis verbinden. Zu den hier verfolgten Zielen gehört laut Rehbinder einerseits die Erweckung des Eindrucks, die Position, welche die Rechtsordnung dem Urheber einräumt, beruhe eben nicht auf einem vom Gesetzgeber geschaffenen Ausgleich seiner Interessen mit jenen der Allgemeinheit,[3] sondern sei ein dieser demokratischen Entscheidung vorgegebenes Recht.

1 *Rehbinder, M.*, Urheberrecht, 13. Auflage, München (2004), Rz 79, 56 ff.

2 *Rehbinder*, S 57. Als Beispiele, wie sehr diese Kritik ins Schwarze trifft: *Microsoft Deutschland*, Eigentum bleibt Eigentum (2005), http://www.microsoft.com/germany/piraterie/wasist.mspx Alle hier zitierten URLs wurden zuletzt am 20. Juli 2005 überprüft.

3 Eigentlich erfolgt dieser Ausgleich auf mehreren Ebenen und zwar zwischen dem Autor, seinem Publikum, allfälligen Vermittlern (also z. B. Verlegern) und schließlich der Gesamtöffentlichkeit, also der Gesellschaft als ganzes, vgl. dazu *Jakob, G.*, Owning the Immaterial? – Recent Developements in U.S. and European Copyright Law, in: Proceedings of International Conference on e-Business, Volume II, Beijing (2002), S. 667–672 sowie *Jakob, G.*, Das Urheber- als Freiheitsrecht, Dezember 2003, erhältlich unter http://www.rechtsprobleme.at/doks/urheber-freiheit-jakob.pdf

Wo die dogmatischen Wurzeln der Verfechter des „Geistigen Eigentums" im *common law* zu suchen sind, ließe sich zu ihrer Entlastung nur scheinbar ins Treffen führen, dass sich doch das anglo-amerikanische *property right* deutlich vom engeren Sacheigentumsbegriff kontinentaleuropäischer Prägung unterscheide,[4] da der Gegenstand ersteren (nahezu) alles sein könne, inklusive eines Rechts, während letzterer eben nur für körperliche Sachen gelte, womit es zumindest innerhalb der entsprechenden geographisch-politischen Grenzen berechtigt sei, von „Intellectual Property" zu sprechen. Doch dies greift aus zumindest zwei Gründen ins Leere. Erstens ist der verfassungsrechtliche Eigentumsbegriff in zahlreichen europäischen Ländern ähnlich umfassend, ohne dass der grundsätzlichen Kritik am Begriff des „Geistigen Eigentums" der Wind aus den Segeln genommen wäre. Im Gegenteil, die nicht hinreichende Differenzierung bei der Einbeziehung von Immaterialgüterrechten in die verfassungsrechtliche Eigentumsgarantie des Art. 14 GG bietet sogar eine weitere Angriffsfläche für Kritik.[5] Zweitens, und dies ist von entscheidender Bedeutung, würde eine solche Argumentation den rechtspolitischen Kontext, der „Geistiges Eigentum" wie auch „Intellectual Property" umgibt und nährt, völlig außer acht lassen. Gerade in den USA geht es nämlich darum, ein der demokratischen Entscheidung vorgegebenes Recht zu behaupten und so der *copyright clause* der Verfassung in Art 1, Sec 8,[6] die einen

4 *Lupoi, M.*, The Origins of the European Legal Order, Cambridge (2000), 472 f.

5 Kritisch zur Rechtsprechung des BVerfG *Möller, H.*, Art 14 GG und das „geistige Eigentum", JurPC Web-Dok. 225/2002, Abs 55 ff., erhältlich unter http://www.jurpc.de/aufsatz/20020225.htm

6 „The Congress shall have power [...] To promote the progress of science and useful arts, by securing for limited times to authors and inventors the exclusive right to their respective writings and discoveries [...]" Zur Bedeutung, nämlich das für Ansprüche außerhalb der aufgrund dieser Ermächtigung erlassenen Gesetze keine wie auch immer geartete Rechtsgrundlage bestehe schon Wheaton v. Peters, 33 US 591 (1834), an dessen Grundsätzen der Supreme Court weiter festhält, Sony Corp. v. Universal City Studios 464 US 417 (1984).

solchen natürlichen Anspruch gerade verneint, den Boden zu entziehen.

Diese, natur- oder gar gottgegebene Ordnung schränkt folglich den gesetzgeberischen Gestaltungsspielraum wesentlich ein, und erhebt, wie Rehbinder als zweite Konsequenz ausführt, statt der Suche nach konstruktiven Lösungen auf der Basis eines Interessensausgleichs nur mehr die Forderung nach einer ständigen und vor allem einseitigen Absicherung und Erweiterung bestehender Rechte. Also genau das, was sich auf auf europäischer Ebene verstärkt beobachten lässt: Der Umbau der Urheberrechtsordnung in ein Intellectual Property Regime angloamerikanischer Prägung unter dem Druck der Lobbyisten. Die Grundfesten der europäischen Immaterialgüterrechtsordnung wie Autoreninteresse und -persönlichkeit, Förderung und Belohnung künstlerischer, kultureller oder erfinderischer Leistungen und Innovationssicherung werden zu rhetorischen Floskeln, die in der Praxis nach und nach durch Investitionsschutz, Marktanteilsabsicherung und Monopolförderung ersetzt werden.[7]

2. Die Entwicklung in der Europäischen Union

Selbst bei nur kursorischer Betrachtung weniger Beispiele aus den letzten Jahren ergibt sich sehr bald ein beunruhigendes Bild. Bereits mit der Richtlinie über den Rechtschutz von Computerprogrammen (91/250/EWG) wurde schon früh ein Sonderrecht für Software geschaffen, das in seinem Umfang über den Schutz an-

7 Dies sagte bereits *v. Hayek, F.*, Free Enterprise and Competitive Order, in: Individualism and Economic, Chicago 1948, S. 113–114 voraus. Bezeichnend ist auch, dass etwa Friedman das Urheber- und Patentrecht nicht im Abschnitt über Eigentumsrechte, sondern in jenem über Monopolbildung behandelt, *Friedman, M.*, Kapitalismus und Freiheit, Frankfurt am Main (2002, EA engl. 1962), S. 157f.

derer Werkkategorien unter anderem deshalb hinausgeht, weil eine Freie Werknutzung ausgeschlossen wurde. Dann wurde mit der Datenbankrichtlinie 96/97/EWG eine weitere Werkkategorie geschaffen, welche die Anforderung an das zu fordernde Niveau einer geistigen Leistung, also die Werkhöhe, als Schutzvoraussetzung aufgibt und demgegenüber den reinen Investitionsschutz in den Vordergrund stellt. Damit sind die Herausgeber der Gelben Seiten zumindest rechtlich nicht mehr weit entfernt von Robert Musil, Thomas Mann und Stefan Zweig. Mit der Richtlinie 2001/91/EWG zum Urheberrecht in der Informationsgesellschaft wurde die Stellung der vermarktenden Industrie auch und gerade gegenüber den Künstlern weiter geschwächt: Mit dem „Schutz technischer Maßnahmen", der das Umgehen von Kopierschutzmechanismen auch für Fälle verbietet, in denen eine Freie Werknutzung dadurch verhindert wird, wurde den Produzenten und Verlagen gemeinsam mit den Herstellern von Hard- und Software die rechtliche Absicherung eines technischen Vertriebskartells bereits vor seiner umfassenden technischen Umsetzbarkeit geliefert. Im Klartext: Gelingt den beteiligten Industrievertretern die Einigung über technische Schutzmaßnahmen, die Datenträger, Übertragungsprotokolle sowie Abspiel- und Sendegeräte mit einbeziehen, wird es für unabhängige Autoren, also Künstler, die nicht mit einem an einem derartigen Vertriebskartell beteiligtem Haus unter Vertrag stehen, technisch und damit wohl auch faktisch unmöglich, für ihre Werke ein Publikum zu finden.

Die Richtlinie 98/44/EG über den rechtlichen Schutz biotechnologischer Erfindungen hat einmal mehr die Anforderungen an das Niveau geistiger Leistungen als Voraussetzung des Rechtsschutzes deutlich herabgesenkt. Während bisher eine neue Entwicklung, die über den Stand der Technik hinausreicht, unabdingbare Voraussetzung einer Patenterteilung war, reicht hier statt einer solchen *Erfindung* das bloße *Finden* einer bisher neuen DNA-Sequenz aus. Statt einer konkreten Anwendung von Naturgesetzen (die zunächst entdeckt werden müssen), lässt man also hier bereits die bloße Entdeckung genügen. Und während ursprünglich diskutiert wurde, ob Computerprogramme durch Urheber- *oder* Patentrecht geschützt werden sollen, wurde seit 2002 ernsthaft versucht, zum bestehenden Urheberrechtsschutz den durch Patente zu addieren, was tausende vom Europäischen Patentamt über Jahre hinweg im Widerspruch zu Art. 52 Abs. 2 lit. c) EPÜ erteilte Patente, unter anderem für ein Verkaufssystem über ein Netzwerk mithilfe eines Servers, Clients und eines Zahlungsrechners (also eines simplen Webshops),[8] einen elektronischen Warenkorb für einen solchen Shop[9] oder für die Kreditkartenzahlung via Internet[10] im Nachhinein geheilt hätte. Obwohl der entsprechende Richtlinienvorschlag am 2. Juli 2005 im Europäischen Parlament in zweiter Lesung gescheitert ist, ist mit einer Rückkehr des Themas wohl spätestens ab 2006 zu rechnen.

Die Richtlinie 2004/48/EG zur Durchsetzung Geistigen Eigentums,[11] die von einem Microsoft-Anwalt als „verfrühtes Weihnachtsgeschenk an unsere Klienten"[12] bezeichnet wurde, führt erstmals bisher ausschließlich zum Strafrecht gehörende Instrumente[13] der Beweissicherung wie Hausdurchsuchung, Beschlagnahme oder Kontensperre für genuin zivilrechtliche Streitigkeiten ein. Weil Großbritannien, der einzige EU-Mitgliedstaat, der mit einer solchen Vermischung straf- und zivilprozessualer Elemente bisher experimentierte, über entsprechend schlechte Er-

8 EP803105 und EP738446.

9 EP807891 und EP784279.

10 EP820620 und EP779587.

11 *Jakob, G.*, Deharmonisierungseffekte der Intellectual Property Enforcement Richtlinie, Februar 2004, erhältlich unter http://www.rechtsprobleme.at/doks/ipenf_comments-jakob.pdf

12 *Kucsko, G.*, Die Durchsetzung der Rechte am Geistigen Eigentum in einer digitalen Welt, Referat anläßlich der epoline-Jahreskonferenz am 24. November 2004, S 2, erhältlich unter http://www.isc-europe.com/downloads/Speech_Guido_Kucsko_DE.pdf

13 Vgl. etwa *Parschalk, M.*, Provider-Haftung für Urheberrechtsverletzungen Dritter, in: ecolex 1999, S 748 ff.; zur Zulässigkeit von Erhebungen im Kontext digitaler Netze Wolfgang Wessely, Sicherheitspolizeiliche und strafprozessuale Erhebungen im Internet, in: ÖJZ 1996, S 612.

fahrung mit diesen dort als Anton Pillar order und Mareva injunction berüchtigten Maßnahmen verfügt, äußerte nicht zuletzt das House of Lords schwere Bedenken bezüglich der Richtlinie. Dennoch wurden deren zentrale Punkte unverändert beschlossen, was unter anderem dem Insistieren der parlamentarischen Berichterstatterin zu verdanken war.[14]

Weil aber in den Verhandlungen um die eben genannte Richtlinie der ursprünglich ebenfalls enthaltene materiell-strafrechtliche Teil auf vehemente Ablehnung stieß, wurde ein zweiter Anlauf in diese Richtung gestartet.[15] Der Richtlinienvorschlag über strafrechtliche Sanktionen zur Durchsetzung Geistigen Eigentums sowie der Vorschlag für eine diese begeleitende Rahmenentscheidung zur Stärkung der strafrechtlichen Rahmenbedingungen bei der Bekämpfung von Verletzungen Geistigen Eigentums sieht vor, alle *intentional infringments of an intellectual property right on a commercial scale, and attemting, aiding or abetting and inciting such infringments*, als Straftaten zu verfolgen und unter anderem mit Haftstrafen sowie Geschäfts- und Berufsverboten zu sanktionieren. Bedenkt man die Einschränkungen der Pressefreiheit, zu der bereits die erste Anwendung des den Schutz technischer Maßnahmen umsetzenden § 95a UrhG in Deutschland geführt hat,[16] sind hier wohl noch weit härtere Zensureffekte zu befürchten. In Kombination mit den durch die Richtlinie 2004/48/EG ermöglichten Ermittlungsmethoden ergibt sich insgesamt ein für finanzkräftige Marktteilnehmer nicht uninteressantes Szenario. Da Hausdurchsuchungen, Beschlagnahme und mindestens einmonatige Sperre eines allfälligen Geschäftsbetriebs bereits dann an-

14 Die Berichterstatterin, bei der es sich um die Ehegattin des Vorstandsvorsitzenden eines Unterhaltungskonzerns handelt, sah sich zwischenzeitlich mit Ermittlungen der französischen Börsenaufsicht AMF konfrontiert, http://www.heise.de/newsticker/meldung/47968

15 Zu Redaktionsschluss des vorliegenden Beitrags, also im Herbst 2005 stand diese Richtlinie als COM(2005)276 final gemeinsam mit einem entsprechendem Rahmenbeschluss zur Entscheidung an.

16 Einstweilige Verfügung des LG München I, Az. 21 O 3220/05.

geordnet werden können, wenn derjenige, der eine Verletzung behauptet *reasonable available evidence* präsentiert, ohne dass die Gegenpartei gehört werden muss, wird es möglich, Konkurrenten sehr effektiv aufgrund bloßer Behauptungen zu blockieren und letztlich aus dem Markt zu drängen oder bei geplanten Übernahmen und Fusionen den Preis eines Unternehmens massiv zu drücken. Die wirtschaftliche Attraktivität solcher Missbräuche wird durch die Möglichkeit nachträglichen Schadenersatzes wohl kaum in ausreichendem Maß relativiert, und ob eine Umsetzung, welche die ärgsten Härten vermeidet, bei dem Text dieser Richtlinie überhaupt möglich ist, wird sich erst noch zeigen.

3. Verwendung in der Praxis und Begriffsinhalt

Die beiden zuletzt genannten Richtlinien sind auch insofern bemerkenswert, als sich die EU damit erstmals offensiv zum Begriff Geistiges Eigentum bekennt. Zwar ist mit dem vorläufigen Scheitern des Vertrags über eine Verfassung für Europa auch der Art. II-77 Abs. (2) („Geistiges Eigentum wird geschützt") geblieben, was er bisher in der Grundrechte-Charta von Nizza war: Ein Satz ohne rechtliche Bedeutung – denn über die Charta war nur unter der Bedingung ihrer Unverbindlichkeit politische Einigung erzielbar.[17] Mit diesen beiden Richtlinien könnte aber die „rechtstheoretische Verirrung" aus „der Mottenkiste der Rechtsgeschichte"[18] zum Dreh- und Angelpunkt des europäischen Immaterial-

17 *Ziller, J.*, La nuova Costituzione europea, 2. Auflage (2004), Mulino, Bologna, 72ff.; vgl. auch *Balduzzi, R.*, Sull'opportunità di ripensare la Carta (natura e cultura nella Carta dei diritti fondamentali dell'Unione europea), in: *Leuzzi, L./Mirabelli, C.* (Hrsg.), Verso una Costituzione europea (2003), Marco, Rom, Bd. I, 365–381.

18 *Rehbinder, M.*, Urheberrecht, 12. Auflage (2002), Beck, München, Rz 79, 52f.

güterrechts werden. Pikant ist dies, weil unter anderem auch die Webseite der EU zwischen Urheberrecht und verwandten Schutzrechten[19] einerseits und Gewerblichem Eigentum (eine eher holprige Übersetzung des englischen Industrial Property; gemeint ist wohl Gewerblicher Rechtsschutz)[20] andererseits unterscheidet. Ansonsten stolperte man bisher unter Juristen (noch) nicht allzu häufig über den Begriff Geistiges Eigentum. Die Landesverfassung des Freistaats Bayern spricht von seinem Schutz, was 1948 wohl als offensichtlich erfolgreicher Köder ausgelegt wurde, um die dann 1949 erfolgte Ansiedlung des Deutschen Patent- und Markenamtes in München zu „erleichtern", das zuvor als Kaiserliches Patentamt bzw. Reichspatentamt in Berlin ansässig war.

Auch Gerichte sind, zumindest bis dato,[21] eher zurückhaltend mit diesem Begriff. So verwendet etwa der italienische Corte Costituzionale den Begriff nur unter Anführungszeichen und betont dabei nicht-vermögensrechtliche Aspekte.[22] Auch der österreichische OGH verwendet den Ausdruck gerade in jüngerer Zeit nur in Zitaten oder mit offenkundigen Vorbehalten, also in Anführungszeichen und Klammern als Synonym für Immaterialgüterrechte.[23]

Rehbinder beschränkt sich in seiner Kritik am „Geistigen Eigentum" noch auf den Bereich des Urheberrechts und schlägt den von Hirsch geprägten Ausdruck der Werkherrschaft[24] als alternative Bezeichnung vor. Mittlerweile greift dies insofern zu

19 http://europa.eu.int/comm/internal_market/copyright/index_de.htm
20 http://europa.eu.int/comm/internal_market/indprop/index_de.htm
21 Mit der in Fn. 16 zitierten EV könnte sich jedoch eine Trendwende abzeichnen, vgl. aber auch die heftige und mit Rehbinder nahezu wortgleiche Kritik („Kampfbegriff") von Hoeren, T., Gastkommentar: Schock über das Urteil von München, c't 9/2005, S. 28, erhältlich unter http://www.heise.de/ct/05/09/028/
22 Corte Cost., 23. März 1995, n. 108.
23 Wie in 4Ob 89/92, EvBL 1993/58, S 277.
24 *Hirsch, E.*, Die Werkherrschaft. Ein Beitrag zur Lehre der Natur der Rechte an Geisteswerken, UFITA 36, 1962, 19–54.

kurz, als sich das „Geistige Eigentum" inzwischen nicht mehr auf diesen Bereich beschränkt, sondern antritt, den Sammelbegriff „Immaterialgüterrechte" abzulösen, wobei zum bisherigen Verständnis noch weitere, nicht exakt definierte Rechtsgebiete addiert werden. Die EU-Kommission hat diese Unsicherheiten einmal mehr bestätigt, als sie in einer nachträglichen Stellungnahme zur RL 2004/48/EG feststellte, welche Immaterialgüterrechte *zumindest* vom „geistigen Eigentum" erfasst sein sollten.[25]

Inhaltlich ist dieser Begriff also wesentlich weniger klar abgesteckt als jene Terminologie, an deren Stelle er zu treten versucht. So ist insbesondere innerhalb der Europäischen Union noch keine tragfähige Auffassung darüber auszumachen, welche Immaterialgüter- und sonstigen Rechte nun von welcher Begrifflichkeit im einzelnen erfasst sein sollen; in nicht unbeträchtlichem Ausmaß ist dies sogar in den jeweiligen Mitgliedstaaten strittig. Zwar wird mehr oder weniger durchgehend zwischen Urheberrecht und Gewerblichen Schutzrechten unterschieden (bzw. in Frankreich zwischen droit d'auteur/propriété artistique und propriété industrielle).[26] Insgesamt scheint jedoch lediglich dahingehend Einigkeit zu bestehen, dass vom „Geistigen Eigentum" zumindest die Bereiche Urheber- und Leistungsschutzrechte und der Gewerbliche Rechtsschutz, also Patentrecht und Marken- sowie Musterrechte umfasst sein sollen, während wiederum unklar ist, was wo unter letzteren Begriff, also gewerblichen Rechtsschutz fallen soll, wobei Unterschiede in nicht unwesentlichen Detailfragen bestehen. So scheint in Italien nach dominierender Sicht nur Patent-, Marken- und Musterrecht eingeschlossen zu sein, obwohl auch einige weitergehende Definitionen vertreten

25 Statement by the Commission concerning Article 2 of Directive 2004/48/EC of the European Parliament and of the Council on the enforcement of intellectual property rights (2005/295/EC) vom 13. April 2005, Official Journal of the European Union, L 94/37.

26 Zu den philosophisch-historischen Grundlagen des droit d'auteur, *Edelman, B.*, Le Sacre de L'Auteur (2004), Éditions du Seuil, Paris, *passim*.

werden. Dagegen steht z.B. einer Schutzwürdigkeit nahezu jeder Art von vertraulicher Information in Großbritannien[27] bei gleichzeitiger Einbeziehung von Wettbewerbsverstößen nur in Verbindung mit „Trittbrettfahrern" („passing off") ein relativ enger Geheimnisschutz in Deutschland gegenüber, wo dafür das gesamte Wettbewerbs- und Kartellrecht hinzukommt.[28] Nochmals: Es geht hier nicht darum, in welcher theoretischen Schublade wir welches Rechtsgebiet im Elfenbeinturm der Rechtswissenschaften unterbringen, sondern (neben anderem) darum, auf welche zivilrechtlichen Streitfälle im Zusammenhang mit Immaterialgüterrechten so gravierende Rechtsfolgen wie Hausdurchsuchungen, Beschlagnahme, Geschäftsverbote oder das Einfrieren von Bankkonten Anwendung finden sollen.

Es sind also grundsätzlich zwei Konsequenzen möglich: Entweder führt diese Terminologie, über deren Inhalt ja wie gesagt selbst die EU-Kommission unsicher ist, zu einer weiteren Deharmonisierung, die im Ergebnis genau das erreichen würde, was durch solche Regelungen unter anderem verhindert werden soll; es käme nämlich zur Schaffung von „safe harbours" für bestimmte Gruppen von Rechtsverletzungen oder – und das ist wohl mittelfristig wahrscheinlicher – es werden europaweit immer mehr Rechtsgebiete in den Schutzbereich einbezogen. Das Konzept Geistigen Eigentums ist unter anderem deshalb so problematisch, weil der bisherige europäische Ansatz auf dem Vorhandensein klar unterschiedener und besonders in ihren Rechtsfolgen exakt definierter Immaterialgüterrechte aufbaut. Dies führte für Kontinentaleuropa zu einer sehr hohen Rechtssicherheit und klaren Vorhersehbarkeit richterlicher Entscheidungen. In den Vereinigten Staaten, wo solch deutliche gesetzliche Regelungen in zentralen Punkten fehlen, besteht dagegen eine relativ große Unsicherheit,

27 http://www.intellectual-property.gov.uk/std/resources/other_ip_rights/index.htm

28 *Hubmann H./Götting H.-P.*, Gewerblicher Rechtsschutz, 7. Auflage (2002), Beck, München, 1, Rz 1.

die von immer mehr Unternehmen, die ihr gesamtes Geschäftskonzept einzig auf dubiosen Klagsdrohungen aufbauen, entsprechend ausgebeutet wird. Die sichere Unterscheidbarkeit klar abgegrenzter Immaterialgüterrechte schleichend durch die diffuse und umstrittene Begrifflichkeit des Geistigen Eigentums zu verwässern, scheint daher ein ungeeigneter Weg, um die bestehende Rechtssicherheit zu erhalten. Daher wäre zu erwägen, eine entsprechende Korrektur der Terminologie vorzunehmen und stattdessen bei der Sammelbezeichnung Immaterialgüterrechte zu bleiben, und im konkreten Fall jeweils jenes Recht oder jene Rechte konkret zu benennen, um die es geht.[29]

Neben der quantitativen Erweiterung und dem damit einhergehenden Differenzierungsverlust (zugunsten eines stärkstmöglichen „Schutzes“) geht es aber keineswegs mehr um eine bloße Gleichstellung mit dem Eigentum an körperlichen Sachen. Denn Immaterialgüterrechte haben für den Inhaber entscheidende Vorteile gegenüber dem Sacheigentum: Während die Veräußerung einer körperlichen Sache zwingend mit sich bringt, dass sich der Veräußerer ihrer begibt, ist im Fall von Immaterialgüterrechten die Abspaltung von Lizenzen grundsätzlich unbegrenzt möglich, wobei der Lizenzgeber den Kern seines Rechts immer behält. Zudem werden über einen möglichst drakonischen rechtlichen Schutz möglichst vieler Aspekte des selben Immaterialgutes (also etwa die Kombination von Urheber-, Patent und Markenrechten für das selbe Computerprogramm) in Verbindung mit Knebelverträgen und gegebenenfalls technischen Schutzmaßnahmen Rechte von einer faktischen Absolutheit geschaffen, die über die bisherigen Sachenrechte hinausreichen.[30]

29 *Stallman, R.*, Did You Say „Intellectual Property“? It's a Seductive Mirage, http://www.fsf.org/licensing/essays/not-ipr.xhtml

30 *Bechthold, S.*, Vom Urheber- zum Informationsrecht – Implikationen des Digital Rights Management, München (2001), 269 ff.

4. Die Verführungskraft einer falschen Begrifflichkeit

Rehbinder beweist mit seiner konsequenten Kritik auch eine differenziertere und unbestechlichere Sichtweise, als manche, die einem allzu sehr ausufernden Schutz von Immaterialgüterrechten zwar vorgeblich kritisch gegenüberstehen, sich aber dennoch mit der Bezeichnung „Geistiges Eigentum" abfinden, sie gar befürworten, dann aber doch ihren Anwendungsbereich und Schutzumfang eingeschränkt wissen wollen, ohne zu bemerken, dass sie bereits mit der Akzeptanz dieser Terminologie auch ihre Ziele weitgehend aufgeben,[31] eben weil eine gewisse Terminologie auch bestimmte Inhalte in sich trägt, die sich nicht folgenlos ignorieren lassen.

Man könnte nun versucht sein, in dieser Entwicklung eine schlichte Unzulänglichkeit menschlicher Denkmodelle zu sehen. Während wir in der Lage waren, von der Vorstellung, immaterielle Güter wie körperliche Sachen zu behandeln, durch die Schaffung speziell ausdifferenzierter Rechte, ab- und einen Schritt weiter zu gehen, solange wir für das immaterielle Werk einen materiellen Träger hatten, verlässt uns dieser Mut im digitalen Zeitalter, sobald wir uns mit dem Internet und seinem Verlust unmittelbarer Körperlichkeit auseinanderzusetzen haben. Wo wir Musik nicht mehr auf Schellack, Vinyl oder CD in der Hand halten, erfasst uns die Angst vor der sprichwörtlichen Flüchtigkeit des Musenkusses. Müssen wir, um ihn zu halten, dem Geist die Fesseln der Materie aufzwingen?

Wie sich auch im gleich folgenden Monsanto-Beispiel zeigen wird, ist das Internet für die momentane Rechtsentwicklung ein wohl nur vorgeschobener Grund. Der Intellectual-Property-Wahn

31 Diesem Trugschluss unterliegt etwa *Lessig, L.*, Free Culture – How Big Media uses Technology and the Law to lock down Culture and control Creativity, New York (2004), S. 83 ff., der Geisteswerke unter anderem ernsthaft mit Gartentischen vergleicht, um den Ausdruck „Geistiges Eigentum" zu rechtfertigen.

betrifft längst Bereiche die mit Digitalisierung nur wenig zu tun haben, und dass dahinter eine Agenda steckt, die diese Effekte bewusst anstrebt, ist nur schwer von der Hand zu weisen.[32] Dass aber der Begriff „Geistiges Eigentum" trotz seiner offenkundig desaströsen Implikationen weiter im Vormarsch ist, mag mit jenem Phänomen zusammenhängen, dass Kelsen am Beispiel der seiner Ansicht nach unzutreffenden Unterscheidung zwischen Recht und Staat schilderte: Weil die Gesellschaft eben Schwierigkeiten damit habe, mit einem abstrakten Konzept wie „Recht" umzugehen, wird eine Personifizierung konstruiert, der Staat.[33] Ein ähnlicher Mechanismus könnte hier am Werk sein: Weil die Idee von Rechten an körperlosen Geisteswerken („Immaterialgüterrechte" bezeichnet das Immaterielle ja ganz offen!) zu komplex ist, sehnt man sich nach etwas scheinbar handfesterem – dem (geistigen) Eigentum.

5. Wer den Wind sät…

Wenn wir unseren Blick nun abschließend auf eines der Immaterialgüterrechte verlagern, welches die Befürworter des „Geistigen Eigentums" von diesem Terminus umfasst wissen wollen, das Patentrecht, dann lässt sich erahnen, was uns noch erwarten könnte. Der kanadische Bauer Percy Schmeiser baute bereits seit 40 Jahren in dritter Generation Raps an, als er sich 1998 mit Tests konfrontiert sah, die in dem von ihm angebauten Raps Elemente einer genetisch modifizierten Rapsart nachwiesen, auf die das US-Unternehmen Monsanto ein Patent innehatte. Monsanto ist ein auf Pflanzenschutzmittel und genetisch modifiziertes Saat-

32 Siehe etwa *Drahos, P./Braithwaite, J.*, Information Feudalism, London (2002), S. 65 ff.

33 *Kelsen, H.*, Der Staatsbegriff und die Psychoanalyse, in: Almanach für das Jahr 1927, Internationaler Psychoanalytischer Verlag Wien, S. 135–141.

gut spezialisierter Chemiekonzern mit einem Jahresumsatz von fast 5 Mrd. US-$. Während des Vietnamkriegs war Monsanto einer der wichtigsten Lieferanten für das Herbizid Agent Orange. Ende der neunziger Jahre belieferte es immer mehr Bauern mit „Roundup Ready Canola", eben jener patentierten Rapsart, die auf den Feldern von Schmeiser nachgewiesen worden war. Dieser argumentierte jedoch, er hätte keinerlei Bedarf an genetisch modifiziertem Raps, er würde vielmehr seit Jahrzehnten sein eigenes Saatgut pflegen; überdies sei der Samen ohne sein Zutun und Wissen, wohl durch Verwehungen, auf sein Feld geraten. Dennoch brachte Monsanto Klage im Gesamtstreitwert von US-$ 400,000.– gegen Schmeiser wegen Patentverletzung ein. Im Mai 2004 hatte der kanadische Supreme Court den Fall zu entscheiden.[34] Ob Schmeiser wirklich völlig ahnungslos war, spielte dabei eine allenfalls untergeordnete Rolle, da das Gericht davon ausging, dass Schmeiser wusste bzw. wissen musste, dass Monsanto-Samen auf sein Feld geraten war. Zwar wurde im konkreten Fall keine Zahlungsverpflichtung des Beklagten festgestellt, da er sich, wenn überhaupt, nur unwesentlich bereichert habe. Der Erwerb des Saatguts hätte ihn nämlich rund C$ 15,000.– gekostet, sein Ernteertrag im fraglichen Zeitraum belief sich aber auf lediglich C$ 19,832.–. Dennoch folgten die Richter im Kern der Sache der Argumentation der Klägerin: Schmeiser habe demzufolge deren Patent verletzt und sei folglich verpflichtet, dies in Zukunft zu unterlassen, also seinen gesamten eigenen, inzwischen mit jenem der Klägerin vermischten, Rapsstamm zu vernichten.[35]

34 Monsanto Canada Inc. *v.* Schmeiser, 2004 SCC 34, erhältlich unter http://www.lexum.umontreal.ca/csc-scc/en/pub/2004/vol1/html/2004scr1_0902.html
Die Entscheidungen der ersten und zweiten Instanz sind unter http://decisions.fct-cf.gc.ca/fct/2001/2001fct256.shtml bzw. http://decisions.fct-cf.gc.ca/fct/2002/2002fca309.shtml verfügbar.

35 De lege ferenda ergibt sich also die Forderung an den Gesetzgeber, Bauern, die genetisch modifizierten Samen einsetzen, die Haftung für solche Kontaminationen aufzuerlegen und entsprechende Schutzmaßnahmen (z. B. Mindestabstände) vorzuschreiben.

Die offensichtliche Folge dieser Entscheidung ist, dass immer dann schon eine Anwendung eines Patents und damit eine Patentverletzung vorliegt, wenn genetisch modifizierte Samen ohne Zustimmung des Patentinhabers in einen nicht modifizierten Stamm eingekreuzt werden. Zwar führt dies alleine noch nicht zwingend zu einer Zahlungsverpflichtung des Verletzers an den Patentinhaber, es zwingt allerdings ersteren dazu, seinen eigenen Stamm zu vernichten, sobald er von der Kontaminierung wissen musste. Bei Pollen, wie den hier zur Debatte stehenden, die mehrere Stunden in der Luft bleiben, stellt dies faktisch alle Bauern, in deren Nachbarschaft genetisch modifiziertes Saatgut zum Einsatz kommt, vor die Wahl entweder selbst dieses Saatgut zu verwenden oder ihren Betrieb aufzugeben.

Einen bitteren Nachgeschmack hinterlässt aber besonders eine Tatsache, die in der Entscheidung selbst gar nicht zum Tragen kommt, allerdings ihre Vorbedingung darstellt: Saatgut, das früher gekauft wurde, wird heute nur mehr lizensiert. Dabei wird insbesondere die Verwendung der Ernte für die nächste Aussaat ohne weiteren Lizenzerwerb untersagt – einmal mehr bezwingt der Geist die Materie. Natürlich ist es zunächst dem jeweiligen Bauern überlassen, ob er eine solche Bindung eingehen will. Entscheidungen wie jene im Fall Monsanto schränken den Entscheidungsspielraum des einzelnen jedoch bedeutend ein, sobald der erste Nachbar auf patentiertes Saatgut setzt. Mit der Forderung einer internationalen Öffnung des Agrarmarktes für Entwicklungsländer gewinnt diese Perspektive zusätzliche Brisanz. Denn wenn die Landwirte dort erst den Zwängen der „Intellectual Property" unterliegen, braucht es möglicherweise gar keine weiteren Mittel zu ihrer nachhaltigen Kolonialisierung:[36] Wie einst

36 Zu diesem Effekt unausgewogener immaterialgüterrechtlicher Regelungen, *Oriola, A.*, Transfer of Technology and Intellectual Property Rights in Nigeria, Modern Practice Journal of Finance and Investment Law, Vol. 3. No. 2 (1999), S 380 und allgemein *Shiva, V.*, Protect or plunder? Understanding Intellectual property Rights, London (2001).

Ägypten für das römische Imperium wären sie dann kaum mehr als die Kornkammer der „zivilisierten" Welt.

Wer nun meint, dies seien „amerikanische Zustände" die im „good old Europe" kaum Aussichten auf Bestand hätten, sei erstens nochmals darauf hingewiesen, dass sich besagter Fall in Kanada abspielte. Zweitens sei angemerkt, dass mit der Gentechnikrichtlinie und ihrer Umsetzung bereits die Grundlagen für eine weitgehend deckungsgleiche Rechtslage geschaffen sind.[37] Und drittens sind auch Bauern, die nicht modifiziertes Saatgut verwenden, seit dem Sortenschutzgesetz[38] nur dann zum Nachbau berechtigt, wenn sie regelmäßig eine angemessene Gebühr an den Inhaber des Sortenschutzrechts abführen.

Womit sich zumindest ein argumentativer Kreis dieses Beitrags schließt und zwar gerade durch die aufgeworfenen Fragen: Ist das Sortenschutzrecht ein gewerbliches Schutzrecht? Ist es geistiges Eigentum im Sinne der Richtlinie zur Durchsetzung geistigen Eigentums? Hat der Bauer Huber künftig, wenn ein Konzern wie Monsanto *reasonable available evidence* präsentiert, dass hinsichtlich einer von ihm – ohne Lizenzgebühren abzuführen – angebauten Sorte Ansprüche bestehen, mit der Durchsuchung seines Hofs, der Beschlagnahme seines Saatgutes und einem (zumindest) wochenlangen Verbot, seinen Hof zu bestellen zu rechnen?[39] Die Europäische Kommission ist die Antwort darauf ausdrücklich schuldig geblieben.

37 Allerdings wurden zumindest hinsichtlich Genehmigung, Kennzeichnung und Haftung Regelungen getroffen. Dennoch besteht der Verdacht, dass Unternehmen gezielte Kontaminationen vornehmen, siehe *Zarzer, B.*, Gen-Zucchini im Schrebergarten, Telepolis vom 29.9. 2005, http://www.heise.de/tp/r4/html/result.xhtml?url=/tp/r4/artikel/21/21041/1.html&words=Monsanto

38 Für Deutschland: Neufassung vom 19. Dezember 1997 *BGBl. I, S. 3164* sowie für Österreich Sortenschutzgesetz 2001, BGBl. I Nr. 109/2001.

39 Weil die in Deutschland zuständige Organisation, die Saatgut-Treuhand Verwaltungs GmbH schon eifrig und unter Missachtung des Rechts auf informationelle Selbstbestimmung diesbezügliche Daten sammelt, wurde ihr 2005 der Negativpreis Big Brother Award verliehen, http://www.bigbrotherawards.de/2005/.com/

Friedrich Lachmayer

Apokryphes Gewohnheitsrecht

1. Beginnende Ära des Maschinenrechts

Die derzeitige Situation der Rechtswissenschaft ist dadurch gekennzeichnet, dass das textuelle Recht zunehmend durch ein Maschinenrecht ergänzt und teilweise ersetzt wird und dass es auf der Ebene der Rechtswissenschaft daher ein Anliegen ist, Modelle aufzubauen, welche einerseits dieses Maschinenrecht erklären können, andererseits aber auch dieses konstruktiv vorbereiten können. Themen wie Legal Ontologies knüpfen an den Themenstellungen der Rechtslogik an, haben aber bereits eine andere Zielrichtung, nämlich bestimmt durch die Rechtsinformatik. Es gibt ausgehend von der Begriffsjurisprudenz des 19. Jahrhunderts über die Thesaurus-Modelle der zweiten Hälfte des 20. Jahrhunderts eine Linie, welche in der weiteren Entwicklung hin zu den Legal Ontologies führt, doch werden nunmehr die technischen Einsatzmöglichkeiten dieses begrifflichen Anliegens intensiviert. Das Recht ist für die professionellen Juristen fast ausschließlich noch ein textuelles Recht, doch zeichnet sich eine Transformation in Richtung auf das Maschinenrecht ab. Zu den entscheidenden Voraussetzungen, ob so etwas gelingen wird, zählt auch die Frage der Operationalisierung der Begriffe, wie sie im textuellen Recht enthalten sind, und damit auch die Frage, inwieweit eine Syntaktisierung von Semantik gelingt. Erst dann, wenn es machbar ist, die verschiedenen semantischen Strukturen eindeutig mit einer diesen Strukturen klar zuordenbaren Semantik abzubilden, kann die im textuellen Recht enthaltene juristische Semantik in und mit den Algorithmen der Maschinen praxismächtig abgebildet werden.

2. Vom Gewohnheitsrecht über das textuelle Recht zum Maschinenrecht

Es können derzeit drei Abschnitte der Rechtsentwicklung unterschieden werden und zwar zunächst das Gewohnheitsrecht, dann das textuelle Recht und schließlich (beginnend) das Maschinenrecht. Die Besonderheit dabei ist, dass diese drei Phasen der Rechtsentwicklung nicht völlig sequentiell zu sehen sind, sondern mehr im Sinne der Gleichzeitigkeit, bzw. der Dominanz, des Vordergrundes und des Hintergrundes. Das Gewohnheitsrecht wurde durch das textuelle Recht nur überlagert, nicht zur Gänze im Rechtsalltag aufgehoben. In gleicher Weise ist auch anzunehmen, dass das Maschinenrecht zwar partiell in den Vordergrund treten wird, dass aber die beiden anderen Rechtsschichten nach wie vor vorhanden sein werden.

3. Textuelle professionelle Praxis

Das textuelle Recht hat sich von den Adressaten her gesehen an die professionellen Juristenkreise gewendet. Andererseits waren es auch vorwiegend auch die Juristen, welche das textuelle Recht zumindest über die Inhaltsgestaltung der Entwurfsarbeit bestimmt hatten, wenngleich auch die Rechtssetzung als formale Konstituierung der Rechtsakte durch die dazu legitimierten institutionellen Organe erfolgte. Aus dieser Zielrichtung des textuellen Rechtes auf die Rechtsanwendung durch die professionellen Juristenkreise ergibt sich aber auch seine Begrenzung und Ausklammerung desjenigen juristischen Alltages, wie er von den juristisch nicht professionellen Menschen gestaltet wird.

4. Gewohnheitsrechtlicher Alltag der Nichtprofessionellen

Es lässt sich an einigen Beispielen unschwer nachweisen, dass der Rechtsalltag höchstens meist nur mittelbar über die Paragraphen des textuellen Rechtes normiert und geformt wird, dass aber nach wie vor die Mechanismen des Gewohnheitsrechtes für den flächendeckenden Rechtsalltag der nicht professionellen Adressaten des Rechtes maßgeblich sind. So ist das Verhalten im Straßenverkehr für die meisten Verkehrsteilnehmerinnen und Verkehrsteilnehmer nicht durch den Wortlaut für sie geltenden Straßenverkehrsordnung bestimmt. Es ist den Leuten durchwegs nicht bekannt, in welchem Paragraphen der Straßenverkehrsordnung sich welche Pflicht zu einem Verkehrsverhalten zu finden ist. Die Verkehrsteilnehmerinnen und Verkehrsteilnehmer verhalten sich vielmehr so, wie dies in den Zeiten des Gewohnheitsrechtes üblich war, inklusive der *opinio necessitatis vel iuris*. Das Parallelverhalten ist für das Verhalten im Straßenverkehr durchaus das gängige Modell. Es geht dabei nicht um die Umsetzung von Paragrapheninhalten, als vielmehr darum, sich situativ so zu verhalten, wie man dies von den anderen Verkehrsteilnehmerinnen und Verkehrsteilnehmer sieht und wie man annimmt, dass dies rechtlich so geboten, bzw. verboten sei. Ähnlich ist es auch mit dem Strafrecht. Die Leute verhalten sich im wesentlichen konform zu den Geboten und Verboten des Strafrechtes, aber nicht deshalb, weil sie die entsprechenden Texte der Strafgesetze kennen, sondern vielmehr weil sie durchaus noch in den Bewusstseinsformen des Gewohnheitsrechtes ihr eigenes Verhalten an den gesellschaftlich herrschenden Werten und Verhaltensmustern ausrichten. Es kann daher gesagt werden, dass die Denkformen und die Verhaltenmuster des Gewohnheitsrechtes auch in der Epoche des vorherrschenden textuellen Rechtes nach wie vor für die Rechtswirklichkeit bestimmend sind, zumindest was die große Menge des rechtlichen Alltagsverhaltens betrifft.

5. Rechtliche Textualität der ausklingenden neuzeitlichen Staaten

Das Zurückdrängen des Gewohnheitsrechtes und die Dominanz des textuellen Rechtes am Beginn der Neuzeit hatte damals politische Gründe indem sich die Organe des monarchisch geprägten Territorialstaates gegen die älteren mehr oder weniger gewohnheitsrechtlich geprägten Rechtsinstitutionen durchzusetzen begannen. Es ist bemerkenswert, dass nunmehr nach einer Dauer von etwa dreihundertfünfzig Jahren zumindest in Europa das Modell eines souveränen Territorialstaates zu verblassen beginnt. Wenngleich auch die Interessen der Mitgliedstaaten der EU sich nur widerstrebend in den größeren rechtlichen und institutionellen Kontext der Europäischen Union einzufügen scheinen, wobei interessanterweise gerade von den klassischen souveränen Staaten Zentraleuropas massive Widerstände kommen, so ist dennoch schon aufgrund der bisherigen Rechtsentwicklung des europäischen Rechtes deutlich geworden, dass der rechtliche Status der Mitgliedstaaten kaum mehr nach dem Modell souveräner Staaten, wie sie sich nach dem Ende des Dreißigjährigen Krieges durchzusetzen begannen, gedeutet werden kann. Besonders wird dies bei den monarchischen Staaten sichtbar, deren es immer noch eine erstaunlich große Anzahl in Europa gibt und die mit der vom neuen System angebotenen Modellposition eines bloß regionalen Feudalherren keineswegs so glatt zu Rande kommen. Derzeit ist die institutionelle Spitze der europäischen Integration eher im Muster eines Direktoriums verhaftet zusammen mit einer ausgeprägten parlamentarischen Schwäche, die historisch eher mit der Stellung der Parlamente um die Mitte des 19. Jahrhunderts verglichen werden kann. Die Entwicklungshöhe, welche in parlamentarischer Hinsicht die Mitgliedsstaaten doch seit einiger Zeit erreicht haben, ist keineswegs auf der juristischen Metaebene der Europäischen Union umgesetzt, zumal dem Europäischen Parlament das Initiativerecht zur Gesetzgebung fehlt. Andererseits ist aus rechtstheoretischer Sicht interessant, dass das Modell des Gesellschaftsvertrages, welches auf staatlicher Ebene mehr oder weniger fiktiv herangezogen werden kann, auf der Ebene der europäischen Integration durchaus maßgeblich ist. Der Gesellschaftsvertrag ist auf der staatlichen Ebene ein lediglich illusionäres Konstrukt, welches einer fiktiven Legitimation dienen soll. Der allgemeine Wille, diese und keine andere Verfassung rechtlich einzusetzen, wurde von den Staaten gegenüber ihren Bürgerinnen und Bürgern nie explizit formuliert. Völlig anders die Situation auf der Metaebene der europäischen Integration. Dort wird der neue (Gesellschafts- bzw.) Verfassungsvertrag, welche die Macht an die nächst höhere Ebene übertragen soll, nicht nur von den Staaten selbst explizit und einstimmig beschlossen, bzw. soll beschlossen werden, sondern wird in einigen Fällen explizit auf der Basis der Populationen durch Volksabstimmungen verankert. Gerade diese letztere prozedurale Voraussetzung hat dann auch jene Probleme mit sich gebracht, welche die formelle Annahme des Verfassungsvertrages zu gefährden drohen.

6. Völkergewohnheitsrecht versus Hegemonialrecht

Es gibt aber noch andere Bereiche, bei dem sich das Gewohnheitsrecht in Konflikt mit dem textuellen Recht befindet, bzw. mit den politischen Strukturen, welche sich in einem neuen globalen Kontext aufbauen. Gemeint ist damit das Völkergewohnheitsrecht, welche nicht nur durch das Völkervertragsrecht und durch das Recht der internationalen Organisationen überlagert wird, sondern das auch zunehmend in Konflikt mit einem sich aufbauenden Hegemonialrecht und einem neuen Imperialrecht zu geraten scheint. Dabei geht es vordergründig nicht um das alte Gewohnheitsrecht, sondern um das relativ moderne Völkergewohnheitsrecht, das als immer noch geltende Hintergrundschichte neben dem Völkervertragsrecht und dem Recht der internationalen und supernationalen Organisationen die Regeln für das Zusammenleben der völkerrechtlichen Entitäten enthält. Das Hegemonialsystem ist ein solches, das offenbar von den nicht mehr ganz funktionsfähigen souveränen Territorialstaaten das Attribut der Souveränität übernommen hat. Es ist kennzeichnend für das neue Hegemonialsystem, dass es sich selbst als souverän erachtet und zwar auch als souverän gegenüber dem Völkerrecht, zumindest in manchen Konfliktfällen, bei denen es geneigt ist, den eigenen Interessen den Vorrang einzuräumen.

7. Verdrängen tribalen Gewohnheitsrechts

Eine andere Situation ergibt sich im Zusammenhang mit solchen Konfliktgebieten, die im wesentlichen heute noch durch ein tribales Verständnis, zumindest in der Tiefenstruktur der Gesellschaft geprägt sind. Dazu zählen insbesondere aride Bergländer, deren Bewohner manchmal noch in Stammesstrukturen leben. Auch dort besteht ein mehr oder weniger geltendes Rechtsverständnis, welches immer wieder in Gegensatz zur modernen Rechtskultur gerät, welche insbesondere durch die zunehmend ausgeprägten Menschenrechte geprägt ist. Hier erfolgt das Zurückdrängen der alten gewohnheitsrechtlichen tribalen Rechtsschichte durch das moderne Völkerrecht und insbesondere auch durch die Menschenrechte im Sinne der Expansion des textuellen Rechtes. Dabei wird dem alten Gewohnheitsrecht die Fähigkeit abgesprochen, das traditionelle Konfliktverhalten weiter zu legitimieren, weil in der modernen Zeit auch die modernen textuellen Regeln gelten und nicht mehr das atavistische traditionelle Gewohnheitsrecht.

8. Gewohnheitsrecht in der rechtlichen Peripherie

Im modernen Rechtswesen, welches durch das textuelle Recht und auch durch die Strukturierung in Normschichten im Sinne des Stufenbaus der Rechtsordnung charakterisiert ist, ist grundsätzlich das Gewohnheitsrecht auf Randbereiche verdrängt. Als einer der wenigen Bereiche, in dem Gewohnheitsrecht zulässig ist und auch in den Stufenbau der Rechtsordnung integriert wird, zählt das Handelsrecht mit den Handelsgewohnheiten, die sich dann zum Handelsgewohnheitsrecht verdichten können. Es kann aber auch ein Gewohnheitsrecht über der Verfassung angenommen werden, zumindest aus der Sicht der Rechtstheorie, nämlich ein präkonstitutionelles Gewohnheitsrecht. Hierin sind die Geltungsbedingungen des Rechtes, insbesondere dessen Effektivität als Geltungsvoraussetzung enthalten, sowie minimale inhaltliche Rechte, wie etwa die Bedingung der Auflösung des Gehorsamsanspruches im Falle eines unerträglichen Frevels der Staatsorgane. Dieses präkonstitutionelle Gewohnheitsrecht würde nun mehr nicht nur die oberste Rechtsschicht des Staates umfassen, sondern die nunmehr formal voraus gelagerte Schichte des Integrationsrechtes, für welches ebenfalls die auflösenden Bedingungen des Geltungsanspruches gelten.

9. Gewohnheitsrecht als Gegenstand der Rechtstheorie Theodor Geigers

Das Gewohnheitsrecht, welches vom textuellen Recht seit einigen Jahrhunderten zunehmend überlagert wird, ist ein genuiner Gegenstand der Rechtstheorie. Es war vor allem Theodor Geiger, welcher sich mit diesem Themenbereich des Gewohnheitsrechtes beschäftigte. Bei ihm ist interessant, dass er sich in großem

Maße der Symbolisierung (und noch nicht der Formalisierung) bediente. Theodor Geiger gehörte zu den interessantesten Rechtstheoretikern des 20. Jahrhunderts. Theodor Geiger ist deshalb relevant für die heutige Rechtstheorie, weil er mit der Ausschließlichkeit der sprachlichen Ausdrucksweise gebrochen hat und massiv auch Formeln eingesetzt hat. Diese Formeln verwenden meist noch Buchstaben, sind also vom Substrat der Zeichen her der Schrift entlehnt, haben aber eine Syntax, die von der Schrift verschieden ist. Eine gewisse Nähe zu mathematischen und physikalischen Formeln ist unverkennbar. Freilich handelt es sich hier nicht so sehr um Formeln im Sinne der logischen Formalisierung und Operationalisierung, sondern vielmehr um symbolische Ausdrücke, die sich ganz bewusst von der linearen Textualität absetzen. Vom Thema ist Theodor Geiger sehr stark den Fragen des Gewohnheitsrechtes zugewandt. Es ist dies eine bemerkenswerte Kombination, nämlich einerseits ein altes Thema der Objektebene und andererseits eine moderne Notation auf der Metaebene. Dadurch entsteht eine wissenschaftliche Amplitude, deren spannungsreiche Kreativität im derzeitigen Stadium der Wissenschaftsentwicklung keineswegs ausgeschöpft ist.

10. Erkenntnisfördernde Entfremdung durch Notationswechsel

Gerade die aktuellen Arbeiten im Gebiet der Rechtsinformatik zu den Themen der Legal Ontologies zeigen, dass es wichtig ist, auf der Metaebene die Ausdrucksform zu wechseln und von einer überwiegend sprachlichen Ausdrucksweise auch zu nicht sprachlich strukturierten Notationen zu gelangen. Theodor Geigers Analysen des Gewohnheitsrechtes sind ein sehr interessanter Schritt dazu. In der Entwicklung der Wissenschaft steht er gleichsam zwischen Hans Kelsen einerseits und der Normenlogik andererseits, die wenige Jahre nach dem Erscheinen seines Hauptwerkes als im Gebiet der Rechtswissenschaft dominante neue Wissenschaftsrichtung aufgetreten ist. Theodor Geiger hat sich der Symbolisierung bedient, die Normenlogik hingegen der Formalisierung im logischen Sinn. Gesehen von den Problemstellungen der Rechtsinformatik kann es aber sein, dass die besonders präzise Ausdrucksweise der Normenlogik im wesentlichen nur für kleine Objektstrukturen mit wenig Elementen anwendbar ist und dass es durchaus zweckmäßig sein mag für größere Objektkomplexe, aber auch für diffusere Strukturen, nicht die hochpräzise Formalisierung, sondern vielmehr die Symbolisierung zu verwenden. Die auch bei der Symbolisierung gegebene Entfremdung von der Textualität der Schrift reicht aus, um jene Differenz der Objektrepräsentation auf der Metaebene zu bekommen, welche erforderlich ist, um sich aus der Suggestion der unmittelbaren Sach- und Sprachgegenwart zu befreien. In gewisser Weise ist die Entfremdung die Voraussetzung für eine distanzierte Analyse und ohne die Distanz ist es nicht möglich, die universellen Strukturen in den Sachen zu sehen. Die Semiotik setzt sich bekanntlich aus den drei Teilbereichen der Semantik, der Syntax und der Pragmatik zusammen. Durch die Änderung der Notation wird eine Intensivierung auf der syntaktischen Ebene erreicht, freilich mit Rückwirkungen auf die Semantik.

11. Gewohnheitsrecht als Vorbild der Akzeptanz des Maschinenrechts

Um aber eine ausreichende Akzeptanz zu gewährleisten, ist es notwendig, auch auf der pragmatischen Ebene die Produktionsbedingungen bei den Sendern als auch die Akzeptanzbedingungen bei den Empfängern mit in die Betrachtung einzubeziehen. In diesem Zusammenhang zeigt es sich wiederum, dass die Menschen Oberflächenwesen sind und an den Masken der Gegenstände orientiert sind. Das bedeutet, dass oft die Tiefenstruktur nicht so entscheidend ist wie die Oberflächenstruktur. Das ist etwa deutlich bei den Wänden der Räume der Fall, wo es wichtig ist, wie die Tapeten oder die sonstigen Wandmalereien aussehen. Die Tiefenstruktur der Mauer etwa, ob sie aus Beton oder Ziegel besteht, ist für die situative Wahrnehmung nicht maßgeblich. Dementsprechend orientiert sich das Recht auch am äußeren Verhalten der Menschen und nicht an den inneren Motivationslagen, zumindest grundsätzlich nicht. Dieser Disposition kommt auch das Gewohnheitsrecht entgegen, welches sich am äußeren Verhalten, insbesondere am Parallelverhalten der Bezugspersonen orientiert. Das textuelle Recht ist im Gegensatz dazu vielmehr von der Innerlichkeit der Semantik gesteuert, die von den professionellen juristischen Berufsgruppen übernommen wird. Das Übergangsfeld zur Rechtsinformatik liegt darin, dass es bei einer Relevanz der Masken dann nicht mehr so wichtig ist, ob die Maske von einem Menschen oder von einer Maschine getragen wird. Wenn das Gewohnheitsrecht an den Masken, dass heißt an den sozial relevanten Oberflächen, anknüpft, dann können diese gewohnheitsrechtlichen Strukturen auch über die Epoche des textuellen Rechtes hinweg in die Epoche des beginnenden Maschinenrechtes übernommen werden. Damit das Maschinenrecht von den Menschen angenommen wird, bedarf es einer figuralen Gestalt, welche den situativen menschlichen Wahrnehmungs- und Reaktionsmustern angemessen ist. Bislang hat sich die Rechtstheorie in ihrer formalen Richtung nicht um die Akzeptanzseite der Notationen gekümmert. Es wurde zwar eine Audience-Theorie der Wahrheit und auch der Akzeptanz des Rechtes als „Recht" bzw. der rechtswissenschaftlichen Sprechakte als „Rechtswissenschaft" entwickelt, doch war dies mehr ein pragmatisches Modell der Kommunikation und weniger holistisch angelegt.

12. Zusammenfassung

Das Gewohnheitsrecht ist, abgesehen von ganz wenigen Bereichen gleichsam tektonischer Fenster, ein von den späteren Rechtsformen überlagerter Rechtsbereich, der aber dennoch in der realen Praxis des Rechtsalltags der Nichtprofessionellen von Bedeutung sein kann. Das theoretische Interesse am Gewohnheitsrecht bezieht sich aber nicht nur auf die Vorgänge auf der Handlungsebene, sondern erstreckt sich auch auf die Modellbildungen auf der Metaebene, welche die Strukturen des Gewohnheitsrechtes beschreiben. Hier sind es wiederum die Symbolisierungen Theodor Geigers, welche methodisch gesehen einen Übergang von der Theorie des Gewohnheitsrechtes in die modernen Themenstellungen der Rechtsinformatik, wie insbesondere der Legal Ontologies überleiten.

Hans Lenk

Ein Menschenwürdeanrecht auf sinnvolle Eigentätigkeit

I.

Die von der UNO-Generalversammlung 1948 verabschiedete *Allgemeine Erklärung der Menschenrechte* lässt diese aus der allen Individuen der menschlichen Gattung innewohnenden Würde hervorgehen, ohne dass „Menschenwürde" als präziser Begriff definiert wird. Er kann auch nicht auf eine klare philosophische Tradition zurückblicken.

Im allgemeinen sind die Menschenrechte als Abwehrrechte gegen staatliche Gewalt und sonstige Eingriffsmöglichkeiten des Herrschers oder der Obrigkeit bzw. als Schutzrechte der Individuen konzipiert worden. Sie richten sich also gegen Eingriffsversuche ‚von oben', gestalten sich als Rechtsgarantien und Anspruchsrechte des Einzelnen gegen alle Art von administrativen Willkürmaßnahmen, die sich insofern auf der Basis rechtsstaatlicher Grundgesetze oder Verfassungen juristisch kodifizieren oder auch kontrollieren lassen, ja, internationale Anerkennung durch die entsprechenden Signatarstaaten der UNO erlangt haben und durch manche (z.B. europäische, aber auch andere) Folgeregelungen und Konventionen ergänzt bzw. erweitert wurden. Die Menschenrechte werden also im allgemeinen als juristisch kodifizierte, naturrechtlich fundierte und politisch durchgesetzte rechtliche Normierungen aufgefaßt, die im Grunde dem Konzept der Einklagbarkeit wie bei allen subjektiven Rechten Genüge tragen. Dies ist allerdings nur die äußere, sozusagen rechtsförmigjuristische Einkleidung der Grundintuitionen. Diese letzteren gehen natürlich auf viel weiter gehende moralische bzw. ethische Grundüberzeugungen zurück, die keineswegs nur in der westlichen, durch die antiken griechischen Denker und das Christentum angeregten Welt ihre externe Ausprägung gefunden haben, sondern sie finden sich auch in klassischen Grundintuitionen der antiken chinesischen Philosophie (vgl. Roetz 1997, Paul 1987). Allgemein muss also die Entstehung und Konzeption der Menschenrechte in einen weiteren, ethischen Zusammenhang eingebettet werden.

Auch die Beschränkung der Menschenrechte auf Abwehrrechte ist wohl zu eng. Brieskorn (1997) spricht demgegenüber von einer Dreifaltigkeit der Menschenrechte in Gestalt der erwähnten *„Abwehrrechte"*, der von ihm so genannten *„Gestaltungsrechte"* (als Ausfluss des Selbstbestimmungsrechts des Menschen, welches „seinen Anspruch auf eine von ihm gestaltete politische Umwelt" ausdrückt und verwirklicht (Brieskorn 1997, 17), und der *„Leistungs-* oder auch *Versorgungsrechte"*, die es „besorgen…, dass die Menschen ein menschenwürdiges Leben in den Sphären Wirtschaft und Kultur führen, Hilfe zur Selbsthilfe erhalten und so überhaupt oft erst die Abwehr- und Gestaltungsrechte[1] wahrnehmen können" (ebd.). Die angesichts der internationalen politischen Diskussion darum eigens als Typ notierten und gruppenbezogenen *„kollektiven Menschenrechte"* führt Brieskorn als Diskussionspunkt (ebd.) auf, nimmt sie aber in seinen späteren Formulierungen, die sich in der Tat stärker auf den Gattungscharakter jedes einzelnen Menschen und auf das Individuum seiner Rechte beziehen, aus dem Menschenrechtskatalog heraus.[2]

Wenn Brieskorn, an eine Formulierung von Tomuschat (1992, 1) anschließend, „Menschenrechte" als „Rechte" bezeichnet, wel-

1 Brieskorn (1997, 18) nennt diese letzteren auch *„Gründungsrechte"*.

2 In der Tat ist dieser Zusatz ja auch derzeit international derart umstritten, dass er hier zunächst beiseite bleiben müsste. Auch wir beschränken uns im Wesentlichen zunächst auf die individuellen Menschenrechte.

che einem jeden Menschen ungeachtet aller seiner sonstigen Eigenschaften allein kraft seines Menschseins zukommen (sollen)", so ist dies natürlich eine sehr offene und interpretationsbedürftige Formel, die freilich dem juristischen Grundcharakter insofern entsprechen könnte, als deren universell-formaler Charakter ausgedrückt wird: jeder einzelne Mensch ist Träger von unveräußerlichen und somit nicht disponiblen, nicht verhandelbaren, also nicht teilbaren, prädistributiven Grundrechten. Außerdem ist der Rechtscharakter unabhängig von jedem einzelnen Rechtssystem, also über das politisch Rechtliche hinaus quasi international rechtlich bzw. auf der überstaatlichen Rechtsebene (also sozusagen der Intention nach völkerrechtlich) anerkannt – jedenfalls durch die Signatarstaaten, die sich zur Einhaltung der Menschenrechte durch den Beitritt zur Menschenrechtsdeklaration und den Folgekonventionen verpflichtet haben. Somit haben die Staaten selber die Pflicht übernommen, diese überstaatlichen und universal-menschlichen Rechte jedes Individuums grundsätzlich und bei Gewärtigung einer Kontrollklage vor einem internationalen Menschengerichtshof (z.B. dem europäischen Gerichtshof für Menschenrechte) „in innerstaatliches Recht umzusetzen" (Brieskorn 1997, 121). Gegenüber den traditionellen Abwehrrechten hebt Brieskorn (1997, 122) andererseits besonders die „Gründungsrechte" oder „Gestaltungsrechte" der durch die Selbstbestimmungsrechte des Menschen grundlegend selbst mitgestalteten politischen Rechtslandschaft heraus. Selbstbestimmungsrechte stehen für ihn also vor den traditionell als „die" Menschenrechte figurierenden Abwehrrechten. Dies ist eine eigenwillige Umakzentuierung, die aber zur Folge hat, dass den „Abwehrrechten und Leistungsrechten [...] erst dadurch ihre eigene Erfüllung garantiert" wird, dass also „die jeweils Betroffenen die Rechtsgestaltung nicht der Einwirkung anderer Kräfte", sondern der gemeinschaftlichen Selbstbestimmung der entsprechenden politischen legislativen Verfassungs- und Rechtsgründungen rechtmäßig verfasster (im Grunde wohl konstitutionell-demokratischer) Gesellschaften, überlassen.

Dabei bleiben die „Abwehrrechte“ natürlich voll in Funktion und nach wie vor besonders einschlägig für die Praxis der Einklagbarkeit und Durchführung von gerichtlichen Menschenrechtsverfahren. Darüber hinaus – und das ist eine neue Entwicklung – gibt es natürlich seit längerem die Ausdehnung der Menschenrechte auch auf Leistungsansprüche bzw. soziale Güter und Versorgungsrechte, die es – bei entsprechender Deklaration der Menschenrechte – dem Einzelnen eröffnen, rechtmäßig an minimalen Bereitstellungen und Sicherungen der lebens- und subsistenznotwendigen Güternutznießung sowie an deren Zuteilung und Verteilung teilzuhaben und die ihm eine minimale existenzermögliche Grundversorgung garantieren (sollen). Darüber hinaus werden natürlich besonders Bildung, Teilhabe an der Kultur und Ähnliches schon in den herkömmlichen Menschenrechten artikuliert. (Letzteres besonders in Art. 26). Ähnlich wie ich selbst (z.B. 1983, 1997) möchte auch Brieskorn die Idee der Menschenrechte nicht nur auf die modifizierten und rechtsförmigen Rechte im engeren Sinne beschränken, sondern die *„moralische“* Einbettung, Rückbindung und deren entsprechende intuitive Grundlagen durch Erweiterung der Diskussion einbeziehen. Das geschah unter dem Gesichtspunkt von moralischen statt rein juristisch modifizierten Rechten, könnte aber zu terminologischen Schwierigkeiten und möglicherweise Mißverständnissen führen. Jedenfalls ist es hilfreich, die juristisch verbindlichen Formulierungen begrifflich bzw. analytisch von den entsprechenden universal-moralischen (allgemein oder fundamental ethischen), *prä*distributiven und nicht verhandelbaren absoluten sittlichen „Grundrechten“ zu unterscheiden. Deshalb sprach ich (1997, 27), um naheliegende Assoziationen oder Verwechslungen mit oder im jeweiligen juristischen Kontext zu vermeiden, von universalmoralischen „Menschen*an*rechten“, „Menschlichkeitsansprüchen“ oder „Menschlichkeitszukömmlichkeiten“.[3]

3 Dabei ist in der Tat die *universal*moralische Geltung noch zu trennen von der spezifisch kulturgebundenen gruppen- oder gesellschaftsmoralischen,

> Diese Menschenanrechte oder Menschlichkeitsanrechte bilden [...] das absolute, prädistributive, nicht verhandelbare intuitive Grundkonzept der juristisch etablierten und durch die Qualifikation in den Menschenrechten und ihren Deklarationen

erst wirksam gemachten und kontrollierbar gewordenen universalmoralischen Grundintuitionen, die allein und an sich natürlich in keiner Weise *zwingen* können (wie Moral nach Kant – im Gegensatz zum Recht – generell nicht zwingen kann). Dementsprechend vermögen sie auch nicht das Verhalten bzw. die exekutiven, judikativen und auch schon legislativen Beziehungen zwischen den staatlichen Organen, Rechtssystemen und Individuen – im Sinne von Rechtszwang – zu kontrollieren.

> Doch *ohne* solche universalmoralischen Grundintuitionen hingen rechtliche Kodifizierungen quasi im luftleeren Raum, wenn sie grundrechtliche Ansprüche formulieren wollten, weil sie dann allenfalls von vertraglichen Vereinbarungen abhingen, die ihrerseits natürlich gewisse

– erfahrungsabhängige und somit geschichtlich in der Tat in den Gesellschaften etablierte – „Grundrechtsregelungen der Anerkennung des Diskurspartners in Gestalt des anderen Staates usw. voraussetzten" (Lenk 1997, 27).

Brieskorn (1997, 121) möchte statt „von moralischen Rechten und (bloßen) Rechten" von „Ansprüchen" und „Rechten" (Letzteres im engeren Sinne) sprechen. Ansprüche werden erst dann zu Rechten, wenn sie durch die entsprechende Gemeinschaft (also im Falle der Menschenrechte „auf der Ebene der Weltgemein-

die unterschiedlich für unterschiedliche moralische Traditionen sein mag: Ihrem Anspruch nach geht die Ethik oder Universalmoral (mit Anspruch auf kulturübergreifende Allgemeingültigkeit für jeden Betroffenen und jeden Handelnden in vergleichbarer Situation) über die kulturelle Beschränkung auf bestimmte einzelne Traditionen in Gesellschaften und natürlich auch Nationen hinaus, betrifft *alle* Menschen und Moraladressaten jeglicher kulturellen Provenienz und politischen Zuordnung gleicherweise – jedenfalls im Ideal.

schaft") als Ansprüche „anerkannt" werden. Der zu einem „Recht" – also etwa einem „Menschenrecht" – gewandelte Anspruch kann dann eine entsprechende „gerichtliche Klärung und Durchsetzungsgewalt" auf Grund der entsprechenden juristischen Kodifikationen (also im Falle der Menschenrechte etwa der Menschenrechtserklärung und -konventionen) zugeordnet werden.

Terminologisch erscheint mir das Reden von „Ansprüchen", das ich selber provisorisch verwendet habe, nunmehr etwas zu subjektiv – zu stark an Interessen gebunden, die nicht mit der grundlegenden moralischen Grundintuition des einem Individuum qua seiner Menschlichkeit bzw. seinem Menschsein an sich schon zustehenden „Anrecht" entspricht. Deshalb halte ich die Ausdrucksweise der „An*rechte*" (z. B. bei universal-moralischen Menschlichkeitsanrechten oder Menschenanrechten) geeigneter. Doch sind hier zweifellos noch terminologische Verbesserungen zu erstreben: „Menschenanrechte" ist sicherlich leichter mißzuverstehen als „Menschlichkeitsansprüche" oder „Menschlichkeitsanrechte", obwohl auch hier nicht schlichte „Menschlichkeit" im Sinne des Samariter-Beispiels oder insbesondere des Menschlich-Allzumenschlichen gemeint sein kann. Deshalb ist es wohl – auch angesichts der *Präambel* der *Allgemeinen Erklärung der Menschenrechte* von 1948 – angebracht, die Menschenwürde einzubringen. Ich möchte daher heute lieber von „*Menschenwürdeanrechten*" oder (universal)moralischer Provenienz sprechen. Jedenfalls erscheint mir das Sprechen von „Anrechten" in Bezug auf die Beachtung der Menschenwürde bzw. der Würdigkeit, als Mensch „allein Kraft seines Menschseins" gewürdigt zu werden, eine klarere Ausdrucksweise, als jene von „moralischen Menschenrechten", „Menschenansprüchen", „Menschlichkeitsansprüchen" oder „Menschlichkeitsanrechten".

Dies ist aber nur eine terminologische Erörterung, die freilich den Zweck hat, durch die Wahl der Begriffe die Diskussion über die Beschränkung auf das rein Rechtliche und in den internationalen Menschenrechtsdeklarationen und -konventionen Modifizierte hinaus auf die moralische, genauer die *universal-moralische* oder ethische Ebene zu heben. Gerade auf dieser lassen sich die genannten philosophischen Traditionen, sei es im europäischen, sei es im chinesischen Raum, besonders gut anschließen.

Dabei ist in der Tat hervorzuheben, dass in der historischen Tradition nach wie vor die negativ formulierten Abwehrrechte als Menschenrechte im Vordergrund stehen, wobei aber die universal-moralische Konzeption der Menschenwürdeanrechte bzw. Menschenwürdigkeitsanrechte im umrissenen Sinne umfasst sein dürften (sollten), zumal auch die auf Bereitstellung entsprechender gesellschaftlicher und politischer Bedingungen zur Sicherung der menschenwürdigen Lebensfristung und u. U. gar auf Hilfe in existentieller Not und Beteiligung an sozialen Gütern, darunter auch Allgemeingütern (wie Bildung, Kultur, Existenzminimum usw.), also Anrechte, welche die Möglichkeiten und Grundlagen für ein menschenwürdiges Leben darstellen, wie es ja auch in der *Allgemeinen Deklaration der Menschenrechte* in Artikel 1 und 3 gefordert wird, spezifischer hinsichtlich Bildung und Unterricht in Artikel 26 und z. B. in Bezug auf das Recht auf Arbeit und freie Berufswahl in Artikel 23, Absatz 2.

Man kann also eine charakteristische Erweiterung der ursprünglichen Intuition der Abwehrrechte auf *Beteiligungsrechte* bzw. „Leistungs- und Versorgungsrechte" (Brieskorn) und „Gestaltungs-" oder „Gründungsrechte" (Brieskorn) feststellen, wie dies vielfach (z. B. a. von Rawls 1975) seit der Öffnung der rechts- und sozialphilosophischen Diskussion für Anrechte auf Beteiligung an sozialen Gütern sowie auf Mitbestimmung geschehen ist.

Grundsätzlich erscheint es also sinnvoll, zwischen Menschenrechten im juristisch kodifizierten oder justiziablen Sinne und den universal-moralischen Menschenwürdeanrechten zu unterscheiden ,was viele, z. B. auch Kersting, überhaupt nicht tun. Dabei ist festzuhalten, dass die entsprechenden moralischen Grundintuitionen, die hinter der nicht genauer spezifizierten Idee der Menschenwürde stehen, die Grundlage für alle bisherigen Kodifizierungen von Menschenrechten abgegeben haben und für deren Ausgestaltung bzw. Erweiterung auch bleiben werden.

Bei den Menschenrechten juristisch kodifizierter Provenienz ist im einzelnen nicht nur genauer zwischen den entsprechenden Funktionen (Abwehrrechte, Gestaltungs- oder Partizipationsrechte bzw. Leistungs- oder Nutznießungsrechten, konditionalen vs. naturalen (Kersting), kollektien vs. individuellen, juristischen i. e. S. vs. universalmoralischen, Programm- oder Reflexrechten usw.) zu unterscheiden, sondern auch zwischen (grundsätzlich und faktisch) individiduell *einklagbaren* und *nicht einklagbaren* Menschenrechten, wie diese z. T. schon in der Menschenrechtsdeklaration verankerte sind, wobei allerdings den entsprechenden Signatarstaaten nur eine allgemeine Verpflichtung auferlegt wird, für die zuträgliche Erfüllung der Grund- und Menschenrechte, auch wenn sie individuell nicht einklagbaren sind, zu sorgen.

Diese Verpflichtung des jeweiligen Signatarstaates, für seine Bürger im Sinne der „Allgemeinen Menschenrechte“ und der Grundgesetzgarantien zu sorgen, bedeutet also eine Staatspflicht (kollektives Menschenrecht), eine Inpflichtnahme der jeweiligen herrschenden politischen Instanzen, Grundstrukturen der betreffenden Gesellschaft zu schaffen, welche die Beachtung der jeweiligen Grundrechte und die Erfüllung der entsprechenden Partizipations- oder Gestaltungsrechte sowie der Leistungs- und Versorgungsrechte ermöglichen, selbst wenn dies (noch) nicht zur Garantie im Einzelfall führen mag. Zum guten Teil sind solche Verpflichtungen in der Präambel der Allgemeinen Deklaration der Menschenrechte und in einzelnen Artikeln formuliert und vielfach auch in Verfassungen der entsprechenden Staaten kodifiziert. Da ihnen aber noch keine konkreten rechtlichen oder gesellschaftlichen Gestaltungsverfahren zugeordnet sind, fungieren sie eher als Good-will-Erklärungen bzw. Selbstverpflichtungen der entsprechenden Regierungen, welche diese Deklarationen bzw. Verfassungen beschlossen haben. Sie wirken also eher wie gut gemeinte Absichtserklärungen, auf die man sich generell, aber eben nicht individuell-einklagend berufen kann.

Rechtstechnisch bzw. formal-juristisch gesprochen handelt es sich dabei oft um „Programmsätze“, welche so genannte „Reflexrechte" formulieren, die eine Verpflichtung der entsprechenden Signatarregierungen für Schaffung günstiger Umstände und Gewährleistung von zumindest minimalen Voraussetzungen begründen und sollen den nicht-einklagbaren Menschenrechten, welche im Einzelnen nicht erlauben, konkret (z.B. gerichtlich) adressierbare Ansprüche geltend zu machen, zur Verwirklichung verhelfen.

Insofern muss man sagen, dass die Menschenrechtsdiskussion hier die erst zu gestaltende Zukunft antizipiert. Das entsprach wahrscheinlich der Intention derjenigen, welche die allgemeine Menschenrechtsdeklaration (sowie die entsprechenden Konventionen) ausgearbeitet haben. Die nach wie vor überall zu findenden faktischen Situationen der Undurchsetzbarkeit solcher oft mit Generalklauseln versehenen gut gemeinten Grundregelungen sprechen für dringenden Handlungsbedarf. Selbst die juristisch relevante Formulierung von Menschenrechten greift über das bloß rechtlich und schon verfahrensmäßig Kodifizierte ausdrücklich hinaus, indem sie beispielsweise staatliche Institutionen in die Pflicht nimmt, günstige und zuträgliche Bedingungen im Sinne der erwähnten Reflex-Menschenrechte zu schaffen, obwohl dies im Einzelfall oder auch insgesamt zu garantieren noch nicht oder vielleicht generell nicht möglich ist.

Diese nicht-einklagbaren Menschenrechte appellieren also auf eine bestimmte Weise *moralisch*, staatsmoralisch oder im Sinne einer Selbstverpflichtung (freilich ohne konkrete Durchsetzungsverpflichtung im Einzelfall) daran, generell Leistungs- und Versorgungsverpflichtungen so zu übernehmen, dass entsprechende, für soziale Entwicklungen und für die Chancenbereitstellung sowie Beteiligung an den entsprechenden nicht einklagbaren Menschenrechten förderliche Bedingungen geschaffen werden. Die nicht einklagbaren Menschenrechte, zumal jene der Sozialleistungs- und Versorgungsrechte sind also in positive Gewährleistungspflichten des jeweiligen Staates bzw. der legislativen und administrativen Organe eingebettet, ohne dass eine direkte juristische Kodifikation über die grundlegende gut gemeinte Absichtserklärung hinaus konkret gegeben wäre. Dies besagt natürlich nicht, dass sie nicht doch eine sozialpolitische Wirkung auf die Entwicklung der entsprechenden Gesellschaft insgesamt ausüben könnten. Dies gilt z.B. besonders für die Teilnahme am kulturellen Leben, für die grundsätzliche Bereitstellung von Existenzminima und auch für die Beteiligung an Bildung – alles Menschenwürdeanrechte, die bereits in der *Allgemeinen Erklärung der Menschenrechte von 1948* enthalten sind (z.B. Artikel 26f. der Uno-Konvention; s.a. den *Internationaler Pakt über wirtschaftliche, soziale und kulturelle Rechte* vom 19.12.1966), Artikel 15). Diese Anrechte können auch als Ausfluss der Grundidee der Menschenwürde angesehen werden, die zu beachten, zu fördern und durch entsprechende zuträgliche Gesellschaftsbedingungen zu entwickeln ist (Präambel der *Allgemeinen Erklärung*).

Auch das Recht auf Arbeit (*Allgemeine Erklärung*, Artikel 23), das in der *Europäischen Sozialcharta* von 1961 (Teil II, Artikel 1) sogar im Sinne eines Rechts auf Gewährleistung einer „wirksamen Ausübung des Rechtes auf Arbeit" für die Signatarstaaten verbindlich wurde und das auch in die zitierte Menschenrechtskonvention der UNO über die wirtschaftliche, soziale und kulturelle Rechte von 1966 (Teil III, Artikel 6) einging, ist ein solches allgemeines Programmsatz-„Recht", das allgemeine Strukturierungen bzw. Gewährleistungen vorsieht, aber (noch) keinen Einzelanspruch stützt. Da wird also durch die UNO förmlich „das Recht jedes einzelnen auf die Möglichkeit, seinen Lebensunterhalt durch frei gewählte oder angenommene Arbeit zu verdienen", anerkannt. Außerdem werden den Staaten weitere Verpflichtungen zu „geeigneten Schritten zum Schutz dieses Rechts" auferlegt. In Europa sollten diese Maßnahmen ergriffen werden, „um die wirksame Ausübung des Rechtes auf Arbeit zu gewährleisten". Ausdrücklich wird dieser Artikel als „bindend" bezeichnet (Europäische Sozialcharta von 1961, II, Art. 1, III, Artikel 21), doch wird hinsichtlich der „Bindung" nichts Konkretes spezifiziert. Dennoch wird man sagen müssen, dass die generelle Formulierung dieses nicht-einklagbaren Reflexrechtes auf Arbeit ebenso wie die entsprechenden Menschenrechte auf Bildung in der *Allgemeinen Erklärung* (Artikel 26), auf Beteiligung am kulturellen Leben der Gemeinschaft (Artikel 27) und der Internationale Pakt über *wirtschaftliche, soziale und kulturelle Rechte* von 1966 (Artikel 15) eine entsprechende Wirkung ausgeübt haben, die im Zusammenhang mit den grundsätzlichen Freiheitsgarantien der entsprechenden Erklärungen (z.B. Artikel 1 und 3 sowie 13 und 19f. der *Allgemeinen Erklärung* von 1948 sowie Artikel 5 und evtl. 9f. der *Europäischen Konvention zum Schutz der Menschenrechte* von 1950) steht. Die positiven Appelle setzende bzw. die Signatarstaaten in gewissem Sinne, wenn auch nur kollektiv, „bindende" Verpflichtungen der Art, dass zuträgliche Bedingungen und Entwicklungen geschaffen und gefördert werden sollten, welche die Verwirklichung der entsprechenden nicht-einklagbaren Menschenrechte ermöglichen, stehen natürlich im Rahmen der Gesamtspannung zwischen unterschiedlichen Teilrechten die in den entsprechenden Menschenrechtskonventionen vertieft sind. Waren die Allgemeinen Menschenrechte zunächst grundsätzlich als Abwehr- und Schutzrechte konzipiert, so bedeuten die differenzierenden Statuierungen über Ermöglichungsrechte, Sozialleistungs- und Versorgungsrechte wie auch „Gestaltungsrechte" (Brieskorn) in der Tat schon eine funktional leicht geänderte Akzentuierung hinsichtlich der Beteiligung an gesellschaftlichen Gemeingütern, sozialen Gütern, Persönlichkeitsentfaltung und Chancen der Mitbestimmung auch politischer Art.

Einerseits sieht man, dass universalmoralische Menschenwürdeanrechte den kodifizierten Menschenrechten vorangehen (sowohl historisch als auch logisch-methodologisch). Andererseits ist deutlich, dass die kodifizierten Menschenrechte und auch die entsprechenden (moralischen) Menschenwürdeanrechte nicht auf individuellen Schutz und auf Abwehrrechte allein eingeschränkt werden können. Zudem besitzen die universalmoralischen Traditionen und Diskussionen um die ethische Grundlegung eines Menschenrechtskatalogs und dessen Weiterentwicklung – insbesondere die neu aufgelebte Diskussion um Menschenwürde – eine beachtliche Wirksamkeit nicht nur in Bezug auf die Ausformulierungen und die Durchsetzung der entsprechenden kodifizierten Menschenrechte. Sondern solche Diskussionen zeigen auch eine beachtliche Brisanz (zumal in der Gegenwart in Bezug auf angewandt-wissenschaftliche und technische, vor allem biotechnische und genbiologische Eingriffsmöglichkeiten), die sich die Generation der Verfasser der *Allgemeinen Erklärung der Menschenrechte* wohl noch nicht so recht vorstellen konnte. Doch dies ist hier nicht das Thema, sondern ein weites, kontrovers diskutiertes Feld.

Faktisch-verfahrensmäßig ist trotz der zugestandenen Funktional- und Signalwirkung der Aufnahme von nicht-einklagbaren Menschenrechten – wie jenen auf Arbeit, kulturelle Beteiligung, Bildung usw. – wenig von den entsprechenden universal moralischen Menschenwürdeanrechten und den allgemein zugestandenen Beteiligungsrechten individuell einklagbar. Hier besteht Nachholbedarf. Das setzt nicht nur die entsprechenden Staatsvertreter unter einen gewissen, durchaus auch universalmoralischen „Druck" (oder besser zugemuteten Zugzwang), für die entsprechenden Grundbedingungen und Förderungen entsprechender Art zu sorgen. Außerdem lässt sich auf diese Weise – wegen der geringen funktionalen und objektiven Unterscheidbarkeit in Bezug auf individuelle Gewährleistungen und Beteiligungen – natürlich vorgreiflich, eher spekulativ, eine Erweiterung der entsprechenden Menschenwürdeanrechte konzipieren, die als eine anregende Grundüberlegung in Vorschläge zur Ergänzung von solchen nicht individuell einklagbaren Menschenanrechten münden bzw. zur Aufnahme solcher in Menschenrechtskonventionen dienen könnte.

II.

Dem Gesagten entsprechend wäre es in einer Gesellschaft, in der die Erwerbsarbeit tendenziell immer mehr abnimmt oder gar schwindet (wie Hannah Arendt, Dahrendorf 1980, Atteslander 1983 und ich 1983 konstatierten und diskutierten), sehr sinnvoll, die von der UNO anerkannte freie Wahl der „angenommenen Arbeit" entsprechend auf frei gewählte, nicht entfremdende Eigentätigkeit generell auszudehnen. In dem Maße, in dem der Mensch sich nicht mehr „allein" als durch seine Arbeitsrolle in der Erwerbsarbeit „definiert" auffassen kann und sollte, gewinnen andere Konzeptionen ebenfalls eine entsprechende Profilierung oder Akzentuierung. Dies gilt um so mehr, als Wohlstands- und Wohlfahrtsgesellschaften jedem Gesellschaftsmitglied eine angemessene Lebenssubsistenz zuerkennen. Das in dem erwähnten *Internationalen Pakt* der UNO von 1966 (in Teil III, Artikel 11) verbriefte

> Recht eines jeden auf einen angemessenen Lebensstandard für sich und seine Familie [...], einschließlich ausreichender Ernährung, Bekleidung und Unterbringung, sowie auf eine stetige Verbesserung der Lebensbedingungen[4]

habe ich bereits 1970 (im ZDF – und später in vielen Artikeln) als Idee einer Grundversorgung nicht nur für Arbeitslose und Bedürftige, sondern auch für nicht Arbeits- und Leistungswillige im Sinne einer später so genannten „Grundrente" gedeutet (eine natürlich weiterer Differenzierungen und Diskussionen bedürftige Idee!).

Im Verein mit diesen menschenrechtlich als Programmsätze allgemein zugestandenen Anrechten und den ebenfalls verbrief-

4 Auch die *Europäische Sozialcharta* erkennt die Rechte auf soziale Sicherheit und Fürsorge für Bedürftige in Teil II, Artikel 12/13, als „verbindlich" für die entsprechenden Signatarstaaten an.

ten Menschenrechten auf Bildung, Teilnahme am kulturellen Leben der Gemeinschaft und im Verein mit den grundsätzlichen Freiheitsgarantien der *Allgemeinen Erklärung der Menschenrechte* (Artikel 1 und 3, auch 13 und 19f.) lässt sich das Menschenrecht auf Arbeit, wie ich (1983, 183) formuliert habe, auf ein Menschenrecht auf „menschenwürdige", bildende, „nicht-entfremdete", oder besser: nicht-entfremdende, Eigentätigkeit als ein „Recht auf Eigenhandeln" ausweiten. Im Anschluss an die Idee der „freien Tätigkeit" bei Marx könnte man ein entsprechendes Menschenwürdeanrecht auf sinnvolles Eigenhandeln, auf „produktive Tätigkeit" geradezu auf freie Selbstgestaltung, freiwillige Eigenhandlung und „Eigenleistung als Menschenrecht" (ebd.) formulieren. Da der Mensch das eigenaktive, seine eigenen Handlungen anhand von Standards (Güte- oder Zuträglichkeitsstandards) beurteilende oder das (wie ich damals vielleicht etwas missverständlich formuliert habe) „leistende Wesen" ist, kann man die Ausgestaltung der schöpferischen, sozial und natürlich-biologisch bzw. -psychisch kreativen und rekreativen Eigenaktivität geradezu aus den grundsätzlichen Freiheits- und vor allem aus den Selbstgestaltungsgarantien der *Allgemeinen Erklärung der Menschenrechte* von 1948 herleiten. Heute würde ich besser von dem Menschenwürdeanrecht auf Eigenhandeln und dem entsprechend zu konzipierenden Menschenrecht auf freie sinnvolle[5] Eigenaktivität bzw. Eigenleistung reden, also von einem „Menschenrecht auf Eigenhandeln und Eigenleistung", wie ich damals (1983, 182f.) bereits programmatisch formulierte. Man könnte und sollte die Grundauffassung vom Menschen als einem zur kreativen und rekreativen Eigenhandlung fähigen Wesen in solchen Menschenwürdigkeitsanrechten formulieren und wenigstens so aufbereiten, dass sie in Form von Programmsätzen tendenziell in Menschenrechtskodifizierungen aufgenommen werden können. Die

5 ‚*sinnvoll*' heißt natürlich-biologisch, persönlichkeitsentwickelnd (bildend), sozial eingebettet oder helfend und natürlich auch symbolisch-kulturell, eigenaktiv (kreativ wie rekreativ).

erwähnten Artikel über freie Wahl der Lebensgestaltung lassen dies ohne Probleme zu: So könnte in der Tat ein Menschenrecht auf sinnvolles Eigenhandeln und schöpferische Eigenaktivität im Sinne eines solchen universalmoralischen Menschenwürdeanrechts gedeutet und als implizit in den vorliegenden Menschenrechtsformulierungen der entsprechenden Freiheits-, Bildungs-, Kultur- und (im weiteren Sinne ausgedeuteten) Arbeitsrechte bereits vorhanden gesehen werden.

Sinnvolle Eigenaktivität, persönliches Handeln und Leisten im weiteren Sinne als Menschenrecht im Sinne eines Reflexrechtes (der Art, wie Recht auf Arbeit eines ist) aufzufassen, beruht auf einer universalmoralischen Grundintuition, welche sich nicht nur aus anthropologischen Überlegungen herleitet, sondern auch den genannten Grundstrukturen der bisher vorliegenden nicht-einklagbaren Teile der Menschenrechtskonventionen entspricht. De facto müsste dann die freie Tätigkeit gegenüber staatlichen oder sonstigen institutionellen Eingriffen verstärkt durchgesetzt und geschützt und die hierfür förderlichen Grundstrukturen und Bedingungen geschaffen werden. Dementsprechend wäre eine implizit rechtliche, wenn auch nicht im Einzelfall einklagbare Verpflichtung der Gemeinschaft, Möglichkeiten zur würdigen kreativen Gestaltung des Lebens und in diesem Sinne zur sinnkonstitutiven Tätigkeit jeglicher Art programmatisch festzuschreiben und zu schaffen. Dies würde natürlich nicht nur für sozial produktive, sinnvolle, helfende, solidarische, ehrenamtliche, politische und sonstige gemeinschaftsdienliche, sondern auch für individuelle oder künstlerische Tätigkeiten gelten und natürlich auch in gewissem Sinne für die fallweise Entscheidung zum Nichtstun.

Bei einem so konzipierten Menschenwürdeanrecht auf sinnvolles Eigenhandeln und Eigenleisten ist natürlich nicht das traditionelle soziale Leistungsprinzip gemeint, sondern die mit freiwilliger Entscheidung, Selbstgestaltung, Selbstmotivation verbundene persönliche Handlung, die fallweise real oder symbolisch hoch bewertet sein kann (z.B. im Sport oder in der Kunst) und selbst gewählten oder in einem Bereich üblichen Leistungskriterien unterliegt. Aber der Bereich des freiwilligen Eigenhandelns ist natürlich in keiner Weise auf Leistungshandeln im engeren Sinne beschränkt, sondern orientiert sich an weiteren Kriterien der Beurteilung und Bewertung: Ziel, Regel oder Wert orientiertes Handeln kann als „Leistung" im weiteren Sinne verstanden werden (vgl. Lenk 1983, 1986).

Diese Umorientierung hätte erhebliche soziale und ethische Konsequenzen, denen sich unsere Gesellschaft, die in Zukunft mit einem Minimalanteil an Arbeitskräften eine höhere Produktivität entwickeln wird, stellen muss. Eine Umorientierung im Sinne eines „Abschieds von der totalen Erwerbsarbeit- und traditionellen ökonomischen Leistungsgesellschaft dürfte unausweichlich sein.

III.

Was die Anerkennung nicht bezahlter Eigentätigkeiten angeht, stehen wir noch weit zurück. Freiwillige und frei gewählte Tätigkeiten, die um ihrer selbst und um ihres Eigenwertes willen oder für soziale Zwecke, selbst für Erholungszwecke gewählt werden, sollten an sich einen neuen sozialen Status und Wert gewinnen. Eigene persönliche engagierte Aktivität, Eigenhandlung und Eigenleistung müssten unabhängig von möglicher Bezahlung einen besseren Ruf und besondere Anerkennung erlangen. Der vollständige Gegensatz zwischen den Bereichen bezahlter Arbeit und Freizeit wird und sollte statusmäßig überbrückt, gemildert, in manchen Bereichen vielleicht ganz geschlossen werden. Eine neue positive Kultur der frei gewählten persönlich engagierenden, nicht entfremdenden Tätigkeit, der Eigenleistung und Selbsttätigkeit muss entwickelt, gesellschaftlich lanciert und mit mehr Nachdruck und Eindruckskraft versehen werden. Selbst ein Menschenrecht auf Eigenleistung und auf eigene persönliche kreative und rekreative Tätigkeit könnte, wie oben gezeigt, in Verbindung und in Weiterführung oder Übereinstimmung mit einigen der UN-Erklärungen der Menschenrechte von 1948 und 1966 aus diesen abgeleitet werden. Das viel diskutierte „Recht auf Arbeit" kann vielleicht auch in diesem weiteren Sinne fortgeführt und weiterentwickelt werden – also als menschliches Recht auf persönliche Entwicklung, Erziehung, kulturelle Aktivität, die nicht nur passive Aufnahme von kulturellen Produkten bedeutet (vgl. mein Buch *Eigenleistung*, 1983).

Wir werden generell also gezwungen sein, einige obligatorische Elemente der traditionellen westlichen Arbeitsethik mit deren ökonomielastigen Bewertungen zu ändern oder aufzugeben. Wir können und sollten das Recht der wirklich Aktiven – und mitunter gar auch der Workoholics – erhalten, so viel an Spitzenleistung zu erbringen, wie sie mögen. Das umfassende Muster sozialer Gratifikation und Bezahlung jedoch sollte sozusagen entdramatisiert werden. Freiwillige und freigewählte Handlungen, die um ihretwillen, aus sozialen oder selbst aus Erholungsgründen ausgeführt werden, müssen einen neuen gesellschaftlichen Status und Wert erhalten. Persönliche Eigenleistung unabhängig vom Kriterium der Bezahlung muss ein besseres Prestige bekommen.

Der totale Zusammenstoß zwischen den Arbeits- und Freizeitbereichen wird und sollte in einigen Bereichen gemildert bzw. außer Kraft gesetzt werden. Eine neue positive Kultur des frei gewählten persönlichen Einsatzes für nicht entfremdete Handlungen, für Eigenleistung und -tätigkeit muss entwickelt werden und neue Impulse bekommen. (Man könnte es als Menschenrecht ansehen – *ein Menschenwürdeanrecht auf schöpferische Handlungen, auf Eigenleistung und -tätigkeit.*) Diese Tendenzen würden Konkurrenz, d. h. Konkurrenz um persönliche Extra-Gratifikation und um das Vorwärtskommen, tendenziell weniger ernsthaft machen, ohne völlig die Idee einer gemilderten Konkurrenz als Fortschritts- und Entwicklungsvehikel aufzugeben, obwohl diese nur zusätzlich zu den grundlegenden „Befriedigungs-" („satisficing"-)Garantien käme.

Konkurrenz würde – nicht länger todernst – zum Symbol, sozusagen zu einer Art von Sport und Mittel der Selbstvervollkommnung.

Selbsterzeugte und gewählte positiv auf die Menschen und die Umwelt ausgerichtete Handlungen, mit denen sich der Lernende wirklich identifiziert, sollten das Hauptziel der Ausbildung sein. Primäre Eigenmotivation muss höher als sekundäre Fremdmotivation bewertet werden. Nur eine Handlung, die auf persönlicher Mitwirkung und Eigenleistung beruht, kann wirklich schöpferisch und produktiv sein. Heute übliche Erziehungsprogramme, -praxis und -institutionen berücksichtigen den Hauptunterschied zwischen Eigen- und Fremdmotivation, zwischen schöpferischer „Eigen"-Handlung und der Erfüllung von Routinestandards, zwischen echter Erziehung und Drill oder manipulativer Einflussnahme, zwischen aktiver Produktivität und Imitation noch nicht ausreichend. Drill und Dressur können, dürfen aber nicht – sollten zumindest nicht – die Richtlinien einer idealen Erziehung sein. Sie wären nur eine ziemlich perverse Fortführung der technokratischen Tendenzen einer verwalteten, von Daten und Codes bestimmten Welt formeller Institutionen und Organisationen. Die Förderung von Eigentätigkeit und Eigenleistung ist im Gegenteil eine Art Anti-Dressur, ein anti-technokratisches, anti-formelles und anti-diktatorisches Programm. Demokratie basiert tatsächlich auf teilnehmender Handlung und persönlicher Eigenleistung. Und Eigenhandeln, Eigenleisten ist eine Schule der Demokratie.

Literatur

Lenk, H.: Eigenleistung. Plädoyer für eine positive Leistungskultur. Osnabrück – Zürich 1983.

Lenk, H.: Zwischen Wissenschaftstheorie und Sozialwissenschaft. Frankfurt a. M. 1986.

Lenk, H.: Menschenrechte oder Menschlichkeitsanrechte? In: Paul, G. – Robertson – Wensauer, C. (Hg.): Traditionelle chinesische Kultur und Menschenrechtsfrage. Baden-Baden 1997 (1999^2); 25–36.

Caroline Walser Kessel

Was Primarschüler über Gerechtigkeit denken

1. Einleitung

a.) Fair Play – eine interdisziplinäre Studie

Seit dem Jahre 2002 ist ein privates Forscherteam in Zürich damit befasst, eine empirische Studie über das Gerechtigkeitsempfinden von Kindern durchzuführen. Der Jubilar, Prof. Dr. Manfred Rehbinder, unterstützt dieses Projekt in seiner Funktion als Präsident des Europäischen Instituts für Rechtspsychologie massgeblich. Deshalb – und um ihm dafür herzlich zu danken – soll in dieser Festschrift über unsere wissenschaftliche Arbeit berichtet werden[1]. Da empirische Studien im Bereich der Rechtswissenschaft eher unüblich sind[2], möchte der vorliegende Beitrag dar-

1 Sehr herzlichen Dank gebührt auch meinen TeamkollegInnen, allen voran Prof. Dr. Monica C. Hamolsky, sodann Dr. phil. I. Maria Crespo, lic. phil.I Martina Loesch, lic. phil.I David Rudolf, Dr. D. Leyendecker, B. A. J. Cooper und A. Meier-Da Silva für die engagierte, selbstlose und freundschaftliche Zusammenarbeit. Zudem verdienen auch Dr.sc.techn. Peter Kessel und Dave Hutmacher herzlichen Dank für den unermüdlichen EDV-Support.

2 Zu diesen Ausnahmen gehört die umfangreiche Studie von Ernst Joachim Lampe, die 1999 bis 2002 in Frankfurt und in Heidelberg durchgeführt wurde, vgl. Lampe, E.-J.: Untersuchungen zur Entwicklung kindlichen Rechtsbewusstseins, in: Festschrift für Klaus Rolinski zum 70. Geburtstag am 11. Juli 2002, Baden-Baden 2002, S. 401–423 sowie: Weyers, S.: „Haben“ und „Gehören“, „Leihen“ und „Tauschen“, „Wegnehmen“ und „Klauen“ – Eine Fallstudie zur Entwicklung von Besitz- und Eigentumsnormen im Vorschulalter, in: Jus Humanum Grundlagen des Rechts und Strafrecht Festschrift für Ernst-Joachim Lampe zum 70. Geburtstag, Berlin 2003, S. 108–137.

stellen, wie eine rechtspsychologische Untersuchung im Detail geplant, durchgeführt und ausgewertet wird. Dabei beschränkt er sich auf die erste Stufe der Studie, nämlich die Befragung von 423 Primarschülerinnen und Primarschülern. Diese sind im Alter zwischen sechs und zwölf Jahren, besuchen die Schule in der Stadt Zürich sowie in der Vorortgemeinde Watt-Regensdorf und der ländlichen Agglomeration Wetzikon. Der Ausländeranteil der SchülerInnen ist ausser in Wetzikon hoch bis sehr hoch, und er setzt sich aus Kindern aller Kontinente und Ethnien zusammen. Die Befragung von ausgewählten Kontrollgruppen wird in der ersten Jahreshälfte 2005 stattfinden.

Das Projekt Fair Play ist eine interdisziplinäre Studie. Recht, Psychologie, Pädagogik und Kunst sollen in den Begriff Gerechtigkeit zusammenfliessen. Die Aussagen der Kinder sollen mit denjenigen von Erwachsenen verglichen werden, um Ähnlichkeiten oder Verschiedenheiten in ihren Rechts- und Gerechtigkeitsvorstellungen aufzuzeigen. Als Hypothese wird angenommen, dass die Gerechtigkeitsvorstellungen der Kinder – unabhängig von ihrer Herkunft und familiären Situation – untereinander nur unwesentlich differieren. Hingegen können eigene, vor allem negative Erfahrungen, einen Einfluss auf die (Nicht-)Anwendung der als gültig betrachteten Rechtsgrundsätze haben. Zu diesem Zweck werden als Kontrollgruppe auch Kinder und Jugendliche befragt, die bereits Erfahrungen mit der Strafjustiz gemacht hatten. Das Besondere an diesem Projekt ist der Umstand, dass die Kinder bei der Lösung der Testaufgaben eigene Gedanken formulieren und nicht bloss vorgegebene Antworten ankreuzen oder gegeneinander abwägen müssen. Die Kinder sind die „Experten"!

Die Resultate sollen anderen Kindern in Form eines Kinder- oder Schulbuchs über allgemeine universelle Rechtsgrundsätze zugänglich gemacht werden. Aber auch Erwachsene, insbesondere Fachleute, die sich beruflich mit Kindern im Rechtswesen befassen, sollen deren Rechtsvorstellungen besser kennen lernen, um die Handlungen und Verhaltensweisen der Kinder im rechtlichen Kontext besser verstehen zu können. Das Medium der Kinderzeichnungen steht dabei im Vordergrund, da bildliche Darstellungen das Verständnis rechtlicher Zusammenhänge erleichtern. Die bildliche Darstellung von Rechtstexten wird für Erwachsene bereits erforscht und die Publikation illustrierter Gesetze und Rechtsbücher nimmt stetig zu[3].

Die kindergerechte und bildhafte Vermittlung von allgemeinen Rechtsgrundsätzen – wie das Verschuldensprinzip, der Grundsatz von Treu und Glauben, von Angemessenheit der Strafe sowie das Prinzip der Vertragstreue, der Ausgewogenheit der Leistungen und des gerechten Schadenersatzes – soll einen Beitrag leisten zum besseren interkulturellen Verständnis beziehungsweise zum Abbau von Vorurteilen und damit auch zur Verhinderung von Gewalt als Ausdruck von mangelndem gegenseitigen Verständnis und Vertrauen und von Sprachlosigkeit.

b.) Wissenschaftliche Verankerung der Studie

Ausgehend von den allgemein bekannten Forschungsansätzen von Piaget[4], Kohlberg[5] (umfangreich in Deutschland weiter bearbeitet von Eckensberger[6]), Gilligan[7], Damon[8], Oerter / Montada[9], Nun-

3 Brunschwig, C.: Visualisierung von Rechtsnormen. Legal Design, Diss. iur. Zürich 2001.

4 Piaget, J.: Das moralische Urteil beim Kinde. München 1986 (Original frz.: 1932).

5 Kohlberg, L.: Die Psychologie der Moralentwicklung, Frankfurt a.M. 1996.

6 Eckensberger, L. H.: Entwicklung des moralischen Urteils, in: Keller, H., Hrsg.: Entwicklungspsychologie, Bern 1998, S. 475–516.

7 Gilligan, C.: In a different voice: Psychological theory and women's development, Cambridge UK 1982

8 Damon, W.: Die soziale Entwicklung des Kindes. Ein entwicklungspsychologisches Lehrbuch, Stuttgart 1989.

9 Oerter, R.; Montada, L., Hrsg.: Entwicklungspsychologie. Ein Lehrbuch, 4. A. Weinheim 1998.

ner-Winkler[10] und Darley[11] soll in der vorliegenden Studie das Gerechtigkeitsverständnis der Kinder näher untersucht werden. (Eine Darstellung bzw. Gegenüberstellung dieser Theorien kann an dieser Stelle aus Platzgründen nicht stattfinden.)

Es wurde festgestellt, dass Kinder verschiedene Stufen der Moralentwicklung durchlaufen und dass es diese Entwicklung bloss in eine der Altersskala entsprechende Richtung gibt (Kohlberg). Diese Aussage wird von einigen Autoren zwar teilweise widerlegt (Gilligan, Nunner-Winkler), gilt aber als grundsätzlich etabliert. Da Kohlberg sich ausschliesslich mit Knaben und männlichen Jugendlichen und Erwachsenen befasste, hat seine Mitarbeiterin Gilligan die Fragen für weibliche Testpersonen neu aufgerollt und ist zum Teil auf dieselben, zum Teil auf anders lautende Antworten gestossen. Das selbständige Fällen von Urteilen oder Finden von Lösungen gelingt Kindern erst von einem bestimmten Alter an (ca. zehn Jahre), zuvor sind sie noch sehr an den Urteile ihrer Bezugspersonen wie Eltern oder Lehrer orientiert (Piaget). Bei der Diskussion der Resultate von Piagets Untersuchungen ist jedoch stets zu berücksichtigen, dass seine ersten Befragungen in der ersten Hälfte des letzten Jahrhunderts Kinder in einer vorwiegend ländlichen Westschweizer Region betrafen. Die in der vorliegenden Studie befragten Kinder leben in einer völlig anderen Welt. Sie spielen nicht mehr mit Murmeln, sondern sie beschäftigen sich mit Computerspielen, bei welchen es aber auch Regeln einzuhalten gilt, nur ist das Umfeld ein ganz anderes, viel Hektischeres. Selbst wenn die Kinder auf dem Lande aufwachsen (Wetzikon), ist die Umgebung in der Schule multikulturell und der Einfluss von Medien ist sehr gross. Die

10 Nunner-Winkler, G.: Die Entwicklung moralischer Motivation, in: Edelstein, W.; Nunner-Winkler, G.; Noam, G., Hrsg.: Moral und Person, Frankfurt a. M. 1993, S. 278–303.

11 Darley, J.M.; Klosson, E.C.; Zanna, M.P.: Intentions and their contexts in the moral judgements of children and adults, in: Child Development 49, 1978, S. 66–74.

Unterscheidung, ob eine absichtlich herbeigeführte Schädigung „schlimmer" sei als eine fahrlässige, wird bei Darley schon bei ziemlich kleinen Kindern festgestellt (ab ca. fünf Jahre), dies in einem gewissen Gegensatz zu Piagets Resultaten.

Die vorliegende Studie stützt sich weniger auf die sehr umfangreich erforschte Moralentwicklung ab, sondern es soll ein stärker *juristisch* geprägtes Rechts- und Gerechtigkeitsverständnis dargestellt werden. Die bisher vorwiegend von Psychologen durchgeführten Untersuchungen zielten hauptsächlich auf die Erfassung der moralischen Entwicklung in der Altersabfolge ab (als Beispiele statt vieler vgl. die Arbeiten von Darley et al.)[12]. Dabei diente das Stufenmodell von Kohlberg als Grundannahme bzw. als Diskussionspunkt. Es wird oft nicht genau unterschieden zwischen Gerechtigkeit und Moral, die Begriffe fliessen ineinander über. In der vorliegenden Studie soll hingegen aufgezeigt werden, wie Kinder Fairness und Gerechtigkeit im Alltag verstehen und erleben und welche Vorstellungen sie darüber haben. Da die Kinder aus sehr verschiedenen sozialen und ethnischen Milieus kommen, soll in dieser Studie untersucht werden, ob dies einen Einfluss hat auf ihre Rechtsvorstellungen oder ob es einen gemeinsamen Nenner gibt bzw. wie gross dieser gegebenenfalls ist. Zu diesem Zweck sollen die Kinder ganz konkrete, einfache und kindgerecht gestellte *Rechts*fragen praktisch lösen, und zwar aktiv, nicht indem sie eine Auswahl aus vorgegebenen Antworten treffen. Ausgangspunkt ist Art. 41 des Schweizerischen Obligationenrechts (OR), die Haftung für unerlaubte Handlung. Die Studie wählt diesen Ansatz, da die private „Erledigung" von Streitfällen zwischen den betroffenen Parteien im Sinne eines

12 Vgl. beispielsweise die Studien von Darley et al.: Darley, J. M.; Schultz, T. R.: An information-processing model of retributive moral judgements based on „legal reasoning", in: Kurtins, W., Hrsg.: Handbook of moral behavior and development, 1991, S. 247–268, oder: Darley, J. M.; Schultz, T. R.: Moral rules: Their content and acquisition, in: Annual Review of Psychology 1990, Vol. 41, S. 525–556.

Schadensausgleichs die rechtshistorisch betrachtet ältere Form ist als die staatliche mit Hilfe des Strafrechts durch Verhängung von Körper-, Freiheits- und Geldstrafen[13]. Da die Kinder am Anfang ihrer psychologischen Entwicklung zum Rechtssubjekt stehen, ist es folgerichtig, sie mit dem Ursprung der Entwicklung des Rechts zu konfrontieren.

2. Die Durchführung der Kinderbefragung

a.) Organisation

Nach umfangreichen Vorarbeiten wie der Formulierung und Zusammenstellung der Testfragen, der Rekrutierung des erweiterten Forscherteams und der Kontaktnahme mit verschiedenen Behörden, Schulen und Institutionen im Jahre 2003 ist das Projekt Fair Play im Folgejahr 2004 wesentlich vorangeschritten. Die Befragung der Kinder im Rahmen der empirischen Studie hat planmässig am 6. September 2004 begonnen und wurde Mitte November 2004 abgeschlossen. Die vorgesehene Stichprobe von 300 Primarschülern ist nicht nur zustande gekommen, sondern um mehr als 100 Kinder übertroffen worden, obwohl es sich im Frühjahr noch als ausserordentlich schwierig gezeigt hatte, Lehrpersonen für ein solches Unterfangen zu gewinnen. Mit viel organisatorischem und persönlichem Aufwand ist es dennoch gelungen, im letzten Moment kurz nach den Sommerferien alle Unterlagen der teilnehmenden Kinder beisammen zu haben. Wegen der Vergleichbarkeit der Aussagen war es wichtig, die Befragungen innerhalb eines einheitlichen, nicht allzu langen Zeitabschnittes durchzuführen. Aus stundenplantechnischen Gründen war der Herbst günstig.

13 Schild, S. 153

b.) Basisdatenerfassung

Um die für die statistische Auswertung notwendigen Daten zu erhalten, mussten vor Beginn der Studie die entsprechenden Auskünfte bei den TestteilnehmerInnen resp. bei deren gesetzlichen Vertretern eingeholt werden. Der Fragebogen wurde mit den involvierten Behörden[14] abgesprochen und entspricht den datenschützerischen und ethischen Standards für solche Befragungen.

Die Fragen nach Bildungsstand der Eltern, ethnischem und familiärem Hintergrund verbunden mit der Muttersprache sind für die statistische Auswertung ausserordentlich wichtig. Ebenso wurde bei den Primarschülern gefragt, ob sie bereits Kontakte mit der Polizei gehabt hätten. (Es wird aber erst bei der Erfassung der Kontrollgruppe der straffälligen Kinder im Sommer 2005 detailliert nach der Art der Delikte gefragt. Dies wurde seitens der Schulbehörden so gewünscht.)

Nach einer erstmaligen Grunderfassung wurden die Daten für den folgenden Gebrauch in der Studie völlig anonymisiert. Die Originalfragebogen werden verschlossen aufbewahrt und sind nur der Projektleitung zugänglich. Jeder/jede TestteilnehmerIn bekam eine Identifikations-Nummer, die auf jedem Testblatt erscheint. In der Folge wurde ausschliesslich mit Codes gearbeitet. Die TestteilnehmerInnen erhielten jedoch für das persönliche Folgeinterview ein Vornamenschild, um das Gespräch etwas persönlicher führen zu können. Auf dem Formular erschien aber auch dort nur die ID-Nummer.

Bei den Kontrollgruppeninterviews im Sommer 2005 wird nach demselben Verfahren vorgegangen. Die Testitems werden dieselben sein, auch für die Erwachsenen, damit die Ergebnisse vergleichbar sind.

14 Es sind dies die Jugendstaatsanwaltschaft des Kantons Zürich, die Jugendanwaltschaft des Bezirks Zürich, das Schul- und Sportdepartement sowie die Kreisschulpflegepräsidenten der Stadt Zürich.

Erfasst wurden in der Hauptstichprobe 423 Kinder, davon haben 36,2 % einen ausländischen Vater, 38,1 % eine ausländische Mutter, bei 28 % der Kinder sind beide Elternteile Ausländer, bei 54 % beide Elternteile Schweizer. 7,1 % sind sogenannte „Secondos", d. h. Ausländer der zweiten Generation, welche hier geboren wurden und 1,4 % sind Asylbewerber.

c.) Darstellung der Test-Abläufe

Die Tests werden in allen Klassen und bei allen Kontrollgruppen nach einem im Voraus genau festgelegten Skript durchgeführt, um vergleichbare Daten zu erhalten.

Nachdem das Datum für die Durchführung des Tests mit den einzelnen Lehrpersonen abgesprochen worden war, informierten diese die TestteilnehmerInnen, dass an jenem Nachmittag ein besonderes Programm stattfinden würde. Die Betreuer wurden ersucht, mit den TestteilnehmerInnen das Thema vorgängig nicht zu besprechen, daher wurden ihnen die detaillierten Test-Items nicht zugestellt. Dies würde die Studie verfälschen. (Es stand den Lehrpersonen aber selbstverständlich frei, nach der Durchführung der Tests das Thema mit den TestteilnehmerInnen nochmals zu behandeln, falls ein Bedürfnis bestünde, und allenfalls das Testteam darüber zu informieren.) Die Lehrpersonen wurden zudem ersucht, während der Durchführung der Tests im Testraum zu verbleiben und disziplinarisch einzuschreiten, wo dies notwendig werden sollte, damit sich die Interviewerinnen voll auf ihre Arbeit konzentrieren könnten.

Der Testnachmittag begann in der Regel um 13.30 Uhr, indem das Interview-Team sich und das bevorstehende Programm vorgestellt hatte. Daran anschliessend wurden die erste Aufgabe erläutert sowie die Aufgabenblätter verteilt.

Die jeweils neuen Aufgabenblätter wurden, um Zeit zu gewinnen, während der Lösung einer Testfrage verdeckt verteilt. Da die Aufgaben zum Teil aufeinander Bezug nehmen und aufbauen, sollte dadurch verhindert werden, dass Antworten durch Kenntnis der folgenden Fragen beeinflusst werden (durch Weiterblättern).

Im ersten Testabschnitt wurden die vier Grundaufgaben gelöst.

> Erste Aufgabe 15 Minuten: Erstellen eines Rechtsnormbildes zu Art. 41 OR.
> Zweite Aufgabe 10 Minuten: Fragen zu Bildern bezüglich Absicht und Fahrlässigkeit.
> Pause 15 Minuten.
> Dritte Aufgabe 5 Minuten: Fall-Lösung zur Füllung einer Norm-Lücke.
> Vierte Aufgabe 12 Minuten: Weiterführende Fragen zur Gerechtigkeit aus dem Alltag der Kinder.
> Kurze Pause 5 Minuten.
> Fünfte Aufgabe: Folgeinterview 20 Minuten: Drei aufgrund ihrer speziellen Lösungen der Aufgaben 1 bis 4 besonders ausgewählte sowie drei zufällig ausgewählte TestteilnehmerInnen nahmen an diesem Folgeinterview teil. Dabei wurde auf ihre vorherigen Lösungen und Bilder eingegangen und es wurden anschliessend weiterführende Fragen gestellt.

Das bei den Folgeinterviews mit den PrimarschülerInnen gesammelte Material war derart umfangreich, dass es noch nicht statistisch ausgewertet werden konnte. Es wird auch eine qualitative Auswertung durchgeführt werden müssen. Diese Ergebnisse werden zum gegebenen Zeitpunkt Inhalt weiterer Publikationen sein. Auf das Folgeinterview wird daher nicht mehr näher eingegangen.

Diese Zeitabläufe wurden anlässlich der Erhebung in den Primarschulen (ca. 400 Kinder) selbst bei Erstklässlern (Sechs- bis Siebenjährige, des Schreibens meist noch nicht kundig) eingehalten.

Am Schluss der Testserie wurde jeweils von den TestteilnehmerInnen ein Feedback erfragt, um zu erfahren, wie sie den Testnachmittag erlebt hatten (lehrreich, langweilig, cool etc.) Diese Rückmeldungen waren ausnahmslos sehr positiv. Die Kinder fanden die Tests spannend und fühlten sich ernst genommen. Die Interviewerinnen bedankten sich bei den Kindern und beendeten die zwei Lektionsstunden um 16.00 Uhr.

d.) Beschreibung der Basisaufgaben 1–4

Bei der *ersten Aufgabe* sollten die Kinder ein Bild (Rechtsnormbild) malen zu Art. 41 OR. Der Gesetzestext wurde in einer für die Kinder etwas besser verständlichen Fassung auf dem Aufgabenblatt abgedruckt. „Das Gesetz sagt, dass eine Person, die eine andere absichtlich oder aus Versehen schädigt, dieser dafür irgendetwas geben muss." Die Kinder sollten sich eine entsprechende Situation vorstellen, eine Lösung vorschlagen und dies mittels einer Zeichnung darstellen. Fast allen gelang dies rasch und gut, obwohl die Einführung durch die Testleiterin sehr abstrakt erfolgte, um nicht durch Vorgabe eines Beispiels die Aufgabenlösungen zu beeinflussen.

Bei der *zweiten Aufgabe* erhielten die Kinder ein Blatt mit zwei Zeichnungen. Auf dem ersten Feld war ein junger Mann abgebildet, der auf eine Hauswand mit einer Spraydose „ich hasse B." schreibt. Das andere Bild enthielt ein Mädchen, das einen Ball nicht halten kann, der eine Wegbeleuchtung beschädigt. Die Kinder mussten für jeden der beiden Fälle zwei mögliche gerechte Lösungen zeichnen oder aufschreiben und anschliessend auswählen, welche der jeweiligen Varianten die gerechtere sei. Auch diese Aufgabe bereitete weder in zeitlicher noch inhaltlicher Hinsicht Schwierigkeiten. Der Unterschied zwischen „vorsätzlich" und „fahrlässig" wurde bei Kontrollfragen anlässlich der Erläuterung der Aufgabe auch von den Erstklässlern problemlos erkannt.

Aufgabe drei lautete folgendermassen: *Ein Vater sagt zu den Kindern: „Wenn Ihr im nächsten Fussballmatch gewinnt, lade ich Eure Mannschaft in den Europapark Rust ein. Wenn Ihr verliert, bleiben wir zuhause." Das Team spielt unentschieden 0:0. Was soll der Vater tun? Bitte schreibe oder zeichne die Antwort.* Dabei ging es darum, eine gerechte Zwischenlösung im Sinne einer Lückenfüllung zu finden. Viele Kinder kamen sofort auf die Idee, man könnte Pizza essen gehen oder einfach einen kleineren Ausflug unternehmen.

Bei der *vierten Aufgabe* ging es darum, ein Formular auszufüllen. Die Kinder mussten angeben, wo es ihrer Ansicht nach

Ungerechtigkeiten gab: In der Nachbarschaft, in der Schule, in der Wohngemeinde (Zürich, Watt-Regensdorf, Wetzikon) und in der Welt. Je nach Alter wussten die Kinder mehr zu berichten. Die meisten ungerechten Zustände wurden in der näheren Umgebung erkannt. Aber erfreulicherweise zeigten sich vor allem die Jüngsten ausnehmend zufrieden mit ihrer Umgebung. Dabei haben wir bewusst verzichtet, nach der Familie zu fragen, um den Kindern nicht zu nahe zu treten. Kürzliche medienwirksame Ereignisse wie der Irakkrieg oder die amerikanische Präsidentenwahl (Herbst 2004) wurden ebenfalls regelmässig genannt.

f.) Allgemeine Eindrücke

Die Kinder waren rundweg sehr liebenswürdig, anständig und höflich. Ganze vier Kinder waren auffällig, indem sie laut und vorwitzig waren, aber gerade sie haben besonders engagiert und interessiert mitgemacht. Das sind knapp 1 % aller getesteten Kinder! Es gab nie negative Äusserungen oder Verhaltensweisen zu den Aufgaben oder gegenüber den Interviewerinnen. Alle Kinder waren sehr motiviert, hatten Spass und Interesse. Sämtliche Kinder waren gepflegt sowie gut und sauber gekleidet.

Die *Erst- und Zweitklässler* waren, obwohl z. T. in sehr grossen Klassen, völlig problemlos. Da die Kleinen noch nicht gut schreiben konnten, hat uns in diesen grossen Klassen neben der Lehrperson wenn immer möglich eine Teamkollegin unterstützt. Besonders das zeichnerische Umsetzen der Antworten machte absolut keine Mühe, weder in inhaltlicher noch in zeitlicher Hinsicht (vorgegebene Testzeiten für einzelne Aufgaben).

Die *Dritt- und Viertklässler* waren eher unselbständig. Sie wollten es oft besonders schön machen und gingen daher weniger spontan an die Aufgaben heran, insbesondere beim Zeichnen.

Die *Fünft- und Sechstklässler* waren zeichnerisch manchmal ebenfalls gehemmt oder aber sehr geschickt und begabt. Ihre schriftlichen und/oder mündlichen Antworten hingegen waren durchwegs spontan und inhaltlich sehr differenziert.

Die Durchführung der Tests in *Klassen mit hohem bis sehr hohem Ausländeranteil* gestaltete sich problemlos. Die Unterrichtssprache ist Schriftdeutsch, je nach Wunsch der Kinder und Erlaubnis der Lehrperson wurden die Testaufgaben aber in Schweizerdialekt erklärt.

Alle Kinder machten einen *grundsätzlich zufriedenen Eindruck,* was sich auch bei den Antworten zu bestimmten Fragen äusserte (Aufgabe 4, Folgeinterview). Nur bei wenigen kamen offenbar vorhandene (Familien-)Probleme zu Tage, welche im Gespräch mit der Lehrperson bestätigt wurden.

Die Lehrpersonen waren während der Testsitzungen mit wenigen Ausnahmen (wo es Ausweichräumlichkeiten gab) anwesend, arbeiteten für sich (Prüfungskorrekturen), beschäftigten die nicht an der Studie teilnehmenden Kinder oder halfen bei grossen Klassen mit beim Verteilen der Blätter oder beim Schreiben (Erst- und Zweitklässler). Sie waren sehr engagiert und an den Fragestellungen interessiert, ganz besonders diejenigen, die sich mit dem Peace Maker-Programm im Schulhaus befassten (Grünau, Bühl, Wetzikon).

Jedes *Schulhaus* hat ein eigenes „Klima" und Ambiente, die Klassenzimmer sind phantasie- und liebevoll eingerichtet und keines gleicht dem anderen.

Zusammenfassend kann man feststellen, dass die Tests äusserst erfolgreich und erfreulich verlaufen sind.

3. Die Auswertung

a.) Die Punkteskala

Für jede Aufgabe wurden vier Hauptkriterien aufgestellt, die mit Punkten 0, 1, 3, 5 bewertet wurden.

Kriterium 1: Allgemeines Verständnis der Frage: 5 Punkte erreichte ein Kind, wenn die Frage gut verstanden und beantwortet wurde; 3 Punkte bei einigermassen verstandener Aufgabe; 1 Punkt wenn die Antwort gerade knapp brauchbar ist und 0 Punkte bei fehlender oder gänzlich unbrauchbarer Antwort.

Kriterium 2: Realistische bzw. nicht magische Lösung: Die beste Punktzahl 5 bekommt eine realistische, vernünftige Lösung; 3 Punkte bei an sich realistischer Lösung, aber z. B. ist der zu zahlende Schadenersatz übertrieben hoch. 1 Punkt, wenn als Lösungsvorschlag z. B. der Nikolaus mit dem Kind schimpft.

Kriterium 3: Positive, nicht gewalttätige Lösung: Schadenersatz, Frieden machen etc. gibt 5 Punkte, Strafe und Geschenk oder Entschuldigung: 3 Punkte; geplagtes Kind schlägt zurück: 1 Punkt; wenn keine Lösung vorgeschlagen wird, was auch oft der Fall ist (bei Aufgabe 1): selbstverständlich 0 Punkte.

Kriterium 4: Allgemeines Fairnessverständnis: Hier muss gesamthaft für das ganze Blatt, resp. die ganze Aufgabe, gewertet werden, ob die gewählten Darstellungen, Lösungen ausgewogen, d.h. „gerecht“ sind im Sinne des Grundsatzes der Fairness (Goldene Regel, Tauschgerechtigkeit, ausgleichende oder aber absolute Gerechtigkeit).

b.) Koordination der Punktevergabe

Das Bewertungsteam, bestehend aus zwei erfahrenen Kinder- und Jugendpsychologen, welches an den Befragungen nicht teilgenommen hatte, hat die Aufgaben zuerst einzeln und in einer zweiten Lesung gemeinsam bewertet. Es lagen ihm eine von der Projektleitung verfasste detaillierte Anleitung wie auch eine Bewertungsskala vor, welche durch das Bewertungsteam noch verfeinert wurden. Die Bewertungsskala ist somit für alle Kinder völlig übereinstimmend angewendet worden. Die auf diese Weise gefundenen Ergebnisse sind daher repräsentativ und objektiv.

Die Auswertung der Zeichnungen aufgrund besonderer, detaillierter Bildinterpretationen ist für einen späteren Zeitpunkt vorgesehen und wird sehr aufwändig sein. Hierzu gibt es entsprechende Methoden sowie eine umfangreiche Literatur, auf welche aber hier nicht näher eingegangen werden kann[15]. Ergebnisse des Vergleichs zwischen der entwicklungsbedingten Bildgestaltung und dem dargestellten Inhalt sollen mit den Grunddaten der Kinder (wie Herkunft, Familienstruktur, Muttersprache etc.) in Verbindung gebracht werden und zusätzliche Aufschlüsse über die Struktur ihres Gerechtigkeitsdenkens geben.

15 Vgl. beispielsweise: Di Leo, J.H.:,Die Deutung von Kinderzeichnungen, Karlsruhe 1992; Meili-Schneebeli, E.: Kinderbilder – Innere und äussere Wirklichkeit Bildhafte Prozesse in Entwicklung, Lebenswelt und Psychotherapie des Kindes, Diss. Zürich 1997; Meili-Schneebeli, E.: Wenn Kinder zeichnen. Bedeutung, Entwicklung und Verlust des bildnerischen Ausdrucks, 2. A. Zürich 1994; Aissen-Crewett, M.: Kinderzeichnungen verstehen: von der Kritzelphase bis zum Grundschulalter. München 1988; Richter, H.-G.: Kinderzeichnung interkulturell, Hamburg 2001; Reiss, W.: Kinderzeichnungen: Wege zum Kind durch seine Zeichnung, Berlin 1996; Schuster, M.: Kinderzeichnungen. Wie sie entstehen, was sie bedeuten. Berlin 1994; Schuster, M.: Psychologie der Kinderzeichnung, Bern 2000; Sehringer, W.: Zeichnen und Malen als Instrumente der psychologischen Diagnostik. Heidelberg 1999.

4. Die Resultate

a.) Darstellung der Resultate im Einzelnen

Die vorliegende Analyse ergibt grundsätzlich normal verteilte Daten. Die individuellen Ergebnisse der einzelnen Kinder (Aufgaben 1 bis 4) sind in sich konsistent und sehr ähnlich. Dieses Resultat ist nicht nur aussagekräftig in sich selbst, sondern zusätzlich positiv, indem es erlaubt, konsolidierte oder durchschnittliche Werte pro Kind zu errechnen.

Es scheint auch weder eine Korrelation noch eine voraussehbare Beziehung zu geben zwischen dem Totalergebnis und/oder dem durchschnittlichen Ergebnis der individuellen Punktezahl eines Kindes und seinen persönlichen Charakteristiken wie Schule, Klasse, Geburtsdatum, Geschlecht, Geschwister, familiäre Situation, Muttersprache, Ursprungsland von Vater und Mutter, Ausländerstatus, Ausländergeneration in der Schweiz, Bildungsstand von Vater und Mutter sowie frühere Kontakte mit der Justiz.

Gruppiert man die Resultate der Subjekte gemäss den obgenannten Kriterien, kann man zudem feststellen, dass keine statistisch nennenswerten Unterschiede bestehen. Dies bedeutet, dass 423 extrem unterschiedliche Kinder die gestellten Aufgaben übereinstimmend verstanden haben und grundlegende Gerechtigkeitskonzepte darlegten wie beispielsweise den Grundsatz von Treu und Glauben, den Gegensatz von Recht und Unrecht, das Verschuldensprinzip, die Forderung nach gerechtem Schadenersatz. Sie äusserten also virtuell identische Ideale von Fairness, Gerechtigkeit, Recht und Unrecht.

Interessanterweise wurde eine signifikante positive Korrelation der Totalergebnisse mit folgenden zwei Faktoren gefunden: Klasse (Alter) und Bildungsstand der Mutter. Kinder höherer Klassen, somit ältere Kinder, erreichen höhere Punktezahlen. Ebenso zeigen auch Kinder von Müttern mit höherem Bildungsstand, unabhängig vom Alter, bessere Resultate. Eine mögliche Erklärung für dieses Ergebnis ist der Umstand, dass die Kinder, besonders im Vorschul- und Primarschulalter, einen häufigeren und engeren Kontakt zu ihren Müttern haben. Dies vor allem in der Schweiz, wo die Anzahl voll erwerbstätiger Mütter immer noch viel kleiner ist als im Ausland. Somit schlägt das höhere Bildungsniveau der Mutter direkter auf die Kinder durch als dasjenige des Vaters. Im Gespräch mit dem Kind, durch die Umgangsformen und die Sprachqualität werden die Kinder offenbar positiv beeinflusst. Themen wie Fairness, korrektes Verhalten, gegenseitiges Verständnis kommen eher zur Sprache.

Hingegen besteht eine negative Beziehung zwischen den Test-Resultaten und der Anzahl männlicher Geschwister bzw. der gesamten Anzahl Geschwister. Mit andern Worten: Kinder mit mehreren Geschwistern oder mehreren Brüdern tendieren dazu, schlechtere Testwerte zu haben. Eine mögliche Erklärung könnte der Umstand sein, dass in einer kinderreichen Familie weniger auf die Bedürfnisse des einzelnen Kindes eingegangen werden kann, dass die Stärkeren und Lauteren sich eher durchsetzen können und die Kinder weniger oft mit den Erwachsenen allein Gespräche führen, sondern häufiger unter sich sind. Dadurch ist die Einflussnahme der Eltern reduziert und eine Förderung des einzelnen Kindes gerät in den Hintergrund.

Zusammenfassend kann zur statistischen Auswertung Folgendes gesagt werden: In der Varianzanalyse (ANOVA Analysis of Variance) zeigt der p-Wert von weniger als .05, dass die Klasse das Resultat positiv beeinflusst, während die Anzahl männlicher Geschwister einen negativen Einfluss hat. Die anderen Faktoren zeigen keinen statistisch signifikanten Einfluss auf die Testergebnisse (Punktezahlen).

b.) Ausgewählte Beispiele

Bei der zeichnerischen Gestaltung von Art. 41 OR wurden am häufigsten Schlägereien zwischen Kindern dargestellt. Fouls beim Fussballspiel, Steine werfen und Stossen waren ebenfalls häufige Sujets, wie auch das Wegnehmen und Beschädigen von Spielzeug. Autounfälle mit entsprechender, zum Teil recht grosszügiger Schadensregelung waren ebenfalls beliebt; wahrscheinlich passierten solche oft in der Umgebung der Schule oder die Kinder haben solche schon selber erlebt. (Hinweise selbst jüngerer Kinder auf die Bezahlung durch die Versicherung lassen diesen Schluss zu. Wie könnten sie sonst wissen, dass es eine „Versicherung" gibt?) Beschimpfungen und Ausgrenzung wurden auch genannt, wobei letztere vorwiegend von Mädchen dargestellt wird. Als Lösung für die jeweiligen Schadenfälle wurde meist die Entschuldigung genannt sowie das Überreichen eines Geschenks, der Ersatz des beschädigten Gegenstandes, sehr selten nur die Strafe, dann aber eine harte („Gefenknis lebenslenglich"). Wichtigstes Anliegen der Kinder ist jedoch „Frieden machen" und zwar unabhängig von Schulkreis, Alter, Herkunft.

Bei Aufgabe 2 haben die meisten als Lösung das Putzen der vorsätzlich besprayten Wand oder die Bezahlung der Reinigung vorgeschlagen, wobei das Putzen eher als gerechtere Variante angesehen wurde. Bei der fahrlässig beschädigten Lampe wurde deren Realersatz („neue Lampe kaufen") oder eine Geldzahlung vorgeschlagen, oft auch eine Entschuldigung, welche durch die Kinder eher als die bessere Lösung bewertet wurde. Einzelne Vorschläge lauteten auch auf Abarbeiten der Schuld beim Geschädigten, miteinander reden oder selten Strafe.

Für das weder siegreiche noch unterlegene Fussballteam wurde oft eine bescheidenere Alternative zum teuren Ausflug nach Rust vorgeschlagen, der bei einem Sieg stattgefunden hätte: Pizza essen, kleiner Ausflug, Zoobesuch, ein Fest zuhause. Manche Kinder erkannten das Problem zwar, wollten aber den Ausflug nach Rust nicht fallen lassen. Daher reduzierten sie ihn entsprechend: nur einen halben Tag, nur einen Tag statt zwei, nur das halbe Team; oder aber der Vater solle beide Teams einladen. Besonders die kleineren Kinder fanden, man müsse trotzdem nach Rust fahren, der Vater habe es schliesslich versprochen. Hier war der Wunsch wohl Vater des Gedankens.

Das Ausfüllen des Gerechtigkeitsformulars brachte Erstaunliches zu Tage: Besonders die jüngeren Kinder scheinen mit ihrer Umgebung sehr zufrieden zu sein. „Alles ist oghei!" Sie fanden auch nach reiflichem Überlegen keine Ungerechtigkeit in Nachbarschaft und Schule. Ansonsten werden Ungerechtigkeiten aber am ehesten in diesem Nahbereich diagnostiziert, indem Streit mit Nachbarn, Spielplatzprobleme, Bevorzugung von Geschwistern oder parteiische Lehrer genannt werden. Die Wohngemeinde oder gar die Welt sind zu abstrakt oder zu weit weg, nur selten nannten die Kinder lokale Begebenheiten, die sie aus den Medien kannten. Immerhin wurde in der Welt der Krieg, insbesondere im Irak, als ungerecht bezeichnet, seltener der Umstand, dass viele Menschen Hunger leiden oder das Gefälle zwischen Arm und Reich. Rassismus ist trotz der so stark mit ausländischen Kindern durchsetzten Stichprobe fast kein Thema.

Schlussbemerkung

Dass sich die von den Kindern dargelegten Lösungsmodelle, bei denen Frieden machen sowie die Entschuldigung begleitet von einem Geschenk überwiegt (was übrigens auch im hier nicht beschriebenen Folgeinterview stark zum Ausdruck kam), auch im Alltag praktiziert werden, mag anhand eines Falles gezeigt werden, der sich tatsächlich in Zürich abgespielt hat und die gesellschaftlichen und ethnischen Verhältnisse unserer Stichprobe widerspiegelt: Eine 5. Klasse spielt in der Pause auf dem Schulhof Fussball. Der aus etablierten, schweizerischen Verhältnissen stammende Pfarrerssohn Jonas rennt als Stürmer Kopf voran in den zur Abwehr ausholenden Fuss des schwarzen Mitschülers Vincent aus Ghana. Vincent lebt im Heim, er ist noch nicht sehr lange in der Schweiz und spricht gebrochen Deutsch. Es ist eindeutig, dass es ein Unfall war und Vincent nicht bewusst nach Jonas geschlagen hat. Jonas verletzt sich am Kiefer und muss ins Kinderspital zur Untersuchung wegen Verdachts auf Kieferbruch. Es stellt sich dann aber erfreulicherweise heraus, dass es nur ein harter Aufprall ohne Bruch war. Als Jonas am nächsten Tag wieder in die Schule kommt, geht Vincent zu ihm hin und sagt: „Tut mir leid wegen gestern. Das wollte ich nicht. Ich gebe dir zwanzig Franken von meinem Taschengeld, da kannst du dir etwas dafür kaufen."

Ein einzelnes Beispiel zwar – aber es zeigt auf, dass Kinder auf diese Weise handeln und somit ihre Vorstellungen über Fair Play nicht nur äussern, sondern auch in die Tat umsetzen können.

Literatur

Aissen-Crewett, M.: Kinderzeichnungen verstehen: von der Kritzelphase bis zum Grundschulalter. München 1988.

Damon, W.: Die soziale Entwicklung des Kindes. Ein entwicklungspsychologisches Lehrbuch, Stuttgart 1989.

Darley, J.M.; Klosson, E.C.; Zanna, M.P.: Intentions and their contexts in the moral judgements of children and adults, in: Child Development 49, 1978, S. 66–74.

Darley, J.M.; Schultz, T.R.: Moral rules: Their content and acquisition, in: Annual Review of Psychology 1990, Vol. 41, S. 525–556.

Darley, J.M.; Schultz, T.R.: An information-processing model of retributive moral judgements based on „legal reasoning", in: Kurtins, W., Hrsg.: Handbook of moral behavior and development, 1991, S. 247–268.

Di Leo, J.H.: Die Deutung von Kinderzeichnungen, Karlsruhe 1992.

Eckensberger, L.H.: Anmerkungen zur Beziehung zwischen Recht und Moral aus entwicklungspsychologischer Sicht, in: Jung, H.: Neumann, U., Hrsg.: Rechtsbegründung – Rechtbegründungen. Festschrift zum 65. Geburtstag von Gunter Ellscheid, Baden Baden 2002

Eckensberger, L. H.: Entwicklung des moralischen Urteils, in: Keller, H., Hrsg.: Entwicklungspsychologie, Bern 1998, S. 475–516.
Gilligan, C.: In a different voice: Psychological theory and women's development, Cambridge UK 1982.
Kohlberg, L.: Die Psychologie der Moralentwicklung, Frankfurt a. M. 1996.
Lampe, E.-J.: Untersuchungen zur Entwicklung kindlichen Rechtsbewusstseins, in: Festschrift für Klaus Rolinski zum 70. Geburtstag am 11. Juli 2002, Baden-Baden 2002, S. 401–423.
Lollis, S.; Van Engen, G.: Sibling Socialisation of Moral Orientation: „Share with me!" „No, it's mine!" in: Journal of Moral Education 28, 1999, S. 339–359.
Meili-Schneebeli, E.: Wenn Kinder zeichnen. Bedeutung, Entwicklung und Verlust des bildnerischen Ausdrucks, 2. A. Zürich 1994.
Meili-Schneebeli, E.: Kinderbilder – Innere und äussere Wirklichkeit. Bildhafte Prozesse in Entwicklung, Lebenswelt und Psychotherapie des Kindes, Diss. Zürich 1997.
Nummer-Winkler, G.: Die Entwicklung moralischer Motivation, in: Edelstein, W.; Nummer-Winkler, G.; Noam, G., Hrsg.: Moral und Person, Frankfurt a. M. 1993, S. 278–303.
Oerter, R.; Montada, L., Hrsg.: Entwicklungspsychologie. Ein Lehrbuch, 4. A. Weinheim 1998.
Oser, F.; Althof, W.: Moralische Selbstbestimmung, Stuttgart 1992.
Piaget, J.: Das moralische Urteil beim Kinde. München 1986 (Original frz.: 1932).
Reiss, W.: Kinderzeichnungen: Wege zum Kind durch seine Zeichnung, Berlin 1996.
Richter, H.-G.: Kinderzeichnung interkulturell, Hamburg 2001.
Schild, W.: Alte Gerichtsbarkeit Vom Gottesurteil bis zum Beginn der modernen Rechtsprechung, München 1980, unveränderter Neudruck: Die Geschichte der Grausamkeit, Hamburg 2002.
Schuster, M.: Kinderzeichnungen. Wie sie entstehen, was sie bedeuten. Berlin 1994.
Schuster, M.: Psychologie der Kinderzeichnung, Bern 2000.
Sehringer, W.: Zeichnen und Malen als Instrumente der psychologischen Diagnostik. Heidelberg 1999.

III. Rechtsberuf & Forensik

Philip D. Jaffé

For how long will forensic psychology in Switzerland be lost in an ethical and human rights vacuum?

In the trenches of legal psychology, to practitioners conducting civil or penal forensic evaluations for the judicial system and providing mental health services to a variety of criminal and non criminal beneficiaries, ethical and human rights considerations could, *a priori*, be considered somewhat distant preoccupations. And yet, I will argue in this short article that it is imperative that these considerations permeate the practice of forensic psychology and serve as the intrinsic moral code of the practitioners of this field.

Lack of awareness of human rights and ethical standards among Swiss forensic psychologists

Borrowing on a practice of the late great public health educator, Jonathan Mann[1], I regularly ask students in postgraduate forensic psychology courses to raise a hand if they have read the United Nations' Universal Declaration of Human Rights and to cite its

1 Jonathan Mann was the World Health Organization's first head of the Global program on AIDS and later a Professor of Public Health at Harvard University. Along with his wife, he died tragically in the Swissair plane crash off the coast of Nova Scotia, Canada, in September 1998.

most important provisions. At most, a couple of students declare having read this important document and, generally, none is able to authoritatively quote any of its thirty articles. Jonathan Mann's seminal point was that promoting health may not be dissociated from human rights, indeed that health is the broad-based core of human values. Even more importantly, he lectured that health workers of every discipline should be educated and abide by the human rights framework.

Similarly, in numerous encounters with forensic psychologists[2] working in Switzerland, this same lack of awareness for the field of human rights seems quite constant. While this may be somewhat surprising in the country which has built part of its reputation on human rights and the promotion of humanitarian law[3], it is of greater concern that the field of professional ethics is mostly ignored by young and experienced colleagues alike. Given that no formal training is provided during university studies, professional ethics are identified as obscure principles that practitioners should make efforts to abide by in order to be admitted to professional associations and, for those who conduct research in certain settings, a cumbersome but compulsory requirement to submit research projects to a committee that examines some basic standards for how the research is operationalized.

However, the absence of formal knowledge fortunately does not imply that Swiss forensic psychologists work in reprehensible ways and that the beneficiaries of their practice are at a great risk of experiencing significant violations of their fundamental hu-

2 Despite singling out psychologists, the same holds true for forensic psychiatrists and social workers.

3 After all, Geneva houses the headquarters of many of the main governmental and non governmental humanitarian organizations (e.g., the International Committee of the Red Cross or the Office of the United Nations High Commissioner for Refugees) and is even known around the world for the four conventions and two additional protocols that bear its name (protecting civilians and combatants in armed conflicts) for which the ICRC is the depositary.

man rights. Indeed, Swiss forensic psychologists mostly work in institutions which have a longstanding tradition of best practices and a multitude of regulations that provide a structured environment in terms of what is admissible professional behavior and what is not. Rather, perhaps *in fine* even more worrisome, what is lacking is a process of reflection, within an overarching ethical analysis, on the very nature of forensic psychology, its major professional settings and the meaning of working within the judicial system.

Examples of the need for human rights activism by forensic psychology professionals

In recent years, indeed only months ago in some situations, Switzerland has undergone major societal transformations, both sociological and legal. While it is difficult to argue that many changes were not positive overall, examples of only some of the more negative transformations are discussed below. Some were accompanied by popular media frenzy and have generated demagogic political movements. Others received little or no attention and yet have profound implications on the rights of major portions of Switzerland's inhabitants.

- In a referendum held on 8 February 2004, a clear 56.2 % majority of Swiss voters approved the grassroots (popular) initiative calling for the „life-long detention for sex offenders or violent offenders regarded as highly dangerous and beyond rehabilitation", and an amendment of the Federal Constitution to authorize such detention, with only limited possibilities of appeal.[4] While the popular sentiment that drove the success of

4 The majority electoral success of the initiative now requires that the political system (executive and legislative) assimilate the initiative's language into the law of the land

the initiative can be construed as noble (i.e., reducing recidivism and preventing the creation of new victims), authoritative legal specialists have warned, for example, that the initiative is in contradiction with the Convention for the Protection of Human Rights and Fundamental Freedoms (1950), known simply as the European Convention on Human Rights (ECHR). In particular, in question is the notion that the lawfulness of a measure which deprives a person of his/her liberty may be reviewed at any time.

Interestingly, forensic specialists, psychiatrists and psychologists alike, were rather critical of the initiative, mostly because it is deemed scientifically unsound to contribute to a long term determination of a person's dangerousness. However, the debate was mostly technical and never really focused on the issue of the violation of fundamental human rights. Also, the main professional associations did not take a moral stand on the dangers the initiative poses.

- Over the past several years, juvenile violence has been a constant contributor to a general sentiment of insecurity. It must be noted that the overall rate of violence among juveniles has not grown dramatically, although acts of extreme violence have been more frequent among adolescent males. In my opinion, these two factors have led to a gradual tightening of the rules concerning the detention of juveniles. As a result of greater pretrial detention/observation rates, locked juvenile facilities in major urban centers have not been able to absorb many adolescents subjected to judicial detention orders. Since approximately 1997, this has led to the regressive practice of transferring excess remanded adolescents to pretrial adult facilities where they are detained in „isolation" from the adult prison population[5]. The meaning of isolation is that minors are physi-

5 Before 1996, the annual average number of juveniles detained in the Canton of Geneva's adult prison facilities was in the single digits. Starting in 1997, the numbers grew exponentially and now hover around 300 juveniles imprisoned per annum in adult facilities. In 2004, 284 minors were remanded to the adult Prison of Champ-Dollon (Office Pénitentiaire, 2005).

cally separate from adults. However, it is obvious to all observers that the imprisoned adolescents are nonetheless fully conscious of being „locked up with the big boys". This has clear implications for their self-image, a process that is not sufficiently taken into account by the prison authorities.

The practice of transferring adolescents to pretrial adult facilities in the Canton of Geneva, has not attracted much concern beyond a short-lived initiative of a local children's rights NGO (GEODE) which, in 1999, examined and criticized the process. Forensic mental health specialists, including the vast majority of practitioners working within the prison system did not express any substantive reservations on the technical violation of children's rights which Geneva's adolescents had enjoyed until then.[6] Clear criticism has come from international sources. For example, in his recent report to the Committee of Ministers and the Parliamentary Assembly, the European Commissioner for Human Rights[7] states „under-age inmates in Champ-Dollon (who are separated from the adults) lack proper educational support, and this may violate their right" (ECHR, June 8, 2005).

In addition to the practice just described, Switzerland's penal code is undergoing major changes that pertain to minors, most notably the creation of a specific penal code applying to minors, due to enter into force no earlier than 2007. Among many positive legal developments[8], and despite reaffirming the need to favor a rehabilitative rather than a re-

6 The violation is only technical because in ratifying the United Nations Convention on the Rights of the Child (CRC), Switzerland decided to opt for several reservations. One of these concerns Article 37(c) of the CRC, explicitly stating that „the separation of children deprived of liberty from adults is not unconditionally guaranteed".

7 Mandated by the Council of Europe to which Switzerland is party.

8 For example, Switzerland's age of criminal responsibility, previously set at seven years old (the youngest age in the developed world), is raised to ten years old.

pressive approach with juvenile delinquents, the new penal code clearly gives in to a more repressive stance by increasing the possibility of locked detention from one year maximum under previous law to a full four years in the future. While this innovation receives some limited support based on the evolution of the forms of juvenile criminality, it seems also clearly designed to placate some of the more strident demagogic sociopolitical requests, in particular that juvenile justice become tougher and resemble more closely the criminal justice system applied to adults. In this general context, very little reaction has emanated from professional forensic psychology circles, either individual practitioners or their professional associations.

What do Switzerland's forensic psychologists dream of?

This question of course paraphrases Sigmund Freud's famous citation of the proverb „What does the goose dream of?" and he answers: „Of maize." „The whole theory that the dream is the fulfillment of a wish," he asserts, „is contained in these two sentences" (Freud, 1900).

A first level of „dream analysis" suggests that Swiss forensic psychologists' minds are hostage to their wish to be recognized as official partners within the forensic mental health system. They are possibly concerned about staking positions that are visible and may be construed by the general population as weak with regard to the popular representation that generalized violence is about to engulf this comparatively rich and peaceful nation. Validation of forensic psychology's emerging existence seems to require that the profession as a whole remain responsibly silent. In this context, it may be useful to quote Dr. Albert Schweizer, the famed humanitarian, who is credited with observing: „The time must come when inhumanity protected by custom and thoughtlessness will succumb before humanity championed by thought."

A second level of analysis hints at a normative role that many forensic psychologists adhere to because they then feel they are „part of the system". In fact, forensic evaluators and forensic clinical practitioners alike deal with criminal acts and social situations that are often at the confines of what is psychologically bearable. Specifically, these professionals must be in close proximity to personified „evil" or are plunged into family conflicts that defy rationalization. The easiest way to deal with the feelings these situations trigger may be to not question how the system functions and to go along with it, whether or not there may be some *sotto voce* mumbling among the more enlightened forensic psychologists. However, there is ample suggestion that the „system", be it the criminal justice system or social services, could benefit from more thoughtful and positively constructive criticism. This could be based on a more activist approach (within a conservative judicial system), one that fosters addressing new issues and promoting debate.

Promoting the practice of human rights

Knowledge of moral values, ethical codes and human rights are essential to the best practice of forensic psychology. Conversely, violations of ethical codes and human rights are primary pathologic forces working against social improvement and if we ignore the plight of those whose rights are violated, we risk being less than human ourselves. And human rights are not abstract ideas tailored for distant lands. Eleanor Roosevelt, one of the architects of the Universal Declaration of Human Rights, once declared:

> Where, after all, do universal human rights begin? In small places, close to home – so close and so small that they cannot be seen on any map of the

> world. Yet they *are* the world of the individual person: the neighborhood he lives in; the school or college he attends; the factory, farm or office where he works. Such are the places where every man, woman, and child seeks equal justice, equal opportunity, equal dignity without discrimination. Unless these rights have meaning there, they have little meaning anywhere. Without concerted citizen action to uphold them close to home, we shall look in vain for progress in the larger world.

Forensic psychology practitioners' „neighborhood" is the judicial system as a whole and the vast institutional network that surrounds it. We need to make sure that we promote core human rights and that future practitioners benefit from a renewed academic effort in transmitting professional standards and values.

References

Convention on the Rights of the Child, United Nations General Assembly resolution of 2 September 1990.

European Commissioner for Human Rights (M. Alvaro Gil-Robles). Report on Switzerland dated June 8, 2005.

European Convention on Human Rights, adopted by the Council of Europe in Rome on November 4 1950.

Freud, S. (1900). The interpretation of dreams. Standard Edition, 4–5.

Office pénitentiaire (2005). Prison preventive de Champ-Dollon: Statistiques 2004. Département de Justice, Police et Sécurité: Genève.

Roosevelt, E. (1958, March 27). In your hands: A Guide for Community Action for the Tenth Anniversary of the Universal Declaration of Human Rights. United Nations, New York.

Universal Declaration of Human Rights. United Nations General Assembly resolution 217 A (III) of 10 December 1948 (www.un.org/Overview/rights.html).

Raimund Jakob

Zum professionellen Verhalten von Juristen

Die Persönlichkeit

Gibt es so etwas wie einen bestimmten Persönlichkeitstypus, dem Juristen ganz allgemein zugeordnet werden können? Zwei Vorstellungen sind es, die wir zu dieser Frage in der Gesellschaft antreffen. In der einen dominiert das Bild vom zwanghaften, humorlos trockenen und unsensiblen Juristen, der unerbittlich bieder und lebensfern den Buchstaben des Gesetzes exekutiert; ein Mensch also, mit dem man am liebsten nichts zu tun haben möchte. Die Vertreter der anderen Auffassung bringen als Beispiel den Geheimen Rat Goethe und verweisen auf Dirigenten und andere Künstler, die von ihrer ursprünglichen Ausbildung her Juristen sind. Um es kurz zu machen: Beide Auffassungen – jede für sich allein – dürften nicht der Realität entsprechen. Die eine deshalb, weil es sich bei den genannten Künstlerpersönlichkeiten eben um Ausnahmefälle handelt, deren Zitierung das vorhandene Klischee vom juristischen Zwangscharakter eher bestätigt als entkräftet. Was dieses Klischee selbst betrifft, so muss gesagt werden, dass es heutzutage so gewiss nicht mehr zutrifft.

Die Ursache dafür ist darin zu sehen, dass es heute sehr unterschiedliche Motivationen gibt, diese Berufsrichtung zu wählen, und dass Curricula nicht mehr so geradlinig verlaufen, aber auch in neuen Tätigkeitsfeldern. Dazu kommt noch, dass uns aufgrund der geänderten und sich ständig verändernden Sozialisierungsbedingungen die klassischen, an der Sozialisierung in einer „intakten" Familie orientierten, psychoanalytischen Charaktertypen, zunehmend verloren gehen[1]. Es macht daher Sinn, wenn wir in diesem Zusammenhang für unsere Überlegungen die ebenfalls tiefenpsychologische, wie es scheint, durch ihre Orientierung an der Angstverarbeitung aber zeitgemässere Typologie von Fritz Riemann heranziehen. Diese arbeitet mit einer Kombination von Typizitäten; in der Regel handelt es sich dabei um zwei Typen. Gleichsam als Idealtypus des Juristen könnte man – in einer gewissen Korrespondenz zur Lebenserfahrung – in diesem Kontext den des zwanghaft-schizoiden Menschen angeben. Wobei hier „zwanghaft" für Kontrolle, Macht und Beherrschung steht und „schizoid" für Harmonie, Distanz und Rationalität etwa[2]. Drastisch auf den Punkt gebracht: den Buchhalter mit Zwicker und Ärmelschonern und – der Inspiration des Dichters und vielleicht noch der Sensibilität des Dirigenten. Zwischen Idealtypus und Realtypus können allerdings Welten liegen.

Aussagen in diesem Zusammenhang sind jedenfalls nicht unproblematisch. Heldrich und Schmidtchen haben in ihrer Untersuchung „Gerechtigkeit als Beruf" seinerzeit quasi als Besonderheit noch festgestellt, dass junge Juristen und die als Referenzgruppe herangezogenen Studienreferendare in ihrem professionellen Verhalten nicht so weit auseinander liegen, wie man das gemeinhin vielleicht annehmen möchte, und dass ein junger Jurist auch einmal eine Rechtsbeugung riskiert, wenn er dies in der Sache für angebracht hält[3]. Was in dieser Studie nicht direkt zum Ausdruck kommt ist, dass beide Gruppen zwei wesentliche Dinge gemeinsam haben; zum einen, dass ihrer Tätigkeit im Hinblick auf die Gesellschaft nicht eine in Frage stellende, sondern eher eine stabilisierende Funktion zukommt, und zum anderen, und

1 Tilman Moser spricht hier vom „fragmentierten Über-Ich": Moser, T. (1994), Psychotherapie und Macht. In: Psychoanalytisches Seminar Vorarlberg (Hg.), Skizzen und Szenen zur Psychoanalyse, Sonderheft für 1993 (26–52), Bregenz (Skriptum).

2 Vgl. Riemann, F. (1978 ff.), Grundformen der Angst, München.

3 Heldrich, A. & Schmidtchen, G. (1982), Gerechtigkeit als Beruf. Repräsentativumfrage unter jungen Juristen, München, S. 142 f.

das scheint hier wichtig, handelt es sich in beiden Fällen um Berufe, die sozialen Aufstieg ermöglichen. Wer aber aufsteigen will, kann es sich nicht leisten, gegen den Strom zu schwimmen. Das trifft auf beide Berufsgruppen zu und lässt sich zurück bis ins Mittelalter verfolgen. Eine gelegentliche kühne Tat – und da halten die Autoren die Lehrer offenbar für etwas kecker als Juristen – ändert daran nichts.

Bei all dem darf aber nicht übersehen werden, dass eine langjährige berufliche Tätigkeit ihre Spuren in der Persönlichkeit im Sinne einer *déformation professionelle* hinterlässt. Das gilt natürlich und insbesondere auch für den Fall, dass jemand tagtäglich im Dienste von Ordnung und letztlich auch von Zwang tätig wird. Was damit gemeint ist, lässt sich am besten veranschaulichen, wenn man zwei Personen vergleicht, von denen die eine Jahrzehnte in der Zivilrechtspflege, die andere in der Strafrechtspflege tätig war; jeder, der den Justizbetrieb kennt, kann nachvollziehen, was damit gemeint ist. Dass die langjährige Tätigkeit in der Rechtspraxis sich gut dazu eignet, zwanghafte Charakterzüge zu verstärken, versteht sich von selbst. Ebenso dürfte ausser Streit stehen, dass eine Zwangspersönlichkeit sich in gewissen Bereichen der Rechtspflege gut aufgehoben fühlen wird.

Einen speziellen Typus, der besonders auch für Juristen beiderlei Geschlechts als Prägung in Frage kommt, zeigt uns A. Gruen mit seiner „konformistischen Persönlichkeit". Es handelt sich dabei um einen eigenen Typus mit stark schizoiden Zügen. Diese Zuordnung gilt nicht zuletzt in jenen Fällen, wo Juristen blind gegenüber der Gewalt an Frauen sind (sexueller Misssbrauch im weitesten Sinne, Vergewaltigung in der Ehe usw.). Diese Menschen haben als Kind ihre Mutter nicht als gut erlebt und waren darob verzweifelt. In der Folge konnten sie gute und böse Anteile der Mutter nicht ins eigene Ich integrieren, sie mussten vielmehr die Mutter entsprechend der gesellschaftlichen Norm idealisieren, das erlebte Böse aber musste abgespalten werden. So konnte einerseits ein Mythos aufrechterhalten werden, um dem Widerspruch zur Realität und damit der für das Kind unerträglichen Ambivalenz zu begegnen. Andrerseits musste das Negative auf die menschliche Umwelt projiziert werden. Später täuscht beim Konformisten Selbstmitleid oft Mitgefühl vor; jedoch lässt ihn tatsächliche Gefühlskälte jede Sensibilität gegenüber Schwächeren vermissen[4]. Die Hilflosigkeit im Umgang mit der Gewalt ist hier nur eine scheinbare.

Wie Juristen denken

Ein grundsätzliches Problem in der Sozialisierung des Juristen und in seinem Umgang mit Rechtsfällen ganz allgemein – das bereits an den Hohen Schulen grundgelegt und zementiert wird – kann darin erkannt werden, dass von ihm ein systematisches und aufbauendes, d.i. ein schrittweise vorgehendes und jeweils Alternativen ausschliessendes Denken erwartet wird, dem ein striktes Ja-Nein-Modell zugrunde liegt („Procedere", dementsprechend handelt es sich beim „Prozess" um eine „fortgeschrittene" Rechtssache). Alle anderen Formen des Denkens sind schwer vorstellbar und würden in der Welt des Sollens eine tiefe Verunsicherung bewirken. An einem Beispiel soll dies veranschaulicht werden: Wenn jemand in einer Rechtssache eine behördliche Entscheidung erhält, die zu seinen Ungunsten ausfällt und gegen die er kein Rechtsmittel erhebt, so bedeutet das faktisch, dass der der Entscheidung zugrunde liegende Sachverhalt als gegeben anzunehmen ist und in einer späteren, anderweitigen Argumentation auch gegen den Betroffenen verwendet werden kann. In der Realität mag sich die Sache aber ganz anders verhalten haben und es eine Reihe von Gründen geben, weshalb kein Rechtsmittel eingelegt wurde. Würde der Betroffene nun innerhalb offener Frist einen Schriftsatz einbringen, mit welchem er die getroffene Ent-

4 Gruen, A. (1989), Der Wahnsinn der Normalität, München, 106 ff.

scheidung begründet bestreitet, zugleich aber ausdrücklich feststellt, dass dieser Schriftsatz nicht als Rechtsmittel, sondern lediglich als Sachverhaltsverwahrung (auf der inhaltlichen, möglicherweise aber auch auf der Metaebene) dienen soll, wird – mit grösster Wahrscheinlichkeit – der mit der Causa befasste Jurist zunächst annehmen, dass er nicht ernst genommen wird, oder aber er glaubt, er habe es mit einem Querulanten zu tun. Wie es scheint, hat die Auffassung der Sophisten, dass es für jedes Problem immer mehr als zwei Lösungen gibt, unter Juristen keine Anhänger.

Zur postuniversitären Sozialisierung

Ein Grossteil der jungen Juristinnen und Juristen, die sich nach dem Universitätsstudium der Ausbildung in den klassischen Juristenberufen (Anwalt, Notar, Richter) zuwenden, zeigt heutzutage ein sehr einheitliches, beinahe uniformes Auftreten. Ihr äusseres Erscheinungsbild entspricht eher einem (untrainierten) Bodyguard. In Anzug (mit Weste) in gedeckter Farbe (am besten anthrazit) mit entsprechendem Haarschnitt und unauffälliger Krawatte (obligat) bzw. im Hosenanzug mit weißer Bluse signalisieren Frauen wie Männer Dienstfertigkeit, Verfügbarkeit und Austauschbarkeit, aber auch Gediegenheit, sprich: Vertrauenswürdigkeit. Zusammenfassend interpretieren kann man das Ganze auch als Bereitschaft zur Anpassung, was auch heisst: Das „System" wollen wir gewiss nicht in Frage stellen. Dieses äussere Erscheinungsbild charakterisiert den jungen Juristen am Beginn seiner Laufbahn und gibt einen Hinweis auf seine Affinität zu gerade diesem Berufszweig. Und kann (besonders im Falle des Nichtentsprechens) bei Rechtspraktikanten auch seinen Niederschlag auf dem Personalbogen der Justiz finden.

Dem entspricht ebenso seine berufliche Prägung durch die Peer Group, wie man es bei genauerem Hinsehen z.B. für Österreich aus den Internet-Seiten des Dachverbandes der österreichischen Konzipienten[5] entnehmen kann. Dort wird auf den sog. Praxisseiten Hilfestellung gegeben, wie sich der junge Jurist, der im Auftrag einer Anwaltskanzlei bei Gericht in einer Zivilsache tätig wird, anlässlich einer Tagsatzung zu verhalten hat. Was damit gemeint ist, soll am Beispiel „Richtige Protokollierung" gezeigt werden. Dort kann nachgelesen werden: „Eine im freundlichen Ton vorgebrachte Rüge (gemeint ist: der Protokollierung) muß das Klima (d.i. das Verhältnis zum Richter) nicht unbedingt verschlechtern." Oder: „Der Widerspruch gegen das Verhandlungsprotokoll sollte als ultima ratio eingesetzt werden …". Und schließlich:

> Gegen die unrichtige Übertragung (gemeint ist die Reinschrift des Protokolls) […] kann […] Widerspruch erhoben werden. Das kommt in der Praxis jedoch kaum vor, weil […] Übertragungsfehler erstens selten sind und zweitens ohnehin oft erkennbar ist, wie das Protokoll richtig zu lauten hätte […].

Bleibt nur noch die Frage, wozu wird eigentlich protokolliert und wie liest ein Rechtsmittelgericht das Protokoll?

Für den Sozialisierungsprozess stellt sich nicht zuletzt die Umgebung, in der dieser Prozess stattfindet, als bedeutsam dar, vor allem dann, wenn es sich um einen Ort handelt, in dem die sozialen Beziehungen zwischen Anwaltschaft, Gericht und Behörden überschaubar sind (*face to face,* im Fall der Justiz sind dies Gerichtsorte mit maximal 150 Richtern) oder andernfalls, wenn die Sozialisierung in der Anonymität einer Grossstadt stattfindet, wo die Sozialisierungsbedingungen insgesamt als etwas weniger einengend angesehen werden können, wie am folgenden Beispiel gezeigt werden soll. Ein Franchisenehmer einer internationalen Modemarke, der über Läden in ganz Österreich verfügt, stellte einmal im kleinen Kreis fest, dass bei Anbringung eines ungenehmigten Geschäftsschildes in der Salzburger Altstadt am näch-

5 <http://www.konzipient.com/> zuletzt aufgesucht am 28.12.2005.

sten Tag bereits ein Konzipient seines Anwalts anrückt, um höchstpersönlich das Schild abzuschrauben (um nur ja keinen Konflikt mit der Altstadtkommission heraufzubeschwören), während in Wien etwa im Falle der Kärntnerstraße (auch hier gilt ein Ortsbildschutz) sein dortiger Anwalt keinesfalls daran Anstoss nähme, sondern man gemeinsam die möglicherweise erfolgenden Schritte der zuständigen Magistratsabteilung erwarte.

Was die herkömmliche Ausbildung und die professionelle Sozialisierung anlangt, darf insgesamt angenommen werden, dass diese die Bildungsbiographie in einer Art organisiert, dass persönliche Vorgeschichte und Perspektiven tendenziell eher abgedrängt, nicht aber produktiv verarbeitet werden. Sie vermittelt damit ein „entpersönlichtes" Bild juristischer Berufskompetenz, das sich insbesondere auf eine starre Abgrenzung der Profession gegenüber dem Klienten und auf geringe persönliche Betroffenheit auswirken dürfte[6]. Soweit es um den Rechtsalltag geht und Dritte dadurch nicht unnötig belastet werden, ist eine solche Haltung auch nicht weiter problematisch.

Das Rechtsanwenden

Auslegen und Deuten entspricht dem menschlichen Streben nach Gewissheit im Umgang mit der Umwelt und zielt auf das Verstehen und Erfassen von Absichten, Sinn und Sinnzusammenhängen dort, wo es um Texte, Äusserungen und Verhaltensweisen von Mitmenschen geht. Es handelt sich dabei zunächst um keine spezifisch juristische Tätigkeit; dort, wo es methodisch geschieht, ist es eine wesentliche Aufgabe aller hermeneutisch arbeitenden

6 Schütte, W. (1982), Die Einübung des juristischen Denkens. Juristenausbildung als Sozialisationsprozeß, Frankfurt a. M., 57 f. Siehe auch Rehbinder, M. (1993), Rechtssoziologie, 3. Aufl., Berlin, S. 194 ff.

Wissenschaften, also der Sozial- und der Geisteswissenschaften. Juristen legen Gesetze, Urteile, Bescheide, Verträge, Willenserklärungen oder ein bestimmtes Verhalten aus. Jenes Auslegen und Deuten, das heutzutage in seinem Kern eine juristische Tätigkeit darstellt, war ursprünglich einmal nicht ein solches von Schrift und Text, sondern ein religiöses, rituelles Deuten durch Älteste, Priester, Wahrsager und andere Würdenträger im Rahmen religiöser oder politischer Handlungen; Gegenstand der Beobachtung waren religiöse Opfer, Eingeweide von Tieren, der Vogelflug usf. Nicht zuletzt war magisches Denken hier mit im Spiel. Ihr Zweck war das Finden einer Problemlösung. Erst mit der Trennung von Priestertum und Religion auf der einen Seite und dem geschriebenen Recht (XII – Tafelgesetz z. B.) auf der anderen Seite bilden sich die Juristen als ein eigener Stand heraus, und damit beginnt das Realität zu werden, was wir heute schliesslich als Rechtsanwendung verstehen.

Die Tätigkeit des Juristen basiert in Rechtskulturen mit vorwiegend kodifiziertem Recht zunächst einmal auf dem Verstehen der Gesetzestexte. Beim Verstehen der Gesetze geht es vor allem um das Erfassen ihres Sinngehaltes, das Finden einer möglichen Grundlage für die Entscheidung eines Rechtsfalls. Die Sinnermittlung der Normen geschieht durch ihre Auslegung. Sie ist immer dann notwendig, wenn die Bedeutung und Breite rechtlicher Begriffe im Einzelfall genau bestimmt werden muss. Sie ist unausweichlich, weil selbst noch so genaue gesetzliche Vorschriften nicht alle denkbaren Fälle durch allgemeine Bestimmungen exakt regeln können. Bei der Auslegung der Gesetze werden der Wortlaut der gesetzlichen Regelung, ihr Zusammenhang mit anderen Rechtsvorschriften und der mit der Regelung verfolgte Zweck in Betracht gezogen. Aber selbst im Falle der „objektiven" Interpretation ist nicht immer klar, woran der Interpretierende das Mass nehmen soll.

Seit alters her wird das Auslegen von Recht als eine Kunst verstanden, auch die Hermeneutik – und alle Erscheinungsformen rechtlicher Auslegung sind hermeneutisch – versteht sich ursprünglich als Kunst. Wie andere Künste nährt sich die Jurisprudenz nicht nur aus der Vernunft, sondern setzt immer wieder auch auf das Rechtsgefühl und die Intuition, baut also nicht nur auf rationale Stringenz und Konsequenz, sondern auch auf Praktikabilität und Verständnis. Dies deshalb, weil nur diese Mischung, Frieden und Akzeptanz getroffener Entscheidungen her- und sicherzustellen vermag; das alte Leitbild des weisen Richters und seines Urteilsspruchs (Salomon) veranschaulicht diese Orientierung. Gelegentlich finden aber auch persönliche Strebungen und Vorurteile Eingang in die Auslegung. Allein schon daraus erklärt sich, dass die Ergebnisse rechtlicher Auslegung im Einzelfall differieren können und müssen. Durch die Dogmatik und ihre Moden gibt es für gängige Problemstellungen dann so etwas wie eine „herrschende Auslegung" und in diesem Zusammenhang spielt auch die Rechtssicherheit eine gewisse Rolle.

Im engeren Sinn besteht die juristische Tätigkeit in der Rechtsanwendung; diese geschieht durch das Subsumieren. Damit ist die Zuordnung eines Sachverhalts, der sich in Raum und Zeit ereignet hat, zu einem rechtlichen Tatbestand gemeint, und auch hier geht es um Hermeneutik. Dies kann man sich als Prozess (Subsumierung) oder als punktuelles Ereignis (Subsumtion) vorstellen. Letzteres entspricht in etwa den Vorstellungen des späten 19. Jhdts., wo einzelne Ereignisse quasi wie Schubladen in ein System von Fächern eingeordnet werden – vergleichbar etwa einem chinesischen Apothekerschrank. Tatsächlich wird jedoch bei der Rechtsanwendung bereits mit gewissen allgemeinen Vorstellungen an die Sache herangegangen – dann erst beginnt faktisch der Einordnungsvorgang. D.h. es wird nicht die Rechtsordnung insgesamt nach einem passenden Tatbestand abgesucht respektive der Sachverhalt einem Tatbestand punktgenau zugeordnet (die Methodenlehre hat daraus den sogenannten juristischen Syllogismus gemacht), sondern nur ein eingeschränktes Feld – es ist also schon eine Vorsubsumierung erfolgt. Da schweift dann der Blick des Rechtsanwenders hin und her zwischen Sachverhalt und den in Frage kommenden Tatbeständen.

In der Realität verläuft der Prozess der Subsumierung als komplizierter Prozess der Begriffsangleichung, bei dem Deduktion, Induktion und Analogie zugleich geübt werden: Normbegriffe werden zum Fall hin deduktiv ausgebreitet; Fallbegriffe werden zur Norm hin induktiv entfaltet; und beide werden über Vergleichsfälle analogisch zur Entfaltung gebracht, wobei Problemstellen gelegentlich durch eine verfeinerte Vergleichsfalltechnik bearbeitet werden müssen. Die klassische Methode der Juristen hilft aus der Sicht der Psychologie hier nicht mehr weiter[7]. Auf diese Weise wird ein dem Sachverhalt entsprechender Tatbestand gesucht. In der Folge geht der Feinschliff nicht selten zu Lasten des Sachverhaltes, man passt also den Sachverhalt dem Tatbestand an; dabei bedient man sich auch semantisch-linguistischer Kunstgriffe, so etwa der Heranziehung des Grimm'schen Wörterbuches, um so zusätzlich aus dem historischen Bedeutungsschatz des vorletzten Jahrhunderts schöpfen zu können. Dass in einem Verfahren ein solches Vorgehen (wir wollen einmal annehmen, dass es vorbewusst geschieht) letztlich nicht ohne Rückwirkung auf die Beweiswürdigung bleiben kann, ergibt sich dabei von selbst.

Der besonders in Frage kommende Tatbestand bleibt jedoch mehr oder weniger unangetastet, da sich hier die Juristen als Dogmatiker und quasi als Stand über die schriftlich niedergelegte Gesetzesnorm und ihren möglichen Bedeutungsgehalt in der Mehrzahl der Fälle einigermassen einig sind, die Angst einer möglichen Blamage vor der Kollegenschaft ist hierbei viel zu gross. Im Gegensatz dazu verhält es sich beim Sachverhalt doch um eine „eher subjektive" Angelegenheit, die Gestaltung zulässt. Auch kann in der Regel davon ausgegangen werden, dass der gegenständliche Sachverhalt nur aus der Aktenlage bekannt ist, und damit Deutungsversuchen eher Raum lässt. Wer weiss schon wie es sich wirklich verhalten hat, und möglicherweise sind bei der Aufnahme des Sachverhalts auch Fehler passiert. Und wenn

7 Siehe dazu Haft, F. (1985), Juristische Rhetorik, 3. Aufl., Freiburg, S. 75ff.

nicht, so ist das Verfahren ohnedies kontradiktorisch. Die zu Beginn der Neuzeit entstandene Redensart vom Juristen als „Rechtsverdreher" trifft bei näherer Betrachtung so nicht zu; wenn etwas verdreht wird, dann ist es der Sachverhalt. Was aber den Vorgang der Subsumierung anlangt, so ist dieser in jedem Fall ein prozesshafter.

In der Praxis des Alltags wird nicht selten „stufenweise" subsumiert. Wenn wir uns nun als Beispiel einen schweren Verkehrsunfall vorstellen, so wird hier als erster der Polizist tätig, dann der Polizeijurist, der Staatsanwalt und schließlich der Richter; ein jeder baut hier auf den Erkenntnissen des zuvor am Fall Tätigen auf. Man kann also sagen, dass die Subsumierung in Stufen voranschreitet, wobei immer die vorhergehende Stufe in der einen oder anderen Weise als Basis für die nächste dient. In der ersten Stufe werden demnach faktisch die Weichen gestellt. Der Ersteinschreiter, der zumeist kein Jurist ist, hat noch einen unmittelbaren Zugang zum Sachverhalt, er behandelt diesen gemäss seiner eigenen Zuständigkeit, seiner (subjektiven) Wahrnehmung und dem, was er auf der Polizeischule gelernt hat. Die weiteren Einschreiter kennen den Sachverhalt lediglich aus dem Akt, also in gewisser Weise schon tatbestandsmässig aufbereitet. Der Einfluss des Ersteinschreiters auf den weiteren Verlauf der Causa ist somit ein grosser. Besonders deutlich wird diese Macht z.B. im Fall einer öffentlich ausgetragenen Streitigkeit, wo sich die Beteiligten unter lautstarkem Schimpfen bereits am Jackenrevers des Kontrahenten festhalten. So kann der Polizist auf der Strasse aufgrund seiner Einschätzung der Situation die Streitenden entweder ignorieren, abmahnen, mit einer Ordnungsstrafe belegen oder anzeigen – er stellt damit die Weichen und bestimmt so die weitere Vorgangsweise bzw. die nächste Stufe für ein allfälliges Verfahren.

Das Verhältnis zur Gewalt

Ein Argument in Richtung mangelnde Sensibilität und Hilflosigkeit von Juristen im Umgang mit Gewalt mag im Recht selbst gefunden werden. Es ist in vielfacher Weise untrennbar mit Gewalt verbunden; es definiert nicht nur Gewalt, es ist auch mit Gewalt sanktioniert, es beantwortet „böse" Gewalt mit „guter", legitimer Gewalt[8] und so fort. Es monopolisiert die Gewalt, gelegentlich ermächtigt es auch Privatpersonen zur Gewalt. Fassen wir einmal so zusammen: Recht selbst ist in gewisser Weise aggressiv und damit gewaltträchtig, es bedeutet durch Verfahren „abrufbare Gewalt". Nicht zuletzt, kann unter der Tarnung des Gesetzes, Gewalt durch Richter und Bürokraten geübt werden („versachlichte Gewalt"). Auch der Anwalt, der die Auseinandersetzung liebt oder unbewusst ihrer bedarf, hat hier ein legitimes Forum für seine Betätigung[9].

Ein weiterer Grund mag im juristischen Beruf gefunden werden. Nachdem zuvor Gesagten ist der Jurist als Rechtsanwender Verwalter von Gewalt – zugleich ist er meilenweit von ihr entfernt. Wie ist das möglich? Durch das traditionelle Aufteilen der Gewalt in *potestas* und *vis*. Diese Teilung bedeutet in der Praxis eine Arbeitsteilung und macht es möglich, sich im Wege des Abwehrmechanismus der Rationalisierung von der Anwendung roher, physischer Gewalt zu distanzieren. Das hört sich dann folgendermaßen an: „Ich entscheide bloss, ich tue nur meine Pflicht." Unter diesem Aspekt war es im Mittelalter ein weises Brauchtum, wenn in manchen Gegenden das jüngste Mitglied eines Richterkollegiums das Todesurteil eigenhändig zu vollstrecken hatte – die Bezeichnung „Scharf-Richter" soll davon herrühren. Eine

8 Bauriedl, Th. (1992), Wege aus der Gewalt. Analyse von Beziehungen, Freiburg i. Br., passim.

9 Vgl. Redmount, R. (1973), Law as a Psychological Phenomenon. In: The American Journal of Jurisprudence, vol. 18 (80–104) Notre Dame Law School.

solche Massnahme mag – jedenfalls solange keine Routine daraus geworden ist – sich dafür geeignet haben, Sensibilität im Hinblick auf künftige Entscheidungen zu entwickeln.

Eine Arbeitsteilung findet auch innerhalb des Rechtsstabs statt. Im Zusammenwirken mit dem Postulat der Rechtsstaatlichkeit kommt der Jurist bei seiner Tätigkeit üblicherweise gar nicht in die Situation, Gewalt alleine und unmittelbar wahrnehmen zu müssen. Der Ankläger und der Verwaltungsjurist können dies der Polizei überlassen, der Richter dem Ankläger, der Advokat seinem Klienten. So kann im Rechtsstab sich jeder darauf verlassen, dass ein anderer sich mit der Gewaltproblematik ebenfalls und vielleicht auch im Detail beschäftigt. Eine andere Form der Arbeitsteilung, die vertikale, bewahrt zudem den Juristen davor, eine Sache zu nahe an sich herankommen zu lassen. Es ist die Bedingtheit der eigenen Entscheidung und die Möglichkeit, dass diese eventuell durch ein Rechtsmittel behoben wird. Sollte man etwas übersehen haben, so sehen es ohnehin andere. Mit anderen Worten: Im juristischen Alltag wird die Verantwortung so lange aufgeteilt, bis für den Einzelnen nichts mehr übrig bleibt. Hier drängt sich einem das Bild von Pontius Pilatus auf. Der Richter im islamischen Rechtskreis hat eine solche Möglichkeit, sich der Verantwortung zu entziehen, nicht, zumal das islamische Recht einen Instanzenzug nicht kennt[10].

Vorausgesetzt, die Annahme eines Zwangscharakters trifft in der Mehrzahl der Fälle zu (die Zwanghaftigkeit dient nämlich zur ritualisierten Kontrolle abzulehnender, „böser" Persönlichkeitsanteile), könnte es sich beim Wegsehen bei Gewaltakten um eine spezifische Verhaltensweise von Juristen handeln. Für diese Hilflosigkeit ergibt sich dann folgende Erklärung: Die Begegnung mit der Gewalt in der Aussenwelt als unbeabsichtigte Wiederholung eigener unterdrückter Triebstrebungen wird als unheimlich wahrgenommen und ist Ursache der Hilflosigkeit. Die Reak-

10 Schneider, I. (1990), Das Bild des Richters in der „Adab Al-Qadi"-Literatur, Frankfurt a. Main, 224 ff.

tion darauf ist Abwendung und Flucht[11]. So gesehen erscheint die mangelnde Sensibilität gegenüber der Gewalt im Alltag als Abwehrreaktion gegenüber eigenen Strebungen.

Die geänderten Erwartungen beim Publikum

Noch zu Beginn des letzten Quartals des vergangenen Jahrhunderts und darüber hinaus haben Klienten von ihren Anwälten erwartet, dass diese nach der Verhandlung (in einem Zivilprozess oder nach einer Ehrenbeleidigungssache) das Gerichtsgebäude jeweils auf die Gegenseite schimpfend und in unterschiedliche Richtungen verlassen. Das konnte soweit gehen, dass man von ihnen erwartete, dass sie sich während der Verhandlung verbal attackierten und persönlich beschimpften und sich schliesslich gegenseitig mit einer Disziplinaranzeige bei ihrer Standesvertretung bedrohten. Mit der Übertragung des Mandats auf ihre Anwälte hatten die Klienten etwas wie ein „Theater vor dem Gericht" mitgekauft. Die Vorstellung dort sollte eine aggressive Tendenz haben und das Ganze sollte letztlich ein Heldenstück werden[12].

Sollte zufällig eine der Konfliktparteien die beiden Anwälte in guter Stimmung in einem Biergarten angetroffen haben, so ist ein solches Verhalten als höchst verdächtig, wenn nicht gleich als Verrat eingeschätzt worden. Das Argument, dass sich zwei Studienkollegen wieder einmal privat getroffen hätten, würde in diesem Zusammenhang nicht als plausibel angenommen worden sein. Eine solche Reaktion ist so zu verstehen, dass seinerzeit

11 Freud, S. (1919), GW XII, 249 ff.

12 Vgl. Rasehorn, Th. (1980), Die Justiz als Theater. In: E. Blankenburg et alii (Hg.), Alternative Rechtsformen und Alternativen zum Recht, Opladen, S. 328 ff.

die Streitparteien von ihren Rechtsvertretern erwartet haben, dass diese sich voll und uneingeschränkt mit den von ihnen vertretenen Interessen identifizierten. Der Anwalt hatte öffentlich zu demonstrieren, dass er ein Feind des Gegners war und daher auch ein Feind von dessen Rechtsvertreter.

Was ist der Grund, dass Klienten heute ein solches Verhalten von ihren Anwälten nicht mehr erwarten? Verschiedene Erklärungen sind dafür möglich. Eine Ursache mag im Fernsehkonsum gefunden werden. Es scheint nämlich, dass die im Vergleich zu den europäisch-kontinentalen Verhältnissen sehr unterschiedlichen U.S.-amerikanischen Gerichtsverhandlungen, die in vielen TV-Serien gesehen werden können, das europäische Publikum hinsichtlich ihrer Vorstellungen und Erwartungen bezüglich eines Gerichtsverfahrens beeinflusst haben. Eine andere Erklärung mag gefunden werden in der Gesetzesflut der letzten Jahrzehnte und in der Undurchschaubarkeit des Rechtslebens. Undurchschaubarkeit bedeutet Unsicherheit und das wieder Unsicherheit im Hinblick auf den konkreten Prozess. Diese Unsicherheit kann verringert werden durch den Umstand, dass der Rechtsvertreter Kontakte pflegt und pflegen kann, die man selbst mit der Gegenseite schon lange nicht mehr pflegt. Dieses Faktum hat auch mit der gesellschaftlichen Entwicklung zu tun. Es scheint, dass wir auch hier ähnliche Entwicklungen antreffen wie wir sie gegenwärtig bei militärischen Auseinandersetzungen beobachten können („Der begrenzte Konflikt“ oder „Der chirurgische Eingriff“ bedeuten zugleich eine Intellektualisierung von Aggression). Was das rechtsuchende Publikum anlangt, so ist nämlich festzustellen, dass an die Stelle der seinerzeitigen Schwellenangst vor einem als ungewohnt empfundenen Kontakt mit einer als erhaben wahrgenommenen Justiz, heutzutage die Angst vor einem schmerzhaften wirtschaftlichen Schaden getreten ist, der einem möglicherweise durch die Handlungen einer lebensfern agierenden Justiz widerfährt. Dass mittlerweile seitens der Justiz auch das Publikum als potentiell gefährlich eingeschätzt wird, beweisen die Sicherheitskontrollen beim Eintritt in ein Gerichtsgebäude.

Die Zukunft hat begonnen

Zunächst ist einmal festzuhalten, dass im deutschsprachigen Raum die Rechtsfakultäten ihren Studierenden die längste Zeit ein Studium angeboten haben, dass sich vorrangig nur an einem einzigen Paradigma orientiert hat, nämlich dem Rechtsstreit und dem Einsatz von Zwangsmassnahmen als Lösungsmöglichkeit für Rechtsfälle. Für alternative Modelle der Konfliktbewältigung war – trotz der Hinweise durch die Soziologie[13] – in der Juristenausbildung kein Platz. Und auch Initiativen, das „Anwaltsrecht" in das Curriculum der angehenden Juristen einzubauen, haben sich nicht selten als Doubletten von Prozessrecht herausgestellt. Hier hat mittlerweile ein Umdenken stattgefunden, und neuerdings hat die, wie es scheint, permanente Reform des Studiums auch solche Lehrveranstaltungen in die Studienpläne eingebaut. Als starke Bremse erweisen sich aber nicht selten die fehlenden finanziellen Mittel sowie die grundsätzliche Vorgabe, die effektiven Studienzeiten zu verkürzen. Dass die Zugrundelegung, neuer gewaltfreier Paradigmata ein Positivum für die Juristenausbildung darstellt, ist jedenfalls unbestreitbar.

Ein weiterer Ansatzpunkt, die *soft skills* der im Rechtsleben Tätigen zu verbessern, könnte in der individuellen Persönlichkeit und in der Auseinandersetzung mit dieser gefunden werden. Zu diesem Zweck sollte möglichst umfassend den Mitgliedern des Rechtsstabes die Möglichkeit zur Teilnahme an Gruppen nach Art von Balint-Gruppen geboten werden[14]. Dies sollte auch schon für die postuniversitäre Sozialisierung gelten. Eine andere Frage in diesem Zusammenhang ist sicherlich, wie man die einzelnen Mitglieder zur Teilnahme daran motiviert. Das betrifft ins-

13 Dazu: E. Blankenburg et alii (1980, Hg.), Alternative Rechtsformen und Alternativen zum Recht, Opladen, passim.

14 Vgl. Stucke, W. (1990), Die Balint-Gruppe, 2. Aufl., Köln, 67ff.

besondere die Richter. Balint-Gruppen könnten nicht nur bewirken, dem Juristen zu helfen, seine Beteiligung in den Beziehungen eines Rechtsfalles zu klären und zu entwirren. Darüber hinaus könnten die eigene Motivation hinterfragt und die Sensibilität für soziale Vorgänge erhöht werden[15].

Zur Frage der Frauen im Rechtsstab: Frühere Untersuchungen haben mangels Problembewusstsein diese Fragestellung noch nicht berücksichtigen können. In der bereits erwähnten Studie über Rechtsreferendare kommen Heldrich und Schmidtchen 1982 aber doch zu dem Ergebnis[16], dass mit Ausnahme von „typischen Frauenfragen" Frauen sich in ihrer Einstellung kaum von ihren männlichen Kollegen unterscheiden. Nach der genannten Untersuchung zeigen Juristinnen auch „ein etwas geringeres Maß an Affektkontrolle". Die Untersuchung ist seinerzeit parallel in Zürich und in Heidelberg durchgeführt worden, sie hat sich nicht gezielt mit einem allfälligen geschlechtsspezifischen Unterschied im professionellen Verhalten befasst.

Erfahrungsgemäss sehen sich damals wie heute dort, wo der Frauenanteil in den juristischen Berufen ein ziemlich geringer ist, Frauen in der Rolle die „besseren Männer" sein zu müssen. Das gilt an diesen Orten nicht selten auch für Frauenfragen. Durch die Unterwerfung von (traditionell sozialisierten) Frauen unter den Mythos von der Überlegenheit des Mannes[17] wird der Mann wertvoll, die Geschlechtsgenossinnen hingegen sind in gleicher Weise unterlegen und werden daher abgelehnt. Unter diesen Umständen macht es nicht immer Sinn, wenn in einem Scheidungsverfahren, eine Frau sich anwaltlich durch eine Frau vertreten lässt.

15 Rotter, F. bereits 1980, Zur Einbeziehung nicht rechtlicher Verfahren in das Rechtssystem. In: Archiv für Rechts- und Sozialphilosophie, Beiheft NF 13, 83 ff.

16 a. a. O., 154 ff. und 209 ff.

17 „Identifikation mit dem Aggressor", Vgl. Freud, S. (1920), GW XIII, 16 ff.

Auf anderen (zivilen) Rechtsgebieten arbeiten Anwältinnen erfahrungsgemäss nicht selten effektiver als ihre männlichen Kollegen. Ein solches Rechtsgebiet stellt das Schadenersatzrecht dar. Der Umstand, dass tendenziell Männer erfolgreicher in Beziehungsangelegenheiten und Frauen möglicherweise erfolgreicher dort intervenieren, wo es um wirtschaftliche Dinge, also um Ressourcen für die Lebensführung geht, könnte Verhaltensbiologen[18] veranlassen, dafür archaische Rollenprägungen (Statusfragen werden auf Fragen der Hackordnung reduziert und die Sorge für den Nachwuchs) als ursächlich anzunehmen. Sollte dies zutreffen, dann ist hier noch auf lange Sicht ein Wandel unwahrscheinlich.

Der Satz, dass im Rechtsstab die Frauen die besseren Männer sein müssen, hat jedenfalls solange Geltung, als die Frauen dort eine Minderheit darstellen und um ihre Anerkennung ringen müssen. Ist einmal die „kritische Zahl" an Frauen erreicht, fällt diese Vorbedingung weg. In verschiedenen Bereichen ist dies mittlerweile geschehen, so bei der Richterschaft in Österreich; an den Bezirksgerichten haben sie nicht selten schon die 40-Prozentmarke überschritten[19]. Zu tun hat das insbesondere mit den guten Studienabschlüssen und entsprechenden Prüfungserfolgen der Frauen, die ein Übernahmekriterium für den richterlichen Dienst darstellen. In anderen Rechtsberufen erscheinen die Frauen noch unterrepräsentiert[20]. Es besteht jedoch kein Zweifel, dass auch hier die bereits eingeschlagene Entwicklung fortschreitet. Inwieweit eine Erhöhung des Frauenanteils, tatsächlich zu einer erhöhten sozialen Sensibilität im Rechtsleben beizutragen vermag, darüber werden vielleicht künftige Untersuchungen Aufschluss geben können.

18 Vgl. Gruter, M. (1993), Rechtsverhalten. Biologische Grundlagen aus dem Familien- und Umweltrecht, Köln, 139 ff.

19 Vgl. Pelinka, A. et alii (2000), Richterinnen und Richter in Österreich. Eine justizsoziologische Untersuchung, Wien, Kap. 13 <http://www.richtervereinigung.at/richterschaft/intro01.htm> zuletzt aufgesucht am 28.12.2005.

20 Laut Presseinformation des österr. Rechtsanwaltskammertags v. 26.4.2005 ist jeder siebte Anwalt eine Frau.

Martin Killias

Experimente in Kriminologie und Rechtssoziologie und die Globalisierung des Wissens. Zu den Wirkungen von Freiheits- vs. „Alternativ"-Strafen

Es gibt wohl mehrere Wege, um den Einfluss eines Lehrers auf seine Schüler zu messen: die Anzahl Ehrendoktorate, die sie ihm verschaffen, die Häufigkeit von Zitaten, die Benennung von Hörsälen und was so alles auf dem „Jahrmarkt der akademischen Eitelkeiten"[1] zu haben ist. Eine andere Möglichkeit wäre, darauf zu achten, wie sehr ihre Redensarten und Gewohnheiten im Unterricht, den ihre Schüler Jahre später erteilen, fortwirken. Dem Verfasser dieser Zeilen sind wohl viele Eigentümlichkeiten anzumerken, die ihn als Epigonen des grossen Lehrers ausweisen, so die musikalischen Einlagen an Seminarien und natürlich eine gewisse Neigung zu Ironie. Trotzdem soll dieser Beitrag nun in einem akademischen Gebräuchen angemessenen, also ernsten Ton weitergehen. Denn das Anliegen ist, wie stets bei Ironie, ein ernstes, und das Thema – wie fast immer im Strafrecht – zumindest nicht lustig. Es geht hier um die Chancen rationaler Rechtspolitik – ein altes Anliegen unseres Lehrers –, oder wie experimentell gestütztes Wissen Dogmen und Aberglauben verdrängen könnten. Als Beispiel dient uns hier das Dogma der Schädlichkeit kurzer Freiheitsstrafen. Dazu soll kurz skizziert werden, wie man

1 Nicht-Eingeweihten sei hier verraten, dass solche – wie er zu sagen pflegte – „Tempelschändungen" von unserem Jubiliar an seine Schüler tradiert wurden. Sozialpsychologen nennen das *Lernen am Modell…*

Effekte von Interventionen aller Art (also auch bestimmter Strafarten) experimentell evaluieren kann, und wie man im Zuge der *Globalisierung des Wissens* weltweit vorhandene empirische Kenntnisse zu einer aktualisierten Bilanz verdichten kann.

Von Glaubenswahrheiten und verdrängten Zweifeln

Politiker hassen nichts mehr als Zweifel. Zwar muss ihnen natürlich oft unklar sein, was bei irgendeinem Unterfangen herauskommen soll – aber wenn's denn schon keiner weiss, dann sollen wenigstens alle schön daran glauben. Glauben versetzt bekanntlich Berge. Und wenn's am Ende doch schief herauskommt, dann haben sie's immer alle schon gewusst, wenn auch vorsichtigerweise nicht allzu laut gesagt. Dieses Verdrängen von Zweifeln ist leider auch unter Juristen verbreitet, dies nicht allein bei Anwälten, bei denen man eine derartige *déformation professionnelle* am ehesten vermuten und entschuldigen möchte, sondern ebenso bei Juristen in Ministerien und Hochschulen, wenn es darum geht, Aussagen über bestimmte empirische Sachverhalte zu wagen. Verringert etwa die Strafverfolgung von Amtes wegen Gewalt in der Partnerschaft, sei dies nun wegen generalpräventiver oder spezialpräventiver Wirkungen? Verringert sich die Rückfälligkeit unter Verurteilten, wenn man diese statt zu Gefängnis zu einer „alternativen" Strafe verurteilt? Helfen Behandlungsprogramme den Straftätern? Bringen die unzähligen administrativen Massnahmen zur besseren Kontrolle des Geldverkehrs tatsächlich etwas gegen die Geldwäscherei? „Nützen" die unter *Community Policing* und anderen wohlklingenden Namen angebotenen Polizeistrategien? Oder brächten am Ende Video-Kameras mehr? Es soll in diesem Beitrag kein Versuch unternommen werden, den Kenntnisstand zu all diesen Themen aufzuarbeiten. Wohl aber soll – *pars pro toto* – am Beispiel der Wirkungen kurzer Freiheitsstrafen diskutiert werden, wie man mit solchen Fragen umgehen, also rationale Rechtspolitik betreiben kann, wie sie der Jubiliar immer wieder nachdrücklich gefordert hat[2].

Seit Franz von Liszt ist kein Zweifel an der „ewigen" Grundwahrheit gestattet, dass Freiheitsstrafen schädlich und daher tunlichst entweder durch jahrelange Internierung oder aber „Alternativsanktionen" zu ersetzen sind. Interessant ist die Überlegung, aus welcher ein gewisser *Bonneville de Marsangy*[3], den Liszt nirgends zitiert aber von dem er die Ideen weitgehend übernommen zu haben scheint, die Schädlichkeit vor allem kurzer Inhaftierung logisch-zwingend ableitet. Danach kann man sich mit Kriminalität wie mit einer Virus-Krankheit anstecken, besonders, wenn man der Promiskuität mit anderen Kriminellen ausgesetzt ist. Dauert die Haft nur kurz, so vermag die „Medizin" des Strafvollzugs keine Wirkungen zu entfalten, wogegen das Risiko der Ansteckung hoch bleibt. Theoretisch ist das zwar nicht völlig überzeugend, da man eigentlich erwarten würde, dass das Risiko einer Ansteckung mit zunehmender Dauer und Intensität der Kontakte – also mit zunehmender Haftdauer – steigt. Doch Liszt und seinen Zeitgenossen schien diese Beweisführung derart „logisch", dass jede seriöse Überprüfung unterblieb. Rückfall-Untersuchungen anhand getürkter oder krass fehlinterpretierter Statistiken[4] trugen das Ihre bei, den Glauben an die Schädlichkeit kurzer Freiheitsstrafen unter Generationen von Strafrechtslehrern und ihren Schülern in den Ministerien zum absoluten Dogma erstarren zu lassen.

2 In seiner *Rechtssoziologie*, 5. Auflage, München: Beck 2003, Rz 92, wobei es hier vor allem auch um die Frage der Effizienz bestimmter Sanktionen geht (dazu ebda., Rz 93).

3 Mein Lausanner Kollege André Kuhn hat mich auf diesen Pionier hingewiesen, den kaum mehr einer kennt, dessen These aber seit von Liszt in aller Munde ist (A. Kuhn, *Détenus: Combien ? Pourquoi ? Que faire ?*, Bern: Haupt 2000).

4 Zu den Beispielen und ihren Folgen Killias, *Grundriss der Kriminologie – eine europäische Perspektive*, Bern: Stampfli 2002, Rz 1112.

Experimente als Mittel einer rationalen Rechtspolitik

Seit 1971 enthält das schweizerische Strafgesetzbuch eine sehr bemerkenswerte Bestimmung (Artikel 397bis Absatz 4):

> Der Bundesrat ist befugt, zwecks Weiterentwicklung der Methoden des Straf- und Massnahmevollzugs versuchsweise für beschränkte Zeit vom Gesetz abweichende Vollzugsformen zu gestatten.

Der schweizerische Gesetzgeber hat in dieser Bestimmung nicht nur den Willen zu Reformen, sondern vor allem auch zum Experimentieren und Lernen gesetzlich verankert. Das ist europaweit ziemlich einmalig und zeugt von einer bemerkenswerten Einsicht, dass einmal getroffene Lösungen nicht auf alle Ewigkeit gültig bleiben müssen[5]. Im Laufe der Zeit sind auf diesem Wege die gemeinnützige Arbeit und nun auch der elektronisch überwachte Hausarrest in den meisten bzw. in vielen Kantonen eingeführt worden – offiziell nur versuchsweise, praktisch aber auf breiter Front[6].

Da die Deklaration als „Versuch“ die Notwendigkeit einer *Evaluation* mit sich bringt, ergab sich so die Möglichkeit, bei der Einführung der gemeinnützigen Arbeit die zu einer kurzen unbedingten Freiheitsstrafe Verurteilten – Freiwilligkeit zum Experiment vorausgesetzt[7] – per Los entweder zum Vollzug einer Straf-

5 Diese vorbildliche Regelung entspricht durchaus dem Postulat des Jubilars in seiner *Rechtssoziologie* (Fn 2), Rz 27, reicht aber sogar noch etwas weiter zurück als die erste Auflage seines Standardwerks.

6 Im Jahre 2002 wurden in der Schweiz noch 5'255 unbedingte Freiheitsstrafen vollstreckt, gegenüber 10'518 im Jahre 1992 und Spitzenwerten von über 13'000 im Jahrzehnt zuvor. Die Anzahl Strafvollstreckungen in Form gemeinnütziger Arbeit, die 1991 eingeführt wurde, betrug demgegenüber 4'112. Dazu kommen noch 196 Fälle von elektronischem Hausarrest. (Angaben gemäss Bundesamt für Statistik, Stand 12.08.2004.)

7 Die Notwendigkeit der Zustimmung des Verurteilten ergibt sich daraus, dass jedermann von Verfassungs wegen darauf bestehen kann, gemäss

anstalt oder aber dem Programm zur gemeinnützigen Arbeit zuzuweisen[8]. Seit einigen Jahren läuft ein analoges Experiment, bei welchem Verurteilte zu einer kurzen Freiheitsstrafe per Los entweder dem Programm zur gemeinnützigen Arbeit oder zur Verbüssung in Form des elektronischen Hausarrests zugewiesen werden[9]. Der Vorteil eines sog. kontrollierten, also auf der Zuweisung per Los beruhenden Experiments liegt darin, dass durch die Neutralität des Loses die Gruppen, die es zu vergleichen gilt – also Personen mit gemeinnütziger Arbeit, im elektronisch überwachten Hausarrest oder allenfalls im Gefängnis – dieselbe Zusammensetzung[10] aufweisen, sobald die Grösse der Gruppen eine kritische Grenze[11] erreicht. Das ist darum wichtig, weil bei Sanktionsentscheidungen von Richtern regelmässig das Rückfall-Risiko mitberücksichtigt wird, so dass am Ende regelmässig die guten Risiken bei den Alternativsanktionen und die hoffnungslosen Fälle im Gefängnis landen. Gewiss wurde oft versucht, derartige Einflüsse nachträglich zu kontrollieren, indem etwa Verurteilte mit gleicher Anzahl Vorstrafen miteinander verglichen wurden. Nur ignorieren solche Vergleiche regelmässig die subtileren – durchaus nicht abwegigen – Risiko-Beurteilungen der

Gesetz behandelt zu werden. Das bedeutet bei einer Verurteilung zu einer unbedingten Freiheitsstrafe, dass der Verurteilte auf der Verbüssung in einer Strafanstalt bestehen und insofern die Teilnahme am Experiment jederzeit verweigern kann. Nicht weigern kann er sich hingegen, die Strafe im Gefängnis abzusitzen, wenn er das „schlechte" Los gezogen haben sollte – denn das ist ja genau die Sanktion, zu der ihn der Richter gemäss Gesetz verurteilt hat.

8 Über die Logik kontrollierter Experimente allgemein *Rechtssoziologie* (Fn 2), Rz 61, und zu solchen im Strafvollzug *Grundriss* (Fn 4), Rz 1124–1140.

9 Patrice Villettaz, M. Killias, Les arrêts domiciliaires sous surveillance électronique: une sanction „expérimentale", Lausanne: ESC/ICDP-UNIL 2005.

10 Etwa in bezug auf Rückfall-Risiko oder andere Faktoren, die dieses beeinflussen, wie Drogenabhängigkeit, Persönlichkeitsströrungen usw.

11 Ideal ab ca. 50 Personen pro Gruppe, wobei Abweichungen nach unten oft nicht zu vermeiden sind.

Richter(innen), die sich etwa darin äussern, dass der eine Angeklagte mit – beispielsweise – drei Vorstrafen erneut eine bedingte Freiheitsstrafe erhält, ein anderer hingegen nicht. Vermutlich spielen hier wichtige Unterschiede eine entscheidende Rolle, die Forschende bei noch so ausgeklügelten Forschungsplänen mit Kontrolle unzähliger Variablen niemals in den Griff bekommen[12]. Echte, unverfälschte Vergleiche gestatten folglich nur kontrollierte Experimente[13]. Ihre Ergebnisse weichen – nicht überraschend – daher oft von den Folgerungen aus „weicheren" Evaluationen ab, die weitaus häufiger als solidere die Ueberlegenheit von Alternativsanktionen bestätigen.

Im Falle des westschweizerischen Experiments mit der gemeinnützigen Arbeit als Alternative zur kurzen Freiheitsstrafe zeigte sich zwar ebenfalls, dass die Rückfälligkeit (gemessen an polizeilich registrierten erneuten Delikten) unter Gefangenen höher lag[14]. Allerdings ging es den Ex-Gefangenen – überraschenderweise – im Bereich der Arbeit oder ihrer privaten Beziehungen durchaus nicht schlechter als den gemeinnützige Arbeit Leistenden – ihre höhere Rückfälligkeit konnte also nicht darauf beruhen, dass die kurze Freiheitsstrafe die Betroffenen aus ihrem alltäglichen Leben „herausgerissen" hätte. Gleichzeitig ergab sich ein grosser Unterschied zwischen beiden Gruppen hinsichtlich ihrer Einstellungen zur Polizei, zur Justiz und zur erlittenen Stra-

12 Das eigentliche Problem ist hier, dass Richter(innen) weniger naiv sind, als Forscher gerne annehmen möchten.

13 Wurden die Gruppen per Los gebildet, so kann man davon ausgehen, dass später feststellbare Unterschiede zwischen Gruppen, die unterschiedlich behandelt wurden, genau *dadurch verursacht* wurden. Experimente erlauben somit eindeutige Schlüsse über Ursache-Wirkungs-Zusammenhänge (*Grundriss*, Fn 4, Rz 145 und 1131–1133).

14 Zu den Ergebnissen vgl. M. Killias, M. F. Aebi, D. Ribeaud, „Does Community Service Rehabilitate Better than Short-term Imprisonment? Results of a Controlled Experiment", *The Howard J. of Criminal Justice* 39/1 (2000), 40–57, sowie dies., „Learning through Controlled Experiments", *Crime & Delinquency* 46/2 (2000), 233–251.

fe: Gefangene äusserten deutlich mehr Frustrationen als diejenigen, die das „bessere“ Los gezogen hatten – ein Faktor, von dem man heute ansatzweise weiss, dass er eng mit Rückfälligkeit korreliert. Anders gesagt: der Erfolg der gemeinnützigen Arbeit beruhte möglicherweise darauf, dass die einen „Glück“ und die anderen „Pech“ gehabt hatten und dies auch so sahen.

Beim zweiten Experiment, in dessen Rahmen die gemeinnützige Arbeit mit dem elektronischen Hausarrest verglichen wird, liegen erst Teil-Ergebnisse vor[15]. Danach zeichnet sich ab, dass die beiden Gruppen sich nicht wesentlich unterschiedlich entwickelt haben. Ein solches „Null-Ergebnis“ wäre, sollte es sich bestätigen, durchaus nicht wertlos, da die beiden Sanktionen unterschiedlich aufwändig sind und auch nicht für alle Betroffenen in Frage kommen. Praktiker wären daher froh zu wissen, dass man beides wählen kann, ohne unterschiedliche Wirkungen befürchten zu müssen[16].

Globalisierung des Wissens

Das Problem der externen Validität

Was sich in der Schweiz (oder gar nur in der Romandie) experimentell bewährt hat, braucht in anderen Ländern und unter anderen Umständen durchaus nicht dieselben Folgen zu zeitigen – ungeachtet wie sorgfältig auch immer das entsprechende Experi-

15 Dazu vgl. Villettaz & Killias (Fn 9). Noch nicht abgeschlossen ist insbesondere die Rückfall-Untersuchung anhand von Polizei- und Strafregisterdaten.

16 In der medizinischen Praxis erweisen sich verschiedene mögliche Behandlungen oft als unterschiedlich aufwändig oder angenehm. Auch dort ist man u. U. froh, aufgrund von Experimenten zu wissen, dass beide Methoden gleichwertig sind und man zwischen ihnen aufgrund anderer Kriterien entscheiden kann, ohne nachteilige Folgen befürchten zu müssen.

ment geplant und durchgeführt worden sein mag, also seiner *internen* Validität. Dass man aus lokalen Studien nicht globale Schlüsse ziehen kann, ist eine Binsenwahrheit, die indessen von Jurist(inn)en und Politiker(inne)n aller Couleurs oft souverän ignoriert wird. So hat beispielsweise das berühmte Experiment in Minneapolis, bei welchem die Polizei in allen vertretbaren Fällen zufällig (also durch Losentscheid) den gewalttätigen Partner abgeführt oder den Konflikt – so gut es ging – geschlichtet hat, eine tiefere Rückfallrate nach Verhaftung ergeben[17]. Nun ist Minneapolis eine für die Vereinigten Staaten nicht besonders typische Stadt mit hauptsächlich schwedisch-stämmiger, protestantischer Bevölkerung. Wie die Autoren jenes Experiments nachdrücklich warnten, liessen sich solche Ergebnisse nicht ohne weiteres auf andere Teile Amerikas übertragen, und tatsächlich haben in der Folge vier von nunmehr neun Folge-Experimenten[18] die ursprünglichen Ergebnisse nicht – oder zumindest nicht uneingeschränkt – bestätigt. Dessen ungeachtet haben die Gesetzgeber nicht nur in Amerika, sondern in praktisch allen westlichen Ländern flächendeckend ähnliche *Arrestpolicies* implementiert, und zwar meistens explizit mit Bezug auf das Minneapolis-Experiment[19]. Es ist erstaunlich, wie Gesetzgeber, die noch kurz zuvor[20] die kurzen Freiheitsstrafe als „schädlich" abschafften, hier munter für die kurze Inhaftierung votierten, und zwar gerade unter Berufung auf deren spezialpräventiven Nutzen.

17 L.W. Sherman & R.A. Berk, „The Specific Deterrent Effects of Arrest for Domestic Assault", *American Sociological Review* 49/2 (1984), 261–272.

18 Die ersten sechs sind resümiert in *Grundriss* (Fn 4, Rz 1155), drei weitere in D.P. Farrington & B.C. Welsh, „Randomized experiments in criminology: What have we learned in the last two decades", *Journal of Experimental Criminology* 1/1 (2005), 9–38.

19 So auch der schweizerische Gesetzgeber.

20 Im Falle der Schweiz lagen nur gerade neun Monate zwischen den beiden widersprüchlichen Beschlüssen.

Um die Beliebigkeit und Zufälligkeit in der Beachtung (oder oft auch Nicht-Beachtung) experimenteller Erkenntnisse zu vermindern, wurde in der Medizin vor gut zwanzig Jahren die *Cochrane Collaboration* gegründet, deren Ziel die möglichst lükkenlose, weltumspannende Dokumentation experimenteller Erkenntnisse bezüglicher der Erfolgsaussichten bestimmter Behandlungsmethoden ist[21]. Ihr folgte wenige Jahre später für das Gebiet der Pädagogik und weiterer Sozialwissenschaften die *Campbell Collaboration*, benannt nach dem berühmten Evaluationsforscher Donald T. Campbell, die seit 2000 eine kriminologische Untergruppe – die *Campbell Collaboration Crime and Justice Group* (CCJG) – aufweist, die sich spezifisch die Aufbereitung des Wissensstandes im Bereich kriminologischer Interventionen zum Ziel setzt[22]. Die systematischen Dokumentationen, die hier angestrebt werden, zielen auf die Integration alles verfügbaren – wenn möglich experimentell evaluierten – Wissens über die Wirkungen von Interventionen etwa im Bereich der Prävention von Schulgewalt, der Behandlung von Sexualdelinquenten, der Wirkung von – als abschreckend gedachten – obligatorischen Besuchen gefährdeter Jugendlicher in Gefängnissen usw. Soweit experimentelle Evaluationen bestimmter Interventionen in vielen Ländern ähnliche Ergebnisse zutage fördern, steigt die *externe* Validität, also die Generalisierbarkeit der Folgerungen. Dies soll im folgenden an einem Beispiel erörtert werden.

21 Den Medizinern missfiel vor allem, dass sie bei der Wahl der Therapien weitgehend vom mündlichen Erfahrungsaustausch mit mehr oder weniger gut informierten Kollegen abhingen, ohne über einen systematischen Ueberblick zu verfügen.

22 Einzelheiten zu dieser weltumstpannenden Forschungsinitiative bei D.P. Farrington & A. Petrosino, „Systematic Reviews of Criminological Interventions: The Campbell Collaboration Crime and Justice Group", *International Annals of Criminology* 38/1–2 (2001), 49–66.

Eine Campbell-Review zur kurzen Freiheitsstrafe

Im Rahmen dieses Netzwerkes wurde dem Institut für Kriminologie und Strafrecht der Universität Lausanne die Aufgabe übertragen, eine systematische Literaturübersicht zu Studien zu erarbeiten, in denen freiheitsentziehende mit nicht-freiheitsentziehenden Sanktionen hinsichtlich ihrer Wirkungen auf die künftige Legalbewährung der Betroffenen verglichen werden[23]. Mit Unterstützung des Schweizerischen Natinalfonds[24] konnte diese Uebersicht im März 2005 abgeschlossen werden.

Zunächst musste ein Forschungsprotokoll erarbeitet werden, das nach einem anonymen Review-Prozess vom *Steering Committee* der CCJG genehmigt wurde. Darin waren vor allem die Strategien festzulegen, wie relevante Untersuchungen aufgespürt und ausgewählt werden sollten. Da qualitativ fragwürdige Studien zahlenmässig stark überwiegen, besteht, wenn sie gleich gewichtet in die Übersicht einfliessen wie die wenigen experimentellen Untersuchungen, die Gefahr, dass letztere bei der Synthese in einem Meer minderwertiger Forschungen „ertränkt" werden. Es galt daher im voraus methodische Mindeststandards und Kriterien festzulegen, anhand welcher im Einzelfall entschieden werden konnte, welche Studien in die Synthese einfliessen sollten und welche nicht. Vorliegend wurden sämtliche kontrollierten Experimente und alle sog. natürlichen Experimente[25] berücksich-

23 Patrice Villettaz, Martin Killias, Isabelle Zoder, *The Effects of custodial vs. non-custodial sentences on re-offending. A systematic review of the state of knowledge*, Lausanne: ESC/ICDP-UNIL 2005 (*Campbell Collaboratin Crime and Justice Group, systematic review*).

24 Projekt 101411–101960.

25 Bei solchen werden die Gruppen zwar nicht per Los gebildet, entstehen aber durch ein zufälliges, nicht antizipierbares Ereignis (wie etwa eine Heirat im Königshaus), aus welchem Anlass gnadenhalber freiheitsentziehende in nicht-freiheitsentziehende Sanktionen umgewandelt werden. Ein nieder-

tigt, sowie solche nicht-experimentellen Untersuchungen, bei denen mehr als nur die üblicherweise in Strafregistern auffindbaren unabhängigen Variablen kontrolliert wurden (wie Vorstrafen, Geschlecht, Alter, Strafart usw.), also auch solche wie Vorleben, Berufskarriere, private Lebensumstände, Alkohol- und Drogenabhängigkeit usw. Sog. *„Matched pair"*-Studien wurden ebenfalls aufgenommen[26]. Studien, die zwischen 1961 und 2002 veröffentlicht wurden, kamen ungeachtet der Sprache[27] in die Auswahl.

Nach der Durchsicht von über 3.000 Abstracts konnten rund 300 einschlägige Untersuchungen lokalisiert werden. Hievon genügten rund 180 Studien schon aufgrund einer summarischen Prüfung den methodischen Anforderungen nicht. Es handelt sich dabei hauptsächlich um Untersuchungen mit nur rudimentären intervenierenden Variablen. Rund weitere 100 Studien wurden nach eingehender Prüfung ausgeschieden, dies hauptsächlich weil die Kontrolle möglicher intervenierender Variablen über die üblichen Strafregister-Variablen (Vorstrafen, Geschlecht und Alter) kaum hinausging. Für die Synthese verblieben somit vier kontrollierte Experimente, zwei natürliche Experimente, fünf Matched-Pair-Untersuchungen sowie 13 weitere Studien, bei welchen mehr als drei relevante Kontroll-Variablen berücksichtigt worden waren. Dies ergibt zusammen 23 Studien, die insgesamt 26 Rückfall-Vergleiche zulassen.

ländisches Beispiel (Heirat der Kronprinzessin Beatrix mit Claus von Amsberg) wurde von *Cornelia van der Werff* evaluiert („Recidivism and Special Deterrence", *British J. of Criminology* 21/2 (1981), 136–147).

26 Hier wird jeweils einer Person mit einer bestimmten Strafart (z.B. ungedingte Freiheitsstrafe) ein „Paarling" zugeordnet, also eine Vergleichsperson mit weitgehend bekannten Eigenschaften. Bei diesem Prozess werden in aller Regel weit mehr als drei oder vier Variablen konstant gehalten (*Rechtssoziologie*, Fn 2, Rz 61).

27 Hier kam uns zugute, dass unter den Assistierenden unseres Instituts im fraglichen Zeitraum neben den Landessprachen auch Spanisch, Rumänisch, Portugiesisch, Japanisch, Russisch und Vietnamesisch vertreten waren. Allerdings stammten alle auffindbaren Studien aus dem westlichen Kulturkreis.

Gruppiert man diese nach ihrer methodischen Stringenz, so ergibt sich folgendes Bild:

a) Von den 13 Vergleichen anhand der 12 relativ „weichen" Studien (mit drei oder mehr Kontrollvariablen) fielen 8 signifikant aus, wovon 7 zugunsten der „Alternativsanktionen" (also tiefere Rückfallrate für die Gruppe ohne Freiheitsentzug) und eine zugunsten der Freiheitsstrafe. Die übrigen fünf Vergleiche endeten „unentschieden".

b) Bei den 5 Matched-Pair-Studien zeitigte eine einzige signifikant tiefere Rückfallraten nach einer Alternativsanktion. Die übrigen vier Vergleiche erbrachten keine signifikanten Unterschiede in der einen oder anderen Richtung.

c) Von den 8 Vergleichen anhand experimenteller oder quasiexperimenteller Untersuchungen zeitigten 4 ein signifikantes Ergebnis, wovon 3 zugunsten der nicht-freiheitsentziehenden Sanktion und in einem Fall zugunsten der Freiheitsstrafe. Vier Vergleiche fielen unentschieden aus.

Was bedeutet nun das alles? Zunächst scheint insgesamt die Evidenz klar gegen die Freiheitsstrafen zu sprechen, haben doch nur zwei von insgesamt 26 Vergleichen eine signifikant tiefere Rückfallrate nach Freiheitsentzug gezeitigt – gegenüber 11 nach Alternativsanktionen. Allerdings fällt auf, dass von diesen insgesamt 11 signifikanten Vergleichen zugunsten der nicht-freiheitsentziehenden Sanktionen 8 der Gruppe der nicht-experimentellen Untersuchungen entstammen, wogegen das Bild unter den experimentellen und quasi-experimentellen Studien sehr viel ausgeglichener aussieht (nämlich drei Vergleiche mit signifikant besserem Ergebnis zugunsten der Alternativstrafen von insgesamt acht). Vieles spricht daher dafür, dass der Erfolg der nicht-freiheitsentziehenden Sanktionen teilweise auch darauf beruht, dass trotz Kontrolle verschiedener Variablen die von Anfang an bestehenden Unterschiede zwischen Gefangenen und anderen Verurteilten hinsichtlich ihrer Rückfallneigung nicht vollständig neutralisiert werden konnten[28]. Dennoch bleibt unter dem Strich eine etwas günstigere Bilanz zugunsten der „Alternativsanktionen" auch unter den methodisch anspruchsvollsten Studien. Ist demnach das Gefängnis doch schädlich, vor allem wenn die Dauer eher kurz bemessen ist, wie dies in allen aufgefundenen Studien zutraf?

Diese Frage kann man nicht endgültig beantworten. Erstens endeten die meisten der berichteten Vergleiche „unentschieden". Vielleicht hat die Sanktionsart auf die Spezialprävention weniger Einfluss als vermutet. Vor allem bleibt der positive Einfluss der „Alternativstrafen" – soweit dokumentiert – rätselhaft, da er anscheinend nicht darauf beruht, dass die derart Sanktionierten weniger Probleme im Privat- oder Berufsleben gehabt hätten, sondern mehr mit einer Einstellungsänderung zusammenhängt[29]. Ihr Erfolg beruht daher möglicherweise darauf, *dass* ein Experiment durchgeführt wurde und diejenigen, die das „gute" Los gezogen haben, das – nachvollziehbare – Gefühl hatten, noch einmal Glück gehabt zu haben – eine Wirkung, die nicht einträte, wenn die Alternativstrafe die Regel wäre[30]. Möglich wäre aber auch, dass freiheitsentziehende und alternative Sanktionen bei verschiedenen Kategorien von Verurteilten unterschiedlich wirken, oder dass gewisse Alternativsanktionen positive, andere dagegen negative Wirkungen haben. Dies alles erschwert vorlie-

28 Es bestätigt sich somit auch hier die Feststellung (*Grundriss*, Fn 4, Rz 1133), dass – je fragwürdiger der Forschungsplan – umso günstiger die Ergebnisse von Evaluationen für die zu überprüfende Neuerung ausfallen.

29 Leider werden derartige weitere Folgen verschiedener Sanktionen auf die Betroffenen nur selten untersucht. Eine Ausnahme war das Waadtländer Experiment mit der gemeinnützigen Arbeit (Fn 14).

30 In der Medizin werden experimentelle Versuche wegen solcher Nebenwirkungen in der Regel ‚blind' durchgeführt, d. h. derart, dass weder die Patienten noch die behandelnden Personen wissen, ob ihnen ein Wirkstoff oder ein Placebo verabreicht wird. Im Bereich der Sanktionen (oder therapeutischer Interventionen) lässt sich ein solches Verfahren nicht durchhalten.

gend klare Aussagen. Um hier mehr Klarheit zu gewinnen, wären in erster Linie weltweit mehr kontrollierte Experimente nötig. Man kann nur bedauern, dass die genialen – weil einfachen, kostengünstigen und doch so faszinierenden – Experimente Wolfgang Nowacks[31] in der Rechtssoziologie kaum fortgeführt worden sind.

Folgerungen für den Gesetzgeber

Was soll nun der Gesetzgeber mit einem solchen Ergebnis anfangen? Wenn er davon ausgehen kann, dass die Rückfälligkeit durch die Sanktionsart nicht nachhaltig beeinflusst wird, kann er durchaus das tun, was ihm aus anderen Gründen ohnehin lieber wäre. Er kann sich beispielsweise aus Billigkeitsgründen dafür entscheiden, dass Schläger, die ihre Frauen misshandeln, „verdienen", für einige Zeit eingesperrt zu werden, oder dass schwerwiegendes Fehlverhalten im Strassenverkehr mit tödlichen Folgen nicht mit einer Geldstrafe abgegolten werden darf. Da er nunmehr auch davon ausgehen kann, dass kurze Freiheitsstrafen sehr wahrscheinlich nicht „schädlich" sind, kann er sie zeitlich massvoll bemessen – sofern er nicht aus Billigkeitsgründen eine andere Sanktion vorzieht. Er braucht sich auch nicht um das Argument zu kümmern, dass bei gleichwertiger Wirkung das weniger eingriffsintensive Mittel aus Gründen des verfassungsrechtlichen Verhältnismässigkeitsprinzips den Vorzug verdiene. Denn Strafen dienen nicht allein der Spezialprävention, so wenig wie das Strafrecht auf ein therapeutisches Instrumentarium reduziert

31 „Hilfsbereitschaft gegenüber männlichen und weiblichen Straftätern im informellen Sozialbereich", in G. Albrecht & M. Brusten (Hrsg.), *Soziale Probleme und soziale Kontrolle*, Opladen: Westdeutscher Verlag 1982, 185–194.

werden kann. Jenseits aller Schulenstreitigkeiten dient Strafrecht wie das Recht ganz allgemein der Schaffung gerechter Zustände. Das mag den Jubiliar, der seine Karriere mit einer strafrechtlichen Doktorarbeit[32] begonnen hat, mit den unverändert kriminologischen Ausrichtungen eines seiner Schüler versöhnen – selbst wenn ihn die kritischen Bemerkungen in seiner Anschauung bestätigen mögen, die Beschäftigung mit Strafrecht sei – wie er in Vorlesungen zu sagen pflegte – eine pubertäre Erscheinung. Doch in einer Zeit, in der alle jung bleiben möchten und es hoffentlich noch lange bleiben, kann das so schlimm ja auch wieder nicht sein!

32 *Die öffentliche Aufgabe und rechtliche Verantwortlichkeit der Presse. Ein Beitrag zur Lehre von der Wahrnehmung berechtigter Interessen*, Berlin: Duncker & Humblot 1962.

Adelheid Kühne

Schlüsselqualifikationen für die forensische Praxis – aktuelle Ergebnisse empirischer Untersuchungen

Einführung

In diesem Beitrag geht es um die Schnittstelle zwischen Recht und Psychologie in der forensischen Praxis. Zu fragen ist danach, welche Beiträge die Psychologie in einer Zeit sozialen und gesellschaftlichen Wandels für die Aus- und Weiterbildung leisten kann, damit diejenigen, die professionell mit Recht umgehen, erfolgreich handeln können.

Im Laufe der letzten Jahre hat sich die forensische Praxis in ihren Aufgabenstellungen und Zielsetzungen verändert und in einer europaweit reichenden Bildungspolitik werden neue Maßstäbe an die Ausbildung gesetzt, die gleichzeitig auf die sich verändernde Praxis (wie beispielsweise durch neue Tätigkeitsfelder wie außergerichtliche Streitbeilegung durch Mediation) reagieren soll. Daraus folgt die Forderung danach, die Ausbildung nicht mehr allein auf die fachlichen Aspekte – also einzig auf die Rechtskenntnisse – zu beschränken, sondern andere Qualifikationen mit ein zu beziehen, die im aktuellen Bildungsjargon als Schlüsselqualifikationen, Schlüsselkompetenzen oder soft skills bezeichnet werden.

Zum Begriff der Qualifikation

Ziel jeglicher beruflichen Ausbildung ist die Qualifikation für einen Beruf, wobei unstrittig ist, dass dabei der Hauptakzent weiter bei den fachlichen Qualifikationen liegt. Bezogen auf die juristische Ausbildung bedeutet dies in erster Linie, gute Rechtskenntnisse im Sinne eines guten Handwerkszeugs zu erwerben. Je mehr die anwaltliche Tätigkeit in den Vordergrund tritt, umso mehr werden andere, die fachlichen Kenntnisse ergänzende Qualifikationen, gefragt. Solange das ausschließliche Ziel der Ausbildung der streitentscheidende Richter war, herrschte die Meinung vor, dass aus der Qualität der Rechtskenntnisse die Qualität der richterlichen Tätigkeit im Sinne fachlich exzellenter Rechtsanwendung prognostiziert werden konnte. Nicht das Faktenwissen über den Einzelfall sondern die Gesamtheit der Rechtskenntnisse machte den guten Richter aus. Solange der Einzelfall außerhalb der richterlichen Denkens und Handelns blieb, solange traten die spezifischen Umstände der Lebenswirklichkeit des Einzelfalls in den Hintergrund und wurden damit dem richterlichen Blickwinkel entzogen. Mit der Schwerpunktsetzung zur anwaltlichen Tätigkeit tritt notwendigerweise eine andere Sichtweise in den Vordergrund, nämlich die Konzentration auf die Klientel und deren erlebte Realitäten. Dies bedeutet, dass neben die fachlichen Kenntnisse persönliche Fähigkeiten und Fertigkeiten treten müssen, die nicht allein durch das Fachstudium erworben werden können. Zu fragen ist also, was Qualifikationen im allgemeinen sind und welche als spezifisch für die juristische Berufstätigkeit anzusehen sind (ausführlich dazu Römermann & Paulus 2003).

Unter Qualifikation werden diejenigen persönlichen leistungsbezogenen Merkmale im Arbeits- und Organisationszusammenhang verstanden, die notwendig sind, um den Anforderungen im Arbeitsprozess gerecht zu werden. Bei den beruflichen Qualifikationen wird zwischen fachlichen (prozessgebundenen) und fachübergreifenden (prozessunabhängigen) Variablen unterschieden. Zu den fachlichen, also die an den Arbeitsprozess gebundenen Kompetenzen zählen die für eine Tätigkeit erforderlichen Fähigkeiten, Fertigkeiten und Kenntnisse, während die fachübergreifenden solche sind, die für unterschiedliche Berufe in unterschiedlichen beruflichen Kontexten bedeutsam sind.

Eine weitere Möglichkeit Qualifikationen zu benennen, besteht in der Trennung zwischen Basisqualifikation und Horizontalqualifikation, wobei die Basisqualifikationen als Fähigkeit zu kritischem, strukturierendem und konzeptionellem Denken ergänzt durch kooperatives und kreatives Vorgehen gesehen werden. Horizontalqualifikationen hingegen sind Bestandteile sog. Schlüsselqualifikationen, die dazu dienen Informationen zu gewinnen, zu verarbeiten und zu strukturieren,

Reetz (1990) hat einen Qualifikationskatalog vorgelegt, der zwischen materiellen Kenntnissen und Fertigkeiten, die in hohem Maße stoffbestimmt sind, formalen Fertigkeiten, sog. denk- und methodenbestimmten Fähigkeiten und personalen, d.h. individuellen und sozialen Verhaltensweisen unterscheidet.

Zum Begriff der Schlüsselqualifikationen und ihrer Bedeutung in der forensischen Praxis

In die universitäre Ausbildung hat der Begriff der Schlüsselqualifikationen Eingang gefunden, den die Bildungskommission des Landes Nordrhein-Westfalen definiert als „erlernbare allgemeine Fähigkeiten, Einstellungen und Strategien, die bei der Lösung von Problemen und beim Erwerb neuer Kompetenzen in möglichst vielen Inhaltsbereichen von Nutzen sind" (zitiert nach Römermann & Paulus 2003, S. 4).

Schlüsselqualifikationen werden als sog. Metaqualifikationen verstanden, die Personen befähigen in gegenwärtigen und zukünftigen Situationen angemessen und kompetent zu handeln.

Diese Qualifikationen sollen es beruflich Tätigen ermöglichen, sich in einer sich ständig verändernden Umwelt flexibel auf die daraus entstehenden neuen Anforderungen einzugehen.

Beck (1993) unterscheidet zwischen Schlüsselqualifikationen und Berufsqualifikation, wobei er unter Schlüsselqualifikationen die relativ lang verwertbaren Kenntnisse, Fähigkeiten, Fertigkeiten und Werthaltungen zum Lösen gesellschaftlicher Probleme und unter Berufsqualifikationen die funktions- und berufsübergreifenden Qualifikationen zur Bewältigung beruflicher Anforderungssituationen zusammenfasst. Sie gehen über die fachlichen Kenntnisse hinaus, wobei das Qualifikationsziel die berufliche Flexibilität und Mobilität ist. Schlüsselqualifikationen sollen zur Selbsthilfe qualifizieren, so dass der beruflich Tätige eigenständig die Veränderungen in Arbeit und Beruf bewältigen kann. Es geht dabei darum, dass auf der Basis allgemeiner erwerbbarer Fähigkeiten, Einstellungen und Wissenselementen neue Kompetenzen in möglichst vielen Inhaltsbereichen nutzbar gemacht werden können, um damit in individuellen und gesellschaftlichen Anforderungssituationen handlungsfähig zu sein (Orth 1999).

Das bedeutet, dass Schlüsselqualifikationen

- erlern- und vermittelbar sind,
- neben kognitiven Elementen auch emotionale, motivationale und soziale Aspekte, sowie Werthaltungen und Verhaltensdispositionen umfassen,
- „multifunktional" sind, d.h. sie sind in unterschiedlichen Feldern relevant und
- sich aus den Anforderungen der Arbeits- und Lebenswelt ableiten.

Schlüsselkompetenzen werden in vier große Kompetenzbereiche eingeteilt:

- Methodenkompetenz
- Sozialkompetenz
- Selbstkompetenz
- Sachkompetenz.

Römermann & Paulus (2203) haben einen Katalog von Schlüsselqualifikationen für das juristische Studium, das Examen und den Beruf zusammengestellt, der sich in die oben angesprochenen Kompetenzbereiche eingliedern lässt.

Zur Methodenkompetenz werden allgemein diejenigen Methoden gerechnet, die jemand benötigt, um fachliche Inhalte auf der Basis analytischer und kreativer Problemlösefähigkeit und bei der Entscheidungsfindung zielgerichtet umsetzen zu können. Im Sinne von Römermann & Paulus lassen sich darunter die Vernehmungslehre, die Rechtsberatung und die außergerichtliche Streitbeilegung fassen.

Unter sozialer Kompetenz werden allgemein Teamfähigkeit, Konflikt- und Kommunikationsfähigkeit zusammengefasst. In der forensischen Praxis werden darunter die Fähigkeiten und Fertigkeiten subsumiert, die situationsangemessenes Handeln wie beispielsweise das Verhandlungsmanagement bedingen. Grundvoraussetzungen dafür sind eine gute Gesprächsführung, kulturspezifische Kenntnisse und ein empathischer, konstruktiver Umgang mit anderen Menschen. Empathie bedeutet nicht nur Einfühlungsvermögen, sondern auch sprachliche Fähigkeiten dieses auszudrücken.

Zur Selbstkompetenz zählt das sog. Selbstmanagement, d.h. die Fähigkeit, sich im Arbeitsprozess voll zu entfalten, also sich Ziele zu setzen, Handlungen entsprechend durchzuführen, Zeitpläne zu entwerfen und Entscheidungen zu treffen.

Unter Sachkompetenz versteht man alle diejenigen Kenntnisse, Fertigkeiten und Fähigkeiten, die in fachübergreifenden Bereichen einsetzbar und damit nicht nur an die Anwendung in einer Disziplin gebunden sind.

Empirische Untersuchungen I – Die Sicht der Prozessanwälte

Die hier vorgestellte Untersuchung von Libkuman et al. (2003) fragt danach, welche Fähigkeiten und Fertigkeiten einen erfolgreichen Prozessanwalt ausmachen, es ging also darum, den „guten Berufspraktiker" zu identifizieren. Der empirische Zugang erfolgte in einem ersten Schritt über eine Jobanalyse, wobei zwischen „generellen Arbeitsaktivitäten" und „Kompetenzen" unterschieden wurde. Auf der Grundlage von Literaturrecherchen und strukturierten Interviews mit erfolgreichen Prozessanwälten wurden die relevanten Qualifikationen identifiziert und danach von einer weiteren Gruppe von Prozessanwälten hinsichtlich ihrer Bedeutsamkeit für die Berufsausübung eingeschätzt.

Nach diesen Vorarbeiten wurden Skalen konstruiert, mit denen eine weitere, als erfolgreich angesehene Gruppe von Anwälten in ihrem Verhalten bei Gericht eingeschätzt wurde. Aufbauend auf diesen Untersuchungsergebnissen entwickelten Libkuman et al. ein Verhaltenstraining und Rating-Skalen zur Einschätzung des trainierten Verhaltens.

Im Rahmen dieses Beitrags wird nur auf diejenigen Kompetenzen bezug genommen, die als Schlüsselqualifikationen zu bezeichnen sind, die spezifischen Rechts- und sonstigen Fachkenntnisse bleiben hier unberücksichtigt.

Schlüsselt man die Kompetenzen nach der oben aufgeführten Systematik auf, ergeben sich die folgenden Zuordnungen:

Methodenkompetenz
- Informationsmanagement (Einordnung und Klassifikation vielfältiger neuer Informationen)
- Synthesefähigkeit (unterschiedliche Informationen abwägen und angemessen weiterverarbeiten)
- Deduktives Verständnis (Problemlösung auf der Basis allgemeiner Regeln)

- Informationsselektion (aus einer großen Informationsmenge die wesentlichen herausfiltern und weiterverarbeiten können)
- Zeitmanagement (in kurzer Zeit unterschiedliche Aufgaben effektiv angehen können)

Sozialkompetenz
- Überzeugungskraft
- Sprachlicher Ausdruck
- Interpersonale Kommunikation
- Soziale Wahrnehmungsfähigkeit
- Monitoring (Kontrolle über den Verlauf des Gesprächs)

Selbstkompetenz
- Zuhören können
- Stresstoleranz (unter Druck in konflikthaften Situationen effizient arbeiten können)
- Psychische Präsenz (selbstsicher und ernsthaft Interaktionen zwischen anderen Personen herstellen können)
- Problemsensitivität (Fähigkeit ein Problem wahrnehmen zu können)
- Anpassungsfähigkeit (sich schnell auf neue Situationen einstellen können).

Sachkompetenz
- Spezifisches Fachwissen in den relevanten Fachgebieten
- Unspezifisches Fachwissen (Fachwissen über die berufliche Techniken).

Empirische Untersuchungen II – Die Sicht von Mediatorinnen und Mediatoren

Ziel der Mediation ist es eine Streitschlichtung oder Streitbeilegung herbeizuführen, ohne dass eine richterliche Entscheidung getroffen werden muss. In ihren Ausführungen zählen Römermann & Paulus (2003) Mediation und Streitschlichtung zu den Schlüsselqualifikationen, so dass an dieser Stelle die Ergebnisse einer 2003/2004 durchgeführten Befragung[1] von 110 Mediatorinnen und Mediatoren vorgestellt werden soll. Ziel der Befragung war, das Berufsfeld der Mediatorinnen und Mediatoren bezüglich ihrer Grundausbildung, Berufspraxis (Jurist oder Nicht-Jurist) und der Tätigkeit (Anzahl und Art der Fälle) zu beschreiben und die aus der Sicht der Mediatoren für wesentlich erachteten Schlüsselqualifikationen einzuschätzen.

Die Untersuchungsstichprobe der Mediatoren bestand aus 42 Juristinnen und 16 Juristen, sowie 52 Nicht-Juristen (Psychologen, Sozialpädagogen etc.), davon waren 12 Männer (10.9 %) und 40 Frauen (38.2 %). Der überwiegende Teil der Befragten war in der Altersgruppe zwischen 36 und 55 Jahre. Sechs weitere waren unter 35 und 14 über 56 Jahre alt.

Zur Einschätzung der Schlüsselqualifikationen wurden die Ratingskalen von Libkuman et al. verwendet. Als wesentliche Schlüsselqualifikationen wurden in der Gesamtstichprobe (in der Reihe der Bedeutsamkeit) die folgenden benannt (Zustimmung mehr als 80 %). Der Schwerpunkt liegt eindeutig auf den Selbst- und Sozialkompetenzen, während die Sachkompetenz als weniger bedeutsam eingeschätzt wird.

Als sehr bedeutsam eingeschätzt wurden:
- Interpersonale Kommunikation (95.5 %).
- Soziale Wahrnehmungsfähigkeit (91.8 %)
- Fachwissen über Mediation (90.9 %)
- Problemlösesensitivität (90 %)
- Psychische Präsenz (90 %)
- Monitoring (89.9 %)
- Stresstoleranz (83.5 %)

1 Die Befragung wurde an der Universität Hannover unter Leitung der Autorin durchgeführt von A. Lüdtke, M. Pangritz und M. Pfeifer.

Als weniger bedeutsam eingeschätzt wurden (70–80%)

- Informationsselektion (78.2%)
- Anpassungsfähigkeit (78.1%)
- Synthesefähigkeit (77.3%).

Alle übrigen Schlüsselkompetenzen erhielten weniger als 60% Zustimmung.

In den Einschätzungen gibt es keine Unterschiede nach Geschlecht oder früherer Berufszugehörigkeit.

Arbeitszufriedenheit als ein Aspekt professionellen Handelns

Schlüsselkompetenzen sollen neben den Fachkenntnissen eine erfolgreiche Berufsausübung garantieren. Gleichwohl darf nicht vergessen werden, dass zu einer guten Arbeitsleistung neben den oben beschriebenen Kompetenzen auch Motivation zur Leistung dazuzurechnen ist, die wiederum in starkem Maße abhängig von der Arbeitszufriedenheit ist.

Arbeitszufriedenheit ist ein psychologisches Konstrukt und steht in einem kausalen Zusammenhang mit der Arbeits- und Leistungsmotivation. So haben sich die Theorien der Arbeitszufriedenheit aus den Theorien der Arbeitsmotivation entwickelt. Zu nennen sind hier die Wert-Erwartungstheorie nach Vroom (1964, in Kühne 2005) und das Erwartungsmodell von Porter & Lawler (1968, in Kühne 2005), wonach ein enger Zusammenhang zwischen den Erwartungen von Anstrengungen, Leistungen und den Konsequenzen im Sinne von Leistungs-Belohnungs-Beziehungen besteht. Zufriedenheit wird als Ergebnis eines Vergleichs zwischen der tatsächlichen und der erwarteten Belohnung angesehen.

Die oben beschriebene Stichprobe der Mediatorinnen und Mediatoren wurde gebeten, die Arbeitszufriedenheit in der neuen

Tätigkeit einzuschätzen. Arbeitshypothese war dabei, dass der Berufswechsel zum Teil dadurch motiviert ist, dass im Erstberuf eine zu große Diskrepanz zwischen den Erwartungen auf positive Konsequenzen – seien sie nun materieller oder immaterieller Art – und den geleisteten Anstrengungen im Erstberuf erlebt wurde.

Zur – eher globalen – subjektiven Einschätzung der Arbeitszufriedenheit wurde auf die von Hofstätter (1986) vorgeschlagenen Items zurückgegriffen:

- „Wenn ich noch einmal wählen könnte, würde ich noch einmal denselben Beruf ergreifen, den ich jetzt ausübe", und
- „Meine berufliche Tätigkeit entspricht meinen Erwartungen".

Von der Gesamtstichprobe bejahten mehr als 90% (93.4%), dass sie den Beruf der Mediatorin (89.3%) oder des Mediators (94.9%) noch einmal wählen würden. Schlüsselt man die Ergebnisse nach den Gruppen des Erstberufs aus, so zeigt sich hier ebenfalls eine über 90%ige Zustimmung (Juristen 94.6%; Nicht-Juristen 92%).

Betrachtet man die Ergebnisse nach den Teilstichproben der Frauen in der Familien- und Arbeitsmediation so ergibt sich ein vergleichbares Bild. 37 der 38 Familienmediatorinnen, die die Frage beantwortet haben, bejahen sie ebenso wie die 14 von 15 Arbeitsmediatorinnen, die die Frage beantwortet haben.

Auf die Frage danach, ob die berufliche Tätigkeit den Erwartungen entspricht, bejahten dies 88.1% der Gesamtstichprobe, wobei sie die Tätigkeit in der Mediation mit 43.6% als „sehr gut" und mit 44.5% als „gut" bewerteten. Als „sehr gut" bezeichneten 60% der Männer und nahezu 40 % der Frauen ihre Tätigkeit und als „gut" 35% der Männer und fast 50% der Frauen. Allerdings geben mehr als 10% (11.4%) der Frauen an, dass die Mediationstätigkeit ihnen nicht so gut entspricht. Der Anteil der unzufriedenen Männer ist mit 3.6% sehr viel geringer.

Schlüsselt man die Einschätzung der beruflichen Erwartungen nach Berufsgruppen auf, so entspricht die Mediationstätigkeit den Erwartungen von 50.5% der Juristen „gut" bis „sehr gut". Der Prozentanteil der Nicht-Juristen liegt bei 40.3%. Bei 14% der

Nicht-Juristen und 5.3 % der Juristen entspricht die Tätigkeit nicht den Erwartungen. Von den Arbeitsmediatorinnen äußern sich knapp 90 % (86.7 %) und von den Familienmediatorinnen mehr als 90 % (92 %) positiv.

Abschließende Bemerkungen

Mit diesen Ausführungen sollte ein Beitrag nicht nur zur Diskussion über die Schlüsselkompetenzen in der forensischen Praxis vorgelegt werden sondern auch auf die Bedeutung des Zusammenhangs zwischen Recht und Psychologie hingewiesen werden, ohne die eine qualitativ gute Arbeit nicht vorstellbar ist.

Literatur

Beck, H. (1993). Schlüsselqualifikationen – Bildung im Wandel. Darmstadt.

Hofstätter, P.R. (1986). Bedingungen der Zufriedenheit. Zürich: Edition Interfrom.

Lexikon der Psychologie (2001). Heidelberg: Spektrum: Akademischer Verlag.

Kühne, A. (2005). Motivation zur Arbeit und Leistung. In Rehbinder, M. (Hg.). Die psychologische Dimension des Arbeitsrechts. Bern: Stämpfli.

Libkuman, Terry M., Stensrud, Gwenn, E. & Lange, Stacy (2003). What makes a good trial attorney? Poster presented at the European Conference on Psychology and Law, July 2003, Edinburgh.

Orth, H. (1999). Schlüsselqualifikationen an deutschen Hochschulen. Konzepte, Standpunkte und Perspektiven. Neuwied, Kriftel, Berlin: Luchterhand.

Reetz, L. (1990). Zur Bedeutung der Schlüsselqualifikationen in der Berufsausbildung. In Reetz, L. & Reitmann, Th. (Hg.). Schlüsselqualifikationen – Dokumentation des Symposions in Hamburg: „Schlüsselqualifikationen – Fachwissen in der Krise?" Hamburg: o. V.

Römermann, V. & Paulus, Chr. (2003). Schlüsselqualifikationen für Jurastudium, Examen und Beruf. München: Beck.

IV. Justiz & Rechtsfindung

ERHARD BLANKENBURG

Unabhängigkeit der Richter – wovon?

I.

Eine der ersten Forderungen zur Wiederherstellung des Rechtsstaats nach der Implosion der kommunistischen Regime in Mittel- und Osteuropa[1] galt der Unabhängigkeit der Richter. Nach vierzig Jahren ‚geleiteter' Rechtsprechung[2], bei der Justizminister Anweisungen an Richter geben konnten und Staatsanwälte die ‚allgemeine Rechtmäßigkeit' nicht nur in Strafsachen, sondern auch des Zivilrechts und der Verwaltung zu überwachen hatten, wollten die Richter nur noch dem Gesetz verantwortlich sein. Zwar war keines der Satelliten-Länder dem institutionellen Vorbild des sowjetischen Rechts gefolgt, das nie eine konsequente Trennung von Anklage und Gericht durchgeführt hatte, aber Parteimitgliedschaft und politische Prozeßpraxis bestimmten in der Generation der Nachkriegs-Juristen die Karriereaussichten. Früher oder später nach der Wende fand denn auch in allen diesen Ländern eine Säuberung von allzu politisch willfährigen Richtern und Staatsanwälten statt. Sehr schnell wurden Verfassungen verabschiedet und Verfassungsgerichte errichtet, für die eminente Juristen aus der inneren Emigration ebenso wie Emi-

1 Informationen aus den neuen Mitgliedsländern der EU stammen weitgehend aus meinem Fünf Länder Bericht ‚Legal culture in five Central European countries', WRR 111, Wetenschappelike Raad voor het Regeringsbeleid, Den Haag 2000.

2 Vgl. Hubert Rottleuthner, Das Ende der Fassadenforschung: Recht in der DDR, Zeitschrift für Rechtssoziologie 1994/95

granten aus westlichen (meist englisch-sprachigen) Ländern zurückgeholt werden konnten. Für die Aufrechten, die zu Hause Gebliebenen bildeten diese allerdings zuweilen eine Provokation: noch immer wirkte in den Ländern Mitteleuropas (Ungarn, Tschechoslowakei und Polen) die Vorkriegs- Erziehung in strikt positivistischer Rechtsauffassung nach, mit der die freiere Rechtsprechung der Verfassungsrichter des öfteren in Widerspruch[3] geriet.

II.

Bei der Formierung von Verfassung und Recht nach der Befreiung von sowjetischer Bevormundung war der Rückgriff auf nationale Institutionen vor dem Zweiten Weltkrieg selbstverständlich. Die baltischen Länder hatten sich nur in einer kurzen Phase zwischen den Weltkriegen nationaler Souveränität erfreut; sie griffen auf die Verfassungstexte jener Jahre zurück. Die Verfassung der Tschechoslowakei folgte weitgehend dem Text von Mazarik; und Ungarn, das einer umfassenden Verfassungsgebung durch eine Reihe von Amendementen zu entgehen suchte, fand

3 Eine tschechische Kontroverse beleuchtet 1997 den Gegensatz: der Höchste Gerichtshof in Prag überging eine Entscheidung des Verfassungsgerichts, einen Gewissens-Verweigerer von Militärdienst wegen Verweigerung des Ersatzdienstes zum zweiten Mal zu verurteilen, worauf das Verfassungsdienst die Presse mobilisierte, weil „der höchste Gerichtshof die Verfassungsordnung untergräbt". Man mag den erfahrenen Richtern des Höchsten Gerichts, die mit ihrer Professionalität schon das kommunistische Regime überlebt hatten, zugute halten, daß sie den Vorrang der Verfassung für nichts weiter als eine neue Form der politischen Einmischung hielten. Hartnäckig hielten sie daran fest, daß erst das Parlament die Gesetze zu ändern hatte, bevor das Verfassungsprinzip ne bis in idem wirksam werden könnte. Die neue Rechtsordnung jedoch erwies sich am Ende als stärker, das Verfassungsgericht behielt das letzte Wort.

der Verfassungsgerichtshof eine neue Synthese von Tradition und aktuell-europäischen Grundwerten. Polen hatte schon 1985 eine Verfassung eingeführt, die den Beginn der ‚Wende' markierte. Es führte 1989 einen Höchsten Richterrat ein, der die Richterschaft und die Organisation der Justiz vom Ministerium der Justiz unabhängig machen sollte. Andere post-kommunistische Länder folgten dem Beispiel: auch Slovenien führte einen Richterrat früh, im Jahr 1990 ein und erweiterte seine Kompetenz im Jahr 2001. Ungarn überführte die Kompetenz für Justizangelegenheiten einschließlich Budget im Dezember 1997 einem Nationalen Rat der Justiz, die Slowakei folgte mit einer Verfassungsänderung im Jahr 2001. In der Tschechei und in den baltischen Ländern bleibt die Ernennung von Richtern zwar (nicht nur formell) in der Kompetenz von Justizministern, aber die spätestens zu Beginn dieses Jahrhunderts verabschiedeten Richtergesetze legten durchgehend ein Vorschlags- und Beratungsrecht von Richterkommissionen fest. Gemäß diesen Gesetzen erreichen Richter einige Jahren nach der Berufung Unkündbarkeit, nur Verfassungsrichter werden zeitlich begrenzt berufen.

Verfassungsgerichte, die bei allen Staatsbildungen der 1990er Jahre eingerichtet wurden, passen in der Tat nicht in die reine Lehre von der politischen Unabhängigkeit der Richter. In post-kommunistischen Ländern ebenso wie Südafrika richten sie sich am Modell des deutschen Bundesverfassungsgerichts aus, das 1951 wiederum als neu-demokratisches Element nach amerikanischem Vorbild in das Gefüge der ansonsten als kontinuierlich angesehenen Rechtstradition eingefügt wurde. Verfassungsgerichte im kontinentalen Modell sind keine höchste Instanz der allgemeinen Gerichtsbarkeit, sondern eine abgehobene Instanz, die auch über die Rechtmäßigkeit der Gesetze zu befinden hat. Sie stellen eine deutliche Abkehr von der strikt positivistischen Lehre der Trennung von Recht und Politik dar, und rekrutieren ihre Richter daher auch in einem politischen Prozeß von Parlamentsausschüssen mit all ihren Kompromissen in Hinterzimmern und der Rhetorik auf der Vorderbühne. Verfassungsgerichte sind bei der Rekrutierung von Richtern politisch, für die Dauer der jeweiligen Amtszeit sind diese unkündbar, aber materiell bleiben ihre rechtlichen Grundsätze gebunden an Grenzen der politischen Verträglichkeit.

Im amerikanischen Verständnis von „Recht" ist die damit verbundene Opportunität gerichtlicher Entscheidungen kein Gegensatz. Natürlich geben Parlament und Präsident, wenn sie – nicht nur die Verfassungsrichter, sondern auch alle Bundesrichter – ernennen, ihren politischen Präferenzen (und Freunden) den Vorrang. In den einzelnen Staaten sind die Regelungen unterschiedlich: über erst-instanzliche Richter wird überwiegend mit dem Stimmzettel der allgemeinen Wahlen abgestimmt; sie erhalten damit ein zeitlich begrenztes Mandat, das sie in erneutem Wahlkampf verlängern können. In den höheren Instanzen gilt ein ebenso politisches Verfahren der Nominierung, Ernennung und Wiederernennung durch die Parlamente.

III.

Internationale Rhetorik der Unabhängigkeit der Richter – meinen sie eigentlich dasselbe? Einen ungarischen Richter müßte es grausen, wenn er eine Wählerkampagne zu führen hätte so wie ein Richterkandidat in Kalifornien – ganz zu schweigen von den rund $100.000, die dieser für seine Wahlwerbung zusammen sammeln muß. Der Kalifornier dagegen würde sich versklavt fühlen, wenn er die zahllosen Beurteilungen über sich ergehen lassen müßte, die sich in der Personalakte einer deutschen Richterin ansammeln, von ihren Beurteilungen als Referendarin, den ersten Jahren am Amtsgericht und später denen am Landgericht, Oberlandesgericht, bei der Abordnung ins Ministerium bis zu dem einen Jahr im Ausland, als die Kinder noch klein waren. Englische Richter dagegen würden sich schütteln, wenn sie sich die vielen Sprossen einer solchen Karriereleiter vorstellen. Wenn sie nicht ausnahmsweise schon jung – zum Beispiel mit 45 Jahren – in ein Richteramt berufen werden, werden sie meist erst später berufen, womit sie endlich der aufreibenden Anwaltstätigkeit in Ehren entkommen können. In den höheren Richterämtern werden sie denn auch standesgemäß entlohnt – englische und schottische Richter der Krone verdienen mehr als irgendeiner ihrer Kollegen und Kolleginnen auf dem Kontinent. Die größere Zahl jedoch der ehrwürdigen Herren (und gelegentlich auch Damen) unter der Perücke sitzen ehrenamtlich zu Gericht. Als Magistrates werden sie lokal benannt, leisten ihren Dienst in Teilzeit unter Anleitung der fachkundigen Gerichtssekretäre, und erhielten traditionell lediglich Ehrbezeugung und Aufwandsentschädigung. Wenn heute mehr und mehr Magistrates regulär angestellt, und dann auch bezahlt werden, zeigt dies nur, daß selbst in England Traditionen verändert werden können.

IV.

Grundsätzlich bedeutet „Unabhängigkeit der Richter“ nur, daß sie keinen inhaltlichen Weisungen für einzelne Entscheidungen zu folgen brauchen, nicht aber, daß sie keinen Abhängigkeiten unterliegen würden. Bei den drei Modellen der richterlichen Rekrutierung und Karriere, die ich unterscheide,

- dem bürokratischen Modell
- dem demokratischen Modell
- und dem ständischen Modell

ergeben sich die Abhängigkeiten aus der Rekrutierung von Richtern und den jeweiligen Karriere-Mustern. Erst aus diesen Abhängigkeiten folgen dann die jeweils typischen Forderungen nach „Unabhängigkeit“ und die Garantien, die Richter fordern.

- Im bürokratischen Modell der kontinentalen Gerichte richtet der Karriere-Blick der Richter sich auf die Beförderung. Die ersten Gesellen-Jahre als Beisitzer in einer Kammer lehren schon, daß nicht nur die formellen Regeln des Gesetzes, sondern auch die informellen der Kollegialität die Rechtsfindung[4] bestimmen. Zumindest im deutschen System bestimmen die Justizminister (der Länder) die Chancen für eine Abordnung an Ministerien, öffentlich-rechtliche Institutionen oder Auslandsjahre. Die Personalakte, in der alle Beurteilungen von Präsidenten und Vorsitzern gesammelt werden, entscheidet dann bei der Bewerbung für eine Vorsitzenden-Position oder die Berufung an ein höheres Gericht. Die Aktivitäten bei einer Partei oder politischen Vereinigungen (wie zum Beispiel Amnesty international) sind in der Akte zwar nicht vermeldet, aber ohnehin bekannt. Jedes Bundesland hat seine eigenen Regeln, wie weit bei Berufungen die Richterkollegen mitwirken – im traditionellen Modell der bürokratischen Justiz spielen sie nur eine Nebenrolle. Die klassische Karriere läßt sich durch rechtsdogmatisch ausgefeilte Urteilsbegründungen erreichen; bei Ambitionen, zu einem der höchsten Gerichte beim Bund oder den europäischen Gerichten zu gelangen, gehört zusätzlich die Transparenz der politischen Präferenz (siehe oben) hinzu.

Unabhängigkeit heißt hier Souveränität innerhalb der hierarchischen Hackordnung. Einige Richter erreichen sie durch den Verzicht auf Ehrgeiz. Sie fühlen sich am wohlsten als Einzelrichter am Amtsgericht. Andere erreichen sie durch geregelten Aufstieg an höhere Gerichte, weshalb sie zu Befürwortern der Regelbeförderung nach Alter und Dienstzeit werden. Hierzu gehört auch die letzte Beförderung vor der Pensionierung, die dann den Titel für den Rest des Alters und auf der Todesanzeige bestimmt.

4 Klassisch analysiert bei Rüdiger Lautmann, Justiz – die stille Gewalt, Frankfurt 1972.

– Beim demokratischen Modell läßt die Berechenbarkeit der Karriere mehr zu wünschen übrig. Vor jeder Bewerbung um ein Richteramt muß Kampagne geführt werden, sei diese öffentlich bei den allgemeinen Wahlen, sei diese politik-intern bei Parteien, Parlamenten und Gouverneuren oder Präsidenten. Einen großen Teil der Kampagne tragen die politischen Freunde innerhalb der Bar (was hier weniger, zuweilen aber auch auf die Trinkgewohnheiten, sondern eher auf die zahlreichen Anwalts-Organisationen hinweist). Je nach dem politischen und moralischen Zeitgeist verstecken oder zeigen die Bewerber etwaig liberalen oder restaurativen Reformeifer, sie betonen ihre soziale Verortung durch kirchliche Zugehörigkeit, Golf oder Baseball spielen, und sie engagieren sich bei Aktionen für oder gegen Glücksspiele, Sterbehilfe, Rauchen oder Abtreibung. In allen Fällen jedoch sollten sie versprechen, „hart gegen die Kriminellen" vorzugehen, gleich ob sie später in erster Linie als Zivilrichter oder Strafrichter tätig werden wollen. Natürlich wird bei solcher Selbstdarstellung einige Kosmetik angebracht, aber diese findet ihre Grenzen bei der Konkurrenz, die jede Unwahrhaftigkeit abzustrafen versucht. Dies gilt vor allem bei den Wieder-Bewerbungen, die nach Ablauf der ersten Amtszeit (also meist nach acht Jahren) unterlegt werden müssen. Anwälte, die schon im Interesse ihrer Parteien vor Gericht genaue Statistik über jedes Pro oder Contra der richterlichen Urteile führen, können hierüber genaue Leistungsbilanzen vorlegen.

Unabhängigkeit erreichen Richter im demokratischen Modell nur durch individuelle Eigenwilligkeit. Solange sie im Amt sind, bleiben sie unangreifbar; darüber, was ‚contempt of court' ist, entscheiden sie alleine. Selbst von den Beurteilungen von Tatsachen durch eine Jury können sie sich leicht absetzen, dadurch daß sie bei der rechtlichen Beurteilung den Anwälten die nötigen Berufungsgründe an die Hand geben. (So werden die oft spektakulären Entschädigungen, die zivile Jurys bei Schadensersatzprozessen auferlegen, äußerst selten tatsächlich bezahlt. Den größten Gewinn haben allein die Anwälte, die in Folgeprozessen und Unterhandlungen das lebende Recht ausmachen.)

Gesetzgeber haben versucht, der Eigenwilligkeit von Richtern Riegel vorzuschieben, etwa dadurch, daß sie gesetzliche Regeln der Strafzumessung (wie das kalifornische „three times, you are out") verabschieden. „Pro-aktive Richter" sind das Schreckbild der konservativen Politik, gegen das sie mit immer erneuter ad-hoc-Gesetzgebung anzugehen versuchen.

– Dem ständischen Modell sind solche demokratischen Kämpfe natürlich ein Greuel. Englische Richter sind schon deshalb von Gesetzgebern schwer zu dirigieren, weil sie dem statutory law leicht durch Verweis auf common law entweichen können. Das Verhältnis beider ist so kunstvoll kompliziert, daß Verfahren vor den Krongerichten nur mit vielen Perücken von Anwälten und Richtern gemeinsam entschieden werden können. Wer einundzwanzig mal bei den Inns of Court zum Essen gebeten wurde, gehört dazu. (Immerhin werden hier nicht nur die Trinkgewohnheiten, sondern auch die Manieren bei Tisch einer Standeskontrolle unterworfen.)

Bei weitem nicht jeder, der in England (und Schottland) zu Gericht sitzt, gelangt in den engen Zirkel dieser Auserwählten. Die Mehrheit der vielen Anwälte kann froh sein, nach erwiesener Zuverlässigkeit als Chairman (neuerdings auch Chairperson) bei einem Tribunal zugelassen zu werden. Und die Mehrheit aller kleinen Prozesse wird vor den lokalen Gerichten anhängig gemacht, wo Magistrates zu Gericht sitzen, die wegen ihrer bürgerlichen Wohlanständigkeit berufen sind, und sich zuweilen nur mit Hilfe ihrer Gerichtssekretäre an die engen Bande des Prozeßrechts legen lassen.

Individuelle Unabhängigkeit genießen alle Richter und Chairpersons im Rahmen ihrer Zugehörigkeit aufgrund der rituell betonten Würde ihres Amtes. Reputation unter ihresgleichen spielt die Hauptrolle beim Vorschlag in weitere Ämter, und die erreicht man durch Konformität, akzentuiert durch dosierte Eigenwilligkeit. Wer Reputation einmal erworben und wiederholt befestigt hat, kann sich mehr Spielraum und Originalität erlauben. Und wer sich im Rahmen der akzeptierten Spielräume als geschickt und originell erwiesen hat, erhöht dadurch die Reputation, was wiederum hilft, den Spielraum der Unabhängigkeit zu erweitern.

Bei allen Modellen richterlicher Unabhängigkeit allerdings drohen neue Gefahren aus dem Lager einer völlig un-juristischen Profession. Am schlimmsten erging es den britischen Gerichten im vergangenen Dezennium, denen vom Büro des Lord Chancellor[5] ein zentrales Organisationsbüro vorgesetzt wurde, das mit Leistungsmessungen, Pensen und Statistiken der Prozeßdauer operiert, und den professionellen Würdeträgern mit ‚benchmarks' zu Leibe rückt. Europäische Kollegen, bei denen überall Ähnliches ansteht, führen Abwehrkämpfe entsprechend ihrer jeweiligen Mittel: die deutschen Kollegen dadurch, daß sie gegen jegliche Organisation das Verfassungsgericht[6] anrufen, holländische Kollegen dadurch, daß sie die Disziplinierung über elektronische Webs[7] selbst in die Hände nehmen.

5 Vgl. Inspectorate of Her Majesty's Court Service, seit 2005 für Crown Courts und Magistrates' Courts gemeinsam zuständig

6 So schon 1980, als ich beim Hamburger Amtsgericht an der Einrichtung von Gruppen-Geschäftsstellen beteiligt war, was einen der betroffenen Richter zu einer Verfassungsbeschwerde wegen Eingriffs in seinen richterlichunabhängigen Arbeitsablauf veranlaßte; ohne Erfolg allerdings. Vgl. Bauer et al., Arbeitsplatz Gericht, Bonn 1984

7 So die eifrige Mitarbeit vieler niederländischer Richter an der Verbesserung der Gerichtsorganisation mit der Einführung des Raad voor de rechtspraak seit 2002, bei der unter vielen ‚Verbesserungen' auch die Ko-ordination der Strafzumessung angegangen wird, dadurch daß in einem monatelangen Internet- Chat Kriterien der Fallbeurteilung aufgestellt und abgestimmt werden. Abweichungen vom elektronisch ermittelten Konsenswert sollen in den Urteilsbegründung eigens motiviert werden.

Es scheint, als ob die Unabhängigkeit von Richtern mit der Stromlinien-Organisation von Gerichten nur noch als kollektive zu verteidigen ist. Dort wo sie die Ermessens-Spielräume von Entscheidungen betrifft, kann Selbst-Organisation der Richter einen Wall gegen die Urteilsschelte von Politikern und Medien aufwerfen; dort wo es um die Arbeitsorganisation von Richtern geht, bleibt nur, – oh weh, oh weh – gewerkschaftliche Organisierung zu empfehlen.

Wilfried Hommers

Strafe und Ersatz: zwei Zumessungsschemata im Verbund. Ein Beitrag aus psychologischer Sicht

Die Jurisprudenz trennt de lege lata die Dualität von Täter und Geschädigten zunächst in eine zivilrechtliche und eine strafrechtliche Seite. Strafe trifft aber unter den auch die Wiedergutmachung umfassenden Bedingungen des Strafrechts auf den Täter, während Schadensersatz und Schmerzensgeld grundsätzlich auch gegenüber dem Geschädigten geleistet werden sollten. Somit können sowohl Ersatzforderungen des Geschädigten als auch Geld- oder Freiheitsstrafe den strafrechtlich schuldigen Beklagten treffen oder trotz Freispruch kann eine nahezu die Existenz vernichtende Entschädigung des unmittelbaren oder mittelbaren Geschädigten dem Täter auferlegt werden, wie man aus dem Fall *US gegen Simpson* weiß.

Leuchtet es jedem aber unter allen Bedingungen ein, dass ein und dasselbe schuldhafte Handeln von den beiden Gesetzesstrukturen (Straf- und Zivilrecht) unterschiedlich, aber doch letztlich psychisch zusammen wirkend bewertet werden kann? Das mag z. B. wegen Zahlungsunfähigkeit des Täters praktisch nicht so oft vorkommen. Daher wird mehr theoretisch orientiert danach gefragt, ob sich die Wirkungen der Bedingungen beim Zusprechen von Ersatz von denen bei der Verhängung der Strafe auch im Rechtsgefühl der juristischen Laien unterscheiden. Folgend wird das dadurch untersucht, dass Probanden gleichsam als Beteiligte eines mehrfach bedingten Geschehens in ihren Antworten beides zur Verfügung haben. Das rechtliche Denken lässt Erwartungen aufkommen. Haftungsrechtlich wird von einer Aufteilung nach

Verursachungsanteil bei Mitverschulden (§ 254 BGB) oder nach einer Gesamtschau bei Mehrfach-Verschulden ausgegangen (§§ 254, 830, 840 BGB).[1] Im angelsächsischen Recht gibt es die Begriffe punitive damages und multiple restitution, die mit Regelungen in der Rechtsgeschichte verwandt sind, die ein Mehrfaches des Schadens dem Täter als Leistung an den Geschädigten auferlegen (furtum in manifestum, restitutive Vorschriften im Exodus und bei Hamurabi)[2]. Im deutschen Recht greift das Schmerzensgeld diese punitive Funktion restitutiver Leistungen an den Geschädigten bei Körperschädigungen auf. Im deutschen Strafrecht wird von der Strafrahmentheorie ausgegangen, die die multiplen Einflussgrößen des § 46 STGB, die auch die Schadenswiedergutmachung umfassen, auf die Strafzumessung regulieren will.[3] Dort scheint die Rechtsprechungspraxis aber auch zur Bildung von Taxen gekommen sein, welche zwar nur bei massenhaft auftretenden Fällen (Verkehrsdelikte im Strafrecht und im Haftungsrecht) benutzt werden können, aber dennoch versuchen, die gehäuft auftretenden Einflussgrößen regulativ mit einem theoretisch-normativen Durchschnittswert in den Griff zu bekommen. Diese präskriptiven Ansätze lassen sich als implizite Theorien über das Rechtsgefühl von Laien auffassen, deren Gültigkeit überprüft werden könnte. Somit ergeben sich die Hypothesen der Überkompensation als Ausdruck punitiver Tendenzen, der Gültigkeit des Summenanteilsmodells bei der Integration von Mitschuld und Verschulden im Ersatz-Urteil (Ersatz-Schema) und

1 Hommers, W. (1995). Die Juristenpsychologie als Heuristik für die empirische Psychologie: Gesamtschau und Einzelabwägung. In R. Jakob, M. Usteri & R. Weimar (Hrsg.), Psyche, Recht, Gesellschaft (S. 187–210). Bern: Stämpfli, 1995.

2 Hommers, W. (1986a). Ist „Voller Ersatz" immer „Adäquater Ersatz"? Zu einer Diskrepanz zwischen Regelungen des Gesetzbuches im EXODUS und der Adäquatheitsthese der Equity-Theorie. Psychologische Beiträge, 28, 164–179.

3 Bruns, H.-J. (1985). Das Recht der Strafzumessung. Köln: Heymanns.

der Gültigkeit des Durchschnittsbildungsmodells für die Strafe (Strafe-Schema).[4]

Bisherige psychologisch-empirische[5] Beiträge zum Verhältnis von Strafe und Ersatz waren diesbezüglich unbefriedigend. Sie ließen genau das unberücksichtigt, was im Gesetz durch die zivilrechtliche und strafrechtliche Trennung verwirklicht ist, wo sowohl Strafe als auch Ersatz auf eine Tat durch getrennte gerichtliche Entscheide folgen können. Gerichtsentscheide hängen weiterhin von den jeweiligen Umständen ab. Frühere Beiträge konzentrierten sich aber einerseits auf eine der beiden Tatfolgen, indem sie Ersatz z.B. als Stimulus einsetzten und die Wirkung auf die Strafe prüften oder direkt nach dem geschuldeten Ersatz fragten, ihn also als Response verwendeten. Andererseits stellten sie Tatfolgen zur Wahl und variierten nur Tatarten, aber nicht die Umstände bzw. Teilaspekte der Taten. Auch für viktimologische Beiträge im Täter-Opfer-Ausgleich galt dieser Mangel, da sie in einer strafrechtlichen Perspektive blieben.[6]

4 Hommers, W. (1988). Averaging and Fractionizing of Fault: Implicit Psychological Theories of Legal Thought on Sentencing and Liability. In P.J. van Koppen, D.J. Hessing, & G. van den Heuvel (Eds.), Lawyers on Psychology and Psychologists on Law (pp. 67–82). Amsterdam: Swets & Zeitlinger.

5 Piaget, J. (1954). Das moralische Urteil beim Kinde. Zürich: Rascher, 1954. Berscheid, E. & Walster, E. (1967). When does a harmdoer compensate a victim? Journal of Personality and Social Psychology, 6, 425–441. Hommers, W. & Anderson, N.H. (1985). Recompense as a factor in assigned punishment. British Journal of Developmental Psychology, 3, 75–86. Shultz, T.R., Wright, K. & Schleifer, M. (1986). Assignment of moral responsibility and punishment. Child Development, 57, 177–184. Hommers, W. (1988). Die Wirkungen von Entschuldigung und Dritt-Entschädigung auf Strafurteile über zwei Schadensarten. Zeitschrift für Sozialpsychologie, 19, 139–151.

6 Sessar, K., Beurskens, A. & Boers, K. (1986). Wiedergutmachung als Konfliktregelungsparadigma? Kriminologisches Journal, 18, 86–104. Kury, H. (1995). Wie restitutiv eingestellt ist die Bevölkerung? Zum Einfluss der Frageformulierung auf die Ergebniss von Opferstudien. Monatsschrift für Kriminologie und Strafrechtsreform, 78 84–98. Sessar, K. (1995). Die Bevölkerung bleibt restitutiv eingestellt. Eine Replik auf Kurys Replikationsversuch zur Hamburger Untersuchung. Monatsschrift für Kriminologie und Strafrechtsreform, 78, 99–105.

Um empirisch die Existenz unterschiedlicher Schemata für Ersatz-Urteile und für Strafe-Urteile von Urteilern belegen zu können, war die Verwendung mehrfaktorieller Stimuluspläne notwendig, die von den Probanden verlangten, zumindest Verschulden- und Mitschuld-Informationen und möglichst weitere Informationen im Urteil zu vereinen. Außerdem war zusätzlich zu diesen Informationen die Verwendung einer neuen Urteilsmethode nötig. Diese musste als Komponenten Ersatz oder/und Strafe als abhängige Urteilsvariable (Response) zulassen, so dass die Unterschiedlichkeit der Schemata sichtbar werden konnte und auch ihre formalen Eigenschaften geprüft werden konnten. Das leistete die Duplex-Response, wenn sie im Rahmen der methodischen Eigenarten der Informationen-Integrations-Theorie[7] eingesetzt wurde. Diese Eigenarten umfassen systematische Variation und Kombination mehrerer Stimulusgrundlagen und deren Beurteilungen auf quantitativen Skalen. Mit der Duplex-Response wurden aber auch, ohne erzwungen zu sein, implizit Wahlen zwischen Strafe und Ersatz in den geforderten quantitativen Beurteilungen der systematisch variierten Fallkonstellationen ermöglicht, so dass die Duplex-Response herkömmliche Untersuchungsansätze indirekt verband. Durch diesen empirischen Ansatz können also auch etwaige interindividuelle Unterschiede im Umgang mit Strafe und Ersatz sichtbar gemacht werden.

7 Anderson, N.H. (1981). Foundations of Information Integration Theory. New York: Academic. Anderson, N.H. (1982). Methods of Information Integration Theory. New York: Academic.

Methode

In dem verwendeten Gebrauchtwagen-Szenario trat unter variierten Umständen nach Kauf eines Gebrauchtwagens ein Schaden von 500 DM wegen Ölverlust auf. Methodischer Grundgedanke der systematisch variierten Fallkonstellationen war, dass je zwei Abstufungen der Entschuldigung und des Mitverschuldens sowie drei Abstufungen des Verschuldens systematisch mit einander kombiniert wurden. Studenten mehrerer Fachrichtungen gaben zum Teil (N=87) aus der Käufer-Perspektive und zum Teil (N=88) aus der Verkäufer-Perspektive an, wieviel Schadensersatz der Verkäufer dem Käufer leisten sollte und wie sehr er gegebenenfalls außerdem bestraft werden sollte, indem er eine Spende an eine gemeinnützige Einrichtung geben sollte. Dabei war jeweils ein Geldbetrag durch eigenes Hinschreiben anzugeben.

Die Verschulden-Information war variiert in den Stufen:

- Versehentlich: „Der Verkäufer hatte aus Versehen den Riss der Dichtung übersehen". In der Eingangsphase war das erläutert worden: Im Laufe der Jahre ist, ohne das Wissen des Verkäufers, eine Dichtung des Schmiersystems rissig geworden. Dies ist bei einem Fahrzeug dieses Alters gelegentlich der Fall. Er hatte aus Versehen den Riss der Dichtung übersehen. Bei der Fahrt lief das Öl des Motors aus und es kam zum Motorschaden;
- Fahrlässig: „Der Verkäufer hatte bei einem Ölwechsel fahrlässig gehandelt" mit der Erläuterung: Ihm ist dabei ohne sein Wissen ein Fehler unterlaufen. Er hatte, ohne sich zu vergewissern, welches Öl er einfüllte, falsches Öl eingefüllt. Durch den nicht fachgerechten Ölwechsel kam es während der Fahrt zum Motorschaden;
- Absichtlich: „Der Verkäufer hatte mit Absicht getäuscht" mit der Erläuterung: Er wollte sich vor allem deshalb von dem Fahrzeug trennen, weil er wusste, was am Motor des Autos

kaputt war. Er wusste, dass bald mit einer Reparatur in Höhe von 500 DM zu rechnen war. Der Verkäufer hatte mit Absicht nichts davon erzählt, um einen möglichst hohen Preis zu erzielen. Damit beim Kauf nichts bemerkt werde, hatte er den Schaden geschickt getarnt und erfolgreich getäuscht. Auf die Frage hin, ob er von größeren Schäden am Fahrzeug wisse, hatte er das beim Verkauf verneint.

Die Entschuldigung-Information war variiert durch die beiden Stufen:

- Mit Entschuldigung: „Der Verkäufer entschuldigt sich",
- Keine Entschuldigung: „Der Verkäufer entschuldigt sich nicht".

Die Mitschuld-Information war definiert durch die beiden Stufen:

- Mitschuld: „Wenn Sie die Ölwarnlampe rechtzeitig beachtet hätten, hätten Sie den Schaden am Motor abwenden können",
- Unschuld: „Wenn Sie die Ölwarnlampe rechtzeitig beachtet hätten, hätten Sie den Schaden am Motor dennoch nicht abwenden können".

Außer in 2- und 3-faktoriellen Bedingungskombinationen wurden die variierten Informationen auch einzeln beurteilt, um das Urteilsmodell der Durchschnittsbildung zu prüfen. So ergaben sich mit dem Eingangsfall ohne hinzugefügte Verschulden-, Mitschuld- oder Entschuldigung-Information 36 zu beurteilende Vorgaben für die Auswertung.

Außer den beiden Teilen der Duplex-Response, Ersatz (Zahlung an den Geschädigten) und Strafe (Zahlung an einen gemeinnützigen Verein) wurden zur Vorbereitung dieser Urteil auch noch sechs Emotionen des Urteilers (also aus Käufer- oder Verkäufer-Perspektive) und zur Nachbereitung noch die Verursachungsattribution und die Skala Gut-Böse zur Beurteilung vorgegeben. Mit dieser Einbettung der Ersatz- oder/und Strafe-Urteile sollten Reihenfolgeneffekte bei mangelnder Befassung mit den Informationsabstufungen vermieden und u. U. Rückschlüsse über die kognitiven Hintergründe der Wirkungen der variierten Informationen in den Ersatz- und Strafe-Urteilen der Duplex-Response gezogen werden.

Die allgemein gehaltenen Fragestellungen waren: (1) Bestehen individuelle Unterschiede im Umgang mit den Teilen der Duplex-Response? (2) Wie wirken sich die variierten Informationen des Szenarios auf die Teile der Duplex-Response aus? (3) Wie wirken sich die Urteilsperspektiven auf die Teile der Duplex-Response aus? (4) Wie wirken sich individuelle Unterschiede auf die Teile der Duplex-Response aus? (5) Zu welchen der weiteren verwendeten Urteilsskalen bestanden Ähnlichkeiten?

Spezifischere Hypothesen bestanden über die beiden Zumessungsschemata. Die Ersatz-Urteile würden durch das schon auf Aristoteles zurückgehende Summenanteilsmodell des rechtlichen Denkens die Integration von Verschulden und Mitschuld beschrieben. Auf die Strafe-Urteile würde das Durchschnittsbildungsmodell für die Informationen-Integration der drei systematisch variierten Bedingungen zutreffen.[8]

Ergebnisse

Individuelle Unterschiede. Nur ein Teil der Probanden beiderlei Geschlechts benutzte sowohl die zur Verfügung stehende Ersatz-Skala als auch die Strafe-Skala (sogenannte „Verteiler") und geringfügig hing das von der Urteiler-Perspektive ab. Aus der Käufer-Perspektive gab es 59 % „Verteiler", aus der Verkäufer-Perspektive 52%. Also 41% bzw. 48% wollten die Angelegenheiten

8 Hommers, W. (1991). Summenanteil und Durchschnittsbildung in moralischen und emotionalen Urteilen. In W. Hommers (Hrsg.), Perspektiven der Rechtspsychologie (S. 175–216). Göttingen: Hogrefe.

nur über die Ersatzleistung des Verkäufers regeln. Daher werden die Ergebnisse für die zwei Gruppen „Nur-Ersatz-Urteiler" und „Verteiler" gegebenenfalls gesondert angegeben.

Strafe für nicht-absichtliche Schädigungen. Strafe wurde von den meisten „Verteilern" ausschließlich für die absichtliche Schädigung des Verkäufers vergeben. Nur 19 der 51 „Verteiler" aus der Käufer-Perspektive und 12 der 45 „Verteiler" aus der Verkäufer-Perspektive nutzten die Strafe-Skala auch bei anderen Bedingungen. Aus der Käufer-Perspektive wurden dabei für absichtliche Schädigungen und fehlende Entschuldigung im Mittel erhebliche Strafen vergeben: 629 DM zusätzlich zu 595 DM Ersatz von den genereller Strafenden und 746 DM zusätzlich zu 517 DM Ersatz von den nur bei Absicht Strafenden.

Nur aus der Käufer-Perspektive erfolgten statistisch sicherbare Strafurteile für nicht-absichtliche Schädigungen (Prüfung der Abweichung des jeweiligen Mittelwerts von Null), wenn alle Informationen vorgegeben wurden. Von den „Käufern" wurde außer bei fahrlässiger Schadensentstehung sogar bei versehentlicher Schadensentstehung (allerdings in geringerem Ausmaß als bei Fahrlässigkeit!) gestraft, aber nur wenn keine Entschuldigung des Täters erfolgte.

Urteiler-Perspektive. Aus der Käufer-Perspektive waren zwei Ergebnisse hervorstechend. „Käufer" verlangten allgemein mehr Ersatz und gaben gegebenenfalls höhere Strafe (besonders bei absichtlicher Schädigung) als die „Verkäufer". Bei Absicht des Verkäufers wurden außerdem aus der Käufer-Perspektive häufig Überkompensationen zugesprochen. Die Überkompensationen waren dagegen nicht mehr statistisch sicherbar bei den strafenden „Verteilern", während die Überkompensation der Nur-Ersatz-Gruppe im Mittel bei vollständiger Information über Verschulden, Entschuldigung und Mitschuld in etwa 650 DM Ersatz bestand.

Aus der Verkäufer-Perspektive zeigten sich drei Besonderheiten. (1) Eine umgekehrte Wirkung der Entschuldigung auf die Ersatz-Urteile bestand darin, dass im Gegensatz zur Käufer-Perspektive unter der Bedingung Entschuldigung=Ja vor den „Verkäufern" stets und bis zu 120 DM mehr Ersatz zugesprochen wurde als unter der Bedingung Entschuldigung=Nein. (2) Bei den Ersatz-Urteilen für Fahrlässigkeit oder Versehen wurde von den „Verkäufern" im Durchschnitt nicht der volle Ersatz zuerkannt. Eher entsprachen die Mittelwerte einer Schadenaufteilung (also 250 DM Ersatzleistung). (3) Am meisten Ersatz (ca. 300 bzw. 400 DM) wurde bei Versehen oder Fahrlässigkeit von der Gruppe gegeben, die nur bei Absicht auch eine Strafe vorsahen.

Wirkungen der Variation von Bedingungen. Die Tabelle 1 zeigt im wesentlichen die vorgenannten Ergebnisse an den mittleren Urteilen der drei Gruppen für Ersatz und Strafe aus den beiden Perspektiven, wenn nur die Verschulden-Information vorgegeben wurde. Man sieht in Tabelle 1, dass mit zunehmendem Verschulden der Ersatz zunimmt und die Strafe-Urteile gegebenenfalls auch (in Abhängigkeit von der jeweiligen Gruppe). Alle Gruppen gaben ungefähr gleichviel Ersatz für einen versehentlich entstandenen Schaden. Die Zunahme des Ersatzes bei höherem Verschulden hing also sowohl von der spezifischen Gruppenzugehörigkeit als auch von der Perspektive ab. Die größten Zunahmen hatte die Nur-Ersatz-Gruppe aus der Käufer-Perspektive auf 658 DM und die Gruppe der nur bei Absicht Strafenden auf 482 DM aus der Verkäufer-Perspektive.

Tabelle 1: Mittlere Ersatz- und Strafe-Urteile in DM für einen Schaden von 500 DM von je drei Gruppen aus Käufer- oder Verkäufer-Perspektive für drei Verschulden-Stufen im Gebrauchtwagen-Szenario (Vers. = Versehentlich; Fahr. = Fahrlässig; Absi. = Absichtlich)

Gruppen		Urteils-Skala	Käufer-Perspektive				Verkäufer-Perspektive			
			N	Vers.	Fahr.	Absi.	Vers.	Fahr.	Absi.	N
Auch Strafe	Genereller	Ersatz	19	384	492	553	279	283	388	12
		Strafe		***21***	***37***	***413***	***8***	***0***	***167***	
	Nur bei Absicht	Ersatz	32	360	483	592	289	423	482	33
		Strafe		***0***	***0***	***639***	***0***	***0***	***176***	
Nur-Ersatz		Ersatz	36	354	503	658	251	324	397	43
		Strafe		***0***	***0***	***0***	***0***	***0***	***0***	

Zumessungsschemata. Damit Ersatz und Strafe als unterschiedliche, jeweils eigenständige Zumessungsschemata anzusehen waren, mussten die in den Mittelwertmustern sichtbaren Urteilsstrukturen voneinander verschieden sein. Dazu waren die mit den anderen Informationen (Mitschuld und Entschuldigung) kombinierten Verschuldensvarianten des Gebrauchswagenszenarios zu analysieren. Die an den Urteilsunterschieden bei jeweils konstantem Verschulden festgestellten Wirkungen der beiden anderen Informationen führten zu folgenden Ergebnissen:

a) Die Mittelwertmuster für die beiden Urteilsarten der Duplex-Response, Strafe bzw. Ersatz, bei Vergabe seitens der „Verteiler" unterschieden sich erheblich. Das zeigte sich statistisch an den statistisch hoch signifikanten ($p<.001$) Response-Interaktionen für die Haupteffekte von Verschulden, Mitschuld und für die Interaktion von Verschulden mit Mitschuld und für die von Verschulden mit Entschuldigung.

b) Beim Ersatzurteil stellte sich für die Interaktion von Verschulden mit Mitschuld eine zur Absicht hin konvergierende (abnehmende) oder über die drei Verschulden-Stufen fassförmige (bei Fahrlässigkeit am größten und bei den anderen kleiner ausfallende) Wirkung der Mitschuld ein. Das galt auch für die Probanden, die nur Ersatzurteile abgaben. Jedoch war der Mitschuld-Effekt bei ihnen stets am größten bei der fahrlässigen Verschuldensstufe (fassförmiger Verlauf der Interaktion).

Eine algebraische Beschreibung der Ersatzurteile könnte durch den Quotienten „Mitschuld / (Mitschuld + Verschulden)" erfolgen, der dem haftungsrechtlichen Modell des Verursachungsanteils (Summenanteilsmodell) ähnlich ist. Jedoch zeigten die Wirkungen weniger komplex zusammengesetzter Bedingungskombinationen, die in drei der sechs Gruppen stärker ausgeprägt waren als in den Dreier-Kombination aus Verschulden, Mitschuld und Entschuldigung, dass das adäquate Modell auch Gewichtungsparameter im Sinne des Durchschnittsbildungsmodells der Informationen-Integrations-Theorie enthalten müsste.

c) Anders verhielt es sich wieder bei den Strafurteilen. Selbst bei den 31 Probanden (von 175 Probanden), die die Strafe nicht nur bei Absicht verwendeten, divergierte die Wirkung der Mitschuld zur Absichtlich-Bedingung hin, so dass der Effekt bei Absicht 106 DM betrug und bei Fahrlässigkeit nur 29 DM und bei Versehen nur 22 DM. Dieser non-additive divergierende Zusammenhang von Mitschuld und Verschulden war unabhängig von der Urteiler-Perspektive, galt also generell. Für die Bestrafung kam als Beschreibung gemäß anderer Studien nur das Durchschnittsbildungsmodell in Frage.[9] Jedoch stützten die diesbezüglichen Befunde in dem hier berichteten Experiment nicht überzeugend das Durchschnittsbildungsmodell für die Strafe, da die Beurteilungen der einfachen Stimulus-Bedingungen nicht quantitativ größere Wirkungen aufzeigten als in den Beurteilungen der kombinierten Bedingungen.

d) Für die Interaktionen von Verschulden mit Entschuldigung ergaben sich ebenfalls divergierende Verläufe aber nur bei der Strafe. Bei den genereller Strafenden aus der Käufer-Perspektive wuchs der Effekt von 116 DM über 156 DM auf 226 DM von Versehen über Fahrlässigkeit zur Absicht an und aus der Verkäufer-Perspektive von 17 DM über 38 DM auf 46 DM. Dem Fehlen einer Wirkung von Entschuldigung auf die Ersatz-Urteile aus der Käufer-Perspektive stand eine umgekehrte Wirkung aus der Verkäufer-Perspektive gegenüber, wonach bei Entschuldigung mehr Ersatz erfolgen (z.B. 442 DM bei Absicht) würde als bei fehlender Entschuldigung (z.B. 350 DM bei Absicht, jeweils von den genereller Strafenden). Aber bei den Strafe-Urteilen aus der Verkäufer-Perspektive reduzierte Entschuldigung die Strafe (man könnte meinen: Weil ja schon mehr Ersatz zugebilligt wurde) ebenso wie

9 Hommers, W. (1989). Die empirische Gültigkeit impliziter Theorien des rechtlichen Denkens als Fragestellung der Rechtspsychologie. In D. Dörner & W. Michaelis (Hrsg.), Idola fori et idola theatri. Festschrift aus Anlaß der Emeritierung von Prof. Dr. phil. et Dr. med. Hermann Wegener (S. 191–217). Göttingen: Hogrefe. Auch obige Fn. 8.

bei den Strafe-Urteilen aus der Käufer-Perspektive (allerdings weniger: Statt 220 DM nur 46 DM bzw. 24 DM).

Vergleich mit den Emotionen-Urteilen. Die Beurteilungen der sechs Emotionen wurden auf mehrere Arten mit den Ersatz- oder Strafe-Urteilen in Beziehung gesetzt oder verglichen. Die varianzanalytischen Auswertungen der sechs Emotionsurteile ergaben hinsichtlich der Stimulus-Interaktionen, dass die beiden für die Stützung der Zwei-Schemata-Hypothese kritischen Interaktionen, Mitschuld mit Verschulden und Verschulden mit Entschuldigung, nicht in den Emotionen-Beurteilungen präsent waren.

Entschuldigung war die eher bei „Käufern" spezifische Emotionen auslösende Stimulus-Information und Mitschuld eher bei „Verkäufern" die spezifische auf Emotionen wirkende Information.

Die Haupteffekte von Entschuldigung (20 von 24 Möglichkeiten) und Verschulden (19 von 24) traten in der Käufer-Perspektive überwiegend auf. Mitschuld wirkte sich dagegen nur 8mal (von 24) statistisch gesichert ($p<.01$) aus. Aus der Verkäufer-Perspektive ergab sich das aber nicht. Hier war zwar auch der Verschulden-Haupteffekt überwiegend gesichert (18mal von 24 Tests), aber nun war der Mitschuld-Haupteffekt 19mal von 24 Tests signifikant. Dafür war der Haupteffekt von Entschuldigung nur 5mal gesichert. In allen Tests hatte dagegen die Gruppierungsvariable Nur-Ersatz-Forderer versus Verteiler keinen Einfluß auf Haupteffekte oder Interaktionen in den Emotionsurteilen.

Beziehungen zu Urteilen über Verursachung und Gut-Böse. Die Beurteilungen der Verursachungsattribution und von Gut-Böse des Verkäufer-Handelns zeigten in den Korrelationen der Urteile, dass Ersatz in den individuellen Unterschieden der Attribution erheblich näher stand als den anderen Urteilsvariablen. Strafe schien dagegen insgesamt mit keiner der beiden Urteile verwandt zu sein. Das war auch in den für einzelne Verschulden-Stufen spezifischen (lokalen) Wirkungen der Mitschuld und der Entschuldigung erkennbar (Tabelle 2 folgend). Verkäufer zeigten in den Korrelationen der individuellen Unterschiede eine deutlich höhere Ausrichtung an den Emotionen als die Käufer. Strafe und Ersatz korrelierten nur bei Absicht und zwar nur 3mal von 9 Möglichkeiten. Somit bestätigte sich auch hier die Zwei-Schema-Hypothese.

Bei Nur-Ersatz-Urteilern aus der Käufer-Perspektive korrelierte ($p<.05$) Ersatz mit Attribution in 24 von 36 Stimuli, dagegen nur 6mal mit Gut-Böse und 19mal von $6 \times 36 = 216$ Emotionsurteilen; bei den Verteilern 29mal von 36 mit Attribution, 13mal von 36 mit Gut-Böse und 37mal mit den 216 Emotionsurteilen. Strafe korrelierte dagegen mit Attribution nur 5mal, mit Gut-Böse 9mal von je 36 und 49mal mit den 216 Emotionsurteilen. Mit Nur-Ersatz-Urteilern aus der Verkäufer-Perspektive gab es 35 signifikante Korrelationen von Ersatz mit Attribution, 16 mit Gut-Böse und 89 mit Emotionsurteilen; bei den Verteilern aus Verkäufer-Perspektive gab es 30, 9 und 87 signifikante Korrelationen mit Attribution, Gut-Böse oder Emotionen. Strafe korrelierte auch hier nur 5mal mit Attribution, 6mal mit Gut-Böse und 16mal mit Emotionsurteilen.

Das Ersatz-Urteil konnte 10mal („Käufer") bzw. 25mal („Verkäufer") von 36 Stimuli mit multipler Regression signifikant aus den anderen Urteilen ohne Strafe aufgeklärt werden. Die Strafe-Urteile konnten dagegen nur 4- bzw. 1mal mit multipler Regression aus den anderen Urteilen ohne Ersatz signifikant vorhergesagt werden.

Die Tabelle 2 stellt die Struktur der Mitschuld-Verschulden- und der Entschuldigung-Verschulden-Interaktionen anhand der lokalen Wirkungen nach individueller Standardisierung der Urteilsvariationen dar. Bestätigt zeigt sich dort, dass Ersatz-Urteile auf die Verursachungsanteile zurückgeführt werden können, da sich die lokalen Wirkungen der Mitschuld bei Versehen, Fahrlässig und Absicht in den beiden Zeilen für das Ersatz-Urteil im linken Teil der Tabelle 2 unabhängig von der Urteiler-Perspektive genauso konvergierend (zur Absicht kleiner werdend) bzw. fassförmig (bei Fahrlässig maximal zu den beiden anderen Stufen) verhielten wie die in den Attribution-Zeilen. Dagegen war das Muster in den Zeilen für Gut-Böse deutlich anders. Strafe-Urteile können dagegen im linken Teil von Tabelle 2 wegen solchermaßen „paralleler" Verläufe weder auf Verursachungsattributionen noch auf Gut-Böse-Beurteilungen zurückgeführt werden. Außerdem war keine derartigen oder anderen Regelmäßigkeit in den lokalen Wirkungen von Entschuldigung auf die Verschulden-Stufen (rechter Teil von Tabelle 2) erkennbar.

Tabelle 2: Lokale, individuell standardisierte Wirkungen von Mitschuld und Entschuldigung pro Verschulden-Abstufung in vier Urteilsvariablen für die Gruppe „Nur Ersatz" und für die Gruppe „Verteiler".

	Nur-Ersatz-Gruppe					
Urteils-variable	Lokale Mitschuld-Effekte bei			Lokale Entschuldigung-Effekte bei		
	Versehen	Fahrlässig	Absicht	Versehen	Fahrlässig	Absicht
Ersatz	.92	.84	.56	.15	.10	.26
Strafe	–	–	–	–	–	–
Gut-Böse	.12	.11	–.12	.23	.21	.04
Attribution	1.08	1.00	.80	.20	.10	.12
	Verteiler-Gruppe					
	Lokale Mitschuld-Effekte bei			Lokale Entschuldigung-Effekte bei		
	Versehen	Fahrlässig	Absicht	Versehen	Fahrlässig	Absicht
Ersatz	.69	.89	.45	–.02	–.06	–.05
Strafe	.09	.16	.60	.05	.10	.57
Gut-Böse	.16	.17	.15	.22	.26	.12
Attribution	.94	1.05	.60	.17	.03	.14

Anmerkungen zu Tabelle 2: Im linken Teil sind die über die Entschuldigung-Stufen gemittelten lokalen Mitschuld-Effekte nach individueller Standardisierung der Urteile aufgelistet, im rechten Teil die über die Mitschuld-Stufen gemittelten lokalen Entschuldigung-Effekte. Eine individuelle Standardisierung der Urteile erfolgte wegen der hohen Abhängigkeit der Streuungen von den Bedingungskombinationen, um die verschiedenen Skalen miteinander vergleichbar zu machen.

Diskussion

Allgemeines und Interindividuelles

Mit der Duplex-Rsponse traten die Beurteilungs-Schemata von Strafe und Ersatz deutlich unterschiedlich hervor, was nicht nur den Strukturen gesetzlicher Unterscheidungen nahe kam, sondern auch frühere Ergebnisse mit der Duplex-Response bestätigte[10]. Sichtbar war die Verschiedenheit der beiden Schemata hier in den jeweils in spezifischer Form in Strafe- und Ersatz-Urteilen auftretenden divergierenden (Strafe) sowie konvergierenden und fassförmigen (Ersatz) Interaktionen von Verschulden mit Mitschuld und Verschulden mit Entschuldigung. Diese traten darüber hinaus nicht in den Emotionen-Beurteilungen oder den Gut-Böse-Beurteilungen auf. Jedoch waren die Attributionsurteile in der Verschulden-Mitschuld-Interaktion teilweise sehr ähnlich zu den Ersatz-Urteilen strukturiert, so dass das Ersatz-Schema attributionsnah ist, indem es – wie im Zivilrecht vorgesehen – Verantwortlichkeitsrelationen einbezieht. Darin bestand ein allgemeines, auf Verarbeitungsprozesse bezogenes Ergebnis.

Ein weiteres denkbares allgemeines Ergebnis wäre die Bestätigung der strafrechtlichen Grundsatzregel „Strafe nur für Absicht" gewesen. Diese Regel traf zwar für eine große und von der Urteiler-Perspektive unabhängige Zahl von 37 % der Urteilenden mit ihrem intuitiven Urteils-Schema zu, aber die restlichen Probanden demonstrierten, dass es sich bei dieser Regel nicht um einen allgemeingültigen Verarbeitungsprozess von urteilsrele-

10 Hommers, W. (1990). Strafe und Schadensersatz: Zur Entwicklung zweier Urteilsschemata. Zeitschrift für Entwicklungspsychologie und Pädagogische Psychologie, 22, 75–86. Hommers, W. & Endres, J. (1989). Zur Wirkung der Entschuldigung auf verbundene Urteile über Schadensersatz und Strafe. Zeitschrift für experimentelle und angewandte Psychologie, 36, 433–452.

vanter Information handelt, sondern um einen Fall interindividueller Variation. Denn auch Fahrlässig wurde von einigen Urteilenden bestraft. Diese interindividuell variierenden punitiven Tendenzen kamen darüber hinaus, wie von rechtsgeschichtlichen oder angelsächsischen Quellen zu erwarten war, aber auch in Überkompensationen bei absichtlicher Schädigung vor, was allerdings auf die aus der Rolle des Geschädigten (Käufer-Perspektive) Urteilenden beschränkt blieb.

Eine weitere im Anspruch allgemeingültig in der Sozialpsychologie aufgestellte These „Strafe für nicht erfolgten Ersatz"[11] kann auch nicht als generell gültige These aufrechterhalten werden. Denn gerade bei absichtlicher Schädigung wurde von den Verteilern (immerhin 59 % bzw. 51 %) voll kompensiert und trotzdem teils heftig, allerdings von der von den Urteilern rollenhaft eingenommenen Urteiler-Perspektive abhängig bestraft. Lediglich bei verteilenden Urteilern aus der Verkäufer-Perspektive war in dem umgekehrten Effekt der Entschuldigung auf die Ersatz-Urteile zu dem Effekt auf die Strafe-Urteile eine Bestätigung für die Regel Strafe für entgangenen Ersatz zu sehen. Denn bei Entschuldigung wurde von diesen Probanden mehr Ersatz vom Verkäufer zuerkannt und weniger Strafe akzeptiert als bei ausbleibender Entschuldigung.

Gemäß den Ergebnissen bestehen insgesamt also erhebliche, über die reine Urteilsstrenge hinausgehende interindividuelle Unterschiede in der Handhabung von Strafe und Ersatz. Sinnvoll erscheint es daher, dass rechtliche Regelungen existieren, die die variable Individualität der Handhabung von Strafe und Ersatz einschränken.

11 Oswald, M. (1989). Schadenshöhe, Strafe und Verantwortungsattribution. Zeitschrift für Sozialpsychologie, 20, 200–210.

Vergleich mit viktimologischen Befunden

Der Vergleich mit einer viktimologischen Arbeit erscheint interessant. In ihr wurde variiert, ob die Wiedergutmachung ohnehin vorgesehen war oder nicht, so dass es darum ging, ob zusätzlich noch irgendeine Form von Strafe angewendet werden sollte.[12] Beim am ehesten passenden dortigen Beispielsfall eines Einbruchdiebstahls in eine Gartenlaube mit Entwendung von 1000 DM Werkzeug wurde von 25 % der repräsentativen Stichprobe aus den alten Bundesländer nach vorgesehener Wiedergutmachung auf weitere Sanktionen verzichtet. Mit Personen der neuen Bundesländer ergaben sich geringere Prozentsätze des Verzichts auf weitere Sanktionen nach erfolgter Wiedergutmachung (z. B. ca. 16 %). Wenn allerdings die Wiedergutmachung nicht ohnehin vorgesehen war, begnügten sich spontan nur 1,2 % (bzw. 1,4 %) mit der alleinigen Wiedergutmachung. Durch eine schon als Ausgangspunkt der weiteren Beurteilung vorgesehene Wiedergutmachung reduzierten sich die Häufigkeiten von Freiheitsstrafe oder Geldstrafe von 57 % auf 36 % (bzw. 73 % auf 54 %). In der Teilstichprobe von Opfern solcher Straftaten erklärten sich ca. 23 % (bzw. 15 %) mit der alleinigen Wiedergutmachung zufrieden, weitere 30 % wollten Strafe und Wiedergutmachung. Eine vorgegebene Ersatzleistung reduzierte also Strafbedürfnisse bei vielen, aber nicht bei allen. Zwei Teilergebnisse sind vergleichbar.

Den 36 % (alte Bundesländer) bzw. 54 % (neue Bundesländer) dort Strafe Anwendenden bei vorgegebener Wiedergutmachung standen hier 59% (Käufer-Perspektive) bzw. 51 % (Verkäufer-Perspektive) zumindest bei absichtlicher Schädigung Strafe anwendende Urteiler gegenüber. Strafe wurde aber von 22 % der aus Käufer-Perspektive Urteilenden auch bei Fahrlässigkeit des Verkäufers vergeben oder auch dann, wenn der Verkäufer sich nicht

12 Pfeiffer, C. (1993) Opferperspektiven. Wiedergutmachung und Strafe aus der Sicht der Bevölkerung. In P.-A. Albrecht et al. (Hrsg.) Festschrift für Horst Schüler-Springorum (S. 53–81). Köln: Heymanns.

für eine versehentliche Schädigung entschuldigte, allerdings war das Strafausmaß dann erheblich geringer als bei absichtlicher Schädigung durch den Verkäufer. Als verallgemeinerte Hypothese hieße das: Täter akzeptieren „milde" Strafen bei Absicht und Geschädigte fordern einerseits höhere Strafe, als Täter akzeptieren, und weiterhin fordern einige aus der Rolle des Geschädigten auch in geringem Ausmaß Strafe bei Fahrlässigkeit und sonstigem Fehlverhalten des Täters (keine Entschuldigung nach der Tat). Ein geregelter Ausgleich zwischen den Beteiligten aus einer neutralen Drittinstanz ist also notwendig.

Den dort 23 % (bzw. 15 %) vorgefundenen mit der alleinigen Wiedergutmachung zufriedene Geschädigte und den 1,2 bzw. 1,4 % der repräsentativen Stichprobe mit spontaner Beschränkung auf Wiedergutmachung standen hier 51 % (Käufer-Perspektive) bzw. 59 % (Verkäufer-Perspektive) gegenüber, die sich von den Fallvarianten unabhängig auf Ersatz für den Geschädigten beschränkten. Bei absichtlicher Schädigung wendeten sie häufig Überkompensationen an, welche eine lange und andernorts noch heute praktizierte Tradition haben. Möglicherweise lag dieser doch erhebliche Unterschied zwischen der viktimologischen und der hier berichteten Studie an der unterschiedlichen Stichprobengewinnung, die bei der hier berichteten Untersuchung diesbezüglich keine Repräsentativität beanspruchen kann.

Jedoch würde mit einem etwaigen Repräsentativitätsmangel dieser Studie die Gültigkeit in Hinsicht auf die Befunde über zwei unterschiedliche allgemeine Schemata und die Existenz erheblicher interindividueller Unterschiede nicht in Frage gestellt.

Ute Waschulewski

„Zwölf Personen, die man von der Strasse hergebracht hat …“[1] – Sozialpsychologische Betrachtungen zum U.S.-amerikanischen Geschworenensystem

1. Einleitung

Das U.S.-amerikanische Rechtssystem stellt seit jeher ein interessantes Gebiet für Psychologen und Sozialwissenschaftler dar [man denke an Hugo Münsterbergs Pionierarbeit „On the Witness Stand“ (1908) oder das klassische Werk von Kalven und Zeisel „The American Jury“ (1966)]. Besonders ergiebig für Sozialpsychologen scheint die Betrachtung der Arbeit der Geschworenen zu sein, vielleicht, weil sich in ihrer Art der Urteilsfindung der soziale Einfluss, der auf ein Individuum wirken kann, deutlich widerspiegelt (vgl. Aronson, 2004). Kassin & Wrightsman (1985) spinnen den Faden noch weiter:

> Psychologists have left no stones unturned in their quest to understand such diverse phenomena and processes as […] trial advocacy, jury decision making, civil commitment, sentencing and parole. One phase of criminal and civil justice that has attracted considerable if not disproportionate amounts of attention is the courtroom trial. Perhaps it is its inherently theatrical appeal that is responsible for such widespread interest and curiosity (Kassin/Wrightsman, 1985, S. 7).

1 Ausschnitt aus einem Kommentar des Kanzlers der Harvard Law School nach Kalven & Zeisel (1966) (zit. nach Aronson et al., 2004, S. 603). Siehe dazu auch Abschnitt 3. Kritik am Geschworenensystem.

Aber auch in Film und Literatur sind die Vorgänge im „courtroom“ und um die Geschworenen gern und eindrucksvoll aufgegriffen worden:

> We can „all evoke an equally lucid, well-worn image of ‚Henry Fonda justice‘ (Twelve Angry Man) in which the highly moral, principled, and fair-minded citizen stands alone on the jury, asserts his individualism, and ultimately persuades his eleven trigger-happy peers that there is a reasonable doubt about the defendant's culpability“ (Kassin/Wrightsman, 1985, S. 7).

Aus diesem Grunde sollen die in diesem Aufsatz vorgestellten sozialpsychologischen Erklärungsmodelle anhand von Passagen aus John Grishams „Das Urteil“ (2004) und Sidney Lumets „Die zwölf Geschworenen“ (1957) illustriert werden. Doch zunächst eine kleine Einführung in die Sozialpsychologie:

Die Sozialpsychologie befasst sich mit „den psychischen Grundlagen, Bedingungen und Wirkungen menschlichen Verhaltens und Erlebens unter der besonderen Berücksichtigung sozialer Einflussfaktoren“ (Thomas, 1992, S. 5). Dabei lassen sich die sozialen Einflussfaktoren in die „tatsächliche“, die „vorgestellte“ und/oder die „implizite“ Anwesenheit anderer Menschen differenzieren (Allport, 1954, zit. nach Lück, 1993, S. 20). Die tatsächliche Anwesenheit anderer Menschen beeinflusst das Denken, Fühlen und Handeln des Menschen nachgewiesenermaßen. So hat beispielsweise Triplett (1897) in einem frühen Laborexperiment zeigen können, dass die körperliche Anwesenheit eines Konkurrenten (einen zumeist steigernden) Einfluss auf die Leistungen eines Probanden nimmt (vgl. Lück, 1993). Auch die vorgestellte Anwesenheit anderer Personen übt Einfluss aus. So könnte es ein Geschworener unterlassen, sich mit nicht am Prozess Beteiligten über den Fall zu unterhalten, weil er die mahnenden Worte des Richters noch im Ohr hat. Schließlich kann sogar die implizite Anwesenheit anderer Einfluss auf einen Menschen nehmen. Als Mitglied einer Gruppe ist man „unterschiedlichen Erwartungen ausgesetzt, je nachdem, welche Stellung oder Position“ man innehat. „Die Gesamtheit dieser Erwartungen bezeichnet man als Rolle" (Marmet, 1999, S. 31). Je höher die Position ist, die ein Individuum in einer Gruppe einnimmt, desto mehr wird von ihm erwartet, dass er die damit verknüpften Erwartungen verinnerlicht hat und „lebt". Ein Staatspräsident, der sich nicht mit seiner Rolle identifiziert, könnte nicht lange an der Macht bleiben (vgl. Thomas, 1991). Mit der impliziten Anwesenheit anderer Menschen sind folglich die, an die jeweilige soziale Position geknüpften Erwartungen gemeint, die man mehr oder weniger verinnerlicht hat und die somit das eigene Denken, Fühlen und Handeln beeinflussen, ohne dass tatsächlich jemand anwesend sein muss oder man sich konkrete Personen vorstellt.

2. Grundtatsachen des U.S.-amerikanischen Rechtssystems

Das amerikanische Recht zählt zur Familie des „common law", wurzelt im englischen Recht und grenzt sich damit vom „civil law", dem kontinental-europäischen Rechtssystem, das sich aus dem römischen Recht ableitet, ab (vgl. Hay, 2002; Blumenwitz, 2003). Zur englischen Rechtstradition gehört der Einsatz von Geschworenen in Gerichtsverfahren. Die Auswanderer, die die erste Siedlung in Nordamerika (Jamestown, Virginia) begründeten, nahmen diese Tradition mit in die neue Welt (vgl. Aronson, 2004). Das Recht auf eine Gerichtsverhandlung mit dem Einsatz einer Jury ist seitdem tief im amerikanischen Demokratieverständnis verankert. Der 5., 6. und 7. Zusatzartikel zur amerikanischen Verfassung garantiert das Recht auf eine Jury in allen strafrechtlichen und zivilrechtlichen Fällen (über 20 Dollar). Dieses Recht wurde zusätzlich in die Verfassungen der einzelnen Staaten in den USA aufgenommen. In England, Schottland, Wales und Kanada besteht dieses uneingeschränkte Recht auf ein Jury-Verfahren nicht. Hier wird der Einsatz des Geschworenensystems als ein Privileg und nicht als ein Grundrecht verstanden. Diese Länder machen auch viel weniger Gebrauch von Geschworenen in zivilrechtlichen Fällen, sie sind hier nahezu verschwunden. Schätzungen besagen, dass 80% aller Geschworenenverfahren weltweit in den USA stattfinden.

U.S.-amerikanische Jurys besitzen zudem mehr Macht und mehr Ermessensspielraum als englische oder kanadische Geschworene. Die Väter der amerikanischen Verfassung (Adams, Jefferson etc.) vertraten die Ansicht, dass die Geschworenen sowohl über Fakten entscheiden als auch Recht sprechen können sollten. Das sollte sowohl für zivilrechtliche als auch für strafrechtliche Verfahren gelten. In der Diskussion zu ihrer Verfassung beschlossen die Amerikaner darüber hinaus, dass zu einem Recht auf einem Gerichtsverfahren mit Geschworenen auch das Recht der Zurückweisung bestimmter Juroren gehörte. In einer Anhörung im Vorfeld des Gerichtsverfahrens, dem „voir dire" sollten die Verteidiger das Recht besitzen, Juroren sowohl wegen ihrer allgemeinen Einstellungen/Haltungen als auch wegen spezifischer Interessen an einem Fall zurückweisen zu können.

Seit dem Ende des 19. Jahrhunderts jedoch begann die Begeisterung für das Geschworenensystem zu schwinden und man versuchte nach und nach die Macht der Jury zu beschneiden. Ein Jahrhundert später, in den 1970er Jahren, evaluierte der „Supreme court" zwei traditionelle Aspekte des Geschworenensystems in Strafrechtsprozessen und befand sie als nicht mehr notwendig. Dazu gehörte die Festlegung der Jury-Mitglieder auf zwölf Personen und die Auflage der Einstimmigkeit bei Geschworenenurteilen (ein Mehrheitsurteil wurde als ausreichend erklärt). In Zivil- und Strafprozessen hat der Einsatz von Geschworenen seitdem ständig abgenommen. Nichtsdestoweniger behandeln die Geschworenen eine zunehmend größere Prozentzahl von umstrittenen Fällen, beispielsweise solchen in denen die Angeklagten ihre Unschuld beteuern (vgl. Hans/Vidmar, 1986).

3. Kritik am Geschworenensystem

> Who is right – those who see the jury as a barbaric relic, a bastion of bias and incompetence, or those who view the jury as a lamp of liberty? (Hans/Vidmar, 1986, S. 19).

Kritiker führen an, dass die Geschworenen obwohl sie einst eine wichtige Komponente des Strafrechtssystems darstellten, an Bedeutung verloren haben. Jurys entschieden immer weniger zivilrechtliche Fälle und bis Mitte der 1980er Jahre nur noch 8% aller Strafrechtsfälle. Die restlichen Fälle wurden durch Richter oder Prozess-Verabredungen (plea-bargaining) entschieden (vgl. Hans/Vidmar, 1986). Die Gegner dieses Systems hinterfragen darüber hinaus die Kompetenz und die Fairness der Juroren. Ketzerisch wird behauptet, dass nur solche Menschen Geschworene werden, die zu dumm waren, sich davor zu drücken. Geschworene werden bestenfalls als 12 Personen durchschnittlicher Unkenntnis (ignorance) bezeichnet. Kalven & Zeisel (1966) zitieren den Kanzler der Harvard Law School mit den Worten:

> Warum sollte jemand glauben, dass 12 Personen, die man von der Straße hergebracht hat und die auf verschiedene Weise ausgesucht wurden, auch auf Grund des Fehlens allgemeiner Fähigkeiten, irgendwelche besonderen Fähigkeiten haben, über Kontroversen zwischen Menschen zu befinden? (Kalven & Zeisel, 1966 zit. nach Aronson et al., 2004, S. 603).

In einigen Prozessen sind Jurys nachweislich zu falschen Entscheidungen gelangt. Kalven & Zeisel (1966) führen an, dass Richter in Geschworenenprozessen zu 25% nicht mit den von den Juroren abgegebenen Urteilsspruch übereinstimmten (vgl. Aronson et al., 2004). Die Hauptkritikpunkte an den Geschworenen lauten folglich Inkompetenz, Voreingenommenheit und Unkenntnis der Gesetze (vgl. Hans/Vidmar, 1986). In den 1990er Jahren haben Prozessbeobachter sowohl das Geschworenensystem an sich kritisiert, als auch in Zweifel gezogen, dass die Jurymitglieder komplexe Beweislagen verstehen und objektiv zu ihren Urteilen gelangen können. Adler (1994) empfiehlt in komplexen zivilen Rechtsstreitigkeiten von Geschworenenverfahren abzugehen (vgl. Aronson et al., 2004; Hans/Vidmar, 1986).

Hippel (2005) korrigiert den vor allem im Ausland entstehenden Eindruck, Jury-Verfahren würden im amerikanischen Rechtsalltag nur eine untergeordnete Rolle spielen und in ihrer Bedeutung ständig abnehmen. Jury-Verfahren erfreuten sich nach wie vor großer Beliebtheit. Darüber hinaus betonen Befürworter des Geschworenensystems, dass obwohl die Jurys vielleicht nur eine geringe Anzahl an Fällen entscheiden, sie wichtige Auswirkungen auf das gesamte Strafrechtssystem haben. Die Einwilligung von Staatsanwaltschaft und Verteidigung zu einer Prozess-Verabredung hingen von ihrer Einschätzung ab, ob sie ihren Fall vor einer Jury gewinnen könnten. Zudem erhöhen Urteile von repräsentativen Jurys, vor allem in kontroversen Prozessen, die Legitimität des Prozesses in der Öffentlichkeit. Untersuchungen an Geschworenen selbst haben ergeben, dass die Teilnahme an einer Jury den Blick für das Justizsystem sowohl ausbildet als auch schärft. Juroren sind kompetent und unvoreingenommen, zumindest nicht stärker voreingenommen als Richter. Des Weiteren, verfügen Geschworenen über eine Flexibilität, wie sie Richtern nicht gegeben ist, und können sich somit besser auf die individuellen Fälle einlassen, da sie im Geheimen beraten und keine Gründe für ihre Urteile nennen müssen (vgl. Hans/Vidmar, 1986).

Der Sozialpsychologe Aronson (2004) bleibt in der Frage der Bewertung neutral, betont jedoch, dass Jury-Verfahren nicht perfekt sind und auf Grund sozialpsychologischer Erkenntnisse in vielen Fällen voraussehbar ist, dass sie „schief gehen" können. Er unterscheidet drei zentrale Phasen im Geschworenenprozess und führt an, dass es in jeder der drei Phasen zu Fehlern kommen kann. Zum einen durch die Art wie Juroren vor Prozessbeginn erworbene Informationen benutzen, des Weiteren durch die Art der Informationsverarbeitung während des Prozesses und schließlich durch die Art der Gruppenprozesse im Geschworenenraum.

4. Soziale Einflussfaktoren und ihre Wirkung auf die Geschworenen

4.1 Beeinflussbarkeit durch die Medien

Voreingenommenheit durch tendenziöse Medienberichterstattung: Viele (wahre, halbwahre oder unwahre) Informationen werden z.B. über Zeitungen, Rundfunk oder Fernsehen gestreut. Und so ist es möglich, dass die Geschworenen, durch das, was sie in den Medien erfahren haben, nicht mehr unvoreingenommen in den Prozess hineingehen. Selbst wenn die Informationen wahr sind, so sind sie häufig einseitig in ihrer Ausrichtung gegen den Verdächtigen, da Medienvertreter viele Informationen von der Polizei und der Bezirksanwaltschaft erhalten, die natürlich deren Sichtweise widerspiegeln. Je mehr man also über einen Fall in den Medien erfährt, desto mehr wird man gegen den Verdächtigen voreingenommen (vgl. Aronson et al., 2004).

Emotionale Beteiligung: 1990 wiesen Kramer, Kerr & Carroll nach, dass emotional getönte Publikationen, die die Stimmung in der Öffentlichkeit anheizten besonders zu Voreingenommenheit bei Geschworenen führten. Solche stimmungsmachenden Elemente können beispielsweise „unheimliche Details" über einen Mörder sein. Emotionale Berichterstattung führte zu einer signifikanten Erhöhung an Verurteilungen und das, obwohl den Geschworenen bekannt war, dass sie sich nicht durch irgendwelche Informationen, die sie vor dem Prozess erhalten hatten, beeinflussen lassen sollten (vgl. Aronson et al., 2004).

Unbewusste Beeinflussung durch Medieninformationen: Richter und Anwälte versuchen das Problem der Voreingenommenheit beispielsweise durch das voir dire-Verfahren zu lösen. Dabei haben Anwälte das Recht künftige Juroren vor dem Prozess nach ihrem Wissen über den Fall und auch zu ihren allgemeinen Werten,

Haltungen und Einstellungen hinsichtlich prozessrelevanter Themen zu befragen und voreingenommene Kandidaten zurückzuweisen[2]. Problematisch ist hier, dass den Geschworenen gar nicht bewusst ist, wie weit sie bereits (z.B. durch die Medien) beeinflusst worden sind und daher immer noch von sich denken,

2 Das voir-dire-Verfahren ist kein objektives Verfahren. Es unterliegt Verfälschungstendenzen. So können künftige Juroren in der Befragung absichtlich die Unwahrheit sagen. John Grisham beschreibt in seinem Roman „Das Urteil" detailliert den Prozess der Geschworenenauswahl in einem zivilrechtlichen Verfahren in dem die Frau eines an Lungenkrebs verstorbenen Rauchers einen Zigarettenhersteller auf Schadensersatz verklagen will.

> Die Verwendung von Fragebögen erleichterte die Auswahl der Geschworenen beträchtlich. Während Rohr (der Anwalt der Anklage, Anm. d. Verf.) im Gerichtssaal Fragen stellte, studierten anderswo Dutzende von Leuten die schriftlichen Antworten und strichen auf ihren Listen Namen durch (Grisham, 2004, S. 54). Der Fragebogen „enthielt Fragen wie: Rauchen Sie Zigaretten? Wenn ja wie viele Schachteln pro Tag und seit wann? Und wenn Sie rauchen, wollen Sie dann damit aufhören? [...] Hat ein Familienangehörtiger oder jemand den Sie gut kennen unter einer auf das Rauchen zurückzuführenden Krankheit gelitten? [...]. Glauben Sie das Rauchen die Ursache ist von (a) Lungenkrebs, (b) Herzkrankheiten, (c) Bluthochdruck, (d) nichts von alledem, (e) allen genannten Leiden?" (Grisham, 2004, S. 47). Nicolas (ein künftiger Geschworener, Anm. d. Verf.) „dachte über die letzte Frage nach und beantwortet sie dann mit einem Bleistift in einer säuberlichen, fast umständlichen Handschrift" [...]. „Er wollte ordentlich und nachdenklich wirken, intelligent und vorurteilsfrei, imstande, mit beiden Ohren zu hören, und zu fairen Entscheidungen fähig, ein Unparteiischer, den sie haben wollten (Grisham, 2004, S. 48).

Zu den oben genannten Aspekten kann zusätzlich der Gesichtspunkt der Antwortverfälschung im Sinne sozialen Erwünschtheit hinzu kommen. Aus Furcht vor sozialer Verurteilung (z. B. durch die anderen Jury-Mitglieder, den Richter oder die Anwälte) oder dem Wunsch unbedingt zur Gruppe der Geschworenen dazu zugehören kann es dazu kommen, dass Personen bewusst oder unbewusst konformes Verhalten zeigen und sich in ihren Verhaltensäußerungen (im Test oder in der Befragung) strikt an die aufgestellten Normen und Erwartungen halten (vgl. Bortz/Döring, 1995).

unvoreingenommen urteilen zu können (siehe auch oben Kramer et al. 1990; vgl. Aronson et al., 2004). Jacoby et al. (1989) führten ein Experiment zum Einfluss von unbewussten Gedächtnisinhalten auf Berühmtheitseinschätzungen durch; darin sollten die Probanden einen bestimmten Namen („Adrian Marr") als berühmt oder nicht berühmt beurteilen. Stießen die Teilnehmer nun auf den Namen Adrian Marr und konnten sich bewusst daran erinnern, dass er auf der zuvor gezeigten Liste gestanden hatte, konnten sie ihn leicht als nicht berühmt identifizieren. Fanden sie jedoch keinen bewussten Gedächtniseintrag, stuften sie ihn aufgrund des unbestimmten Gefühls den Namen „schon einmal irgendwie gehört zu haben" als berühmt ein. Diese Neigung der Probanden das Urteil „berühmt" abzugeben, kann als Beleg dafür gesehen werden, dass unbewusste Gedächtnisinhalte ihre Urteile beeinflussen (vgl. Zimbardo/Gerrig, 2004). In gleicher Weise könnten unbewusst aufgenommene Medieninformationen in die Beurteilung von schuldig vs. nichtschuldig hineinspielen.

Die angeordnete Nichtbeachtung von Informationen: Richter können versuchen Juroren zu instruieren, das aus den Medien Erfahrene nicht zu beachten. Empirische Untersuchungen haben jedoch gezeigt, dass Instruktionen dieser Art die Informationen aus den Medien nicht auslöschen können, sondern im Gegenteil die Wahrscheinlichkeit noch erhöhen, dass die Geschworenen sie in ihre Arbeit einfließen lassen. Es ist ausgesprochen schwierig etwas aus dem Hirn zu löschen, wenn man einmal davon erfahren hat, denn je mehr man versucht an irgendetwas nicht zu denken, desto mehr springt gerade dieses immer wieder in den Fokus der Aufmerksamkeit (vgl. Aronson et al., 2004). Nach Wegner (1992, 1994) hängt die erfolgreiche Unterdrückung von Gedankeninhalten von dem Zusammenspiel zweier Prozesse ab, einem automatisch ablaufenden Such- und einem willentlichen Kontrollvorgang. Befindet sich der Mensch nun in einem Zustand kognitiver Überlastung [ist er müde, abgelenkt oder unter (Zeit-)Druck], so kann der kontrollierende Operator seine Aufgabe nicht mehr vollständig wahrnehmen. Die unerwünschten Gedanken werden weiterhin aufgespürt und dringen ins Bewusstsein, nur werden sie jetzt nicht mehr vom Operator aufgehalten. Das führt dazu, dass die unerwünschten Gedanken verstärkt ins Bewusstsein gelangen (vgl. Aronson et al., 2004). Damit dürfte es auch Jury-Mitgliedern schwer fallen, mediengespeiste Gedankeninhalte auf Dauer willentlich zu unterdrücken.

Unerwartete Wirkung von Medienberichten: Die Verknüpfung des Namens einer Person mit negativen Eigenschaften oder Vorgängen kann eine negative Einstellung gegenüber dieser Person verursachen. Wegner et al. (1984) fanden heraus, dass Schlagzeilen in denen „jegliche Missetat einer Person" verneint wurde (z.B. „Bob Talbert hat keine Verbindung zur Mafia"), trotzdem einen negativen Eindruck über diese Person hinterließen. Die bloße Erwähnung des Namens und der kriminellen Vereinigung in einem Satz reichte aus, um in den Lesern Zweifel aufkeimen zu lassen. Das bedeutet, dass Medienberichte unerwartete Auswirkungen haben und deren Folgen schwer wieder ausgelöscht werden können. Die einzige Lösung besteht darin nur solche Juroren zu einem Prozess zuzulassen, die zuvor noch nichts über einen Fall gehört haben, was in berühmten Fällen fast unmöglich sein dürfte. Manchmal hilft es, den Prozess in eine Umgebung zu verlegen, in der es bislang wenig öffentliches Interesse daran gegeben hat (vgl. Aronson et al, 2004).

4.2 Beeinflussbarkeit durch die Akteure vor Gericht

> „Es ist ein schwerwiegender Fehler zu theoretisieren, bevor nicht alle Beweise vorliegen. Man wird voreingenommen und das beeinflusst das Urteilsvermögen" (Sir Arthur Conan Doyle: Sherlock Holmes, 1898 zit. nach Aronson, 2004, S. 66).

Menschen konstruieren Alltagstheorien um die Welt um sich herum zu interpretieren. Diese Theorien werden „Schemata" genannt. Schemata sind „kognitive Strukturen, die das Wissen über Personen, Objekte, Konzepte, Handlungen, und Ereignisse in abstrakter Form repräsentieren und Informationsverarbeitung, Erwartungsbildung und Handlungsabläufe steuern“ (Neisser, 1976 zit. nach Thomas, 1992, S. 244). Auch Geschworene arbeiten bei der Urteilsfindung mit Alltagstheorien. Die Schemata verhelfen ihnen dazu, sich schnell zu orientieren und Informationslücken aufzufüllen (vgl. Aronson et al., 2004).

Bei Prozessen versuchen sowohl Anklage als auch Verteidigung den Tathergang glaubhaft zu rekonstruieren. Dabei werden sich die Geschworenen für die „Geschichte“ entscheiden, die am besten dazu in der Lage ist, alle Beweise zu erklären. Sie wählen die Geschichte, die sich am ehesten mit ihrer Alltagstheorie in Übereinstimmung bringen lässt. Passt dann ein Urteil gut zu der ausgewählten Geschichte, werden sie vermutlich dafür stimmen (vgl. Aronson et al., 2004). Ankläger und Verteidiger haben zwei Methoden Beweise zu präsentieren: die „Ordnung nach der Geschichte“ und die „Ordnung nach den Zeugen“. Bei der Geschichtenreihenfolge werden die Beweise in der Abfolge, in der die Vorfälle sich abspielten, präsentiert. Bei der Zeugenreihenfolge, werden die Zeugen in der Abfolge präsentiert, in der sie die größte Wirkung versprechen. Das kann zu einer Abweichung von der chronologischen Reihenfolge führen. Bei dieser Methode würde ein Anwalt seinen besten Zeugen/seine beste Zeugin bis zum Ende aufsparen, um dann den Prozess mit einem dramatischen, erinnerungswürdigen Coup enden zu lassen.

> Sie erschien durch eine Seitentür, und der ganze Saal, in dem Männer in den mittleren Jahren in der Überzahl waren schien sich ein wenig zu versteifen, als sie am Richtertisch vorbeiging [...] und dann ihren Platz am Zeugentisch einnahm. Dr. McQuade war eine sehr schöne Frau, schlank und hochgewachsen, in einem roten, nur knapp knielangen Kleid, und mit blondem Haar [...]. Sie legte ihren Eid mit einem anmutigen Lächeln ab, und als sie die Beine übereinander schlug, hielt der ganze Saal den Atem an (Grisham, 2004, S. 387).

Pennington & Hastie (1988) konnten belegen, dass die Geschichtenreihenfolge die effektivere Präsentationsform ist. Wie Tabelle 1 zeigt, teilten die Geschworenen eher die Meinung der Ankläger (78 %), wenn diese ihre Beweise nach Ordnung der Geschichte präsentierten und die Verteidiger die Zeugenreihenfolge gewählt hatten. Wählten die Ankläger die Zeugenreihenfolge und die Verteidiger die Geschichtenreihenfolge, sank die Zustimmung auf 31 %.

Tabelle 1: Einfluss der Reihenfolge der Beweispräsentation auf das Urteil der Geschworenen

Prozentsatz der Geschworenen, die sich dafür aussprechen, den Angeklagten zu verurteilen		
Beweise der Anklage	*Beweise der Verteidigung*	
	Nach Ordnung der Geschichte	Nach Ordnung der Zeugen
Nach Ordnung der Geschichte	59 %	78 %
Nach Ordnung der Zeugen	31 %	63 %

Anmerkungen: Anwälte können ihre Fälle auf verschiedene Weisen vorstellen, Pennington & Hastie (1988) fanden heraus, dass die Geschichtenreihenfolge am besten funktioniert. In dieser präsentieren die Anwälte die Beweise nach Ordnung der Geschichte, die so eng wie möglich mit der Geschichte übereinstimmt, die sie die Geschworenen glauben machen wollen (in Anlehnung an Aronson, 2004, S. 606).

Pennington & Hastie (1990) vermuten daher, dass die hohe Urteilsrate (fast 80 %) in Schwerverbrecherprozessen in den USA darauf zurückzuführen ist, dass die Ankläger zumeist die Geschichtenreihenfolge wählen, während die Verteidigung die Zeugenreihenfolge präferiert (vgl. Aronson et al., 2004).

4.3 Beeinflussung durch Intragruppenprozesse

4.3.1 Einflüsse auf die Arbeitsfähigkeit

Gruppenbildungsprozesse: Bevor eine Gruppe wie die Jury sich ihrer inhaltlichen Arbeit widmen kann, muss sie in der Regel zunächst einige Intragruppenprozesse durchlaufen in denen sie sich die individuelle Struktur ihrer Gruppe erarbeitet. Strukturelemente sind beispielsweise Ziele, Normen, Rollen oder Themen (vgl. Marmet, 1999). Gruppen streben unter fast allen Bedingungen nach Strukturierung. Das geschieht gleichgültig, ob die Strukturierung von der Aufgabenstellung her erforderlich, erwünscht oder sogar kontraproduktiv ist. Es scheint für den Menschen schwierig zu sein, ungeklärte Situationen zu ertragen. Die Strukturierung beginnt beispielsweise bei der Festlegung der Rangverhältnisse und reicht bis zur Wahl der Sitzplätze (vgl. Sader, 1998). Man nimmt an, dass Gruppen im Rahmen ihrer Strukturierung bestimmte Phasen durchlaufen (vgl. Thomas, 1992). Das wohl bekannteste Entwicklungsschema wurde 1965 von Tuckmann aufgestellt. Danach ergeben sich vier Phasen: (1) Formierung (forming), (2) Sturm und Drang (storming), (3) Normierung (norming) und (4) Aufgabenorientierung (performing). In der ersten Phase (forming) machen sich die neuen Gruppenmitglieder miteinander bekannt und bekommen Einblick in die Aufgabe, die sie gemeinsam zu lösen haben.

> Die Geschworenen verteilten sich langsam im Zimmer, einige streckten sich oder gähnten, andere machten sich noch miteinander bekannt, die meisten plauderten über das Wetter. Bei einigen waren die Bewegungen und das Geplauder recht steif: Ein Verhalten, mit dem man rechnen musste, bei Leuten, die plötzlich mit ihnen bisher völlig Fremden in einen Raum gepfercht worden waren (Grisham, 2004, S. 78).

In der nächsten Phase (storming) brechen Konflikte und individuelle Differenzen zwischen den Mitgliedern auf und der Kampf um Status und Rollen beginnt.

> „Diese Statistiken kann man kaum ignorieren", sagte Nicolas und lächelte Jerry Fernandez an. Es war ein bewusster Versuch den Obmann (Herman Anm. d. Verf.) zu provozieren. „Das reicht", sagte Herman. „Was reicht, Herm?" „Das Gerede über den Prozess. Sie kennen die Anweisungen des Richters." „Ja, aber der Richter ist schließlich nicht hier, stimmt's? Es sei denn natürlich, sie erzählen es ihm." […] Es folgte eine lastende Pause, in der nur Stella Hulics Schmatzen zu hören war. Ganz offensichtlich hatte der kurze Wortwechsel zwischen den beiden Männern an den Nerven gezerrt [...] Aber Jerry Fernandez reichte es. „Könnten Sie bitte mit dem Schmatzen aufhören!" fuhr er Stella wütend an. […] Er funkelte sie an, als ob er sie am liebsten geschlagen hätte […] Sie war eine Sekunde fassungslos, dann betreten. Dann ging sie zum Angriff über. Ihr Gesicht färbte sich rot […] (Grisham, 2004, S. 157–158).

In der dritten Phase (norming) werden die Konflikte dann dadurch gelöst, dass versucht wird allseits akzeptierte Gruppennormen, Einstellungen und Rollendefinitionen zu schaffen.

> Dann als sie allein waren, fragte Nicolas: „Und was halten Sie von diesem Prozess?" […] Ist es okay, wenn wir darüber reden?" „Natürlich. […] Alle reden darüber, Henry. Das liegt in der Natur einer Jury. […]" „Und was denken die anderen?" „Ich glaube, die meisten haben sich noch nicht festgelegt. Das Wichtigste ist, dass wir zusammenhalten. Diese Jury muss unbedingt ein Urteil fällen, am besten einstimmig, aber wenigstens mit neun gegen drei für die eine oder die andere Seite. Ein Unentschieden wäre eine Katastrophe." Henry […] dachte darüber nach. […] aber wie die meisten Laien [...] hatte er kaum eine Ahnung von juristischen Dingen. […] Er vertraute Nicolas wie praktisch alle Geschworenen, weil Nicolas Jura studiert hatte und eine unglaubliche Begabung dafür bewies, Fakten und Probleme zu verstehen, die den anderen entgingen (Grisham, 2004, S. 401–402).

In der letzten Phase (performing) schließlich hat sich die Gruppe ein stabiles Muster persönlicher Beziehungen und aufgabenorientierter Funktionen erarbeitet, das ihr erlaubt ihre eigentliche Aufgabe wahrzunehmen (vgl. Forgas, 1999, S. 266).

> Sie nahmen ihre Plätze rund um den Tisch ein und starrten den leeren Platz am Kopfende an, den bisher Herman so stolz okkupiert hatte. „Ich glaube, wir brauchen einen neuen Obmann", sagte Jerry. „Und ich meine, das sollte Nicolas sein", setzte Millie rasch hinzu. Es bestand im Grunde keinerlei

> Zweifel darüber, wer der neue Obmann sein sollte. Niemand sonst wollte den Job, und Nicolas schien ebenso viel über den Prozess zu wissen, wie die Anwälte. Er wurde per Akklamation gewählt. Er trat neben Hermans bisherigen Stuhl und fasste eine Liste von Richter Hawkins Anweisungen zusammen. „Er will, dass wir uns das gesamte Beweismaterial einschließlich sämtlicher Dokumente ansehen, bevor wir mit der Abstimmung beginnen." (Grisham, 2004, S. 482)

Gruppen sind dynamische soziale Gebilde, nicht alle Gruppen durchlaufen alle Entwicklungsstufen, einige Phasen sind für bestimmte Gruppen möglicherweise unbedeutend oder müssen von ihnen immer wieder durchgemacht werden. Die Geschworenengruppe muss, bevor sie ihre eigentliche Arbeit aufnehmen kann viel Energie in den Gruppenbildungsprozess investieren. Wenn sie beispielsweise auch noch immer wieder in die konflikthafte Storming-Periode zurückfällt, da die persönlichen Beziehungen und die Machtstrukturen unter den Mitgliedern immer wieder auseinanderbrechen, geht Zeit und Energie verloren, die eigentlich in den Arbeitsprozess fließen müsste. Die Gruppe wird in ihrer Arbeitsfähigkeit beeinträchtigt (vgl. Thomas, 1992).

Homans Sympathie-Regel (1950): Auch die ständige (erzwungene) Begegnung und Zusammenarbeit zwischen den Jurymitgliedern birgt ein Konfliktpotential in sich. Homan stellte 1950 fest: „Wenn die Häufigkeit von Interaktionen zwischen zwei oder mehr Personen zunimmt, wachsen auch die gefühlsbedingten Einstellungen zwischen ihnen (‚sentiments increase too')" (Thomas, 1992, S. 81). Durch die häufigen Interaktionen zwischen den Geschworenen (manchmal ziehen sich Prozesse über lange Zeit dahin) treffen sie immer wieder aufeinander, was zu einem Anwachsen der gefühlsbedingten Einstellungen untereinander führt. Das gilt für positive wie für negative Einstellungen gleichermaßen. Wenn jemandem nun eine Person von Anfang an sympathisch ist, wird die zunehmende Interaktion wahrscheinlich diese Sympathie verstärken.

> Nicolas beugte sich ein wenig vor, aber nicht zu nahe heran. Auch sie [Rikki Coleman, Anm. d. Verf.] lehnte sich vor [...]. Sie genossen die Nähe und Intimität ihrer kleinen Unterhaltung; wie das bei körperlich attraktiven Menschen gelegentlich geschieht, fühlten sie sich zueinander hingezogen. Nur ein harmloser kleiner Flirt (Grisham, 2004, S. 96).

Ist jemandem aber eine Person von Beginn an unsympathisch, wird die gehäufte Interaktion eher dazu führen, dass sich die Antipathie vergrößert (vgl. Thomas, 1992; Lück, 1993).

> [...] Stella Hulic, die mit vollem Munde redete, schmatzend und mit großen Brotbrocken zwischen den Zähnen [...] war eine schlecht gekleidete gesellschaftliche Aufsteigerin, die den größten Teil der Prozesspausen damit verbrachte, die anderen elf davon zu überzeugen, dass sie und ihr Mann [...] mehr besaßen als alle anderen. [...] Sie rasselte ihren Text mit widerlich näselnder Stimme herunter [...]. Loreen verließ den Tisch bereits vor dem ersten Bissen. Ihr folgte Rikki Coleman mit einer fadenscheinigen Begründung [...]. Lonni Shaver musste plötzlich beim Lunch arbeiten. [...] Aber Jerry Fernandez reichte es. „Könnten Sie bitte mit dem Schmatzen aufhören!“ fuhr er Stella wütend an. [...] „Tut mir leid, okay? Es ist nur, dass sie so furchtbare Tischmanieren haben.“ [...] „Vielleicht gefallen mir ihre auch nicht“, sagte sie wütend [...] „Ich esse jedenfalls lautlos und behalte mein Essen im Mund“, sagte Jerry. [...] „Ich auch“, sagte Stella. „Nein, das tun sie nicht“, sagte Napoleon, der das Pech hatte, [...] Stella genau gegenüber zu sitzen. „Sie machen mehr Lärm als ein Dreijährige“ (Grisham, 2004, S. 156–158).

Die Antipathien unter den Geschworenen können zu Streitigkeiten und damit zu einer Beeinträchtigung der Arbeit führen. Auf der anderes Seite können die positiven gefühlsbedingten Eintellungen der Geschworenen untereinander, ebenfalls zu einer Beeinträchtigung führen, nämlich einer Verminderung ihrer Objektivität und Unabhängigkeit bei der Urteilsfindung.

> Wenn [der Anwalt der Verteidigung] „die Stimmen der Geschworenen durchging, fing er immer mit Rikki Coleman an“, sie würde sich Nicolas anschließen. [...] Sylvia schlief mit Jerry Fernandez. „Jerry und Nicolas waren dicke Freunde“. Der Anwalt „ging davon aus, dass die drei – Sylvia, Jerry und Nicolas – einheitlich stimmen würden. Loreen Duke saß neben Nicolas, und die beiden wurden oft dabei beobachtet, wie sie während des

> Prozesses miteinander flüsterten." Der Anwalt „glaubte, dass sie sich Nicolas anschließen würde" (Grisham, 2004, S. 332).

Isolation und konstanter Kontakt: Sowohl Übervölkerung als auch Isolierung rufen beim Menschen Störungen des Verhaltens hervor. Eine wichtige Voraussetzung für einwandfreies Sozialverhalten ist eine Umgebung, in der das Individuum mit anderen Menschen aus der eigenen und anderen Gruppen zusammenkommen kann und ein gewisses Maß an Privatsphäre erhalten bleibt. Extrembeispiele für ständige Kontakte bei sozialer Isolation sind Astronauten in einer Raumkapsel, die Besatzung von U-Booten oder Forscher in antarktischen Forschungsstationen. Gundersen und Nelson (1963) beobachteten Forscher in der Antarktis: Während des langen Winters traten bei ihnen körperliche und psychische Krankheitssymptome auf, wie z. B. Schlafsstörungen, Depressionen, Angstzustände und Reizbarkeit. Zusätzlich zeigte sich ein allgemeines Absinken der Gruppenleistung. Es war durch geringe Arbeitsfreude, unharmonische zwischenmenschliche Beziehungen und sich verschlechternde Gruppenarbeit gekennzeichnet (vgl. Mann, 1999). Natürlich sind Geschworene im Allgemeinen nicht solchen extremen Belastungen ausgesetzt. Gelegentlich wird jedoch die Isolation der Geschworenen durch den zuständigen Richter angeordnet, wobei sie eine Abschottung von der Außenwelt bei ständigen Zusammensein mit den anderen Juroren auszuhalten haben.

> „Die Isolierung einer Jury war eine seltene radikale Maßnahme, die erst durch außergewöhnliche Umstände erforderlich und fast nur bei sensationellen Mordprozessen angeordnet wurde." (Grisham, 2004, S. 187). Sie fuhren in einem gecharterten Bus, die vierzehn Geschworenen saßen über die Sitze verstreut. „Keine zwei saßen beieinander. Eine Unterhaltung fand nicht statt. Sie waren müde und mutlos, schon jetzt isoliert und eingesperrt, obwohl sie ihr vorübergehendes neues Heim noch gar nicht gesehen hatten. In den ersten beiden Wochen des Prozesses hatte die Vertagung um fünf Uhr nachmittags Entkommen bedeutet; sie waren sofort verschwunden und zurückgerannt in die Realität zurück nach Hause, zu ihren Kindern [...] Jetzt bedeutete Vertagung eine Fahrt mit einem gecharterten Bus

> in eine andere Zelle, wo sie beobachtet, bewacht und vor bösen Schatten irgendwo da draußen beschützt wurden" (Grisham, 2004, S. 207–208). „Sie waren jetzt ein Gruppe, isoliert und im Exil, von der Realität abgeschnitten und gegen ihren Willen in ein Siesta Inn verbannt." (Grisham, 2004, S. 210)

Es ist realistisch anzunehmen, dass isolierte Geschworene in einer solchen Ausnahmesituation körperliche und psychische Symptome aufzeigen werden. Zudem wird ihre Leistungsfähigkeit unter der Isolation und dem ständigen Kontakt leiden. Geringere Arbeitsfreude und konflikthafte zwischenmenschliche Beziehungen erscheinen fast vorhersehbar.

4.3.2 Einflüsse auf die Unabhängigkeit

Wenn sich die Geschworenen zur Urteilsfindung zurückziehen, gibt es häufig eine Mehrheit für eine Position (beispielsweise die Schuldigsprechung) und eine Minorität, die sich dagegen ausspricht. Wie empirische Untersuchungen belegen, übt die Majorität Druck auf die Minderheit aus, was am Ende dazu führt, dass diese ihren konträren Standpunkt aufgibt und mit der Majorität stimmt (vgl. Aronson et al., 2004). Diese Vorstellung der Ausübung sozialen Einflusses von oben nach unten bzw. von der Mehrheit auf die Minderheit wird von Asch (1955) und Festinger (1954) in ihrem funktionalistischen Modell erklärt. Nach Moscovicis genetischem Modell des sozialen Einflusses (1979) wäre es jedoch auch denkbar, dass eine Minorität durch beharrliches Argumentieren die Majorität umstimmt und auf ihre Seite zieht (vgl. Thomas, 1992).

Beeinflussung der Minorität durch die Majorität: Kalvin & Zeisel (1966) befragten Juroren aus mehr als 200 Jurys zur Entscheidungsfindung. Sie fanden heraus, dass in 97 % der Fälle die letzte Entscheidung der Jury der zu Verhandlungsbeginn geäußerten Mehrheitsmeinung entsprach (vgl. Aronson et al.,

2004,)[3]. Die Mitglieder einer Jury neigen beispielsweise aus Unsicherheit oder Anschlussbedürfnis zu konformem Verhalten. Konformität ist eine Veränderung im Verhalten, die durch den realen oder vorgestellten Einfluss von anderen Menschen bewirkt wird (vgl. Aronson et al., 2004). Festinger (1950) unterscheidet zwei wesentliche Aspekte des Gruppenlebens als Gründe für konformes Verhalten: Orientierung in der sozialen Wirklichkeit und Gruppenlokomotion.

Orientierungsfunktion: Bei den Geschworenen handelt es sich zumeist um juristische Laien, die keine Erfahrungen mit Rechtsprechung oder dem Procedere vor Gericht besitzen. Sie befinden sich in einer unstrukturierten Situation und verfügen möglicherweise über keinen Bezugsrahmen um ihre individuelle Wahrnehmung zu ordnen. Da sich der Einzelne seines Urteils nicht sicher sein kann, finden sie sich zusammen und beeinflussen sich gegenseitig in der Errichtung eines Bezugsrahmens. Zumeist trifft sich die Gruppe in ihren Einschätzungen dabei in der Mitte. Sherif (1936) hat diesen Normbildungsprozess schon früh empirisch nachweisen können (vgl. Thomas, 1992; Schwartz, 1994). Diese Form der Konformität („conformity") besitzt freiwilligen Charakter und wird von den Betroffenen als Erleichterung empfunden, Druck von einer Majorität auf eine Minorität spielt hier keine Rolle.

Ganz anders liegt der Fall bei der Konformität im Zuge der Gruppenlokomotion („compliance", soziales Nachgeben). Hier geht es darum, dass ein Führer oder die Gruppenmehrheit die Gruppe handlungsfähig halten will. Abweichende Meinungen oder Handlungen werden als störend, hinderlich oder sogar als für den Gruppenzusammenhalt bedrohlich empfunden und so

3 Trotzdem sollte man nicht auf Geschworenenberatungen verzichten, denn die Auflage der Juroren zu einer einstimmigen oder doch Mehrheitsentscheidung zu kommen, bewegt die einzelnen dazu die Beweislage noch einmal sorgfältig zu prüfen, statt sich auf ihre ersten Eindrücke zu verlassen (vgl. Hastie, Penrod & Pennington, 1983 nach Aronson et al., 2004, S. 607).

versucht die Gruppe die „Abweichler" durch Ausübung von Druck auf Gruppenkurs zu bringen. Veränderungen können demnach nur von Mehrheiten oder Führern durchgesetzt werden. Normänderungsprozesse dieser Art sind von Asch (1956) empirisch untersucht worden. In seinen Experimenten zeigte sich, dass sich 75 % der Probanden dem Gruppendruck beugten und sich sogar einer offensichtlich falschen Gruppenmeinung anpassten (vgl. Thomas, 1992). Die Gründe dafür werden in dem fundamentalen menschlichen Bedürfnis nach sozialer Gesellschaft vermutet: der Mensch verhält sich konform, um von anderen akzeptiert zu werden. Hat nun ein Juror beispielsweise schon eine Einschätzung der Situation für sich gefunden, kann es sein, dass er, weil die Majorität der Gruppe der gegenteiligen Ansicht ist, (wider besseres Wissen) seine Meinung revidiert und sich der Gruppenmeinung anschließt, weil er keine Aufmerksamkeit erregen, nicht ausgelacht werden, nicht in Schwierigkeiten geraten oder von der Gruppe abgelehnt werden will (vgl. Aronson et al., 2004).

Beeinflussung der Majorität durch die Minorität: Moscovici (1979) richtete seinen Blick auf die 25 % der Versuchspersonen bei Asch (1956), die sich nicht zu Fehlurteilen zwingen ließen. Für ihn sind soziale Systeme keine starren Gebilde, sondern offene und dynamische Einheiten, in denen Rollen, Normen und Verhaltensregeln veränderbare Größen sind, die ständig durch die Gruppenmitglieder überprüft werden. Für ihn ist der soziale Einfluss in Gruppen nicht einseitig auf Konformität und Anpassung angelegt, sondern ebenso auf soziale Veränderung und Innovation. Abweichendes Verhalten muss nach dieser Sichtweise folglich nicht mehr allein unter Gefährdungsgesichtspunkten gesehen werden, sondern kann auch als innovatives Potential begrüßt werden, weil es eine Gruppe beispielsweise zukunftsfähiger machen kann. Minoritäten können (wenn sie einen bestimmten Verhaltensstil, der durch Konsistenz, Rigidität, Autonomie, Investition und Fairness gekennzeichnet ist, entwickeln) sozialen Einfluss auf Majoritäten ausüben (vgl. Thomas, 1992). In der Realität entspricht die soziale Einflussnahme in Geschworenengruppen fast nie dem genetischen Modell Moscovicis, doch der klassischen Gerichtsfilm „Die zwölf Geschworenen" (1957) liefert ein idealisiertes Beispiel dafür wie es aussehen könnte. Der Hauptdarsteller Henry Fonda dekliniert als „Geschworener Nummer 8" in geradezu vorbildlicher Weise den von Moscovici geforderten Verhaltensstil, in allen Einzelheiten durch:

I. Konsistenz: Der Geschworene Nr. 8 präsentiert seine abweichende Meinung („nicht schuldig") einheitlich und dauerhaft. Damit erzeugt er bei den anderen Geschworenen den Eindruck von Sicherheit, Beständigkeit und Festigkeit hinsichtlich der eigenen Überzeugung. Zusätzlich zwingt er sie durch sein Verhalten dazu, sich aktiv mit ihrer Beurteilung („schuldig") und den Begründungen dafür auseinander zu setzen.

II. Rigidität: Dadurch dass Fonda die logische Konsistenz seiner Position (man muss alles überprüfen und hinterfragen dürfen) konsequent und unverändert beibehält, zugleich aber einen flexiblen, undogmatischen und diplomatischen Verhandlungsstil zeigt, erreicht er am Ende eine große Wirkung.

III. Autonomie: Der Abweichler schafft es bei der Präsentation seiner Sicht der Dinge deutlich zu machen, dass sich dahinter seine persönliche Überzeugung verbirgt. Die vorgebrachten Argumente sind in seinem Wertsystem verankert und haben nichts mit egoistischen Zielsetzungen zu tun. Dadurch strahlt er Selbständigkeit, Unbestechlichkeit, Vertrauenswürdigkeit und Überzeugungskraft aus.

IV. Investition: Fonda unternimmt große Anstrengungen um sein Ziel zu erreichen, er engagiert sich freiwillig und ist bereit persönliche Opfer zu bringen. Er nimmt die Anfeindungen der anderen auf sich, er recherchiert selbständig und stellt das Messer als Beweisstück in Frage, er überprüft auf kreative Weise die Argumente der anderen (z.B. Abschreiten des Weges des alten Mannes vom Schlafzimmer bis zur Wohnungstür) etc. Dadurch vermittelt er den Eindruck von Entscheidungs- und Tatkraft und nötigt der Mehrheit Respekt ab.

V. Fairness: Der achte Geschworene nimmt die Meinung der anderen ernst und lässt sich auf Diskussionen ein. Dadurch erscheint er vorurteilsfrei und strahlt Kooperationsbereitschaft aus. Er signalisiert, dass er nicht nur von den anderen Meinungsveränderungen erwartet, sondern dass er auch selbst dazu bereit wäre, von seiner Position abzurücken. Dieses Verhalten erhöht seine Sympathie und Attraktivität in der Gruppe (vgl. Thomas, 1992).

Zum Abschluss ein positives empirisches Resultat zum Minoritäteneinfluss. Pennington & Hastie (1990) konnten zeigen, dass die Arbeit der Minoritäten trotz allem einen gewissen Einfluss auf die Mehrheitsmeinung hat. Zwar schaffen sie es in den seltensten Fällen die Mehrheit umzustimmen, doch können sie eine Modifikation des Denkens darüber wie schuldig eine Person beispielsweise ist, bewirken. In Kriminalprozessen besitzt die Jury eine Verfügungsfreiheit über den Typ von Schuldspruch, den sie abgibt. Man kann in einem Mordprozess z.B. eines Mordes ersten Grades, zweiten Grades oder eines Totschlags für schuldig befunden werden. Die für „unschuldig" plädierende Minderheit kann erreichen, dass der Angeklagte statt eines Mordes ersten Grades vielleicht „nur" eines Mordes zweiten Grades schuldig gesprochen wird (vgl. Aronson et al., 2004).

4.3.3 Einflüsse durch die Gruppengröße/ Gruppenzusammensetzung

Traditionellerweise bestehen Jurys im U.S.-amerikanischen Rechtssystem aus 12 Personen. 1970 entschied der Oberste Gerichtshof, dass diese Anzahl nicht unumstößlich sei und erlaubte in einigen Fällen kleinere Geschworenengruppen. Sozialpsychologen kritisierten diese Entscheidung, da die Anzahl der Geschworenen Einfluss auf die von ihnen getroffenen Urteile haben kann:

so kann die Repräsentativität eingeschränkt und / oder der Konformitätsdruck erhöht sein (vgl. Aronson et al., 2004; Saks & Hastie, 1978).

Eingeschränkte Repräsentativität: In Geschworenengruppen mit weniger als 12 Mitgliedern ist die Wahrscheinlichkeit der Teilnahme von gesellschaftlichen Minoritäten verringert. Angenommen in einer bestimmten Gemeinde des USA sind 10% der Einwohner lateinamerikanischer Herkunft, dann besteht für eine Zwölf-Personen-Jury eine Chance von 72%, dass ein Lateinamerikaner darin aufgenommen wird. In einer Sechs-Personen-Jury besteht hingegen nur noch eine 47%tige Chance (vgl. Aronson et al., 2004).

Konformitätsdruck: Obwohl es vom Zahlenverhältnis her identisch ist, macht es einen großen Unterschied aus, ob die Minorität in einer Zwölf-Personen-Jury aus zwei Geschworenen oder in einer Sechs-Personen-Jury aus nur einem Geschworenen besteht. Es ist nämlich viel schwieriger dem Konformitätsdruck einer Majorität zu widerstehen wenn man allein ist. Ab einem Verhältnis von drei (Majorität) zu eins (Minorität) wird der Gruppendruck voll wirksam und erhöht sich auch durch eine größere Besetzung der Mehrheit nicht mehr (vgl. Asch, 1956 in Thomas, 1992). Sobald Versuchspersonen im Asch-Experiment eine andere Person zur Seite gestellt wurde, die abweichend von der Mehrheit antwortete, konnte der Einfluss der Majorität erheblich verringert werden Das heißt, eine Minorität von eins in einer Sechs-Personen-Jury geht viel eher konform mit der Mehrheit, als zwei Juroren in einer Zwölf-Personen-Jury. Die meisten Sozialpsychologen, die zu diesem Thema geforscht haben, sprechen sich daher für eine Jury-Größe von 12 Personen aus (vgl. Aronson et al., 2004).

5. Fazit

Befürworter des U.S.-amerikanischen Geschworenensystems sehen in ihm ein Symbol für Freiheit und Demokratie (vgl. Hans/ Vidmar, 1986). Kritiker weisen darauf hin, dass die Juroren Fehler begehen, die „quasi hausgemacht", weil systemimmanent sind und die zur Folge haben können, dass das ganze Verfahren mehr oder weniger zur Disposition steht. Will man das Geschworenensystem in das 21. Jahrhundert hinüberretten, wird eine Auseinandersetzung mit den psychologischen Mechanismen im „courtroom" unerlässlich. Sozialpsychologen bieten seit langem engagiert ihre Hilfe an:

> We also believe that knowledge of more abstrakt psychological theories, theories of memory, group dynamics, and personality should be widespread among lawyers, judges, and court officials, and that a scientifically ‚enlighted' court will conduct its business more efficiently and fairly (Saks/ Hastie, 1978, S. 2).

6. Literatur

Aronson, E., Wilson, T.D. & Akert, R.M. (2004). Sozialpsychologie. München: Pearson Studium.

Blumenwitz, D. (2003). Einführung in das anglo-amerikanische Recht. Rechtsquellenlehre. Methode der Rechtsfindung. Arbeiten mit praktischen Rechtsfällen. München: Beck.

Bortz, J. & Döring, N. (1995). Forschungsmethoden und Evaluation. Berlin/ Heidelberg: Springer Verlag.

Forgas, J.P. (1999). Soziale Interaktion und Kommunikation. Eine Einführung in die Sozialpsychologie. Weinheim: Psychologie Verlags Union.

Grisham, J. (2004). Das Urteil. München: Heyne.

Hans, V.P. & Vidmar, N. (1986). Judging the Jury. New York/London: Plenum Press.

Hay, P. (2002). U.S.-Amerikanisches Recht. Ein Studienbuch. München: Beck.

Hippel, W. (2005). Das US-amerikanische Recht und seine missverständliche Darstellung in der deutschen Presse – Dichtung und Wahrheit. Überarbeiteter Vortragstext eines Vortrags vor der Alumni der Friedrich-Alexander-Universität Erlangen/Nürnberg vom 02.02.2005. In: www.alumni-erlangen.de/Vortrag-Hippel.pdf [03.04.2005]

Kassin, S.M. & Wrightsman, L.S. (Ed.) (1985). The Psychology of Evidence and Trial Procedure. Beverly Hills/London/New Delhi: Sage Publications.

Lück, H. (1993). Psychologie sozialer Prozesse. Eine Einführung in das Selbststudium der Sozialpsychologie. Opladen: Leske und Budrich.

Marmet, O. (1999). Ich und du und so weiter. Kleine Einführung in die Sozialpsychologie. Weinheim/Basel: Beltz.

Saks, M.J. & Hastie, R. (1978). Social Psychologie in Court. New York/Cincinnati/London/Atlanta/Toronto/Dallas/Melbourne/San Francisco: Van Nostrand Reinhold Company.

Sader, M. (1998). Psychologie der Gruppe. Weinheim/München: Juventa.

Schwartz, S. (1994). Wie Lorenz auf die Graugans kam ... Klassische Experimente der Psychologie. München: Heyne.

Thomas, A. (1991). Grundriss der Sozialpsychologie. Band 1: Grundlegende Begriffe und Prozesse. Göttingen: Hogrefe.

Thomas, A. (1992). Grundriss der Sozialpsychologie. Band 2: Individuum – Gruppe – Gesellschaft. Göttingen: Hogrefe.

Robert Weimar

Determinismusstreit heute und die Methodologie der juristischen Entscheidung

Aussagen von Neurobiologen, die Geheimnisse des menschlichen Gehirns lüften zu können, werden zunehmend selbstsicherer. Allerdings gibt es auch Neurowissenschaftler, die betonen, die Neurowissenschaften stünden keineswegs kurz davor, dem Gehirn seine letzten Geheimnisse zu entreißen. Den Rechtswissenschaftlern, die auf den schöpferischen Geist setzen und sich und den Gegenstand der Jurisprudenz und ihrer Methodologie nicht auf bloße Naturprozesse reduziert sehen möchten, bleibt zumindest eine Galgenfrist.

Die damit angeschnittene Problematik „Determinismus versus Willensfreiheit" besteht darin, ob die bewussten Denkprozesse im Gehirn, also die Prozesse, die die subjektive Erfahrung der Willensfreiheit ausmachen, in einem neurobiologischen System realisiert sind, das determiniert ist. Die neurowissenschaftlichen Fortschritte der letzten Jahre haben deutlich gemacht, dass Hirnfunktionen eine entscheidende Grundlage psychischen Erlebens und Verhaltens sind. Jedoch sind Problemstellungen der aufkommenden kognitiven Neurojurisprudenz (Neurojurisprudence) in besonderer Weise auch mit kulturellen und gesellschaftlichen Voraussetzungen und Bedingungen verknüpft. Die Forschung ist dabei arbeitsteilig organisiert: Die Rechtswissenschaft liefert das theoretische Problem, Neurowissenschaftler entwickeln den empirischen Lösungsansatz.

I. Determinismus vor den Toren der Jurisprudenz

Der Versuch, alles Bewusstsein und Denken auf Materie zurückzuführen, geht bis in die Philosophie der Antike zurück. In der Gegenwart dürfte jene Form des Determinismus die anspruchvollste sein, die aus den biologischen Zusammenhängen der Gene, des Gehirns und seiner neuronalen Verknüpfungen alles Psychische und Geistige ableiten möchte. In Deutschland vertritt insbesondere der Hirnforscher Wolf Singer (2002, 2003) diesen Ansatz. Auch dieser Ansatz selbst müsste sich dann – so sollte man meinen – konsequenterweise als Wirkung neuronaler Ursachen darstellen. Er wäre also nicht „frei" gewählt, sondern durch physische Faktoren bestimmt, die sich in dem Forscher zur Erkenntnis bringen. Aber auch die entsprechende „äußere" oder Dritterkenntnis wiederum erscheint dann als determiniert und so weiter. Der deterministische Regress wäre unendlich.

In dieser Sicht scheint mehr für Konzepte zu sprechen, welche Psyche und Geist nicht allein auf neuronale Prozesse reduzieren, sondern auch anderen Einflüssen Raum geben, ohne indes den Kontext der Neurobiologie zu durchbrechen. Unter den deutschen Forschern hat insoweit insbesondere der Neurobiologe Gerhard Roth (1997, 2003) einen beachtlichen Ansatz entwikkelt. Roth bietet eingehende Analysen zu den Prozessen im Gehirn und zu den jeweils beteiligten Hirnregionen. Alle Vorgänge im Gehirn, die Bewusstsein auftreten lassen bzw. im Bewusstsein Veränderungen bewirken, finden zumindest unter Beteiligung von Regionen der Hirnrinde, also des Cortex und des tiefer gelegenen limbischen Systems statt. Die Region, der die Rationalität zugeschrieben wird, ist der präfrontale Cortex. Roth betont, dass bei aller Bedeutung der verschiedenen Cortex-Regionen das limbische System es ist, das die Entscheidungen trifft, und von freiem Willen im präfrontalen Cortex nicht die Rede sein kann. Dass diese Aussage gerade auch für juristisches Entscheiden von höchster Relevanz ist, erscheint evident und bedarf keiner weiteren Begründung.

Jeder Entscheidung – und mögen wir sie auch noch so sehr als Ergebnis unseres freien Willens ansehen – gehen Vorentscheidungen voraus und zwar unbewusst. Warum sich ein Richter so und nicht anders entscheidet, ist selten Schritt für Schritt nachvollziehbar. Da gibt es zunächst das Gesetz, in dem aber die Entscheidung nicht ablesbar gegeben ist; da gibt es vielleicht einschlägige Präjudizien, meinungsmachende Kollegen, Karrieredeterminanten, politische Rücksichten u.a. Vor allem aber sind da die Gene, die das Temperament eines Menschen weitgehend festlegen. Auch frühere Einflüsse prägen spätere Entscheidungsmuster bis hin zu den Erfahrungen aller Lebensjahre. In einer juristischen Entscheidungssituation spiegelt sich kein Wille, der bedingungslos frei wäre. Gerade wenn die Hirnphysiologie auch von sozialen, kulturellen und anderen ökologischen Faktoren abhängig ist, dann ist auch deswegen der „Wille" beim Abwägen der Argumente im Prozess der Entscheidung nicht wirklich frei.

Wer in einem Richterkollegium sich aus welchen Gründen für oder gegen etwas entscheidet, bleibt weitgehend unprognostizierbar. Wenn es nach neueren Berechnungen zutrifft, dass rund 14 Millionen Neuronen im Gehirn tatsächlich arbeiten und diese über eine Trillion Synapsen miteinander verbunden sind, dann ist es nicht möglich vorherzusagen, wie es in einem solchen Netzwerk zu welcher Entscheidung in einer rechtlich komplexen Situation kommt. Doch im Nachhinein können wir den Bewusstwerdungsvorgang mit entsprechendem Aufwand rekonstruieren (vgl. Roth, 2004).

In Experimenten lässt sich zeigen, in welchem Verhältnis diese physiologischen Prozesse mit bewusstem Erleben zusammenhängen (Roth, 2004). Dem bewussten Fällen einer Entscheidung geht immer ein unbewusster Prozess voraus. Im Gehirn lassen sich Erregungszustände nachweisen, die eine Entscheidung ankündigen – bevor der Entscheider sich dessen bewusst ist, dass er überhaupt eine Wahl treffen will (vgl. Roth, 2004).

Wie steht es nun aber mit der Fähigkeit des Menschen, sein Handeln an Gründen zu orientieren und Alternativen abzuwägen? Sind es die Gründe, die den Menschen bewegen? Erinnert sei hier an eine Geschichte, die von Plato überliefert ist: Sein Lehrer Sokrates, der im Gefängnis sitzt, hätte die Chance zu fliehen. Er entscheidet sich aber dafür, hinter Gittern zu bleiben. Man könnte nach den Ursachen fragen, eine solche womöglich darin sehen, dass sich seine Knochen und Sehnen nicht bewegen, auch ohne dass ein bestimmter hirnphysiologischer Erregungszustand vorlag (vgl. Schockenhoff, 2004). Ein anderer Ansatz, der sein Handeln nicht als physikalisches Geschehen beschreibt, ließe sich darin sehen, dass Sokrates seinem Gewissen folgen und die Gesetze des Staates achten möchte (Schockenhoff, 2004). Hier fragt man nach Gründen für sein Handeln.

Das Sokrates-Beispiel beweist indes nicht, dass die Weigerung des Sokrates zu fliehen, einer freien Entscheidung entspringt. Die Ursache für das Nichtfliehen des Sokrates liegt letztlich in seinen Genen, die sich dem Grund seines Nichtfliehens nicht widersetzten, ihn als Grund für ihn überhaupt erst ermöglichten. Eine andere genetische Verfassung oder eine gegenteilige Sozialisation hätte womöglich eine Flucht und einen Grund hierfür induziert.

In entsprechenden Versuchen können wir sehen, dass Bewusstsein und Psyche – also Geist – unter bestimmten physikalischen Bedingungen im Gehirn gebildet werden (Roth, 2004). Das Gehirn konstruiert, so drückt es der Neurobiologe Roth aus, Ichzustände. Das Gehirn konstruiert also auch die Wahrnehmung und Wirkung von Gründen. Gründe werden hiernach durch die Großhirnrinde festgelegt. Der Mensch empfindet dies in diesem Moment als Bewusstseinszustand (Roth, 2004). Im Nachhinein redet er sich Gründe ein, warum er so und nicht anders gehandelt hat.

Die unbewussten Vorgänge legen nicht bis ins Detail fest, wie in den „bewussten Hirnschichten" entschieden wird (vgl. Roth, 2004). Bestimmte Probleme, die „unbewusste Hirnregionen" nicht sofort lösen können, hebt das Gehirn – so Roth – in die Sphäre des Bewusstseins. Schwierige Entscheidungen werden der Großhirnrinde als einem „Abwägegremium" vorgelegt, einer „Art Jury" (Roth, 2004). Sie ist nach Roth gewissermaßen der Chef, der bestimmt, wo es langgeht.

II. Das „Wie" von Informationsverarbeitung: Emotionen und das limbische System

Aufgrund des engen Zusammenhangs zwischen Emotion und Kognition stellt sich die Frage, was Emotionen von Kognitionen unterscheidet. Dabei ist es jedenfalls kaum möglich, Emotionen und Kognitionen voneinander klar abzugrenzen.

Anstatt Emotionen als eigenständige mentale Zustände anzusehen, können sie auch als die Art und Weise verstanden werden, in der Informationsverarbeitung stattfindet. In diese Richtung geht Klaus Fiedler (1988, 1991) mit seinem „dual force-approach": Kognitive Prozesse lassen sich hiernach als eine Transformation von Input zu Output verstehen. Dabei kann Information entweder weitgehend erhalten bleiben (bewahrende Verarbeitung) oder im Prozess der Transformation neu generiert werden (produktive Verarbeitung). Fiedler nimmt nun an, dass die Stimmung es ist, die je nach Valenz bestimmte Verarbeitungsstile unterstützt. Positive Stimmung geht dabei mit einem produktiven Verarbeitungsstil einher, negative Stimmung mit einem bewahrenden Verarbeitungsstil. Diese Annahme führt zu einer Reihe testbarer Hypothesen, z.B. zu der Hypothese, dass Aufgaben, bei denen neue Informationen produziert werden, besser in positiver Stimmung gelöst werden, während reproduktive Aufgaben erfolgreicher unter negativer Stimmung bearbeitet werden (Erk & Walter, 2000). Die Ergebnisse einer ganzen Reihe experimentalpsychologischer Studien bestätigen diese Hypothesen (vgl. Fiedler, 1991).

Das limbische System hat bei der Entscheidungs- und Handlungssteuerung das erste und letzte Wort. Es steuert die menschliche Gefühlswelt und ist für die Bewertungen zuständig. Zwischendurch kommt der große Auftritt von Verstand und Vernunft. Doch die haben nur beratende Funktion.

Ausschlaggebend für Entscheidungen sind nach Roth (2004) die Erfahrungen, die Gefühle, Hoffnungen, Ängste, die einen Menschen im Laufe seines Lebens geprägt haben und im Rahmen seiner aktuellen Hirnphysiologie sein Verhalten bestimmen. Das Gehirn trixt also das Ich gewissermaßen aus. Soweit es Aufgabe der juristischen Methodenlehre ist, Anleitung zu geben, die es ermöglicht, rationale Gründe zu erkennen, objektiv abzuwägen und Entscheiden danach auszurichten, ist herkömmlicherweise der freie Wille Voraussetzung hierfür. Die rechtsmethodologischen Aussagen setzen die menschliche Freiheit also voraus. Doch sind methodologische Aussagen, jedenfalls soweit es um ihren normativ-praktischen und postulativen Gehalt geht, nicht wahrheitsfähig und daher nicht beweisbar; sie stehen jenseits der empirisch arbeitenden Wissenschaft.

Das limbische System ist die Grundlage unserer Empfindungen, insbesondere unserer Gefühle. Nun stehen Gefühle in der juristischen Methodenlehre offensichtlich nicht hoch im Kurs. Als etwas eher Niedriges bleiben sie denn auch außen vor. Sie sind zugunsten der rationalen Kontrolle implizit zurückgedrängt. Das gefühlsfeindliche Klima der juristischen Methodenlehre – auch und gerade gegenüber dem Rechtsgefühl – lässt leicht übersehen, dass Gefühle nichts Zufälliges oder gar Unvernünftiges sind. Was bliebe vom Menschen, wäre er ohne Gefühle? Er könnte kaum überleben, weil er sein Erleben und Verhalten nicht mehr sinnvoll einzuordnen imstande wäre. Er wäre einem sinnlosen Durcheinander von Reizen ausgeliefert, die für ihn keine Bedeutung hätten und auch nicht gedanklich weiterverarbeitet werden könnten.

Gefühle können – in Übereinstimmung mit den Ergebnissen der Verhaltensforschung – als erlebte Zustände, die das Verhalten zweckvoll organisieren, verstanden werden. Sie sind eine Art Bewertungssystem, auf das wir uns stützen können und das uns erlaubt, nicht jeden Reiz einzeln beantworten zu müssen. Freilich schaut man in dieser Optik dem Hirn nur von außen bei seiner Aktivität zu und versucht so, die Entstehung der inneren Welt zu beobachten. Insoweit handelt es sich um zwei divergente Erkenntnisquellen: um Selbsterfahrung einerseits und um neurobiologische Forschungszugänge und -ergebnisse andererseits. Klar ist dabei, dass die psychische Dimension nicht von den Neurowissenschaften allein erklärt werden kann.

Dafür, dass Entscheidungen „subkortikal" getroffen werden, stützt sich Roth (1997) auf Versuche von Benjamin Libet (1985), die zeigen konnten, dass das neuronale „Bereitschaftspotential" für simple Wahlhandlungen, die eine Versuchsperson ausführen sollte, stets dem gemeldeten Willensakt um Sekundenbruchteile vorauslief. Der Willensakt gehe also dem neuronalen Prozess nicht voraus, sondern ergebe sich aus ihm, folgert Roth. Komponenten durch den präfrontalen Cortex gingen zwar in unser Verhalten mit ein. Ausschlaggebend sei aber das unbewusst arbeitende limbische System als zentrales Bewertungssystem. Die Autonomie des Menschen liege daher auch nicht im subjektiv empfundenen Willensakt. Das Gehirn oder besser: der ganze Mensch sei das autonome System, nicht das empfindende Ich. Auch sehr „willensstarke" Menschen seien nicht frei, sondern von ihren Zielsetzungen getrieben, mit deren Erreichen sie sich belohnen wollten.

Wie Roth in anderen Zusammenhängen darlegt, wird von früher Kindheit an ein großes Repertoire von Handlungen eingeübt, das künftig ohne explizierte Willensakte abgerufen werden kann. Der Beweis, dass Handlungen eigentlich nicht rational gesteuert werden, müsste also konsequenterweise an „neuartigen", noch nicht eingeübten Handlungen erbracht werden.

Roth hingegen begnügt sich mit dem Libet-Argument und weist deshalb dem Ich enge Schranken zu: Das Ich sei lediglich ein „Konstrukt" des Gehirns, das sich selber „Absichten und Handlungsfähigkeit" zuschreiben müsse. Es diene der Interpretation und Legitimation seiner Handlungen. Seine Eigentümlichkeit liege darin, dass es die Existenz seines Produzenten, des Gehirns, hartnäckig leugne. Doch dieses „Zuschreibungs-Ich" sei nicht „der große Steuermann, für den es sich hält“ (Roth, 2003, S. 395f.). Dieses Ich bezeichnet Roth als „Bündel ganz unterschiedlicher Funktionen und Erlebniszustände“ (2003, S. 551). „Dass das Ich in der Tat nicht ein einheitliches Wesen, sondern ein komplex zusammengesetztes Phänomen ist, welches die unterschiedlichsten ‚Dissonanzen‘ aufweisen kann, ist aus der Psychiatrie und Neuropsychologie seit langem bekannt“, schreibt er (2003, S. 329) und nutzt so invalide Ich-Formen, um der validen die Einheit abzusprechen. Einzelne Aspekte des Ichs, die Roth für erwähnenswert hält, fügen sich seinem Gesamtkonzept dahingehend ein, dass „erst das Ich den Menschen zu einem hochflexiblen Akteur“ macht (2003, S. 398).

Gehirn und Geist werden beide der Physik zugeordnet: Der Dualismus von Gehirn und Geist, so Roth, sei mit dem modernen naturwissenschaftlichen Denken nicht vereinbar; ein universeller Wirkungszusammenhang mache es erforderlich, Geist als physikalischen Zustand aufzufassen (1997, S. 281, 331). Insgesamt geht nichts daran vorbei, dass der vernunftbegabte Mensch so weit auf nicht-rationale Bestrebungen zurückinterpretiert wird, dass auch der Unterschied des Menschen zum Tier nur noch ein gradueller ist.

III. Konstruktion der Wirklichkeit

Das Gehirn konstruiert sich seine Wirklichkeit. Das wird dadurch verständlich, dass Roth von der Innenbetrachtung der Hirnprozesse ausgeht und nicht wirklich zur Außenwelt zurückkommt. Der „universelle Wirkungszusammenhang“ der Naturwissenschaften ist deshalb ein Konstrukt, während die Realität, zu der auch das Gehirn zählt, unerkennbar ist (Roth, 1997, S. 324ff.).

Im Gegensatz zum neuronalen Reduktionismus Singers (2002, 2003) ist bei Roth der kommunikative Austausch des Menschen mit anderen Menschen für die Konstruktion des Ichs und seine Selbstzuschreibungen unerlässlich (Roth, 2003, S. 517). Unsere Autonomie, so Roth, bestehe darin, im Zweifel die Gesellschaft zu suchen, die zu uns passe (2003, S. 564).

Was hier als sozioneuronal erscheint, bleibt freilich letztlich auch neuronal bedingt. Offen bleibt bei Roth nicht anders als bei Singer, wieso diverse Gehirne eine Wirklichkeit konstruieren, die für die übrigen Gehirne „verbindlich" ist oder eben auch nicht.

IV. Bewusstsein als Epiphänomen?

Wie Edelman (2004) ausführt, muss eine naturwissenschaftliche Analyse des Bewusstseins die Frage beantworten, wie aus dem Feuern von Neuronen subjektive Eindrücke, Gedanken und Emotionen entstehen können: „Eine wissenschaftliche Erklärung muss einen kausalen Zusammenhang zwischen beiden Bereichen aufzeigen, sodass wir Aspekte der einen Ebene aus Ereignissen auf der anderen Ebene herleiten können" (2004, S. 14).

Wie aber lässt sich ein solcher Kausalzusammenhang zwischen Gehirn und Bewusstsein konkret fassen? Edelman fragt, welche Elemente und Merkmale von Körper und Gehirn für das Auftreten von Bewusstsein notwendig und hinreichend sind. Die Frage lasse sich „am besten dadurch beantworten, dass wir genau bestimmen, wie die Eigenschaften bewussten Erlebens aus den Eigenschaften des Gehirns hervorgehen" (2004, S. 19). Genauer sollen sich die phänomenalen Eigenschaften der einen Ebene – also des Bewusstseins – aus Ereignissen der anderen Ebene heraus verstehen lassen (S. 25). Dazu müssten, so Edelman, zunächst „die neuronalen Korrelate des Bewusstseins" aufgespürt werden. Danach gelte es, zwischen ihnen und Aspekten des phänomenalen Erlebens hin- und herzuwechseln, um herauszukristallisieren, in welcher Weise sie einander entsprechen (S. 68).

Schon da stellt sich allerdings die Frage, ob solche Entsprechungen das Auftreten von Bewusstsein notwendig und hinreichend begründen können. Edelman geht von der Beobachtung aus, dass die millionenfachen Verschaltungen in Form unterschiedlich aufgebauter Schaltkreise bzw. Neuronengruppen jeweils aus großen Mengen von Einzelverbindungen bestehen. Dabei handelt es sich großenteils um Verbindungen von Gehirnregionen untereinander (z.B. Regionen des Kortex und der tiefer liegenden Kerne).

Edelman (2004) nennt das Bewusstsein eine „Eigenschaft" des Gehirns. Die neuronale Aktivität sei nicht etwa Ursache des Bewusstseins, vielmehr „die Transformation eine simultan gegebene Eigenschaft der Aktivität" (S. 83). Damit kann nach Edelman das Bewusstsein selbst keine Kausalwirkung ausüben (S. 85). So bleibt die natürliche Welt einschließlich des Gehirns kausal geschlossen, wie es das physikalische Weltbild fordert, und das Bewusstsein ist ein zusätzliches Phänomen, ein „Epiphänomen", das seinerseits nichts bewirkt (S. 87). Edelman unterscheidet dabei eine ganze Reihe von „Bewusstseinszuständen", er kommt so zu Eigenschaften von Eigenschaften (vgl. etwa S. 119, 129).

V. Natur- oder Kulturbedingtheit juristischer Entscheidungsprozesse oder beides?

Der neurobiologische Determinismus geht davon aus, dass sich alle mentalen Prozesse, auch hochkomplexe Empfindungen, auf funktionelle Abläufe im Gehirn zurückführen lassen. Er basiert auf folgender – hier vereinfachter – Argumentation: Verhaltens- und Empfindungsweise beruhen auf neuronalen Schaltkreisen, d.h. nervlichen Verbindungen innerhalb des Zentralnervensystems. Gene und ihre Proteine sind wichtige Determinanten dieser neuronalen Verknüpfungsmuster. Das „Ausdrucken" genetischer Botschaften, ihre Expression, wird von Umwelteinflüssen beeinflusst. Ohne den Einfluss dieser Umweltfaktoren bleiben viele Gene stumm und wirkungslos. Deshalb ist es möglich, dass erst eine Lernerfahrung – über die Aktivierung von Genen – die Verknüpfung bestimmter Neurone verändert.

Die Komplexität der juristischen Entscheidung liegt nicht im Kopf allein (dazu näher Weimar, 2005). Auch wenn kein Zweifel besteht, dass juristisches Entscheiden wie alles menschliche Verhalten auf physikalisch-chemischen Prozessen des Gehirns beruht, stellt sich dennoch die Frage, ob es zum Verständnis der Binnenstruktur des Entscheidens ausreicht, neuronale Prozesse zu erkennen, oder ob für ein solches Verständnis weitere Bedingungen biologischer, psychologischer und sozialer Art unabdingbar sind. Ein zentrales Argument für diese erweiterte Fragestellung stammt aus der Hirnforschung selbst. Es hat sich nämlich gezeigt, dass die Hirnentwicklung im Rahmen genetisch gegebener Grenzen von Umwelteinflüssen und Lebenserfahrungen abhängig ist. Das Gehirn ist kein statisches, sondern ein plastisches Organ, das sich in seiner Feinstruktur inneren und äußeren Einflüssen anpasst.

Wenn aber die Vernetzung und Sprossung von Hirnzellen untereinander von biographischen Entwicklungen (z. B. Lernerfahrungen) abhängig sind und Umweltbelastungen etwa in Form von Rechtsstress und Entscheidungsdruck Einfluss auf Mikroanatomie und Neurophysiologie verschiedener Hirnzentren haben, so ist die Hirnaktivität potentiell auch Ausdruck von Lebensumständen und Welterfahrung. Die Frage hierbei ist, ob sich juristische Entscheidungsprozesse in bloße Naturgeschichte auflösen lassen oder ob Naturwissenschaft und Rechtswissenschaft zwei eigenständige und auch methodisch verschiedene Bereiche darstellen, die so gut wie nichts oder doch nur wenig miteinander zu tun haben und daher nicht vermengt werden dürfen.

Bei allem neurobiologischen Verständnis bezieht der gegenwärtige Determinismus zwar auch Umwelt- und Lerneffekte ein, allerdings nur insoweit, als sie auf die Expression von Genen und damit auf Gehirnfunktionen Einfluss haben. Konsequenterweise muss er Psychologie und Neurojurisprudenz (dazu Weimar, 2000, 2005) weitgehend auf eine angewandte Natur- bzw. Neurowissenschaft reduzieren und ist überzeugt, dass sich alle Kultur letztlich als Natur ausdrücke. Damit kehrt er die etwa von Carl Friedrich von Weizsäcker vertretene Position, dass alle Naturwissenschaft letztlich Kulturwissenschaft sei, in ihr Gegenteil um: „Alle Kulturwissenschaft ist letztlich Naturwissenschaft". Alles Leben setzt sich hiernach aus Genetik und Erfahrung zusammen. Für einen freien Willen oder eine subjektorientierte Sichtweise ist dann kein Platz.

Eine integrative Neurojurisprudenz hat es demgegenüber mindestens mit drei Ebenen zu tun, die einen je eigenen Zugang nötig machen, auch wenn sie in Wechselwirkung zueinander stehen: die biologische, die soziale und die personale Ebene. Wahrscheinlich fühlen sich die meisten Menschen von der dritten Ebene unmittelbar berührt, da sie sich vor allem als Personen verstanden wissen wollen.

In der Neurojurisprudenz steht der Mensch als Normanwender und juristischer Entscheider im Zentrum des Interesses. Es ist schwer vorstellbar, dass das innere Erleben hier durch diagnostische Methoden je präzise erfasst und vorhergesagt werden kann. Solange aber dem Erlebensbereich des Entscheiders – seinem Fühlen, Wollen und Handeln – eine Vorrangstellung eingeräumt wird, ist eine Reduktion auf bloße biosoziale Gesichtspunkte aus methodischen und erkenntnistheoretischen Gründen ausgeschlossen.

Im Falle der juristischen Entscheidung sind psychologische Einflüsse unübersehbar. Erst das Wahrnehmen einer multivalenten Situation oder auch das zunächst erfolglose Bemühen um ein bestimmtes Ziel und seine Erreichung (Problemlösung) macht das Entscheidungsgeschehen verständlich. Und erst die psychologische Dynamik, die das biosoziale Grundmuster des Entscheiders aktuell begleitet, macht die biologische und soziokommunikative Einschränkung deutlich.

Wird die multivalente Situation sehr stark erlebt, verengt sich der Handlungsspielraum des Entscheiders oft so weit, dass nurmehr ein inneres Abwägen, aber kein unmittelbares aktives Entscheiden möglich ist. In einem solchen Fall scheint das Denken auf die zwiespältige Frage eingeengt, wie mit einem bestimmten Handeln die Situation geklärt werden kann. Aber auch im größten Zaudern und in ambivalent erfahrener Entscheidungsunfähigkeit kommt die erlebte Möglichkeit zum Ausdruck, etwas zu wollen oder etwas nicht zu wollen. Es ist dieser Zwiespalt der Wahlfreiheit, der die Handlungsfähigkeit in der multivalenten Situation einschränkt, während gleichzeitig aber die innere Differenz bzw. die Herausforderung zur Entscheidung bestehen bleibt (vgl. Weimar, 1996).

Dieser Zwiespalt wird wohl besonders deshalb erfahren, weil sich seit der Aufklärung ein Menschenbild entwickelt hat, das vom Ideal eines autonomen und selbstverantwortlichen Akteurs ausgeht. Anders als im Mittelalter, als der Mensch sich schicksalhaft in ein kosmisches Geschehen eingebettet sah, steht der moderne Mensch unter dem besonderen Druck, sich durch methodisches und diszipliniertes Handeln selbst zu verwirklichen. Motto: Leben als letzte Gelegenheit. Die Vorstellung eines geradezu autarken Subjekts kann in der entscheidungsbedingten Blockadesituation mitunter zur Tragödie werden. Weil aber der moderne Mensch dieses aufgeklärte Selbstbild verinnerlicht hat, kann er sich in der für ihn schwierigen Entscheidungssituation nicht davon entfernen. Denn ein autonomer Mensch erlebt sich als darauf angewiesen, initiativ denken und handeln zu können. Gerade diese Fähigkeiten sind aber in der Entscheidungssituation eingeschränkt (Weimar, 1996). Der Entscheider ist letztendlich auf sich selbst geworfen, zumal wenn er in den vorherrschenden rechtlichen und kulturellen Wertungen einen tragenden Grund zunehmend schwerlich zu finden vermag.

VI. Äußere Reizimpulse und sonstige somatische Wirkungen

Man „hat“ nach allem die subjektive Erfahrung von Willensfreiheit, aber es gibt eben keinen echten freien Willen auf der neurobiologischen Ebene. Die meisten Neurobiologen meinen ganz in diesem Sinne, dass das Gehirn so funktioniert, dass wir zwar die Erfahrungen von Willensfreiheit haben, dass es sich dabei aber um eine Illusion handelt, weil die neuronalen Prozesse kausal hinreichend sind, um nachfolgende Zustände des Gehirns zu determinieren, unter der Annahme, dass es einen äußeren Reizinput und/oder Wirkungen seitens des restlichen Körpers gibt.

In der Verarbeitung von Außenreizen und der Steuerung von Reaktionen und Handlungen geht die evolutionäre Entwicklung offensichtlich dahin, die Außenwelt immer detaillierter im neuronalen Netz zu rekonstruieren, um auf die immer detaillierter rekonstruierte Wirklichkeit ebenso differenziert und flexibel reagieren zu können. Als „Überlebensorgan“ konzipiert, hat unser Gehirn eine Komplexität erreicht, die es uns ermöglicht, zumindest teilweise unserer selbst bewusst zu werden.

Ein genaues Abbild des Gehirns befindet sich neueren Forschungen zufolge überraschenderweise im Bauch. Bisher gingen die Neurowissenschaften ganz überwiegend davon aus, dass das Gehirn die zentrale Schaltstelle in unserem Körper ist. Weitere neurowissenschaftliche Forschungen haben jedoch ergeben, dass der Bauch ein eigenes vom Gehirn unabhängiges Nervensystem besitzt. Dieses enterale Nervensystem kann Befehle des Gehirns korrigieren oder widerrufen und steuert keineswegs nur eigenständig die Verdauung. In den Darmwänden befindet sich die gleiche Art von Nervenzellen, Wirkstoffen, Neurotransmittern und Rezeptoren wie im Kopf. Daher bezeichnet der amerikanische Neurobiologe Michael Gershon (2001) in seinem Buch „Der schlaue Bauch“ den Bauch als das „zweite Gehirn“. Dieses gibt mehr Botschaften an das Gehirn im Kopf als umgekehrt (vgl. Gershon, 2001, S. 41 ff.). Die Vielzahl dieser Botschaften ist noch nicht entschlüsselt, ein Teil davon behandelt die Verdauung. Was aber bedeuten die anderen Nachrichten? Hier liegt noch ein weites, wenig bearbeitetes Forschungsfeld.

Eine weitere interessante Entdeckung sind die verschiedenen Botenstoffe und psychoaktiven Substanzen, die im Bauch nicht nur vorkommen, sondern dort auch hergestellt werden. Diese Substanzen wie Dopamin, Serotonin oder Opiate sind verantwortlich für unsere Stimmungen und Gefühle. Auf „seelische Unausgeglichenheit" werden oft mangels klarer Befunde Magengeschwüre, Sodbrennen, Obstipation und andere Fehlfunktionen des Verdauungstrakts zurückgeführt. Der eigentliche Grund für diese Beschwerden aber scheint darin zu liegen, dass die Kommunikation zwischen dem ersten und dem zweiten Gehirn gestört ist. Ein leicht eintretender Fall, denn nur ein paar tausend Nervenfasern verbinden Gehirn und unseren Darmtrakt, das „zweite Gehirn", dessen rund 100 Millionen Nervenzellen wiederum Reflexe auch völlig ohne Einflüsse aus Gehirn und Rükkenmark weiter vermitteln können (vgl. Gershon, 2001). Diese Entdeckungen stellen das bisherige Menschenbild zumal der Jurisprudenz in Europa und womöglich darüber hinaus auf den Kopf. Der Bauch also hat es in sich und nicht umsonst wurden viele Atem-, Zentrierungs- und Meditationstechniken für den Bauch entwickelt. Sie unterstützen uns darin, den Bauch in seiner gesunden Funktion zu fördern und ein Gleichgewicht zu finden zwischen Bauch und Verstand.

VII. Vom autonomen Ich zum integrierten Entscheider-Subjekt

Gerade im Entscheidungsgeschehen geht die subjektive Erfahrung nicht unter. Bei aller Abhängigkeit erfährt der als Entscheider Handelnde dieses Erleben als das einzige, was ihm bleibt: als etwas ihm Eigenes. Er ist als Individuum „unhintergehbar", kann nicht hinter sich selbst zurücktreten. Sein Eigenwert ist zwar auch durch die Natur gegeben, liegt aber biographisch in ihm selbst.

Nicht anders als andere Personen mögen Richter, Verwaltungsentscheider, Ärzte usw. zuweilen an übersteigerter Subjektivität und am Erleben ihres Ungenügens scheitern können. Aber sie vermögen manchmal auch durch ihr Betroffensein von den Belastungen des Entscheidungsgeschehens hindurch eine nicht selbstverständliche Erlebensfähigkeit neu zu entdecken. Sie spüren dann, dass es diese nur ihnen zukommende Erstperson-Perspektive ist, die sie in ihrer Individualität ausmacht.

Vielleicht kann ein tieferes Verständnis der Entscheidung dazu verhelfen, das überfordernde Menschenbild eines „starken Subjekts" wieder abzulegen. Durch Infragestellung eines absolut autonomen und autarken Ichs muss das Subjekt nicht untergehen. Es kann sich als von vielen Bedingungen abhängig bzw. als natürliches Lebewesen verstehen und trotz neuronaler Bedingtheiten spüren, dass es über einen Eigenwert – über eine Psyche – verfügt.

VIII. Transzendenz geistiger Phänomene?

Es dürfte klar geworden sein, dass die beschriebenen geistigen Phänomene eng an die neuronalen Strukturen unseres Gehirns gekoppelt sind. Nach unserer Darstellung einiger neurophysiologischer Grundlagen kognitiver Prozesse bleibt zu fragen, ob kognitive, geistige und seelische Phänomene ausschließlich Folgen materieller Prozesse (z.B. bioelektrischer Funktionen) sind oder ob es sich bei Phänomenen dieser Art um solche handelt, die die materielle Welt transzendieren.

Man weiß schon recht viel darüber, welche Strukturen des limbischen Systems etwa bei Angstzuständen erregt werden und welche Großhirnareale zur räumlichen Vorstellung oder sprachlichen Kodierung aktiviert werden. Und bestimmte Bewusstseinsphänomene können gezielt pharmakologisch verändert werden. Insofern liegt eine nondualistische Auffassung nahe, seelische und geistige Prozesse seien Folge lediglich der aufgezeigten chemisch-physikalischen, also materiellen Prozesse. Anders formuliert: Ist ein neuronales Netz erst komplex genug, entwickelt es Systemeigenschaften, die notwendigerweise Kognition, Denken usw. hervorbringen. Solche quantitativen „Sprünge" von Systemen werden als „Fulguration" (Konrad Lorenz) bezeichnet.

So plausibel die nondualistische Sichtweise auch ist, eines ist sie nicht: logisch zwingend. Dass nämlich zwei Phänomene eng miteinander zusammenhängen, heißt nicht notwendigerweise, dass das eine aus dem anderen folgt. Es ist ebenso denkbar, dass Geist einerseits und Gehirnfunktionen andererseits zwei Aspekte einer Wirklichkeit sind, die dahinter oder darunter liegen, die wir aber nicht erkennen können, weil sie unseren Denkkategorien und unserer Wahrnehmungsausstattung verschlossen bleiben. Und selbst wenn das aber zuträfe, so folgt daraus selbstverständlich wiederum nicht, dass so etwas wie Willens- und Entscheidungsfreiheit auch nachgewiesen ist. Anders ausgedrückt: Vielleicht sind das menschliche Gehirn und der menschliche Geist in letzter Konsequenz einfach nicht in der Lage, sich als Phänomene selbst zu begreifen.

IX. Ergebnis und Ausblick

Natürlich kann gefragt werden, ob es eine Wirklichkeit gibt, die sich mit naturwissenschaftlichen Methoden nicht angemessen erfassen lässt. Aber gerade komplexe Vorgänge wie juristisches Entscheiden sind nicht ohne Entsprechungen im Gehirn. Das Geist Genannte ist ein natürlicher Zustand unserer Welt – auch wenn es sich von dem Zustand bloßen „materiellen" Feuerns von Neuronen abhebt und konventionell hiervon unterschieden wird. Als masseloses Phänomen gehört es, auch ohne auf die Gesetze der Festkörperphysik reduzierbar zu sein, aber zur physikalischen Welt. Damit wird die Idee des freien Willens, die als implizite Grundbedingung für die Methodologie juristischen Entscheidens gilt, zumindest fragwürdig. Womöglich stehen wir hier zukünftig vor einem sehr einschneidenden Paradigmenwechsel.

Zum Verständnis juristischen Entscheidens gehört offenbar auch eine Vorstellung davon, was den Menschen „eigentlich" ausmacht und wie unser Verhältnis zum Rest der Natur ist. Der Mensch als von egoistischen Genen gesteuerter Roboter oder als ein mit freiem Willen Handelnder – das sind durchaus verschiedene Perspektiven unseres Selbstverständnisses mit Auswirkung auf Entscheidungsverhalten und seine Zuordnung auch in rebus iurisprudentialibus. Die juristische Methodologie versucht indes nicht einmal, die beiden Sphären des Wissens kenntlich zu machen (vgl. ansatzweise jedoch Bydlinski, 1982, S. 124f. und weiterführend vor allem Richli, 2000, S. 381ff.). Sie scheint vom Grundsatz her eine „Einheit des Wissens" über die Natur des Menschen vorauszusetzen.

Die neuen biologischen Sichtweisen sind demgegenüber weitaus belangvoller für das Wissenschaftsbild der juristischen Entscheidung, als es die Jurisprudenz und ihre Methodologie selbst je waren. Der Methodologismus der Jurisprudenz kann den Blick auf neue Perspektiven versperren. Der neuronale Determinismus wiederum kritisiert zwar die Scheinevidenzen mancher geisteswissenschaftlicher Positionen, er klärt jedoch nicht gründlich genug die nichtempirischen Annahmen, die vorschreiben, was als Beobachtung oder was als mögliche Erklärung gelten darf. So bleibt die juristische Methodologie in der Dichotomie von „Biologie" und „Kultur" gefangen. In diesem Sinne bleiben bei ihr hochaktuelle Fragestellungen gegenwärtig außen vor. Kann juristische Methodologie es sich leisten, ein wissenschaftlich und rechtspolitisch so zentrales Feld unbesetzt zu lassen? Nein, eigentlich nicht. Aber was soll's. Da gibt es ja – out of the mainstream – die Forschungsfelder der Neurojurisprudenz. Zu klären bleibt also: Können wir, wie wir wollen, sollen und dürfen, oder müssen wir, wie wir sind? Die zunehmende Kenntnis von Hirnvorgängen wird unser Menschenbild nicht bedrohen, sie wird es bereichern.

Literatur

Bydlinski, F. (1982). Juristische Methodenlehre und Rechtsbegriff. Wien/New York: Springer.

Edelman, G. M. (2004). Das Licht des Geistes – Wie Bewusstsein entsteht. Düsseldorf/Zürich: Walter Verlag.

Erk, S., Walter, H. (2000). Denken mit Gefühl – Der Beitrag von funktioneller Bildgebung und Simulationsexperimenten zur Emotionspsychologie. In Nervenheilkunde 2000, 3–12.

Fiedler, K. (1988) Emotional mood, cognitive style and behavior regulation. In Fiedler, K., Forgas, J. P. (eds.), Affect, cognition, and social behavior (pp. 100–119). Toronto: Hogrefe.

Fiedler, K. (1991). On the task, the measures and the mood in research on affect and social cognition. In Forgas, J. P. (ed.), Emotion and social judgment (pp. 82–104). Oxford: Pergamon.

Gershon, M. (2001). Der kluge Bauch. Die Entdeckung des zweiten Gehirns. München: Goldmann.

Libet, B. (1985). Unconscious cerebral initiative and the role of conscious will in voluntary action. Behavioral and Brain Sciences, 8, 529–566.

Richli, P. (2000). Interdisziplinäre Daumenregeln für eine faire Rechtsetzung. Basel/Genf/München: Helbing & Lichtenhahn.

Roth, G. (1997). Das Gehirn und seine Wirklichkeit. Frankfurt/M.: Suhrkamp.

Roth, G. (2003). Fühlen, Denken, Handeln. Frankfurt/M.: Suhrkamp.

Roth, G., Schockenhoff, E. (2004). SPIEGEL-Streitgespräch zwischen dem Neurobiologen Gerhard Roth und dem Moraltheologen Eberhard Schockenhoff über neue Zweifel am freien Willen. In Der Spiegel, Nr. 52 vom 20.12.2004, 116–120.

Singer, W. (2002). Der Beobachter im Gehirn. Essays zur Hirnforschung. Frankfurt/M.: Suhrkamp.

Singer, W. (2003). Ein neues Menschenbild? Gespräche über Hirnforschung. Frankfurt/M.: Suhrkamp.

Weimar, R. (1996). Psychologische Strukturen richterlicher Entscheidung. Bern: Stämpfli.

Weimar, R. (2000). Neuroscience Before the Gates of Jurisprudence. In Usteri, M., Fikentscher, W., Wickler, W. (Hrsg.), Gene, Kultur und Recht (S. 39–52). Bern: Stämpfli.

Weimar, R. (2005). Zur Wissenschaftstheorie der Rechtswissenschaft – Aspekte einer Wende? In Dürr R., Gebauer, G., Maring, M. Schütt, H.-P. (Hrsg.), Pragmatisches Philosophieren. Festschrift für Hans Lenk (S. 171–181). Münster: LIT Verlag.

V. Literatur & Rechtserlebnis

Robert Bossard

Recht und Literatur – Erfahrungen bedeutender Autoren mit dem Recht

I.

Recht und Dichtung scheinen auf den ersten Blick wenig gemeinsam zu haben, doch zeigen sich bei näherer Betrachtung einige bedeutsame Verbindungslinien. Zunächst überrascht, dass der Werdegang mancher Dichter und Schriftsteller ein reguläres Jura-Studium oder doch einen recht intensiven Kontakt mit dem Recht aufweist. Prominentestes Beispiel ist Goethe, der in Leipzig und Strassburg die Rechte studierte, vom Mai bis September am Reichskammergericht in Wetzlar arbeitete und in seiner Geburtsstadt Frankfurt am Main einige Jahre ohne grosse Begeisterung eine Anwaltspraxis führte, wobei sein Vater die Hauptarbeit übernahm.

Wie sich Goethe von der Rechtswissenschaft allmählich löste und in der Dichtung seine wahre Berufung erkannte, beschreibt er in „Dichtung und Wahrheit". Er kann sich von seiner bevorstehenden Tätigkeit am Reichskammergericht in Wetzlar

> unmöglich viel Freude versprechen. Die Aussicht war nicht reizend, in einer zwar wohl gelegenen, aber kleinen und übel gebauten Stadt eine doppelte Welt zu finden: erst die einheimische alte, hergebrachte, dann eine fremde neue, jene scharf zu prüfen beauftragte, ein richtendes und ein gerichtetes Gericht; manchen Bewohner in Furcht und Sorge, er möchte auch noch mit in die verhängte Untersuchung gezogen werden.

Goethe glaubt, dass ihm in Wetzlar „ausser dem deutschen Zivil- und Staatsrecht nichts Wissenschaftliches sonderlich begegnen" und er „aller poetischen Mitteilung entbehren würde“, aber zu seiner Verwunderung stellt er fest, dass ihm hier „ein drittes akademisches Leben entgegensprang“. Er trifft in den Gesandtschaftskreisen am Gericht „junge muntere Leute“, mit denen er täglich zusammenkommt. Er erhält in diesem Kreise Anregungen zum „Götz von Berlichingen“ und fährt fort, „die Dichtkunst zum Ausdruck meiner Gefühle und Grillen zu benutzen“. Für den „Göttinger Musenalmanach“ verfasst er Gedichte.

Von den elenden Zuständen am Reichskammergericht fühlt sich Goethe mehr und mehr abgestossen: „Die Förmlichkeiten dieses Prozesses an sich gingen alle auf ein Verschleifen.“ Demgegenüber möchte Goethe seine „innere Natur nach ihren Eigenheiten gewähren, und die äussere nach ihren Eigenschaften“ auf sich einfliessen lassen (Dichtung und Wahrheit, 3. Teil, 12. Buch). Das Recht verliert endgültig seine Attraktivität zugunsten der Dichtung.

II.

In manchen Fällen kann die Tätigkeit in der Justiz oder Staatsverwaltung als Brotberuf des Schriftstellers betrachtet werden; mit der literarischen Aktivität hätte er niemals seine Existenz sichern können. Ein Beispiel hiefür ist der unglückliche Dramatiker Christian Dietrich Grabbe, der 1820–1822 in Leipzig und Berlin Jura studierte und 1828–1834 als Miltärauditor in Detmold tätig war. In anderen Fällen, in denen der Tätigkeit in Justiz oder Verwaltung eine eigenständige Bedeutung zukommt, könnte man eher von einem doppelten Beruf sprechen. Dies trifft vor allem für E. T. A. Hoffmann zu, dem es gelang, neben seinem bedeutenden und anerkannten Wirken am Kammergericht, dem höchsten preussischen Gericht, eine fruchtbare Tätigkeit als Schriftsteller und als Komponist zu entfalten. Franz Grillparzer wirkte nach seinem Jura-Studium als Beamter im österreichischen Finanzministerium und war von 1832 bis zur Pensionierung als Hofrat im Jahre 1856 Archivdirektor. Seine Dramen schrieb er nach dem Misserfolg des Lustspiels „Weh' dem, der lügt" und wegen Schwierigkeiten mit der Zensur für die Schublade.

III.

Hinsichtlich der Behandlung des Rechts durch den Autor kann man drei Hauptgruppen unterscheiden: den idealistisch-grundsätzlichen Autor, z.B. Heinrich von Kleist, den parodistischen, z.B. Christoph Martin Wieland, sowie den sachgemässen, z.B. den preussischen Kammergerichtsrat E. T. A. Hoffmann. Heinrich von Kleist hat sich vor allem in zwei Werken mit dem Problem des Rechts befasst: in der Erzählung „Michael Kohlhaas" und im Lustspiel „Der zerbrochene Krug". Der um die Mitte des 16. Jahrhunderts an den Ufern der Havel lebende Rosshändler Kohlhaas, ist einer „der rechtschaffensten und zugleich entsetzlichsten Menschen seiner Zeit". Er „würde bis in sein dreissigstes Jahr für das Muster eines guten Staatsbürgers haben gelten können". Er wird aber bei einem Grenzübertritt nach Sachsen in eine Auseinandersetzung verwickelt, als die Junker von Tronka ungerechtfertigte Zollgebühren von ihm verlangen. Weil er bei den zuständigen Justizbehörden in Dresden kein Recht finden kann und weil seine Gattin, als sie bei der versuchten Überreichung einer Supplik an den Kurfürsten von Sachsen verwundet wird und nachher stirbt, greift Kohlhaas zur Selbstjustiz. Mit einem Kerntrupp von sieben eigenen Knechten, über die der wohlhabende Kohlhaas verfügt, bildet er eine Bande, die sich später mit einer anderen Bande zusammenschliesst. Das Schloss der Tronkas wird bei einem privaten Feldzug niedergebrannt und ein Junker Tronka getötet, die Stadt Wittenberg eingeäschert. Kohlhaas bezeichnet sich in einer Proklamation als „Reichs- und Wahlfreier", ein Hinweis auf den Verlust des Realitätssinnes.

Immerhin sieht sich die Regierung in Dresden veranlassst, mit Kohlhaas in Unterhandlungen zu treten; es kommt auch zu einer Unterredung zwischen Kohlhaas und Luther, der ihm ins Gewissen redet. Kohlhaas wird amnestiert, seine Klage betreffend die Haltung der von den Tronkas konfiszierten Pferde soll untersucht werden. Allein, Quertreibereien der Tronkas und das starrsinnige Verhalten von Kohlhaas führen dazu, dass er gefangengenommen wird. Eine geschärfte und schimpfliche Todesstrafe wird über ihn verhängt, aber durch die Intervention des Kurfürsten von Brandenburg, der seinen Untertanen für seine Gerichtsbarkeit reklamiert, entgeht Kohlhaas diesem Schicksal. Das Recht triumphiert, indem die beschlagnahmten Pferde wohlgenährt Kohlhaas vorgeführt und seiner Familie übergeben werden. Kohlhaas selbst wird unter grosser Anteilnahme des Volkes in Berlin enthauptet und sühnt damit für den begangenen Landfriedensbruch.

Den Konflikt zwischen einem auf die Spitze getriebenen formalistischen Recht auf der einen Seite und dem gesunden Menschenverstand auf der anderen Seite behandelt Shakespeare im „Kaufmann von Venedig". Shylock, der im Geruch eines Wucherers stehende Geldverleiher, borgt dem durch unglückliche Zufälle in die Enge getriebenen Kaufmann Antonio 3000 Dukaten mit der vertraglichen Bedingung, dass als Busse ein volles Pfund von Antonios Fleisch fällig wird, wenn er nicht an einem bestimmten Tag und Ort die Summe zurückzahlen kann. Da infolge widriger Umstände die Schiffe mit Waren, die Antonio erwartet, nicht zu den vorgesehenen Terminen in Venedig einlaufen, besteht Shylock auf der wörtlichen Erfüllung des Vertrags, der vorsieht, dass Shylock an einem von ihm ausgewählten Teil von Antonios Leib ein Pfund Fleisch herausschneiden kann. Bei der Gerichtsverhandlung vor dem Dogen gerät Antonio, der niemals gedacht hat, dass Shylock Ernst machen könnte, in eine schwierige Lage und sieht sich vom Tode bedroht. Shylock verlangt sein Recht und lässt sich weder durch Geld noch durch gute Worte zu einer vernünftigen Regelung bewegen, und zwar aus innerem Hass und Widerwillen gegen den anständigen Kaufmann Antonio, wie er selbst sagt. Er will keine Gnade ergehen lassen. Nur durch das Eingreifen Porzias, die verkleidet als Anwalt Antonios auftritt, wird dieser gerettet. Porzia beweist nämlich, dass Formalismus am besten durch Formalismus bekämpft wird, und treibt Shylock durch ihre raffinierte Argumentation zunehmend in die Enge, so z.B. mit der Forderung, dass er zwar ein Pfund Fleisch, aber auf keinen Fall mehr oder weniger herausschneiden kann. Schliesslich entfernt sich Shylock enttäuscht und verbittert vom Schauplatz.

Eine ironische Darstellung des Rechts gibt Heinrich von Kleist im Lustspiel „Der zerbrochene Krug". Der Dorfrichter Adam sitzt über einen Angeklagten zu Gericht, der anlässlich eines versuchten nächtlichen Eindringens bei einem von ihm begehrten Mädchen einen Krug zerbrochen haben soll. In Wirklichkeit ist der Übeltäter der Richter selbst. Er hat sich falsche Hoffnungen auf ein Schäferstündchen bei Eve Rull gemacht und zerbrach bei seinem missglückten Unternehmen den Krug. Das Recht trägt aber endlich den Sieg davon, als der an diesem Tag zufällig zur Inspektion erschienene Gerichtsrat Walter vom Obertribunal in Utrecht während der Verhandlung bald den wahren Sachverhalt durchschaut. Adam ergreift die Flucht; an einer Verfolgung scheint niemand interessiert.

Die Infragestellung des formalistischen Rechts hat eine alte Tradition. So lässt Francois Rabelais (ca. 1494–1553) in seinem Romanzyklus von den Riesen Gargantua und Pantagruel den letzteren in Kapitel 10 als Richter auftreten:

> Comment Pantagruel equitablement jugea d'une controverse merveilleusement obscure et difficile, si justement que son jugement fut dicte plus admirable que celuy de Salomon.

Mit seinem weisen Spruch bringt es Pantagruel fertig, beide Kontrahenten zufrieden zu stellen, was die anwesenden gelehrten Juristen in besonderes Erstaunen versetzt. Sie müssen zusehen, wie der gesunde Menschenverstand über formalrechtliche Streitfragen triumphiert.

IV.

Eine ausgesprochen parodistische Darstellung der Rechtsprechung ist der Prozess um des Esels Schatten in Christoph Martin Wielands „Geschichte der Abderiten". Der Eseltreiber Anthrax gerät mit dem Zahnarzt Struthion in Streit, weil er ihm verweigert, sich im Schatten des von ihm gemieteten Esels vor der Sonne zu schützen. Er beruft sich darauf, dass der Genuss des Schattens nicht in der Miete des Esels inbegriffen sei. Da sich die beiden nicht einig werden, muss der Streit vor Gericht ausgetragen werden. Der Stadtrichter Philippides, ein wohlmeinender Mann, der nur den kleinen Fehler hat, dass ihm immer die zuletzt vortragende Partei Recht zu haben scheint, sucht in diesem komplizierten Fall zu vermitteln. Er scheitert aber, weil zwei Sykophanten aus dem Streitfall Kapital für sich zu schlagen suchen und die Parteien gegeneinander aufhetzen. Der Rechtshandel weitet sich aus; massgebende Persönlichkeiten des öffentlichen Lebens nehmen Partei und machen die Angelegenheit unübersichtlich. Für den Zahnarzt Struthion setzt sich sein Zunftmeister Priem ein, für den Eseltreiber Anthrax der Erzpriester Agathyrsos. Mit diesem ist eine mit Anthrax in weitläufiger Verbindung stehende milesische Tänzerin liiert. So setzt sich der Rechtshandel zum grössten Schaden der Beteiligten und der Stadt Abdera fort. Wieland, mit kleinlichen juristischen und politischen Angelegenheiten seit seiner Tätigkeit als Senator in der freien Reichsstadt Biberach vertraut, versteht es, dem absurden Fall den Anschein eines realen Geschehens zu geben.

Die Häufigkeit der parodistischen Darstellung der Rechtsprechung in der Literatur spiegelt wohl das Misstrauen des Volkes gegenüber der Handhabung des Rechts durch die Juristen. Das kommt auch in der Schilderung einer Gerichtsszene in Miguel de Cervantes Saavedras „Don Quixote" zum Ausdruck. Sancho Pansa, der Waffenträger Don Quixotes, vertritt im Roman den Typus des bauernschlauen Realisten, der im Gegensatz zu seinem weltfremd-idealistischen Herrn die Menschen und Situationen so nimmt, wie sie sind und die tragikomischen Irrtümer Don Quixotes einigermassen kompensiert. Als dieser im Verlaufe seiner Fahrten als irrender Ritter einige Zeit bei einem Herzog weilt, der die beiden zu seiner Unterhaltung vorübergehend bei sich aufnimmt, wird Sancho Pansa in Erfüllung der grossartigen Versprechungen, die ihm sein Herr gegeben hat, als Statthalter einer fiktiven Insel eingesetzt. Seine Regierungsmaxime ist:

> Ich denke, die Bauern zu begünstigen, den Edelleuten ihre Vorrechte zu bewahren, die Tugendhaften zu belohnen und vor allem die Religion und das Ansehen der Geistlichen in Ehren zu halten.

Die Drahtzieher der Komödie legen ihm dann einige verzwickte Rechtsfälle vor, die er entscheiden soll. Sancho Pansa befiehlt auch, alle Spielhäuser aufzuheben, denn er sieht ein, dass sie sehr schädlich sind und viele Menschen ins Elend gebracht haben.

Es fällt auf, dass die Autoren insbesondere durch ausserordentliche oder irreguläre Gerichtsverfahren fasziniert werden. Dies gilt z.B. für Georg Büchner, der im Drama „Dantons Tod" das Verfahren des französischen Revolutionstribunals gegen Danton schildert, einen der führenden Köpfe der revolutionären Bewegung. Dieses ausserordentliche Gericht wurde vom Konvent eingesetzt, um effizient gegen Personen vorgehen zu können, die nicht mit der Radikalisierung der revolutionären Institutionen und Massregeln einverstanden sind. Dieses Tribunal soll neue Vollmachten erhalten, die ein rasches und scharfes Durchgreifen gestatten. Fouquier-Tinville, der öffentliche Ankläger, und Herman, der Präsident des Revolutionstribunals, erhalten mit folgendem Dekret des Konvents ein Instrument in die Hand, das gegen wirkliche und vermeintliche Feinde der Revolution eingesetzt werden kann:

> In Betracht, dass Dantons und Camilles (Desmoulin) Weiber Geld unter das Volk werfen und dass der General Dillon ausbrechen und sich an die Spitze der Empörer stellen soll, um die Angeklagten zu befreien, in Betracht endlich, dass diese selbst unruhige Auftritte herbeizuführen sich bemüht und das Tribunal zu beleidigen versucht haben, wird das Tribunal ermächtigt, die Untersuchung ohne Unterbrechung fortzusetzen und jeden Angeklagten, der die dem Gesetze schuldige Ehrfurcht ausser Augen setzen sollte, von den Debatten auszuschliessen (3. Akt, Revolutionstribunal).

Die Femgerichte sind im Mittelalter vor allem in Westfalen bestehende Gerichte, die vom Kaiser mit dem Blutbann beliehen waren und über Verbrechen urteilten, auf welche die Todesstrafe stand. Die Feme wurde z. B. von Goethe im Drama „Götz von Berlichingen" und von Heinrich von Kleist im „Käthchen von Heilbronn", seinem „grossen historischen Ritterschauspiel" geschildert. Beide Versionen sind pathetisch und versuchen, die Atmosphäre und das Prozedere des „heimlichen Gerichts" möglichst eindrücklich wiederzugeben. So eröffnet bei Goethe der Älteste die Sitzung des Gerichts, die in einem „finstern engen Gewölbe" stattfindet und dessen Angehörige alle vermummt sind, wie folgt:

> Richter des heimlichen Gerichts, schwurt auf Strang und Schwert unsträflich zu sein, zu richten im Verborgenen, Gott gleich. Sind eure Herzen rein und eure Hände, hebt die Arme empor, ruft über die Missetäter: Wehe, Wehe.

Bei Kleist wollen die Richter, die irdischen Schergen Gottes, „den Frevel aufsuchen [...], wo er vom Arm weltlicher Gerechtigkeit nicht aufgefunden werden kann".

V.

Angesichts der idealistisch-verklärenden oder dann parodistischen Darstellung des Rechts in der Literatur stellt sich die Frage, ob es auch eine der Sache angemessene literarische Behandlung des Rechts gibt. Günstige Voraussetzungen dafür wären ausreichende juristische Kenntnisse des Autors, wenn möglich auch juristische Praxis, verbunden mit dem notwendigen Talent, rechtliche Sachverhalte verständlich und attraktiv zu schildern. Diese Anforderungen erfüllt der spätromantische Schriftsteller E.T.A. Hoffmann in überzeugender Weise. Nicht nur verfügt er als preussischer Kammergerichtsrat über anerkannte juristische Kenntnisse und Fähigkeiten, er kann sich auch im Gegensatz zu anderen, seinerzeit hochgelobten zeitgenössischen Autoren im Urteil der Nachwelt behaupten, obwohl er lange von der Literaturwissenschaft eher gering geschätzt wurde.

Gerichtsszenen finden sich in E.T.A. Hoffmanns Roman „Die Elixiere des Teufels". Die Handlung ist komplex und vielschichtig, die schliessliche Entwirrung der verwickelten Handlungsstränge nicht leicht verständlich. Der Kapuzinerbruder Medardus gerät während seines Lebens im Kloster in eine schwere innere Krise, die ihm die Ausübung seiner geistlichen Pflichten sehr erschwert. Der Prior Leonardus erkennt seinen gefahrdrohenden Zustand und möchte ihn eine Zeitlang in eine andere Umgebung versetzen. Er sendet ihn in einer Klosterangelegenheit, die der Entscheidung durch eine hohe kirchliche Instanz bedarf, nach Rom. Vor seiner Abreise nimmt er eher zufällig einen kräftigen Schluck aus einer Flasche, die als seltsamer, geheimnisvoller Gegenstand in der Reliquienkammer des Klosters aufbewahrt wird. Sie stammt aus dem Nachlass des heiligen Antonius, dem der Teufel einmal einige Flaschen angeboten habe, um ihn zu verführen. Als Antonius eines Tages eine dieser Flaschen geöffnet habe, sei ein betäubender Dampf herausgefahren und allerlei sinnverwirrende Bilder hätten den Heiligen mit verführerischen

Gaukeleien zu verlocken versucht. Die Wirkung auf Medardus bleibt nicht aus. „Glut strömte durch meine Adern und erfüllte mich mit dem Gefühl unbeschreiblichen Wohlseins [...] die Lust eines neuen herrlichen Lebens ging mir auf."

Als Medardus die Reise nach Rom angetreten hat, begegnen ihm Abenteuer, die ihn weit von seiner Mission in Rom wegführen. Er nimmt auf Grund seltsamer Zufälle die Rolle des Grafen Viktorin an und lernt auf einem Schloss, wo er einkehrt, Aurelia kennen, zu der er sich sehr hingezogen fühlt und die er als himmlische Erscheinung tief verehrt. Gleichzeitig geht er aber mit der verführerischen Euphemia, die sich ebenfalls im Schloss aufhält, eine keineswegs mönchische Beziehung ein. In Fortsetzung seiner Reise hält er sich einige Zeit in einer fürstlichen Residenz auf, wo er nach anfänglicher Gunst des Fürsten unter schwerem Verdacht verhaftet wird. Der Richter, „ein kleiner dürrer Mann mit fuchsroten Haaren, mit heiserer, lächerlich quäkender Stimme", verhört ihn. Medardus führt ihn in die Irre, indem er erneut eine andere Identität annimmt, die eines jungen Polen, mit dem zusammen er auf dem Seminar studiert hat. Die Verhandlungen geraten ins Stocken, worauf der Richter ausgewechselt wird.

> Ein ziemlich junger Mann, dem er auf den ersten Blick anmerkte, dass er dem vorigen an Gewandtheit und eindringendem Sinn weit überlegen sein müsse, trat freundlich auf mich zu [...] In seinem ganzen Wesen lag so viel Güte und Gemütlichkeit, dass ich wohl fühlte, gerade deshalb müsse jeder nicht ganz verstockte Verbrecher ihm schwer widerstehen können. Seine Fragen warf er leicht, beinahe im Konversationston hin, aber sie waren überdacht und so präzis gestellt, dass nur bestimmte Antworten erfolgen konnten.

Der Verhörmethode dieses gewandten Juristen hätte Medardus nicht mehr lange standhalten können und er hätte seine wahre Identität preisgeben müssen. Aber die Verhaftung eines anderen Verdächtigen und andere Umstände führten schliesslich zu seiner Freilassung. Das Motiv des abgelösten Richters findet sich auch in anderen Romanen, so z. B. in Arthur Koestlers „Sonnenfinsternis", die von der sowjetischen Justiz handelt.

Nach weiteren Abenteuern trifft Medardus, nun wieder als Klosterbruder auftretend, in Rom ein. Als er während der Abwicklung seiner Geschäfte einer Aufforderung Folge leisten muss, einem zum Tode verurteilten Klosterbruder beizustehen, entgeht er nur knapp dem eigenen Tode. Es wird ihm ein verdächtiger Trunk gereicht, aber er ahnt, dass es ein Gifttrank ist und schüttet den Inhalt des Kelchs in seinen Ärmel, worauf er sich retten kann. Der ganze Arm bleibt aber „wie von einer ätzenden Materie zerfleischt und zerfressen". Dieses Dominikanergericht ist für E. T. A. Hoffmann ein Zerrbild eines normalen Rechtsverfahrens; er porträtiert es entsprechend in abschreckenden Farben.

Franz Kafka teilt mit E. T. A. Hoffmann die juristische Ausbildung und den juristischen Brotberuf, allerdings auf einem erheblich niedrigerem Status; Kafka war Angestellter einer Versicherungsgesellschaft und hatte als solcher deren juristische Angelegenheiten zu betreuen. Als Schriftsteller hat er wie E. T. A. Hoffmann eine Vorliebe für das Skurrile und Unheimliche. Er unterscheidet sich aber von ihm durch eine ganz andere Auffassung von Recht und Rechtsprechung. Während für den Kammergerichtsrat das Recht etwas Selbstverständliches und Unantastbares ist, zieht es Kafka in Zweifel und verzerrt es in grotesker Weise. Bei E. T. A. Hoffmann ist die Welt noch in Ordnung, bei Kafka ist sie aus den Fugen geraten. Dies zeigt sich besonders deutlich in seinem Roman „Der Prozess", der das traurige Schicksal des Bankprokuristen K. behandelt, der in die Fänge einer unbegreiflichen Justiz gerät, ohne dass er weiss, wessen er beschuldigt wird und mit wem er es vor Gericht zu tun hat. Es ist, wie wenn Kafka den Niedergang des Rechts im totalitären Staat vorausgeahnt hätte.

Der Prokurist K. ist ein unauffälliger Junggeselle,

> der nach der Arbeit, wenn dies noch möglich war – er sass meistens bis neun Uhr im Büro –, einen kleinen Spaziergang allein oder mit Beamten machte und dann in eine Bierstube ging, wo er an einem Stammtisch mit meist älteren Herren gewöhnlich bis elf Uhr beisammen sass.

Nicht häufig wurde dieses einsame Leben durch Einladungen, Autofahrten oder Treffen mit einem Mädchen unterbrochen. Dieser Alltag wird nun aber durch eine andere Wirklichkeit überlagert. K. erhält eines Abends Besuch von drei schwarz gekleideten Männern, die sich als untergeordnete Beamte eines unbekannten Gerichts vorstellen und K. mitteilen, dass er verhaftet sei. Allerdings kann K. seine berufliche Tätigkeit fortsetzen, hat sich aber an einem Sonntag bei einem Untersuchungsrichter einzufinden, welcher Weisung K. nachkommt.

Merkwürdig sind nur schon die Amtsräume des Gerichts. Die Kanzleien befinden sich auf den Dachböden eines mehrstöckigen Gebäudes; alles ist sehr primitiv eingerichtet; die Atmosphäre drückend. Nicht minder erstaunlich sind die aufliegenden Gesetzbücher. Als K. in einem solchen Buch blättert, stellt es sich als Roman heraus, der den Titel trägt: „Die Plagen, welche Grete von ihrem Manne Hans zu erleiden hatte." Die grosse, aber unübersichtliche Organisation des Gerichts umfasst bestechliche Wächter, läppische Aufseher, Richterschaften hohen und höchsten Grades mit dem unumgänglichen Gefolge von Dienern, Schreibern, Gendarmen und vielleicht sogar Henkern.

Es herrscht eine unglaubliche Korruption. Depots mit dem Eigentum von Gefangenen verschwinden, Bestechungen aller Art sind üblich. Der Sinn des Ganzen besteht darin, „dass unschuldige Personen verhaftet und gegen sie ein sinnloses und meistens [...] ergebnisloses Verfahren eingeleitet wird." Es handelt sich um ein vom normalen Justizapparat unabhängiges Ausnahmegericht, das im Geheimen tätig ist. Es fällt dreierlei Urteile: wirklichen Freispruch, scheinbaren Freispruch und Vertagung beziehungsweise Verschleppung. Ein wirklicher Freispruch, den nur das oberste, ganz unzugängliche Gericht aussprechen kann, kam noch nie vor. Der scheinbare Freispruch entlastet den Angeklagten grundsätzlich nicht. Die Vertagung, die den Prozess auf dem niedrigsten Stadium hält, ist noch ein relativ günstiges Ergebnis der Verhandlungen. Eine Verteidigung wird nur geduldet; sie kann Eingaben machen, die aber nicht beachtet werden. Die Nutzlosigkeit der Verteidigung wird im Falle von K. noch dadurch unterstrichen, dass sein Advokat bettlägerig ist; die Hintertreppenbeziehungen zu einigen Gerichtspersonen, auf die er sich viel zugute hält, erweisen sich überdies nicht als hilfreich. Das Verfahren geht allmählich ins Urteil über. Eines Tages erscheinen drei schwarz gekleidete Herren bei K., holen ihn ab und führen ihn in einen Steinbruch. Ein Messerstich tief ins Herz setzt K.'s Leben ein Ende. „Wie ein Hund, sagte er, es war, als sollte die Scham ihn überleben." Die Pervertierung des Rechts im Prozess gegen K. hat damit ihre Kulmination erreicht.

VI.

Eine geradezu ausufernde Domäne der Rechtsliteratur im weitesten Sinne bilden Kriminalerzählung und Kriminalroman. Sie sind letztlich ein Produkt aufklärerischer Tendenzen. Wurden früher Verbrechen und deren Ahndung fast ausschliesslich unter rechtlichen oder religiösen Gesichtspunkten behandelt, so öffnete nun ein psychologisches Interesse ganz neue Aspekte: Die Motive und das Vorgehen des Täters erregten Aufmerksamkeit; seine Persönlichkeit und seine Handlungen wurden entsprechend analysiert. Einen Niederschlag fanden diese Bestrebungen in Pitavals „Causes célèbres et intéressantes", die in 20 Bänden von 1734 bis 1743 erschienen; sie erhielten in späteren deutschen und französischen Sammlungen verschiedene Fortsetzungen.

Durch fähige Schriftsteller und Schriftstellerinnen wurde der Kriminalroman auf das Niveau ernst zu nehmender Literatur gehoben, so z. B. durch Arthur Conan Doyle mit der Figur des Privatdetektivs Sherlock Holmes, durch Agatha Christie mit Hercule Poirot oder durch Ruth Rendell mit Chiefinspector Wexford. Auffallend ist der gewichtige Anteil der Autorinnen und die Verschiebung der Akteure der Romane von der Oberschicht bei Agatha Christie zu Mittelstand und Unterschicht wie bei Ruth Rendell.

Tragende Figuren sind entweder Privatdetektive oder, wie bei Ruth Rendell, Polizeibeamte. Das Recht als solches steht nicht im Mittelpunkt der Handlung, sondern ein geschickt aufgebautes Plot und eine eindringliche Charakterisierung der Hauptfiguren. Allerdings gibt es auch Autoren, wie z.B. Erle Stanley Gardner, bei denen ein hervorragender Anwalt in spannenden Rededuellen den Vertreter der Anklage in die Enge treibt und besiegt.

VII.

Die Analyse von Leben und Werk bedeutender Schriftsteller zeigt, dass zwischen Recht und Dichtung engere Verbindungslinien bestehen, als man gemeinhin glaubt. So brauchen Anwalt und Richter viel psychologisches Verständnis, um der Eigenart ihrer Fälle und der beteiligten Personen gerecht zu werden. Die Schriftsteller brauchen dieses Verständnis insbesondere, um die in ihren Werken auftretenden Personen lebensecht gestalten zu können. Beide bedürfen auch einer eindringenden Beschäftigung mit ihrem Gegenstand oder Fall. Die Vorbereitung kann monatelanges Studium der Unterlagen benötigen; ebenso ist die Ausarbeitung der Ergebnisse oft sehr zeitraubend. Eine nicht zu unterschätzende Gemeinsamkeit besteht darin, dass ihr Wirken mehr oder weniger der öffentlichen Kommentierung und Kritik ausgesetzt ist, sofern sie nicht unter einem totalitären Regime leben.

Wichtiger als die genannten Analogien sind wohl die Unterschiede zwischen Jurist und Autor. Der Schriftsteller entwirft und führt sein Werk im Prinzip allein aus und und übernimmt dafür auch die alleinige Verantwortung. Es wendet sich an einen weit grösseren Kreis der Öffentlichkeit, muss hohen Ansprüchen in Bezug auf Inhalt und Form genügen und soll die Zeit der Abfassung nach Möglichkeit überdauern. Der Autor erwartet für sein Werk Anerkennung, Erfolg und vielleicht sogar Ruhm.

Mario Gmür

Die Gewalt von Worten – Heinrich Böll und das Medienopfer Katharina Blum

Der Hintergrund der Erzählung – Heinrich Böll als Medienopfer

„Die Gewalt von Worten kann manchmal schlimmer sein als die von Ohrfeigen und Pistolen". Diese Feststellung traf Heinrich Böll im Oktober 1974 in einem Interview[1]. Der Autor von „Die verlorene Ehre der Katharina Blum oder: Wie Gewalt entstehen und wohin sie führen kann" hat sich immer als ein Schriftsteller verstanden, der sein literarisches Schaffen eng an bestimmte Zeitprobleme gebunden hat: das Geschehen des Krieges, den er sechs Jahre als Soldat erlebt hat, die Probleme der Notzeit nach dem Krieg, die materialistischen und egoistischen Auswüchse des Wirtschaftswunders, den verstärkten Einfluss einstiger Nazis und die Remilitalisierung der Bundesrepublik in den 50er-Jahren[2]. Die Erzählung *Die verlorene Ehre der Katharina Blum* wurde in einen bestimmten Kontext hineingeschrieben, in eine Zeit, die sich mit Begriffen wie „ausserparlamentarische Opposition", „Terrorismusdebatte", „Sympathisantenproblem" und „Radikalenerlass"

1 Bellmann, W. u. Hummel, C. (1999, orig. 1995). Heinrich Böll. Die verlorene Ehre der Katharina Blum. Stuttgart: Reclam. S. 35.

2 Sowinski, B. (1994). Heinrich Böll. Die verlorene Ehre der Katharina Blum. München: Oldenbourg. S. 9.

charakterisieren lässt[3]. Als erste öffentliche Aktionen der terroristischen Vorläufer der „Roten Armee Fraktion" (RAF) gelten die Brandanschläge auf zwei Kaufhäuser in Frankfurt a. M. am 2. April 1968. Die Polizei nahm als mutmassliche Brandstifter vier Personen fest, u. a. die Germanistikstudentin Gudrun Ensslin und ihren Freund Andreas Baader. Über den Prozess gegen sie berichtete die Journalistin Ulrike Meinhof regelmässig in der Zeitschrift „Konkret". Als das Gerichtsurteil rechtskräftig wurde, tauchten beide Verurteilten in den Untergrund ab. Baader wurde am 4. April 1970 erneut verhaftet und inhaftiert. Knapp sechs Wochen später wurde er bei einer Ausführung aus der Strafanstalt mit Waffengewalt befreit. Ulrike Meinhof war bei dieser Aktion beteiligt[4]. Im Untergrund begannen Baader, Ensslin, Meinhof und der Rechtsanwalt Horst Mahler, der Baader und Ensslin in Frankfurt verteidigt hatte, die „Rote Armee Fraktion" aufzubauen mit dem Ziel, das Machtgefüge des Staates zu zersetzen[5]. Nach einer Serie von Brand- und Sprengstoffanschlägen gegen Einrichtungen der US-Armee, gegen Richter, die über Terroristen geurteilt hatten und gegen den Springer-Konzern, verabschiedeten am 28. Januar 1972 die Regierungschefs der Länder unter Vorsitz von Bundeskanzler Willy Brandt den sog. Radikalenerlass, gemäss welchem Bewerber für den Öffentlichen Dienst verschärft auf ihre Verfassungstreue überprüft werden konnten. Dies löste heftige Kritik aus an der Einschränkung der Meinungsfreiheit und der Entwicklung der Bundesrepublik in Richtung Polizeistaat. Auch Böll meldete sich zu Wort in einer am ersten Weihnachtstag 1973 ausgestrahlten Sendung des Westdeutschen Rundfunks und bezeichnete diesen Erlass als „der Bundesrepublik Deutschland unwürdig":

3 Bellmann, S. 27.
4 Vgl. Krebs, M. (1999, orig. 1988). Ulrike Meinhof. Ein Leben im Widerspruch. Reinbek: Rowohlt.
5 Bellmann, S. 28.

> Der Radikalenerlass verhindert radikale politische und geistige, theoretische und praktische Auseinandersetzung mit Problemen; er entmutigt Jugendliche und junge Leute, die im öffentlichen Dienst arbeiten wollen, er zwingt sie zu demütigender Anpassung oder zur Heuchelei. Es ist ein Erlass gegen die Hoffnung, er verordnet Hoffnungslosigkeit und Lähmung [...][6].

Als Böll im Juli/August 1974 seine Erzählung veröffentlichte, zunächst in vier Fortsetzungen im Spiegel, dann in der Form eines Buches, das zum Bestseller des Jahres 1974 wurde, sahen manche Kritiker von ihm darin eine literarische Retourkutsche und somit eine persönliche Polemik, die als Racheakt gegen die Bild-Zeitung gerichtet war für die vielen Schmähungen, die er 1972 hatte erleiden müssen[7]. Im Januar 1972 war im SPIEGEL ein Artikel von ihm erschienen mit der Überschrift „Will Ulrike Gnade oder freies Geleit?", in dem er sich mit den Praktiken der BILD-Zeitung bei der Berichterstattung über die Baader-Meinhof-Gruppe auseinandersetzte. Darin heisst es:

> Wo die Polizeibehörden ermitteln, vermuten, kombinieren, ist ‚Bild' schon bedeutend weiter: ‚Bild' weiss [...]. Ich kann nicht begreifen, dass irgendein Politiker einem solchen Blatt noch ein Interview gibt. Das ist nicht mehr kryptofaschistisch, nicht mehr faschistoid, das ist nackter Faschismus, Verhetzung, Lüge, Dreck [...]. Wer zieht ‚Bild' zur Rechenschaft, wenn die Vermutungen der Polizei sich als unzutreffend herausstellen?[8]

Diese Stellungnahme war eine Antwort auf einen Bericht der Bild-Zeitung, die den Titel trug „Baader-Meinhof-Gruppe mordet weiter!"[9], nachdem am 23.12.1971 Unbekannte einen Banküberfall verübt hatten, bei dem ein Zivilist erschossen worden war. Diese Vorverurteilung provozierte die Empörung und den Aufsatz des Schriftstellers, welcher eine ungeahnte Protestwelle gegen ihn bei denen auslöste, die diesen Text nur als Eintreten für Ulrike Meinhof verstanden. In Wirklichkeit richtete sich dieser

6 Ebd. S. 29.
7 Sowinski, S. 13.
8 Spiegel, 10.1.1972.
9 Bild-Zeitung, Kölner Ausgabe, 23.12.1971

aber gegen die Methode der Berichterstattung der Bild-Zeitung, die Schuldzuweisungen vornahm, ohne dafür Anhaltspunkte und Beweise zu haben[10]. Die Erzählung hatte, wie Böll selber einräumte „einen ganz eindeutig politisch-pamphletischen Zug, eine klare Tendenz, und zwar mehr als jedes andere Buch, jede andere Erzählung, die ich geschrieben habe“[11]. Böll wies nach Erscheinen der Erzählung darauf hin, dass er bei der Abfassung des Werkes auch das Schicksal des Psychologieprofessors Peter Brückner in Hannover vor Augen hatte, der im Januar 1972 zeitweilig vom Dienst suspendiert worden war, weil er Angehörige der Baader-Meinhof-Gruppe in seinem Haus übernachten liess[12]. Aehnlich wie Böll nach seinem Spiegel-Aufsatz über Ulrike Meinhof, wurde Brückner nach Bekanntwerden dieser Vorgänge in den Medien angegriffen und verleumdet, was er wie folgt charakterisierte:

> Ich sah mich bald einer Situation gegenüber, die mich zum Opfer abstempelte, dem allgemeine Verachtung zuteil wurde. Ich wurde gleichsam umklammert. Es entstand eine Scheinrealität um mich herum. Je nach dem, wann und in welchen Zeitungen Berichte über mich erschienen, setzte bei Tag und bei Nacht eine Flut von anonymen Telefonanrufen ein. Es gab viele Drohbriefe. Auf der Strasse wandten sich viele von mir ab. Ich sah mich plötzlich betroffen, belastet, diffamiert und fragte mich: Bin ich's oder bin ich's nicht? Das Problem der Isolierung traf mich unvermittelt. Es entstand eine Publicity, die nicht Folge von Verdienst oder Verbrechen war. Im Herbst 1972 entdeckte ich in einer Sonntagszeitung mein Konterfei unter einem Artikel mit der Schlagzeile: Im Bett macht Ulrike ihre Männer munter. Es wurde eine Person B produziert, wobei sich ein Image herausbildete, das dem Selbstverständnis des Opfers nicht mehr entsprach. Durch die Negativ-Publicity war ich zur Unperson geworden, gleichsam einem Zustand der persönlichen Entfeierlichung ausgesetzt. Die soziale Distanz gegenüber dem, der zur öffentlichen Unperson geworden ist, wächst. Jedes Treffen –

10 Sowinski, S. 12.
11 Zit. nach „Die mehrfach verlorene Ehre der Katharina Blum“. In: Frankfurter Rundschu, Nr. 107, 19.5.1976, S. 7.
12 Sowinski, S. 14.

> auch mit Freunden und Leuten aus der eigenen politischen Gruppe – wird zur Veranstaltung. Dadurch schwindet die Chance, unbefangen miteinander umgehen zu können. Es gab auch noch andere Beispiele dieser Art. Damit will ich nicht sagen, die mit solchen Berichten befasst gewesenen Journalisten seien unfähig gewesen. Nur habe ich einige kennengelernt, die zu allem fähig waren![13].

Unmittelbarer Anlass für die Entstehung der Erzählung „Die verlorene Ehre der Katharina Blum" war ein Ereignis, in dessen Mittelpunkt im Februar 1974 Bölls 1947 geborener ältester Sohn Raimund stand. Dieser geriet, als sein ihm entwendeter Wehrpass in einer konspirativen Wohnung gefunden wurde, in den Verdacht der Baader-Meinhof-Komplizenschaft. Seine Wohnung wurde aufgebrochen und durchsucht, er selbst einem Verhör durch die Staatsanwaltschaft unterzogen. Spezifische Begleitumstände dieses Vorgangs waren es, die Heinrich Böll mit besonderer Verbitterung zur Kenntnis nahm. Zum einen meldete die im Springer Verlag erscheinende Berliner Zeitung BZ die Haussuchung schon mehrere Stunden vor ihrer tatsächlichen Durchführung (am Nachmittag des 7. Februar), was auf eine Zusammenarbeit der Springer-Presse mit der Polizei schliessen liess und zur Folge hatte, dass die Polizeiaktion in Köln, einschliesslich der Abführung des Verdächtigten, zu einem spektakulären Presse-Ereignis wurde. Der Artikel, der diese Wirkung hervorrief, wurde in der Ausgabe der BZ vom 7. Februar auf der Titelseite in grossen Lettern angekündigt: „Haussuchung beim Sohn des Nobelpreisträgers Heinrich Böll". Im Bericht war zu lesen:

> Auf prominente Namen stiess die Polizei bei der Sichtung des Beweismaterials, das Anfang der Woche bei dem Verhaftungsschlag gegen Mitglieder der Baader-Meinhof-Bande sichergestellt werden konnte. Seitdem steht ein Sohn des bekannten Schriftstellers und Nobelpreisträgers Heinricht Böll unter dem dringenden Verdacht, diese kriminelle Vereinigung unterstützt zu haben. Unter grösster Geheimhaltung drangen Beamte des Staatsschut-

13 Zit. nach Leserbrief v. Hubert Höring. Spiegel Nr. 34, 19.8.1974. S. 7.

> zes gestern vormittag in die Wohnung des 26-jährigen Raimund Böll in der Bonner Strasse in Köln ein. Mit einem Durchsuchungsbefehl.
>
> Anlass der Blitzaktion: In der konspirativen Wohnung in der Hamburger Bartholomäusstrasse waren der Wehrpass des Böll-Sohnes und drei Reisepässe seiner Ehefrau Lila gefunden worden. Die Polizei vermutet, dass die Papiere den Bandenmitgliedern zur Verfügung gestellt worden sind. Denn mit Sicherheit hatte Raimund Böll Kontakt zu den lang gesuchten Anarchisten.
>
> Genau vor vier Wochen, am 8. Januar, wurde von Verfassungsschutzbeamten eine junge Frau beobachtet, die die Wohnung des Böll-Sohnes betrat und später wieder verliess. Diese Frau war das Bandenmitglied Margrit Schiller.[14]

Wenige Tage später, am 12. Februar 1974, drei Tage nach einem Sprengstoffanschlag in Köln, erschien in der BILD-Zeitung ein weiterer Beitrag über Raimund Böll in einem agitatorischen Stil:

> [...] Raimund Böll, 1,81 Meter gross, zwei Zentner schwer, bis auf die Schultern reichende Haare, dichter Schnauzbart und randlose Brille, will mit diesen Werken ‚Symbol der Aggression' zeigen.
>
> Letzte Woche geriet der Dichter-Sohn in den bösen Verdacht, bei dieser ‚Aggression' mitgeholfen zu haben. In der Wohnung im 7. Stock des Hochhauses Bartholomäusstrasse 20 in Hamburg fand die Polizei seinen Wehrpass und drei abgelaufene Pässe seiner indischen Frau Lila [...].
>
> Die Kunst des Kölners ist brotlos. Aber: Vaters Scheck ernährt ihn. In Kölner Galerien sind seine Maschinen, in denen Menschen geköpft und erschlagen werden, erst jetzt bekannt.
>
> Mit der Baader-Meinhof-Bande, für die sein Vater freies Geleit forderte – hat Raimund Böll, wie er bei der Polizei sagte, ‚als friedliebender Mensch nichts im Sinn'.
>
> Was Die im Sinn haben, hat er am letzten Samstag abend gehört. Die Explosion der Bombe, die am Gebäude der Deutschen Industrie hochging. Das Haus liegt nur 800 Meter Luftlinie von Raimund Bölls Dachstube entfernt[15].

Es ist dieser salopp-denunziatorische Stil, den Böll in seiner Erzählung aufgreift und parodistisch übersteigert.

14 BZ, Berliner Zeitung. Berlin: Springer, 7.2.1974

15 Bild-Zeitung, 12.2.1974.

Das Medienopfer Katharina Blum

Die sehr einfache Geschichte ist die eines Kampfes um die Ehre, um das Menschsein. Katharina Blum ist eine junge Frau, wie es viele gibt. Sie ist Hausangestellte, ein bisher unbeschriebenes Blatt, aber dennoch ein Mensch mit Neigungen, Vorzügen und Nachteilen. Sie ist geschieden, sie träumt ihren kleinen Traum vom Glück, sie hat ihre sentimentalen Beziehungen. An einem Hausball ihrer Tante lernt sie einen jungen Mann, Ludwig Götten, kennen, in den sie sich verliebt, mit dem sie die Nacht verbringt. Andern Morgens dringt die Polizei überfallartig bei ihr ein, doch der Geliebte, Gesuchte, ist schon weg. Katharina wird verhaftet, einvernommen. Sie gerät in die Mühlen rüder polizeilicher Ermittlungsarbeit des Kommissars Beizmenne. Damit beginnt der psychische Terror, der die Ehre Katharinas zerstört.

Die Polizei verhört nicht, sondern projiziert ihr „Feindbild" auf Katharina, macht aus dem Dienstmädchen eine gefährliche Anarchistin, die Verbrechern Vorschub leistet und auf die Zersetzung der Gesellschaft hinarbeite. Sie wird nun auch das Opfer einer schlüpfrig-spekulativen Pressekampagne der „ZEITUNG", deren Reporter Tötges ungeniert in ihrem Privatleben wühlt. Die Sensationspresse bemächtigt sich des „Blümeleins" und raubt ihm, was an Ehre noch geblieben ist: skrupellos werden die Aussagen von Katharinas Bekannten der knalligen Titelstory angepasst. Aus der alleinstehenden Frau wird eine Mörderbraut, eine Dirne, ja eine gefährliche Kontaktperson zum politischen Untergrund konstruiert. Die „ZEITUNG" sucht, wie die Polizei, nur den Stoff für eine bereits konzipierte Geschichte. Mit Lügen und Fälschungen konstruiert sie das Reizbild der linken Hure, mit kalkulierter Hysterie betreibt sie die Diffamierung, den Rufmord, die öffentliche Verurteilung der Katharina Blum, bevor man ihr die geringste Schuld nachweisen kann. Die Zusammenarbeit von Polizei und Boulevardpresse funktioniert einwandfrei. Millionenfach wird die Reaktion der Oeffentlichkeit ausgelöst: Eine Flut von anonymen Drohungen und obszönen Briefen ergiesst sich über Katharina und die wenigen Menschen, die noch zu ihr stehen. Die dumpfe Aggression, die die „ZEITUNG“ mit subtiler Geilheit schürt, kommt hier, in ihrem Resonanzboden, ganz direkt zum Ausdruck. Das Volk hat die Botschaft verstanden: Spricht die „ZEITUNG“ von „Räuberliebchen“ und der „Mörderbraut“, so sagen die Leute „Nüttchen“ oder „Kommunistensau“, wenn sie Katharina anpöbeln, ihr eklige Briefe und Pornofotos schikken, ihr am Telefon Obszönitäten ins Ohr zischeln. Die „ZEITUNG“ schreckt selbst vor dem Krankenbett der Mutter nicht zurück und opfert das Leben der alten Frau einem journalistischen Lügengespinst, mit dem die erwünschte Ordnungshysterie herbeigeführt werden kann.

Je gemeiner Katharina Blum jedoch angefasst wird, desto „stärker wird sie“. Gedemütigt und verzweifelt bestellt sie Tötges zu einem „Exklusivinterview“ in ihre Wohnung. Als er ihr dort zynisch zu ihrer Popularität gratuliert und sie auffordert, mit ihm zu „bumsen“, erschiesst sie ihn und stellt sich der Polizei.

Boulevardzeitungen, wie hier die „ZEITUNG“ suchen den Absatz ihrer Massenauflagen dadurch zu steigern und zu sichern, dass sie ihre Meldungen in den Formulierungen und im Layout möglichst sensationell aufmachen. Weniger die politische Relevanz und der Informationswert der Veröffentlichung sind entscheidend als der Unterhaltungswert. Der Sensationscharakter wird in der Stoffwahl zumeist durch die Konzentration auf Gewalttaten, Liebesbeziehungen, Skandal und Unerwartetes erreicht, deren Einzelheiten in einem möglichst reisserischen Stil vermittelt werden, der eine schnelle Erfassung der Lektüre durch ein breites, wenig reflektierendes Publikum ermöglicht. Die Vorgänge um Katharina Blum schienen solchen Erwartungen zu entsprechen. Zwar lag hier kein von der Kriminalpolizei im Einzelnen beschriebenes Verbrechen vor. Auch die von dieser übermittelten Kennzeichnungen Ludwig Goettens „Ein lange gesuchter Bandit; […] des Bankraubes fast überführt und des Mordes und anderer Verbrechen verdächtigt“ waren geeignet, ein Leserinteresse am Kriminalvorgang zu wecken. Da über den Täter und sein Delikt wenig Details bekannt waren, dagegen über Katharina Blum, wurde der Akzent der Berichterstattung auf die suspekten Eigenschaften der Gehilfen gelegt. Als front-page-story wird mit Riesenfoto in Riesenbuchstaben angekündigt ‚Räuberliebchen Katharina Blum verweigert Aussage über Herrenbesuche'. Die Zeitung konzentriert sich auf die Publizierung der „Hintergrundinformationen" über den „Charakter der Blum und ihre undurchsichtige Vergangenheit" und lässt Zeugen vor allem aus Katharinas Heimatort zu Wort kommen, u.a. ihren einstigen Ehemann.

Methoden der Informationsverfälschung

Tötges greift zu verschiedenen Methoden der Informationsverfälschung. Zunächst betreibt er die *negative Umformung von positiven Zeugenaussagen* über Katharina. So wird z.B. die Aussage, sie sei „eine sehr kluge und kühle Person" zu „eiskalt und berechnend". Und die Kennzeichnung „radikal hilfsbereit" zu „eine in jeder Beziehung radikale Person, die uns geschickt getäuscht hat." Eine weitere Methode ist die *übertreibende und verleumderische Ausschmückung*: Nach einer Zeugenaussage ist Katharinas Mutter „einmal […] erwischt worden, wie sie in der Sakristei gemeinsam mit dem Küster eine Flasche Messwein getrunken" hat. In der ZEITUNG wurde diese Beobachtung wie folgt verbreitet: „[…] hat Messwein gestohlen und in der Sakristei mit ihren Liebhabern Orgien gefeiert." Aus Katharinas Wohnung macht Tötges in seinen rhetorischen Fragen ein „Konspirationszentrum, ein(en) Bandentreff, ein(en) Waffenumschlagplatz". Ferner ist in Tötges Berichterstattung ein „Verschweigen aller Katharina entlastenden Fakten" zu erkennen. So verschwieg er beispielsweise, dass sie die Eigentumswohnung durch Ersparnisse aus ihrer Mehrarbeit und aus Darlehen, die sie regelmässig abzahlte, finanziert hatte und nicht aus Geldern eines Bankraubes, wie es die ZEITUNG suggerierte. Eine weitere Methode ist die *Abwertung Katharinas und ihrer Freunde.* Neben der Charakterisierung als „Räuberliebchen" und „Mörderbraut" ist von der „undurchsichtig(en) Vergangenheit" Katharinas die Rede. Ein Bauer, der ausgequetscht wurde, beschreibt sie als „seltsam", sie habe „so prüde getan". Ihr Verhalten wird als „skrupellos" bezeichnet. Auch die Beschreibung als „verstockt" dient zu ihrer negativen Stilisierung. Dieser Herabsetzung von Katharina Blum steht eine *sentimentalisierende Aufwertung der Gegenseite* gegenüber. Die Bürger ihrer einstigen Heimat werden vom Reporter als „biedere" und „redliche" Arbeiter dargestellt, die „bereitwillig" Auskunft geben. Dies trifft vor allem auf ihren einstigen Ehemann zu, der als „redlicher, bescheidener Arbeitmann" erscheint, „weise" redet. Von Katharina demgegenüber heisst es hier, dass sie „falsche Vorstellungen vom Sozialismus" hatte, ihre „Reichtümer" nicht „ehrlich erworben" habe, „Zärtlichkeiten eines Mörders und Räubers" lieber hatte als die ihres Exmannes und voller „Radikalität und Kirchenfeindlichkeit" war. Ihr einstiger Pfarrer meinte, „Der trau ich schon alles zu"[16]. Um bei der Leserschaft anzukommen, passt sich die ZEITUNG konsequent ihrem Sprach- und Leseverhalten an: Durch *fettgedruckte Schlagzeilen* erweckt sie das Interesse des Zeitungslesers. Ihre Sprache bewegt sich beinahe durchgängig auf dem Sprachniveau der angesprochenen Leserschaft. Bezeichnend ist die *Verwendung von Schlagwörtern, grammatikalischen Verkürzungen* („Mörderbraut verstockt!"), *einfachem parataktischem Satzbau* („Die Blum erhielt regelmässig Herrenbesuch"), *Nominalstil* („Mörderbraut – kein Hinweis auf G's Verbleib-Grossalarm")[17]. So wendet sich in dieser ausserhalb jeder Legalität sich

16 Sowinski, S. 46–47.

17 Ludwig, G. (1999, orig. 1993). Heinrich Böll. Die verlorene Ehre der Katharina Blum. Eine literarische Auseinandersetzung mit dem Sensationsjournalismus. In: Königs Erläuterungen und Materalien (1999, orig. 1993). Hollfeld: Bange. S. 49.

abwickelnden eigenen Untersuchung der Medien und öffentlichen Diffamierungskampagne alles gegen Katharina Blum: Ihre gescheiterte Ehe, ihre notorische Zurückhaltung Männern gegenüber, ihre schwierigen Familienverhältnisse, ihre weiter nicht erklärbare Zuneigung zu Ludwig Goetten, Katharinas Versuch, ihre Intimsphäre zu verteidigen und ihre Rechte als einstweilen keiner Gesetzesverletzung überführte Bürgerin zu wahren, werden von den Beamten als Raffiniertheit und bockige Strapazierung der Rechtsordnung gedeutet. Alles was sie tut und ist, hat keine Chance, richtig verstanden zu werden, sondern kann nur im Sinne der auf sie projizierten Vorurteile ankommen.

Die Tatpsychologie

Die Erzählung der Ereignisse vom Tanzabend mit Ludwig Goetten bis zur Erschiessung des Journalisten Tötges und ihrer Selbstanzeige verdeutlicht, wie eine junge, unbescholtene Frau zur Mörderin werden konnte. Eine psychologische Deutung ist nur als hermeneutisches textinterpretatives Unterfangen möglich, da keine weiteren Nachforschungen, Interviews, Tests etc. vorgenommen werden können. Die Psychologie der Figuren ist nur die psychologische Konstruktion der Figuren des Erzählers. Dieser bietet für eine psychologische Erklärung selber gewisse Hinweise. Er sinniert zwischendurch über den Zeitpunkt der Entstehung des Mordplanes und damit der Mordmotive und zählt mögliche auslösende Ereignisse und Konstellationen dazu auf:

> Es hat natürlich ziemlich viel Theorien gegeben, die den Zeitpunkt herauszuanalysieren versuchten, an dem Katharina die ersten Mordabsichten fasste oder den Mordplan ausdachte und sich dazu entschloss, ihn auszuführen. Manche denken, dass schon der erste Artikel am Donnerstag in der ZEITUNG genügt habe, wieder andere halten den Freitag für den entscheidenden Tag, weil an diesem Tag die ZEITUNG immer noch keinen Frieden gab

> und Katharinas Nachbarschaft und Wohnung, an der sie so hing, sich als (subjektiv jedenfalls) zerstört erwies; der anonyme Anrufer, die anonyme Post und dann noch die ZEITUNG vom Samstag und [...] die SONNTAGSZEITUNG [...]. Gewiss ist, dass sich in ihr etwas gesteigert hat – dass die Äusserungen ihres ehemaligen Ehemannes sie besonders aufgebracht haben und ganz gewiss ist, dass alles, was dann in der SONNTAGSZEITUNG stand, wenn nicht auslösend, so doch keineswegs beruhigend gewirkt haben kann[18].

Die psychische Verfassung wird in der Erzählung auch durch Frau Woltersheim während ihrer Vernehmung durch Beizmenne und die Staatsanwälte gekennzeichnet.

> Sie kenne Katharina vom Tag ihrer Geburt an und beobachte schon jetzt die Zerstörung und auch die Verstörtheit, die an ihr seit gestern bemerkbar sei. Sie sei keine Psychologin, aber die Tatsache, dass Katharina offenbar nicht mehr an ihrer Wohnung, an der sie so gehangen und für die sie so lange gearbeitet habe, interessiert sei, halte sie für alarmierend[19].

Sowinski[20] meinte in seiner Textinterpretation, dass die psychische Situation, die schliesslich in der Erschiessung des Journalisten kulminiert, mit der Entwicklung von Katharina Blum vor der Begegnung mit Goetten verständlich und nachvollziehbar werde. Katharina habe nach ihrer gescheiterten Ehe durch Fleiss und Beharrlichkeit in ihrer Arbeit und Weiterbildung eine neue Daseinsform erreicht, in der sie mit sich selbst zufrieden war; sie habe so eine neue Übereinstimmung ihres Wesens, eine neue Identität gefunden. Dies sei nur möglich gewesen, da sie auch in ihrem Gefühls- und Sexualleben enthaltsam geblieben sei, was ihr den Spitznamen „die Nonne" einbrachte, obwohl sie gelegentlich auch mit Gästen der Blornas tanzte und sich nach Hause bringen liess. Als sie nun Ludwig Goetten kennengelernt und sich sogleich in ihn verliebt und das als beglückendes Erlebnis erfahren habe, habe sich ihr eine neue Dimension erschlossen,

18 Böll, H. (2000, orig. 1974 bei Kiepenheuer & Witsch, Köln). Die verlorene Ehre der Katharina Blum. München: dtv. S. 79. (Abschn. 36).

19 Ebd. S. 62. (Abschn. 28).

20 Sowinski, S. 36–39.

habe sie eine höhere Stufe ihrer Identität erreicht. Diese Harmonie zwischen ihrem Aussen und Innen sei dann empfindlich gestört und schliesslich zerstört worden, als sie festgenommen, gleichsam öffentlich abgeführt und über das von ihr als beglükkend empfundene Verhältnis zu Goetten verhört wurde. Sollte Beizmenne bei seinem gewaltsamen Eindringen in ihren Privatbereich und ihrer Festnahme tatsächlich gefragt haben: „Hat er Dich denn gefickt?", so dürfte hier – wie der Erzähler vermute – bereits Katharinas erste psychische Gegenreaktion in Form von Aggression und Misstrauen ausgelöst worden sein. Diese und alle folgenden negativen Behauptungen über Goetten, die gewollt oder ungewollt darauf abgezielt hätten, Katharinas Idealbild von ihm und ihr eigenes Selbstwertgefühl anzugreifen, hätten weitere Abwehrreaktionen in Form von Aggressionen auslösen müssen, die nicht weiter abgeleitet und kompensiert werden konnten. Insbesondere Beizmennes Taktlosigkeiten bei der Frage nach den Herrenbesuchen, bei der er ihr sexuelle Intimitäten und Prostitution unterstellte, was der Erzähler selber als „entscheidenden psychologischen Fehler" rügt, hätten offensichtlich solche Gegenreaktionen ausgelöst. Die Gefahr, dass Katharinas Aggressionen sich in Form eines Selbstmordes gegen sie selbst richten könnten, wovon sie wahrscheinlich durch die Liebe zu Goetten abgehalten worden sei, wurde dann von dem Beamten Molden bemerkt. Dieser Zustand habe dann notwendigerweise eine Steigerung erfahren, als Katharina die üblen Verunglimpfungen über sie in der ZEITUNG entdeckte, zunächst am Freitagmorgen, wo jedoch der Anruf Goettens sie zuvor etwas getröstet hatte, wie auch am Samstag und Sonntagmorgen. Eine erste Aggressionsentladung, hervorgerufen durch die vergebliche Beschwerde gegen die Hetzkampagne der ZEITUNG und die lüstern-gemeinen Anrufe und Beschimpfungen in ihrer Post, habe sich dann am Freitagabend gezeigt, als Katharina die „makellosen Wände" ihrer Wohnung mit den verschiedensten Getränken, Säften und andern Flüssigkeiten, Saucen und Pflegemitteln bewarf und beschmutzte. Diesen „*Akt von Vandalismus*" könne man als eine Aggression gegen ihre Umwelt und als symbolische Vorwegnahme ihrer Aggression gegen Tötges deuten, der ihre Ehre und Identität in den Schmutz zog.

Angewidert von den Gemeinheiten ihrer Bedränger habe sie sich so von dem dissoziiert, was ihr bisher Vertrautheit und Geborgenheit verliehen, einen Teil ihrer Identität ausgemacht habe. Dass Katharina dabei „planvoll, keinesfalls erregt" wirkte, lasse auf eine Sammlung dieser Aggression im Tiefenbereich ihrer Seele schliessen und auch die spätere Erschiessung des Journalisten aus einem solchen Aggressionsstau im Zusammenhang mit der erfolgten Zerstörung ihrer Ehre, ihrer Menschwürde und ihrem sozialen Wert- und Achtungsanspruch, ihrer Identität mit sich und vor anderen, verständlich erscheinen. Die Ansammlung und Verfestigung der Aggressionen werde dadurch begünstigt, dass sie kaum mit jemandem darüber spreche, abgesehen von den eher vordergründigen Gesprächen mit ihrer Tante Woltersheim und mit den Blornas am Samstagnachmittag und -abend. So sei sie innerlich immer mehr vereinsamt und verhärtet geworden. Beim Besuch bei ihrer toten Mutter verharrte sie zunächst recht kühl und begann dann aber „hemmungslos" zu weinen. Dass Tötges durch sein raffiniert erschlichenes und dann manipuliertes Interview letztlich den Tod der Mutter herbeiführte oder jedenfalls beschleunigte, sei vermutlich ein möglicher Anlass für die Vereinbarung des Treffens gewesen. Möglicherweise habe Katharina den von Tötges verursachen Tod ihrer Mutter auch als Bedrohung ihrer selbst empfunden und nach einer Abwehr gesucht. Eine Mordabsicht zu diesem Zeitpunkt der Vereinbarung eines Treffens könne nicht sicher angenommen werden. Aus ihrem schriftlichen Geständnis gegenüber Blorna, ergebe sich nur, dass sie neugierig war, den Menschen, der ihr „Leben zerstört hat" kennenzulernen. Der letzte Anlass, den Journalisten zu erschiessen, müsse indessen in der „frech-lüsternen" Aufforderung an Katharina gesehen werden, erst einmal zu „bumsen", wobei er sie wie eine Hure behandelte, sie duzte und als Blümelein ansprach und darin ihre Menschenwürde verletzte.

Schon Marcel Reich-Ranicki hat in seiner Rezession von Bölls Erzählung darauf hingewiesen, dass die „perfiden Unterstellungen und Lügen“ der ZEITUNG „vorallem auf einen einzigen Bereich abzielen: auf das Sexualleben der Katharina Blum“. Es werde der Eindruck erweckt, sie sei „eine gewöhnliche Hure“[21]. In ihrer Studie über Bölls Frauenbild konstatiert Ulla Grandell Silén ein „sexualmoralisches Diffamieren“ Katharinas durch die ZEITUNG. Dieser Mord sei der endgültige Beweis dafür, dass die ‚Ehre', die hier verteidigt werden müsse, vor allem als der unbefleckte sexuelle Wandel Katharinas zu verstehen sei[22]. Auf die Unterschiede der Ehre und einer möglichen Ehrverletzung einer Frau gegenüber der eines Mannes geht auch Dorothee Römhild ein. Katharina kritisiere, wenn sie z.B. auf dem Polizeipräsidium deutlich auf den Gegensatz von ‚Zärtlichkeit' und ‚Zudringlichkeiten' insistiere, das „herrschende Gewaltpotential einer Vulgärsprache, die Obszönitäten mit Liebe gleichsetzt.“ Die weitläufig unkritische Rezeption der ZEITUNG habe, sichtbar an den Reaktionen der männlichen Bevölkerung, die Zerstörung von Katharinas Privatleben und damit die weiterreichende Ehrverletzung zur Folge[23]. Viktor Schlöndorff, der die Erzählung zusammen mit seiner Ehefrau Margarethe von Trotta verfilmte, erörterte in einem Interview seine Auffassung des Ehrbegriffes von Katharina:

> Es ist ihr Glaube, ein Mensch zu sein, ihr Wille, es zu bleiben. Das ist ihr Verständnis von sich selbst, das Bild, das sie nach aussen gibt und wahren will. Und sie gibt sich nach aussen so, wie sie vor sich selbst den Respekt bewahren kann. Dass man sich selbst achten kann – das ist der Begriff der Ehre. Und das ist das, was sie zu verteidigen versucht[24].

21 Reich-Ranicki, M. (1974). Der deutschen Gegenwart mitten ins Herz. In: Frankfurter Allgemeine Zeitung Nr. 125, 24.8.1974.

22 Silén, U. (1982). Marie, Leni, Katharina und ihre Schwestern. Eine Analyse des Frauenbilds in drei Werken von Heirnich Böll. Stockholm: Schriften des Deutschen Instituts der Universität Stockholm 13. S. 21.

23 Römhild, D. (1991). Die Ehre der Frau ist unantastbar. Das Bild der Frau im Werk Heinrich Bölls. Pfaffenweiler: Centaurus. S. 152.

24 Jaeggi Bruno. Basler Nachrichten, 31.1.1976.

Beim Durchsuchen von Katharinas Wohnung finden Polizisten einen Zettel mit einem Marx-Zitat:

> Ich bin ein schlechter, gewissenloser, geistloser Mensch, aber das Geld ist geehrt, also auch sein Besitzer: das Geld ist das höchste Gut, also ist sein Besitzer gut. Verwandelt also das Geld nicht alle meine Unvermögen in ihr Gegenteil?

Über die Leute von den Zeitungen sagt Katharina im Krankenhaus: „es ist geradezu ihr Beruf, unschuldige Menschen um Ehre, Ruf und manchmal ums Leben zu bringen." Das Leitmotiv der Ehre findet sich auf zweifache Weise im Film, einmal in der wahren, richtigen Ehre der guten, armen Katharina und zum anderen in der Unehre der schlechten, gewissenlosen Menschen. Dem entspricht auch der Motivkreis Unschuld, Reinheit auf der einen und Schuld, Schmutz, Dreck auf der anderen Seite. Katharina, die äusserlich durch die ZEITUNG in den Schmutz gezogen wird, bleibt innerlich rein, während die Männer mit den sauberen Westen und weissen Kragen die eigentlich Schmutzigen sind. Nachdem der Schmutz in Form von Unterstellungen in Verhören, Artikeln der ZEITUNG und Briefen über Katharina hereingebrochen ist, verliert ihre Wohnung, für die sie gearbeitet und gespart hat, ihre Funktion und ihren Sinn. Sie wirft Flaschen und Gläser an die Wände, beschmutzt diese und vollendet die Zerstörung, die die Polizei begonnen hat. Diese Metaphorik von Schmutz und von der verlorenen Ehre, die durch ein Duell mit tödlichem Ausgang wiederhergestellt werden muss, erinnert an ein bürgerliches Trauerspiel.

Die Moral der Erzählung

Den Ausführungen von Schlöndorff zufolge habe Böll verschiedene Alternativen für die Reaktion der Katharina auf die Schmutzkampagne überlegt. Die erste soll er sogar in einem ersten Entwurf der Erzählung geschrieben haben: Darin würde die Katharina die Aggression und den Protest gegen sich selbst richten, also Selbstmord begehen. Diese Lösung wäre aber nicht überzeugend, da sie die Hoffnung auf „ihren“ Ludwig daran hindern würde. Die zweite Alternative wäre jene, zu der Katharina von allen um sie herum angehalten wird: Sich versöhnen zu lassen, sich anzupassen, zu sagen: es ist ja alles gar nicht so schlimm, übertreib's mal nicht, du wirst dich schon arrangieren. Die dritte Alternative bestünde schliesslich darin, den individuellen Protest in einer Gruppe aufgehen zu lassen, in einer demokratischen Aktion oder politischen Arbeit oder in einem Engagement, wo sich das, was Katharina an Empörung über die Verhältnisse empfindet, konkret umsetzen könnte. Schlöndorff meinte in diesem Interview, dass gerade die Tatsache, dass es dies nicht gibt, die Katharina dazu führe, ihre emotionale Spannung durch nichts anderes als diese eruptive Gewalt zu lösen. Die Erzählung der Katharina Blum ist wohl keine tiefenpsychologisch-analytische Studie, sondern eine moralische Geschichte. Böll wollte mit dieser Geschichte ein politisch-gesellschaftliches Sittenbild in der Bundesrepublik entwerfen, anklägerisch gegen sog. restaurative Entwicklungen und anklägerisch gegen den zynischen Missbrauch der Pressefreiheit. Im Jahre 1972 hatte Böll seine z.T. aufgrund persönlicher Erfahrungen als Opfer von Pressekampagnen gewonnenen Einsichten über Erscheinungsformen der Gewalt mehrfach öffentlich artikuliert. In seinem Essay „Die Würde des Menschen ist unantastbar“ führte er aus:

> Es ist doch nachgerade unfassbar, wenn man hierzulande unter Gewalt nur noch die Gewalt von Bomben und Maschinenpistolen versteht. Übt eine BILD-Schlagzeile keine Gewalt aus? Welche? Was wird da angerichtet in den Köpfen, im Bewusstsein, am Aggressionspotential dieser elf Millionen Süchtigen, die der politisch Gefährlichsten aller Süchte, der BILD-Sucht unterworden sind.

Die furchtbare Erkenntnis, die in der Filmfassung gleich zu Beginn vermittelt wird, ist, dass in wenigen Augenblicken das Leben eines unschuldigen Menschen radikal verändert werden kann, wenn ihn der Zufall mit einem politisch fanatisierten Behördenapparat in Berührung bringt. „Wie Gewalt entstehen und wohin sie führen kann" lautet der Untertitel der Erzählung von Böll. Dass und wie Gewalt auch ganz subtile Gestalt annehmen kann, tritt in der Erzählung immer wieder deutlich zutage. Nach Heinrich Bölls eigenen Worten lautet die Moral seiner Geschichte über die ganz und gar unpolitische Titelfigur Katharina Blum:

> Lest mit äusserstem Misstrauen Zeitungen, alle. Und wenn man der Gegenstand der Presse ist, wird man immer misstrauischer. Nicht nur, was die eigene Person betrifft, sondern auch, was über andere mitgeteilt wird. Ich lese sehr viele Zeitungen, manchmal vier oder fünf verschiedene an einem Tag und vergleiche immer, wie schreiben die jetzt über Chile und die und die. Ich stelle mir vor, ich wäre nur der Leser einer Zeitung. Ich wäre verloren. Auch eine andere Moral wäre: Glaubt nicht an die Unfehlbarkeit der Zeitung, die ja immer unterstellt wird. Wenn Sie mal dahinter gucken sagen alle Leute „das stand aber in der Zeitung" und halten das für einen Wahrheitsbeweis. Das wäre meine Moral: misstrauisch sein und wenn man zum Opfer wird, nicht bloss Gegenstand, sich wehren dagegen, wie weiss ich nicht. Diese junge Dame wählt diesen Weg, den ich nicht empfehlen kann, aber es gibt andere Möglichkeiten, sich zu wehren und die Unfehlbarkeit der Zeitungen permanent in Frage zu stellen. Das wäre meine Moral[25].

25 Interview von Dieter Zilligen für NDR, Fernsehen III, Programm, Bücherjournal, 19.10.1974, entnommen dem Band „Querschnitt". Aus Interviews, Aufsätzen und Reden von Heinrich Böll. Köln: Kiepenheuer und Witsch (1977). S. 133–134.

ULRICH MÜLLER

Kriminelles Mittelalter: Faszination und Abschreckung von Verbrechen und Sünde in der deutschsprachigen Erzählliteratur des hohen Mittelalters

A. Vorüberlegungen: Verbrechen und Sünde, Angst und Faszination

Die verschiedenen Formen des Rechtes ordnen das menschliche Zusammenleben, ja machen dies überhaupt erst in sinnvoller Weise möglich. Eine der Aufgaben der Rechtsordnung ist es, Vergehen gegen diese zu ahnden, also Verbrechen zu bestrafen und damit in Zukunft möglicherweise zu verhindern. Als germanistischer Mediävist kann ich versuchen, zum Thema „Psychologie und Rechtswissenschaft" insofern etwas beizutragen, daß ich mich mit Formen des Rechtsverhaltens beschäftige, insoweit sie in der Dichtung des Mittelalters ihren Niederschlag gefunden haben. Das ist natürlich ein höchst umfangreiches Gebiet, und ich möchte mich im folgenden daher auf die Frage konzentrieren, welche Funktion Vergehen gegen die göttliche bzw. weltliche Rechtsordnung, also „Sünden" und „Verbrechen" in einigen zentralen Werken der mittelhochdeutschen Literatur haben und in welcher Weise sie dort dargestellt werden.

Literatur kann die vielgestaltige historische Wirklichkeit nicht getreu abbilden, sie hat aber die Fähigkeit, Ausschnitte aus der jeweiligen Wirklichkeit herauszugreifen, ihnen eine sinnvolle Ordnung zu geben und auf diese Weise zur Interpretation der

Wirklichkeit einen Beitrag zu leisten. Ängste, Sehnsüchte, Wunschvorstellungen und Urteile eines Autors/einer Autorin und der Gesellschaft, durch welche er/sie (teilweise) konditioniert wird, schlagen sich in den jeweiligen literarischen Werken nieder und ermöglichen auf diese Weise Einblicke in individuelle und kollektive Gestimmtheiten, und zwar in einer Weise, wie sie etwa historische Urkunden oder auch Rechtsvorschriften nicht bieten können. Insofern kann man aus Literatur über eine bestimmte Zeit und Gesellschaft außerordentlich wertvolle Einsichten gewinnen. Die folgenden Ausführungern möchten in Form eines Überblicks dazu einen Beitrag leisten, und zwar am Themenbereich des „kriminellen Verhaltens".

„Kriminell" ist ein aus dem Lateinischen stammendes Wort, das viele möglicherweise nicht mehr unbedingt als Fremdwort empfinden. Es leitet sich ab von lat. „crimen"/„Vergehen, Verbrechen". „Kriminell" meint heute in der Umgangssprache insbesondere ein strafwürdiges Verbrechen aller Art, die bewußte Übertretung von Vorschriften bezüglich des Zusammenlebens und der Interaktionen der Menschen („contrat social"), die dann in der vorgeschriebenen Weise geahndet wird. „Kriminell" setzt eine auf Vorschriften beruhende strafende Institution voraus, also Recht und darauf beruhende Strafe. Wo es kein Recht gibt, kann es per definitionem auch keine Kriminalität, also kein Verbrechen geben. Ich setze im folgenden „kriminelle Tat" und „Verbrechen" gleich, und zwar bezogen auf die Darstellung in der Literatur.

Verbrechen aller Art, also die bewußte Übertretung von Vorschriften, die das menschliche Zusammenleben regeln sollen, gab und gibt es zu allen Zeiten und überall. Sie gehören zur Lebenswirklichkeit von Gemeinschaften und deren Individuuen. Gesellschaften ohne Verbrechen sind eine Utopie, eine beliebte Utopie, aber eben nicht mehr. Die Mythologie vieler Völker beginnt mit einem solchen verbrechenslosen „Goldenen Zeitalter", die Bibel ebenso wie diejenige der antiken Griechen und Römer. Ein erstes Vergehen bringt dann das sog. Unglück über die Welt, d.h. den Normalzustand, wie wir ihn heute kennen; ein solches erstes Vergehen kann etwa die Übertretung eines strengen Gebotes sein (Adam/Eva; Strafe: Vertreibung aus dem Paradies) oder – sehr oft – ein Mord, z.B. der Mord von Kain an Abel. Die Beispiele zeigen, daß Verbrechen und Sünde nahe beieinanderliegen, in vielen Fällen sogar denselben Tatbestand meinen. Vergehen gegen eine göttliche, höhere Vorschrift bezeichnet man üblicherweise als „Sünde", während der Begriff „Verbrechen" sich mehr oder minder auf den weltlichen Bereich bezieht. Die Grenzen sind sehr fließend, zumal in frühen, nicht säkularisierten Gesellschaften. Aber auch bei uns gilt etwa ein Mord sowohl als Sünde als auch als Verbrechen.

Entsprechend sind Verbrechen und Sünden ein häufiges, ja zentrales Thema von Literatur. Sie haben, wenn sie dort richtig erzählt werden, einen beträchtlichen Reiz und Unterhaltungswert. Ihre Darstellung ruft Schrecken, Wut und Entsetzen hervor, fast immer aber mit einem Anteil von schauriger Faszination. Aristoteles (4. Jhd. v.Chr.), Verfasser der ersten Poetik Europas, sprach von „Katharsis", also ‚Reinigung', die der Mensch bei Verbrechen in der Kunst (insbesondere im Theater) empfinde, und eine solche 'Reinigung' enthält ja durchaus auch einen Anteil von Lustzuwachs.

Aristoteles hat damit als erster formuliert, was man allenthalben beobachten und feststellen kann. Die Darstellung von Verbrechen und Greueltaten übt auf das jeweilige Publikum eine offenbar unwiderstehliche Faszination aus. Die Grundstrukturen der menschlichen Psyche sind etwas weitgehend Universelles und sie haben sich grundsätzlich in Jahrhunderten nicht oder nur minimal verändert – verändert haben sich die jeweiligen Ausdrucksformen und gesellschaftlichen Bezüge, nicht aber die Essentials. Die Attraktivität nicht des Ausführens von Verbrechen, sondern des Anschauens und Anhörens läßt sich auch heute leicht beobachten – man denke nur an die Beliebtheit entsprechender Sendungen und Serien im Fernsehen oder von einschlägigen Filmen. Das war in den früheren Jahrhunderten nicht anders, und so auch nicht im Mittelalter. Allerdings waren die medialen Möglichkeiten ganz andere.

Wichtig war die mündliche Vermittlung solcher Inhalte für ein zuhörendes oder zuschauendes Publikum, mit jeweils direktem Kontakt zwischen Vorführenden/Vortragenden und Rezipienten. Für die Oberschicht spielte neben dieser Form der Rezeption auch das Lesen von und über solche Dinge eine Rolle, und nachdem die Fähigkeit des Lesens (und Schreibens) über den Bereich der Verwaltung, des Rechts und der Wissenschaft hinaus zunehmend auch für den sich entwickelnden Handel wichtig, ja lebensnotwendig wurde, bekam die lesende Rezeption eine zunehmende Bedeutung. Im Alltag des Spätmittelalters zeigte sich dies in der Zunahme und steigenden Bedeutung städtischer Schulen aller Art, die sehr schnell das entsprechende Monopol der Klöster und der geistlichen Schulen brachen.

Über die tatsächliche Verbreitung und damit Bedeutung von Literatur im Mittelalter kann man im Einzelnen nichts Eindeutiges aussagen.[1] Generell muß man aber annehmen, daß angesichts des Noch-Nicht-Existierens anderer medialer Möglichkeiten das Zuschauen, Zuhören, Vorlesen und dann auch private Lesen eine zentrale Rolle spielten. Letzteres gewann mit der schnellen Verbreitung des Buchdrucks seit dem späten 15. Jahrhundert immer größere Bedeutung: Die rasche Verbreitung von reformatorischem Gedankengut seit dem ersten Drittel des 16. Jahrhunderts wäre etwa ohne die gedruckten Flugblätter und preiswerten Broschüren nicht möglich gewesen.

Blickt man im Folgenden also hinsichtlich der Thematik von Verbrechen und Sünde auf die Darstellungen in der Literatur (hier derjenigen in den deutschen Dialekten des hohen und späten Mittelalters sowie der frühen Neuzeit), so erfaßt man damit ein Medium, das für die Verbreitung von Informationen und Geschichten sicherlich eine erhebliche wichtigere Rolle spielte als

1 Für den Bereich der politischen Lyrik des deutschsprachigen Mittelalters habe ich versucht, einige Beispiele für die Wirkung solcher Dichtung zusammenzutragen: Ulrich Müller: Untersuchungen zur politische Lyrik des deutschen Mittelalters. Göppingen 1974 (= Göppinger Arbeiten zur Germanistik 55/56), Kap. III 1.3.2.

in der Moderne. Für das gesellschaftliche Selbstbewußtsein und Identitätsgefühl der geistlichen, weltlichen und dann städtischen Führungsschichten war das in der Literatur Dargestellte und Vorgestellte von großer Bedeutung. Bei den einzelnen Werken (und so auch den im Folgenden behandelten) muß man sich dann aber die Frage stellen, ob sich über ihre Verbreitung und die Bekanntheit ihrer Inhalte irgendwelche Aussagen machen lassen. In der Zeit der Handschriften-Kultur und des frühen Buchdrucks ist die Zahl der erhaltenen Überlieferungsträger einerseits aussagekräftig, andererseits aber auch mit Vorsicht zu interpretieren. Generell kann man nur sagen, daß eine relativ dichte Überlieferung für einen höheren Grad der Verbreitung spricht als eine sehr schmale oder gar unikale.

Da man aber feststellen kann, daß von Inkunabeln, also den Frühdrucken einzelner Werke, die sicherlich eine Auflage von über Hundert und wohl von einigen Hunderten hatten, immer wieder nur ein einziges Exemplar oder ganz wenige erhalten sind, ist mit einer hohen Verlustquote zu rechnen: am meisten wohl bei den Drucken, weniger bei den Handschriften, und zwar aus dem einfachen Grund, daß diese eben erheblich teurer und kostbarer waren und daher besser ‚behandelt' wurden. Das bedeutet, daß eine nur unikale Überlieferung nicht heißen muß, daß das entsprechende Werk nicht verbreitet war. Hierfür ein Beispiel: Der erste Artus-Roman in deutscher Sprache, der „Erec" des Hartmann von Aue, Ende des 12. Jahrhunderts nach einer französischen Vorlage des Chretien de Troyes gedichtet, ist einigermaßen vollständig erst in einer Handschrift des frühen 16. Jahrhunderts überliefert, und zwar dem im Auftrag von Kaiser Maximilian I. geschriebenen „Ambraser Heldenbuch", einer in jeder Hinsicht großen Sammelhandschrift von Epen und Novellen (heute aufbewahrt unter der Signatur Cod. Vindob. s.n. 2663 in der Österreichischen National-Bibliothek Wien).[2] Durch mehrere Erwäh-

2 Ein Faksimile, mit einem Kommentar von Franz Unterkircher erschien in der Reihe „Codices selecti" als Band 43: Graz 1973.

nungen bei anderen Autoren sowie durch einige Fragmente, darunter auch diejenigen, die vor kurzem im Stift Zwettl entdeckt wurden[3], weiß man aber, daß die Erec-Geschichte den Literaturkennern/innen damals durchaus geläufig war und die erhaltene Überlieferung wohl ein irreführendes Bild hinsichtlich der Verbreitung vermittelt.

Die im Folgenden erwähnten literarischen Stoffe und Werke gehören mit einer Ausnahme nach Ausweis der (relativen!) Überlieferung zu den gut bekannten:

- Wolframs von Eschenbach Romane über Parzival und Willehalm sind mit jeweils etwa einhundert Handschriften und Fragmenten sowie einem frühen Druck zu den bekanntesten höfischen Erzählwerken des deutschsprachigen Mittelalteralters zu rechnen.
- Bei den Geschichten um Roland und vor allem Herzog Ernst beweisen spätere Bearbeitungen und Erwähnungen sowie die vielen Herzog-Ernst-Drucke die Beliebtheit der beiden Stoffe.
- Beim „Nibelungenlied" zeigen eine relativ dichte Überlieferung (ca. 35 Handschriften, teils vollständig, teils fragmentarisch) sowie spätere Stoff-Bearbeitungen eine durchschnittliche, also gute Bekanntheit.
- Dasselbe gilt für den Tristan-Roman Gottfrieds von Straßburg; bei diesem Thema kommt noch hinzu, daß es sich hier in den vielfältigen Bearbeitungen, besonders des späten Mittelalters, um einen der beliebtesten weltlichen Erzählstoffe des europäischen Mittelalters handelte.

3 Der Fund der sog. „Stift Zwettler Fragmente" hat im Jahr 2002 einen wirklichen Medienwirbel ausgelöst, und zwar wegen der anfänglichen Vermutung, die sehr schwer bzw. kaum mehr lesbaren Fragmente würden neben einer frühen und bis dahin unbekannten Version der Erec-Geschichte auch nibelungische Texte enthalten. Die Fragmente sind jetzt vollständig publiziert: Margarete Springeth und Charlotte Zieger, unter Mitwirkung von Kurt Gärtner und Ulrich Müller: Die Stift Zwettler Fragmente. Beschreibung und Transkription; in: Beiträge zur Geschichte der deutschen Sprache und Literatur 127, 1. Heft (Tübingen 2005), S. 33–61.

– Allein das Kudrun-Epos ist hier eine Ausnahme: Dieses Epos ist nur einmal, und zwar in dem erwähnten „Ambraser Heldenbuch" überliefert, doch auch hier gibt es Indizien für eine gewisse Bekanntheit des Stoffes.

Das bedeutet: Die im Folgenden genannten Erzählwerke und Erzählthemen sind insgesamt repräsentativ für die mittelhochdeutsche Literatur des hohen Mittelalters und ihrem Weiterwirken, teilweise bis in die frühe Neuzeit.[4]

4 Nicht berücksichtigt wird hier die Rezeption mittelalterlicher Themen und Werke in der Neuzeit („Mittelalter-Rezeption"). – Nur andeuten möchte ich, daß zwar nicht ‚Verbrechen', aber Verbotenes im weiteren Sinn auch in der Liebeslyrik der Trobadors, Trouvères und Minnesänger thematisiert wurde: Es handelte sich ja zumeist um – rechtlich gesehen – illegitime Liebe, also außerhalb der Ehe, nicht unbedingt ‚Ehebruchs-Dichtung', wie immer wieder zu lesen ist: Thema der Lieder war ja weitgehend die Liebe zu einer Frau, die sich im ‚Besitz' eines anderen Mannes befand (Vater, Bruder sowie auch, aber nicht nur: Ehemann); dadurch, daß diese Liebe oft als unerfüllt dargestellt wurde, war das öffentliche Singen und Sprechen darüber für die zuhörende Gesellschaft eher tolerabel. Es gab aber auch Lieder, die diese Grenzen überschritten: Ein markantes Beispiel sind die okzitanischen *albas* und mittelhochdeutschen Tagelieder, die unverblümt von einer heimlichen Liebesnacht eines höfischen Paares und ausdrücklich von der damit verbundenen Gefahr für Leib und Leben handeln. Auch bei der öffentlichen künstlerischen Verletzung gesellschaftlicher und kirchlicher Vorschriften und Regeln spielte die Faszination des Verbotenen und Nicht-Legitimen (und gelegentlich wohl auch des Kriminellen hinsichtlich der Verletzung des Besitzrechtes an einer Frau) eine Rolle. Eine auf der Psychoanalyse basierende Erklärung, die teilweise aber – wie in solchen Fällen durchaus erklärlich – immer wieder auf Widerstand stieß, habe ich versucht in: Ulrich Müller, Die Ideologie der Hohen Minne: Eine ekklesiogene Kollektivneurose? Überlegungen und Thesen zum Minnesang. In: „Minne ist ein swaerez spil". Neue Untersuchungen zum Minnesang und zur Geschichte der Liebe im Mittelalter. Hrsg. von Ulrich Müller. Göppingen 1986 (= Göppinger Arbeiten zur Germanistik 440), S. 283–315; gekürzt auch in: Kontroversen, alte und neue. Akten des VII. Internationalen Germanisten-Kongresses Göttingen 1985, Tübingen 1986, Band 6, S. 231–239.

B. Verbrechen (und Sünde) in der mittelhochdeutschen Erzählliteratur[5]

1. *Hochverrat: Das „Rolandslied" des Klerikers Konrad*

Eines der frühen Erzählwerke mittelhochdeutscher Literatur[6] ist das etwa um 1170 geschriebene Epos um Karl den Großen und seinen Lieblings-Vasall und Neffen Roland. Vorlage war ein französisches Erzähllied, die „chanson de Roland", etwa um 1100 ent-

5 Die folgenden Beispiele sind meinem Beitrag vom Wintersemester 2004/5 zur Ringvorlesung des Interdisziplinären Zentrums für Mittelalter-Studien (IZMS) an der Universität Salzburg entnommen, die sich mit dem „Kriminellen Mittelalter" beschäftigte. Viele Beiträge zu dieser Ring-Vorlesung finden sich im Internet; da die Adressen demnächst geändert werden, sei hier der Weg zu den Beiträgen angegeben: Universität Salzburg>Zentren>Interdisziplinäres Zentrum für Mittelalter-Studien>Archiv>Ringvorlesung WS 2004/05.

6 Drei ausgewählte Überblicks-Darstellungen zur mittelhochdeutschen Literatur seien hier empfohlen: (1) Bräuer, Rolf (Hrsg.): Geschichte der deutschen Literatur. Mitte des 12. bis Mitte des 13. Jahrhunderts. Berlin 1990 (= Geschichte der deutschen Literatur 2); auch unter dem Titel: Der Helden minne, triuwe und erê. Literaturgeschichte der mittelhochdeutschen Blütezeit. Berlin 1990 (sehr umfangreiche und eingehende Darstellung, mit vielen Inhaltsangaben und Textbeispielen). – (2) Bräuer, Rolf (Hrsg.): Dichtung des europäischen Mittelalters. Ein Führer durch die erzählende Literatur. München 1991 (ein zuverlässiger „Romanführer" zur mittelalterlichen, nicht nur mittelhochdeutschen Erzählliteratur). – (3) Brunner, Horst: Geschichte der deutschen Literatur des Mittelalters im Überblick. Stuttgart 1997 (= Reclams Universalbibliothek 9485). Ein für mich unverzichtbares Hilfsmittel ist die Mittelhochdeutsche Begriffsdatenbank (MHDBDB) an der Universität Salzburg, die on-line zugänglich ist: www.mhdbdb.sbg.ac.at. – Siehe dazu jetzt Margarete Springeth: Auf der Suche nach Begriffen und Motiven. Die Mittelhochdeutsche Begriffsdatenbank (MHDBDB) an der Universität Salzburg, in: Beihefte zu Editio: Deutsche Texte des Mittelalters zwischen Handschriftennähe und Rekonstruktion, hrsg. von Martin J. Schubert. Tübingen 2005, S. 317–323.

standen.[7] Die deutsche Version eines Klerikers namens Konrad[8] folgt im Handlungsverlauf der Vorlage, akzentuiert aber gelegentlich anders und mildert auch die Erzählung um die Bestrafung des zentralen Verbrechens.

Die Karl- und Roland-Sage gehört zu den zentralen Heldenstoffen des europäischen Mittelalters; sie geht auf reale Geschehnisse zurück, verformt diese aber in der für Heldensagen typischen Weise (man kann sich dies veranschaulichen, wenn man an die Verformung der Realität in den Wild-West-Filmen denkt). Erzählt wird das Folgende: Karl, Charlemagne, kämpft seit Jahren in Spanien gegen die arabischen Muslime, ohne einen entscheidenden Sieg zu erreichen. Die gleichfalls erschöpften Sarazenen bieten, verräterisch, ein Friedensabkommen an. Der Kaiser nimmt die Einladung zu Verhandlungen am Hof des Sarazenen-Königs an, und nach langen Beratungen wird auf Vorschlag Rolands dessen Stiefvater Genelun, ein mächtiger Franken-Herzog, zum Gesandten bestimmt. Genelun ist empört und versteht den gefährlichen Auftrag (frühere Gesandte wurden getötet!) als Anschlag seines Stiefsohnes auf sein Leben, und er droht Roland Vergeltung an. Er muß aber die Reise mit seinem Gefolge antreten, und er beginnt seine Rache, indem er Hochverrat begeht: Er verschwört sich nämlich mit Baligan, dem Sarazenen-Fürsten – dieser verspricht die Taufe, und Karl möge dann in Frieden abziehen, zuerst das Hauptheer, dann die Nachhut unter Führung

7 Es gibt verschiedene Editionen und zahlreiche Übersetzungen; zu empfehlen ist die zweisprachige Ausgabe (Altfranzösisch / Neuhochdeutsch) durch H. W. Klein, München 1963.

8 Der Verfasser bezeichnet sich selbst als „phaffe Chunrat" (V.9079); dies ist aber mit „Pfaffe Konrad" neuhochdeutsch ganz falsch übersetzt (wird aber auch in der Fachliteratur so gemacht): „Pfaffe" ist heute, im Gegensatz zum Mittelhochdeutschen, durchaus abwertend gemeint; die richtige Wiedergabe wäre als ‚Kleriker Konrad'. – Zweisprachige Ausgabe Mhd. / Nhd. durch Dieter Kartsckoke, Stuttgart 1993 (= Reclams Universal-Bibliothek 2745), mit umfangreichem Kommentar.

Rolands. Aufgrund des verräterischen Geheim-Abkommens zwischen Baligan und Genelun wird die fränkische Nachhut beim Rückweg über die Pyrenäen bei Roncevalles überfallen, und nach heldenhaftem Kampf für das Christentum fallen Roland und alle seine Begleiter als christliche Märtyrer. Erst im letzten Moment versucht Roland, durch das Blasen seines gewaltigen Hornes Olifant den Kaiser um Hilfe zu rufen. Karl trifft aber nur noch die Gefallenen an, und schreitet nun seinerseits zur Vergeltung: In einer großen Schlacht besiegt er die Sarazenen und tötet Baligan im Zweikampf. Alda, die Witwe Rolands, klagt Genelun öffentlich des Verrates und der Schuld am Tode ihres Mannes an. Noch vor dem Prozeß stirbt sie aus Kummer. Genelun gibt trotzig zu, er habe den Untergang Rolands herbeigeführt, und er sei im Recht, denn er habe ihm ja zuvor öffentlich „widersagt", also die Fehde angekündigt. Auf Verlangen von Geneluns mächtiger Verwandtschaft beschließt Karl als oberster Gerichtsherr, den Prozeß durch ein Ordal, ein Gottesurteil entscheiden zu lassen. Gott unterstützt die gerechte Sache: Der für Genelun kämpfende riesenhafte Binabel fällt. Und dann kommt das Ende: Der Kaiser und seine Beisitzer verurteilen Genelun aufgrund des Gottesurteils wegen Verrat (V. 9004). Konrad berichtet abschließend in wenigen Worten: (Karl) ließ die Geiseln abführen. Man schlug ihnen die Köpfe ab. Genelun aber banden sie mit Händen und Füßen an die Schweife ungezähmter Pferde. Die schleiften ihn durch Dornengestrüpp, an Bauch und Rücken zerrissen sie ihn. So wurde der Verrat („untriuwe" V. 9015) gerächt. Damit ist das Gedicht beendet.

Konrad, und so schon seine französische Vorlage, beschreibt also eine als Verbrechen („untriuwe") bezeichnete Untat, die bestraft und gerächt wird. Nicht durch Blutrache von Seiten der Verwandten, sondern durch ein offizielles Gerichtsverfahren, wobei die Entscheidung durch die archaische Prozedur eines Gottesurteils getroffen wird. Dieses stellt für das Urteil insofern kein Risiko dar, da Konrad die Geschichte so erzählt, daß Gott auf Seiten der Gerechten steht. Wichtig ist, daß bereits zur Zeit, als das „Rolandslied" geschrieben wurde, Gottesurteile weitgehend abgeschafft und ordentliche, bis ins Einzelne geregelte und teilweise komplizierte Gerichtsverfahren üblich geworden waren.

Aber auch noch im „Tristan"-Roman des Gottfried von Straßburg[9] kommt bezüglich Isoldes Ehebruch ein Gottesurteil vor, doch entwertet es der Dichter (und teilweise schon seine Vorlagen) und macht sich fast lustig darüber: Isolde, des Verbrechens des Ehebruchs angeklagt, auf welches die Todesstrafe stehen konnte, mogelt sich um die Verurteilung herum. Sie schwört nämlich, daß sie neben keinem anderen Mann je gelegen habe als König Marke, ihrem Ehemann – sowie jenem armen Pilger, der sie eben vom Schiff an Land getragen habe, der mit ihr gefallen und dann eben neben ihr gelegen sei. Der Schwur ist richtig hinsichtlich des genauen Wortlautes, nicht aber hinsichtlich des eigentlich Gemeinten – denn jener Pilger war, was niemand bemerkte, der verkleidete Tristan. Und Gottfried spottet dann fast zynisch: Hier habe sich gezeigt, daß Gott „windschaffen" wie ein Ärmel sei, also wie eine Fahne im Wind.[10]

Ein normales Gerichtsverfahren wird kaum ausführlich in der Literatur beschrieben. Ein besonderer Ausnahmefall ist die Prosa-Dichtung über den „Ackermann aus Böhmen", um 1400 in Böhmen von Johannes von Tepl geschrieben· Hier klagt ein Mann, dessen „Pflug", d. h. Beruf die Feder ist, also ein Intellektueller, den Tod wie in einem Gerichtsverfahren wegen des Raubs seiner Frau an, mit Gott als Richter (der dann beiden gewissermaßen Recht gibt).[11]

9 Zweisprachige Ausgabe durch Rüdiger Krohn, Stuttgart 1980 u. ö, Reclams Universalbibliothek 4471–4473. Einen eingehenden Überblick über die mittelalterlichen Tristan-Dichtungen bietet Peter K. Stein: Tristan-Studien. Hrsg. von Ingrid Bennewitz unter Mitarbeit von Beatrix Koll und Ruth Weichselbaumer. Stuttgart 2001; siehe ferner Will Hasty (Ed.): A Companion to Gottfried voin Strassburg's „Tristan". Rochester, N.Y. / Woodbridge 2003.

10 Die Geschichte vom Gottesurteil findet sich V. 15047 ff.

11 Von diesem wichtigen Werk existieren mehrere Editionen; eine zweisprachige Ausgabe ist: Johhannes Kiening (Hrsg.): Johannes von Tepl, Der Ackermann aus Böhmen. Frühneuhochdeutsch / neuhochdeutsch. Stuttgart 2000 (= Reclams Universal-Bibliothek 18075).

2. *Rebellion: „Herzog Ernst“*

Mord und Rebellion setzen die Handlung in Gang, die im Versepos von „Herzog Ernst“ erzählt wird. Der im Deutschen bis in die Neuzeit beliebte Stoff wurde in vielen Fassungen erzählt, die älteste (in Fragmenten) erhaltene stammt etwa aus der Zeit des „Rolandsliedes“; der Verfasser ist nicht bekannt.[12]

Protagonist ist Herzog Ernst, Sohn der Adelheid, die in zweiter Ehe mit Kaiser Otto verheiratet ist. Ernst, lange Zeit in höchster Gunst bei seinem Stiefvater, wird durch einen Pfalzgrafen namens Heinrich beim Kaiser verleumdet (was der Dichter als „Verrat“ V. 651 bezeichnet), nämlich hinsichtlich einer geplanten Rebellion. Ernst fällt in Ungnade, und der Pfalzgraf wird mit der Bestrafung beauftragt. Ernsts Freunde bitten den Kaiser um Gnade, aber ohne Erfolg. Der in die Enge getriebene Ernst überfällt bei einem Hoftag in Speyer den Kaiser und den Pfalzgrafen, tötet diesen und bedroht auch seinen Stiefvater, der aber entkommen kann. Damit hat sich aber Ernst ins Unrecht gesetzt. Der Kaiser verhängt die Reichsacht über Ernst und seine Gefolgschaft (V. 1427). Herzog Ernsts Besitz wird demgemäß verheert, und er muß schließlich zusammen mit seinen Getreuen fliehen – und zwar in den Orient, auf eine Kreuzfahrt. Nach vielen wilden und ehrenvollen Abenteuern kehren Ernst und sein treuer Freund, Graf Wetzel, nach Europa zurück. Auf Rat seiner Mutter fällt Ernst am Weihnachtstag in Bamberg seinem Stiefvater zu Füßen und erbittet Verzeihung und Gnade, der diese auf Drängen seiner Ratgeber auch gewährt – die „clementia Caesaris“ (mhd. „milte“), also herrscherlicher Großmut, galt als eine zentrale Tugend, und überdies war der Kaiser ja auch auf das Wohlwollen seiner Fürsten angewiesen und konnte nur schwer deren Wunsch abschlagen.

Die Geschichte von Herzog Ernst erzählt also von Verleumdung hinsichtlich einer angeblich geplanten Empörung, dann von

12 Zweisprachige Ausgabe, mit Nachwort und Kommentar durch Bernhard Sowinski, Stuttgart 1979 (= Reclams Universal-Bibliothek 8352).

einer tatsächlichen Rebellion sowie – als privatem Racheakt – von Überfall und Mord. Ernst wird anfangs mit Krieg und dem Verlust seines Besitzes bestraft, entgeht aber schlußendlich der endgültigen Strafe, indem er die öffentliche und ritualisierte Prozedur der Unterwerfung auf Gedeih und Verderben anwendet und dem Kaiser keine andere Möglichkeit läßt, als ihn zu begnadigen; auch die Verwandten des Pfalzgrafen verzichten auf Rache und Bestrafung.

Das, was im „Herzog Ernst" erzählt wird, war dem damaligen Publikum durchaus vertraut: Mord an Herrschern kam immer wieder vor, so etwa 1208 an dem Staufer-König Philipp (angeblich wegen Ehrverletzung) oder später gleich an beiden Reichsverwesern von Kaiser Friedrich II., nämlich an Erzbischof Engelbert von Köln (1225) und dem Bayernherzog Ludwig I. (1231).[13] Und auch Verhalten, das man mit Rebellion entfernt vergleichen könnte, war nicht ungewöhnlich. Hier wäre etwa an den Aufstand des jungen Königs Heinrich (VII.) gegen seinen Vater, Kaiser Friedrich II. (1232), zu denken. Oder an die Gehorsamsverweigerung von Heinrich dem Löwen gegen seinen Lehnsherren Kaiser Friedrich I. Barbarossa (1176) oder später des böhmischen Königs Ottokar II. gegen den neu gewählten römischen, also deutschen König Rudolf I. von Habsburg (1273) – alle diese Fälle endeten mit schwerer Bestrafung.

3. *Betrug, Verrat, Mord und Totschlag: „Nibelungenlied", „Parzival" des Wolfram von Eschenbach*

Gleich eine ganze Serie von Verbrechen steht im Mittelpunkt der Geschichte von Siegfried und Kriemhild, von Gunter und Hagen, also von den Nibelungen. Im Mittelhochdeutschen wird das Ganze, auf der Grundlage früherer Erzählungen und wenigstens wohl

13 Ein neuer Sammelband beschäftigt sich mit diesem Komplex: Martin Kintzinger/Jörg Rogge (Hrsg.): Königliche Gewalt – Gewalt gegen Könige. Macht und Mord im spätmittelalterlichen Europa. Berlin 2004 (= Zeitschrift für Historische Forschung, Beiheft 33).

teilweise auf historische Ereignisse zurückgehend, im „Nibelungenlied" erzählt, geschrieben von einem unbekannten Verfasser, wahrscheinlich um 1200 in Passau[14] – wie bei der altfranzösischen „chanson de Roland", aber anders als dem mhd. „Rolandslied" und dem „Herzog Ernst" handelt es sich hierbei um ein Sangvers-Epos, das ursprünglich – wie in vielen Kulturen und teilweise bis heute anzutreffen – mit Singstimme vorgetragen wurde.[15]

Die Liste der Verbrechen im „Nibelungenlied" ist schlechterdings beeindruckend, und die Folgen sind desaströs. Es ist nicht abwegig, diese Dichtung auch als Warnung davor zu verstehen, zu was Menschen in falscher Einschätzung ihrer Kräfte, aus politischem Kalkül und aus Rache fähig sind.

Die Geschichte, so wie sie im „Nibelungenlied" erzählt wird, ist die folgende:[16] Siegfried aus Niederlande, der größte Held sei-

14 Zweisprachige Ausgabe, mit umfangreichem Kommentar, durch Siegfried Grosse (1997, 2002: Stuttgart, Reclams Universalbibliothek 644). Aus den vielen Monographien zum „Nibelungenlied" seien die beiden Einführungen von Otfrid Ehrismann (2. Auflage, München 2002) und Ursula Schulze (Stuttgart 1997, Reclams Universalbibliothek 17604) besonders empfohlen; siehe ferner den Sammelband: Joachim Heinzle/Klaus Klein/Ute Obhof (Hrsg.): Die Nibelungen. Sage – Epos – Mythos. Wiesbaden 2003.

15 Moderne Aufführungsversuche hat der Wiener Musiker Eberhard Kummer unternommen; fünf Aventiuren des „Nibelungenlieds" sind auf einer CD von 1999 (Preiser Records: Wien Stereo 93415) zu hören; Ausschnitte aus der Dietrich-Epik sowie Versuche zur höfischen Epik finden sich auf der CD „Laurin. Epos und Schwank im mittelalterlichen Tirol" (ORF Wien 2004: ORF CD 363), das gesamte „Titurel"-Fragment Wolframs von Eschenbach haben Reinhold Wiedenmann/Osvaldo Parisi eingespielt: Koch/Schwann 1995: 3–1832–2. – Zu modernen Aufführungsversuchen speziell des „Nibelungenlieds" siehe in dem Sammelband von Heinzle u.a. (Anm. 9), S. 434–437 sowie die dort genannte Literatur (Brunner und Müller sowie Müller/Springeth: S. 438–441).

16 Ende November 2004 wurde im Fernsehen die 2-teilige Serie „Die Nibelungen" gezeigt (Regie: Uli Edel). Wie alle modernen Nachgestaltungen der Geschichte ging das Produktionsteam kompilatorisch vor, indem es Ereignisse aus dem 1. Teil des „Nibelungenlieds", aus Wagners Tetralogie „Der Ring des Nibelungen" und offenbar auch aus Tolkiens Roman „Der

ner Zeit, hilft dem burgundischen König Gunther von Worms, die isländische Königin Brünnhild durch Betrug zu erringen: Zuerst beim Werbungs-Zweikampf: Und dann sogar in der (zweiten) Hochzeitsnacht: da muß Siegfried die Gestalt mit Gunther tauschen, um diesen ans Ziel gelangen zu lassen. Die Belohnung für Siegfried ist die Hand der Burgunder-Prinzessin Kriemhild. Fatal und letal wirkt der Betrug im Bett, dasjenige, was in der Shakespeare-Forschung als ‚bed-trick' bezeichnet wird: Siegfried ringt in einer zweiten Hochzeitsnacht anstelle Gunthers dessen widerspenstige Gattin Brünnhild nieder und – so muß man es bezeichnen – richtet sie für Gunther zum Vollzug seiner Ehe zurecht (er vollzieht sie jedoch, anders als in den nordischen Versionen der Geschichte, nicht stellvertretend, was für das Folgende dann sehr wichtig ist). Eine irreversible Kette von Katastrophen wird in Gang gesetzt, als die Geschichte der betrügerischen Hochzeitsnacht öffentlich wird, und zwar viele Jahre später beim Streit der beiden Königinnen vor dem Münster zu Worms. Beide streiten um den Vorrang, und dabei wird ihr Rang durch denjenigen des jeweiligen Gatten definiert.

Es ist eine tragische Ironie, daß beide Frauen subjektiv im Recht, objektiv aber beide im Unrecht sind:

- Brünnhild einerseits argumentiert, daß Siegfried ihr in Island damals als Vasall vorgestellt wurde; das ist richtig, war aber, was Brünnhild nicht wissen kann, Teil des von den Burgundern und Siegfried verabredeten Betrugs.
- Kriemhild andererseits argumentiert, daß ihr Siegfried als erster Brünnhild als Mann besessen habe: sie hat nämlich die

Herr der Ringe" und speziell dessen moderner Verfilmung kombinierte. Nur Handlungsteile des „Nibelungenlieds" wurden in dem TV-Film aufgegriffen, oft aber in ihrer Bedeutung sehr verändert. Zur Rezeption des Nibelungen-Stoffs auf der Bühne und im Film, die unter anderem Werke von Hebbel, Wagner, die Film-Regisseure Fritz Lang und Harald Reinl umfassen, siehe zuletzt die verschiedenen Beiträge in dem in Anm. 9 genannten Sammelband von Heinzle u. a. (2004).

'Souvenirs', die ihr Siegfried damals nach der Besiegung Brünhilds mitgebracht hatte, also deren Ring und Gürtel, ganz richtig als Symbole einer Defloration verstanden (die aber Gunther, nicht Siegfried vollzogen hatte); da Siegfried in seinem Leichtsinn sie hinsichtlich Ring und Gürtel nicht über die tatsächlichen Ereignisse aufgeklärt hatte, befand sich Kriemhild jedoch objektiv in einem Irrtum; anzumerken ist noch, daß Kriemhild keineswegs eifersüchtig war, sondern stolz auf ihren starken Mann (in Hebbels Nibelungen-Dramen findet sich dann dieses Motiv jedoch).

Siegfried schwört zwar einen öffentlichen Unschuldseid (ganz zu Recht), aber der fundamentale Image-Verlust für Gunther ist nicht mehr reparabel – er ist als Mann und Herrscher blamiert. Daher gelingt es seinem ersten Ratgeber, Hagen von Tronje, ohne allzu große Schwierigkeiten, das Einverständnis dafür zu bekommen, die öffentliche Beleidigung des Herrschers durch Mord zu rächen. Er ersticht Siegfried während einer Jagd, im politischen Interesse seiner Herren, hinterrücks. Gunther weigert sich verständlicherweise, seiner Schwester Gerechtigkeit widerfahren zu lassen. Als Hagen ihr überdies noch ihren ererbten Besitz stiehlt, nämlich den von Siegfried errungenen Nibelungenhort, ist Kriemhild aller Macht beraubt, brütet aber unversöhnlich nach Rache. Diese Gelegenheit ergibt sich, als der mächtige Hunnen-König Etzel sie um ihre Hand bitten läßt, nachdem seine erste Frau verstorben ist. Kriemhild erkennt die Chance und willigt ein (denn es mußten zwar die Männer, also ihre Brüder, das Einverständnis für eine solche Ehe erteilen, aber ohne Zustimmung der Frau ging dies – damals auf Drängen der Kirche und entgegen früheren Zeiten – nicht). Nach vielen Jahren lädt sie betrügerisch ihre Brüder an den Etzel-Hof ein, und in einer langen Reihe von Kämpfen, die sie provoziert hat, erleiden viele Vasallen Etzels, alle Burgunder und schließlich Kriemhild selbst den Tod. Kriemhild wird nämlich von dem empörten Waffenmeister des Dietrich von Bern, Hildebrand, sozusagen im Affekt hingerichtet. Von Strafen weiß das „Nibelungenlied“ nichts zu erzählen, nur von Entsetzen, Trauer und Verzweiflung. Schon kurz nach 1200 wurde offenkundig darüber diskutiert, wer eigentlich an dem ganzen Desaster die Schuld trage, Kriemhild oder Hagen, und ob es nicht möglich gewesen wäre, die Katastrophe aufzuhalten – und es gab unterschiedliche Antworten. Eine solcher Versuch, das schreckliche Geschehen des „Nibelungenlieds“ zu erklärem und aufzuarbeiten, ist die sog. „Klage“, ein Epos in Reimpaaren (also nicht in Strophen), welches fast immer in den Handschriften unmittelbar zusammen mit dem „Nibelungenlied“ überliefert ist.

Bei genauer Betrachtung war es der Betrug der Männer an Brünnhild, der das Geschehen in seinen automatenhaften Gang brachte und das infolge der jeweils bis ins Extreme konsequenten Haltung von Kriemhild und Hagen unausweichlich wurde. Mitbeteiligt war auch der Leichtsinn Siegfrieds, der in seinem heldischen Übermut und aus Unbesonnenheit seiner Frau die beiden aussagekräftigen Trophäen (Brünnhilds Ring und Gürtel) gab, ohne Kriemhild aber über das tatsächlich Geschehene zu informieren; ferner König Etzel, der in Übersteigerung des Gastrechts unverständlicherweise nicht rechtzeitig eingriff.

Eigentliche Verbrechen, strafwürdige kriminelle Taten nach damaliger Anschauung waren sicherlich der Mord an Siegfried und die Verletzung der Gastfreundschaft auf Betreiben von Kriemhild, wohl nicht der arglistige *bed-trick*[17] (der heute wohl als Verbrechen gelten wird). Die Geschichte der Nibelungen und des

17 Der Terminus stammt aus der Shakespeare-Philologie und meint, daß bei einer Liebesnacht eine/r der Partner/in der anderen Seite betrügerisch ‚unterschoben‘ wird: Siehe dazu die materialreiche, wirklich umfassende und überdies noch höchst vergnüglich zu lesende Monographie der Indologin und Literaturwissenschaftlerin Wendy Doniger: The Bedtrick. Tales of Sex and Masquerade. Chicago/ London 2000; die Verfasserin weist S.499 (note 2) extra darauf hin, daß der Begriff verschieden geschrieben werden kann: ‚bed trick, bed-trick, bedtrick‘. – Ein berühmter *bed-trick* in der mittelalterlichen Literatur findet sich in der Legende von Tristan und Isolde, nämlich die Hochzeitsnacht von König Marke, dem Isoldes Zofe Brangäne unterschoben wird, um Isoldes fehlende Virginität zu kaschieren.

unausweichlich verlaufenden Gangs der Handlung, die schließlich in einem weltendähnlichen Inferno endet, hat auch in der Neuzeit die Leserschaft und die Fachleute fasziniert – das eindeutig Verbrecherische wurde dabei großzügig übersehen und sogar als Zeichen von Heldentum angesehen: Nämlich von unbedingter Vasallentreue im Falle Hagens, von unbedingter Gattentreue im Fall Kriemhilds. Kriemhild will ursprünglich zwar Bestrafung des Mords, opfert dann aber – als dies nicht möglich ist – alles ihren Racheplänen: Sie nimmt die Rache sozusagen in die eigene Hand, bis zur schließlichen Zerstörung ihrer selbst.

Manches spricht dafür, den ‚Sinn', die Aussagetendenz des an Verbrechen und Untaten so reichen „Nibelungenlieds" darin zu sehen, daß es eine extreme Warnung darstellt: Zu so etwas seien Menschen fähig, wenn sie einmal Böses begangen hätten und dann auch noch an bestimmten Prinzipien hiengen; und: Jede Untat, jedes Verbrechen bringe neue Untaten hervor, die sich immer mehr steigern würden, bis in den totalen Untergang. Von Recht oder Gott ist dabei an keiner Stelle wirklich die Rede.

Daß eine solche ungeheuerlich wirkende Ereigniskette auch in der historischen Wirklichkeit anzutreffen war, ließe sich an vielen Beispielen, nicht nur der mittelalterlichen Geschichte zeigen. Im übrigen kommen noch weitere kleinere Verbrechen im „Nibelungenlied" vor, so etwa der eindeutige Mordversuch Hagens an dem burgundischen Kaplan – er will damit nämlich die Weissagung der Wasserfrauen widerlegen, daß der Geistliche als einziger aller Burgunder lebend vom Zug nach Etzelburg zurückkommen würde. Hagens Mordversuch mißlingt, als er den des Schwimmens unkundigen Kaplan in die reißende Donau stößt, dieser sich aber dennoch retten kann – ein eindeutiges Zeichen für das Bevorstehende.[18]

18 Hier sei ein scherzhafter Hinweis erlaubt: Ich habe den Eindruck, daß es zu beliebten Berufsspäßen von Juristen gehört, Werke der Weltliteratur hinsichtlich ihrer modernen Strafrechtlichkeit zu betrachten. Dies tat für unsern Stoff z.B. der Jurist Ernst von Pidde (1877–1966), der zwar nicht das

4. *Totschlag: „Parzival" des Wolfram von Eschenbach*

Nicht Mord, aber Totschlag an einem Verwandten spielt eine zentrale Rolle im „Parzival" des Wolfram von Eschenbach. Der wiederum nach französischem Vorbild, nämlich dem unvollendeten „Perceval" des Chrétien de Troyes etwa um 1200, also zur Entstehungszeit des „Nibelungenlieds" geschriebene höfische Roman[19] handelt von Parzival und Gawan, dem Gralsucher und dem Super-Ritter.[20] Der jugendliche und unerfahrene Parzival erschlägt,

„Nibelungenlied", sondern den damit zusammenhängenden „Ring des Nibelungen" von Richard Wagner in dieser Hinsicht aufs Korn nahm: Ernst von Pidde, Richard Wagners Ring des Nibelungen im Lichte des deutschen Strafrechts, 2.Aufl. Hamburg 1979. – In dieser subtilen Privatrache eines Juristen an Wagner, nämlich zur Zeit des Dritten Reichs und gegen die damalige Wagnerei verfaßt, kommt der Verfasser etwa beim Drachenkampf zu folgendem Urteil: Nicht Totschlag, da es sich nicht um einen Menschen handele (angeblich auch nicht bei Wagner, wo der Drache eigentlich der Riese Fafner ist), stattdessen bloße Tierquälerei, die nach Paragraph 17 des (damaligen) deutschen Tierschutzgesetzes mit Freiheitsentzug bis zu 2 Jahren oder einer Geldbuße zu bestrafen wäre; und: „Auch Wilderei liegt nicht vor: Lindwürmer sind keine jagdbaren Tiere im Sinne von Paragraph 29 StGB" (S. 49).

19 Chretiens Roman-Fragment ist durch die zweisprachige Ausgabe von Felicitas Olef-Krafft gut zugänglich: Stuttgart 1991 (= Reclams Universalbibloiothek 8649). – Zu Wolframs Roman siehe die folgende Anmerkung.

20 Unter den verschiedenen Übersetzungen ragt die zweisprachige Ausgabe mit dem Text von Karl Lachmann (6. Ausgabe) und der parallelen Übersetzun von Peter Knecht heraus: Berlin/New York 1998. – Zur Versübersetzung von Wolfgang Mohr siehe unten. – Zu Wolfram umfassend: Joachim Bumke: Wolfram von Eschenbach. Achte Auflage, Stuttgart/Weimar 2004, ferner den Sammelband von Will Hasty (Ed.): A Companion to Wolfram's ‚Parzival'. Rochester, N.Y./Woodbridge 1998. Unter den modernen Neugestaltungen von Wolframs Roman ragt heraus Adolf Muschg: Der Rote Ritter. Eine Geschichte von Parzival. Frankfurt a.M. 1993 u.ö.; Wagners Oper „Parsifal" (1882) verwendet nur einzelne Handlungselemente des mittelalterlichen Romans und deutet diese darüberhinaus einschneidend um (zur Parzival-Rezeption insgesamt siehe den oben erwähnten Sammelband von Hasty, S. 245–258).

außerhalb des Lagers von König Artus, den dort bedrohlich wartenden Ither, den „Roten Ritter", auf ganz unritterliche Weise. Er raubt dessen Rüstung, nicht wissend, daß es sich dabei um einen Verwandten handelt. Viel später erfährt er von dem Einsiedler Trevrizent, seinem Onkel (wie sich herausstellt), daß er damit die Ursünde der Kains-Tat begangen habe, also so wie Kain an Abel gehandelt (nämlich ihn ermordet) habe, und daß er deswegen beim Besuch auf der Gralsburg versagt, nämlich die rettende Frage nicht gestellt habe. Außerdem sei er auch die Ursache für den Tod seiner Mutter Herzloide gewesen, die aus Gram über den davonreitenden Sohn gestorben sei – inwieweit Parzival auch damit, wenn auch bei Wolfram ganz unwissentlich, eine Untat begangen hat, bleibt offen (Chrétien hatte hier etwas anders erzählt: Der davonreitende Perceval sah seine Mutter zu Boden sinken, ist aber trotzdem weitergeritten). Dennoch rechnet Trevrizent seinem Neffen aber beides als Schuld vor Gott an, als straferfordernde Sünde, für die er büßen müsse: denn er sagt zu Parzival beim Abschied nach dem langen Gespräch:

> Mit Schmerz muß ich Dir künden:
> Du trägst zwei schwere Sünden.
> Ither hast du erschlagen,
> Du mußt deine Mutter auch beklagen.
> So groß war ihrer Liebe Kraft,
> dein Scheiden hat sie hingerafft,
> als du sie jüngst verlassen. –
> Willst meine Hand du fassen,
> tu Buße für deine Fehle,
> denk auch an deine Seel,
> daß du hier erwirkst in Müh und Tat,
> daß dort die Seele habe Rat. (499,18 ff.)[21]

Parzival erhält in dem Roman für den unwissentlichen, aber unritterlichen Totschlag an Ither keine irdische Strafe – wie natür-

21 Die Übersetzung stammt von Wolfgang Mohr (Göppingen 1977 u. ö.); seine Versübersetzung versucht erfolgreich, wenigstens einen Großteil der Form des Vers-Romans im Neuhochdeutschen zu vermitteln.

lich auch nicht für die Sünde beim Tod seiner Mutter. Er wird vielmehr durch Gott bestraft, der ihm einen langen Prüfungsweg vorschreibt, ja offeriert. Bei der märchenhaften Grals-Geschichte übersieht man leicht, daß am Anfang von Parzivals Biographie zumindest *eine* Untat steht, die man durchaus als Verbrechen bezeichnen kann.[22]

Das Problem der unwissentlichen Schuld hat die Autoren damals übrigens beschäftigt. So hat Hartmann von Aue in seiner Ritter-Novelle von Gregorius den Titelhelden eine der schlimmsten aller damals vorstellbaren Sünden bzw. Verbrechen begehen lassen, nämlich Inzest mit seiner Mutter (wie Ödipus); außerdem stammt Gregorius noch zusätzlich auch seinerseits aus einer Inzest-Verbindung. Hartmann argumentiert aber, daß auch solche Untaten vor Gott zu sühnen sind, indem man sich nämlich voll und ganz in Gottes Gnade ergebe. Dies tut Gregorius, im Gegensatz zu Parzival, der dem strafenden Gott und Herrn den Dienst aufkündigt, und er erlangt Verzeihung und sogar das höchste christliche Amt, nämlich das des Papstes.

5. *Entführung: „Kudrun", „Willehalm"*

Die Entführung einer Frau zum Zweck einer Ehe ist zwar bis heute strafbar, kommt aber im ursprünglichen Sinn, also als Brautraub – zumindest nach Ausweis unserer Zeitungen – in den modernen Industrieländern kaum mehr vor. Entführungen von Menschen, aus Grausamkeit, zum sexuellen Mißbrauch oder vor allem zur Erpressung von Lösegeld oder bestimmten Gegentaten sind dagegen leider immer noch zu finden.

22 Übrigens kommt in Wolframs „Parzival" auch ein veritabler Verbrecher vor, nämlich in der Nebenfigur des Frauenschänders Urjans, Fürst von Punturtoys, der mit extremem Ehrverlust bestraft wird: er muß in aller Öffentlichkeit mit den Hunden essen; hinsichtlich der eigentlich vorgesehenen Todesstrafe wird er begnadigt (Parzival 524,9 ff.).

In der Literatur beliebt ist das Motiv der *einverständlichen* Entführung einer Frau. Das berühmteste Beispiel der europäischen Literatur ist sicherlich die Griechin Helena, die Ursache des Trojanischen Kriegs. Auch im Mittelhochdeutschen kommt dieses Motiv mehrfach vor (in der frühen Epik des 12. Jahrhunderts in „König Rother", „Graf Rudolf" u.a.). Das Motiv der *gewaltsamen* Entführung (etwa bekannt durch den 'Raub der Sabinerinnen' oder aus dem indischen „Ramayana") ist aber auch präsent, im Mittelhochdeutschen etwa im Sangvers-Epos von „Kudrun".[23] In diesem zu Anfang des 13. Jahrhunderts entstandenen Werk eines wiederum unbekannten Verfassers findet sich das Motiv der Entführung gleich mehrfach, und zwar der einverständlichen wie der gewaltsamen: Den meisten Raum der Erzählung nimmt ein, wie die namensgebende Heldin gewaltsam von einem abgewiesenen Freier entführt wird: Nach langjähriger Vorbereitung unternehmen ihre Mutter, die einst in ihrem eigenen Fall in eine einverständliche Entführung eingewilligt hatte, sowie Kudruns Verlobter eine große militärische Strafexpedition durch und befreien die Entführte. Auf Betreiben Kudruns, die für Versöhnung plädiert, entgeht der Entführer einer Strafe, nicht aber dessen Mutter Gerlind: Diese wollte mit allen Mitteln Kudrun in eine Ehe hineinzwingen, unter anderem durch erniedrigende Dienste als Wäscherin; Gerlind wird – wie Kriemhild im „Nibelungenlied" – Opfer eines individuellen Rache-Aktes, indem Wate, der riesenhafte Krieger, sie unmittelbar nach dem Kampf erschlägt (also wie Hildebrand im „Nibelungenlied" aus eigener Machtvollkommenheit eine Hinrichtung vornimmt).

Mindestens so eindrucksvoll ist aber eine andere Entführungsgeschichte der mhd. Literatur, nämlich die der Araber-Königin Arabel durch Markgraf Willehalm. Die in einem ganzen Epen-Kranz in Frankreich entfaltete Geschichte hat Wolfram von Eschen-

23 Kommentierter Text: Kudrun. Nach der Ausgabe von Karl Bartsch hrsg. von Karl Stackmann. Tübingen 2000 (= Altdeutsche Textbibliothek 115); es existieren verschiedene neuhochdeutsche Übersetzungen.

bach Anfang des 13. Jahrhunderts im Auftrag der Thüringer Landgrafen auf deutsch erzählt.[24]

In der Vorlage und im wesentlichen auch durch Wolfram wurde das Folgende berichtet (ich verwende dabei die mittelhochdeutschen Personennamen): Markgraf Willehalm von Orange (Provence), der in Gefangenschaft der Araber geraten war, und die Gattin des muslimischen Königs, verlieben sich ineinander. Arabel flieht mit Willehalm, also läßt sich einverständlich entführen, wird Christin, nimmt den Namen Gyburg an und heiratet Willehalm.

Die Araber unternehmen einen riesigen Rachefeldzug zur Wiederherstellung ihrer Ehre und zur Wiedergewinnung von Arabel/Gyburg. In einer Schlacht bei Alischanz, nahe Arles in Südfrankreich, vernichten sie das gesamte Heer von Willehalm, der als einziger entkommen kann (und zwar, indem er einen bereits besiegten fürstlichen Gegner erschlägt und dessen Rüstung anlegt – bis heute diskutiert wird, ob es sich dabei um Totschlag aus Notwehr oder um einen kaltblütigen Mord aus Rache handelt). Während Gyburg die Stadt Orange gegen ihre ehemalige Familie verteidigt, gelingt es Willehalm, ein neues Heer aufzustellen. In einer zweiten, noch blutigeren Schlacht, siegen jetzt die Christen.

Wolfram hat diese Geschichte von Ehrverletzung und Familien-Rache beträchtlich vertieft: Denn der Krieg zwischen den Sippen weitet sich zuerst zum Glaubenskrieg zwischen Christen und Muslimen und schließlich zum veritablen Weltkrieg um die Weltherrschaft. Der oberste Anführer der Araber, Kalif Terramer, argumentiert nämlich, daß er als Nachkomme des Römers Pompeius Anspruch auf die Reichsherrschaft habe, die damals, in der Schlacht von Pharsalos (48 v. Chr.) Caesar seinem ehemaligen

24 Zweisprachige Ausgabe, mit dem Text von Werner Schröder und einer Übersetzung von Dieter Kartsch: Berlin/New York 1989. – Zum Roman siehe den oben erwähnten Metzler-Band von Joachim Bumke, ferner den Sammelband von Will Hasty (Anm. 15) sowie: John Greenfield/Lydia Miklautsch: Der „Willehalm" Wolframs von Eschenbach. Berlin u. a. 1998.

Verbündeten Pompeius im Bürgerkrieg geraubt habe; denn der fränkische König Loys, der Sohn Karls des Großen, betrachte sich ja als direkten Nachfolger Caesars (womit Terramer Recht hat, denn so lautete im Sinne einer „Translatio Imperii", einer ‚Übertragung der kaiserlichen Herrschaftsgewalt', die karolingische und staufische Reichsideologie). Der Krieg um Arabel/Gyburg wird damit zum großen Kampf zwischen Ost und West, eine welthistorische Sicht, die sich etwa noch in Goethes 2. Teil des „Faust" findet, wo die wichtige ‚Klassische Walpurgisnacht' an einem Jahrestag jener Schlacht sich auf den Feldern des griechischen Pharsalos abspielt.

Das heißt aber: Das Privat-Verbrechen einer angeblichen Entführung, also die Verletzung des Besitzstandes eines hochfürstlichen Ehemannes,[25] soll zuerst durch einen privaten Rachefeldzug gesühnt und rückgängig gemacht werden (vergleichbar der Geschichte von Kudrun). Wolfram problematisiert aber zunehmend diesen Krieg, der sich zum Krieg um den richtigen Glauben und um die Weltherrschaft weitet. Er verurteilt es von einem radikal christlichen Standpunkt aus, daß man die Andersgläubigen ‚wie Vieh' abschlachte, und läßt diese Botschaft auch durch Gyburg geradezu predigen:

> Die nie toufes künde
> empfiengen, ist daz sünde,
> daz man die sluoc alsam ein vihe?
> grozer sünde ich drumbe gihe:
> ez ist gar gottes hantgetat:

25 Vor kurzem habe ich versucht, für die einverständliche (sowie gewaltsame) Entführung einer ‚regierenden' Königin Parallelen in der mittelalterlichen Wirklichkeit zu finden, doch sind solche Fälle dort offenbar nicht bekannt; siehe Ulrich Müller: Zwei Entführungen aus dem Serail. Die Geschichteen der arabischen Königin Arabel/Markgräfin Giburc (Wolfram von Eschenbach, „Willehalm", 13. Jhd.) und der arabischen Prinzessin Sayyida Salme von Oman und Sansibar/Emily Ruete (19. Jhd.), in: Jahrbuch für Internationale Germanistik 34 (2002), S. 207–225.

Ist das Sünde, daß man die,
die nicht getauft worden waren,
wie Vieh erschlug?
Für große Sünde halte ich es
Alle Menschen sind Gottes Geschöpfe ... (450,15 ff.)

Dieser Appell, daß Christen und Muslime beide Geschöpfe Gottes seien, ist allerdings vergebens: Die Realität und das Recht auf Notwehr führen zu weiterem Blutvergießen. Wolfram hat, aus welchen Gründen auch immer, die Geschichte nicht zu Ende erzählt. Den großen, von ihm geschriebenen und im Mittelalter außerordentlich erfolgreichen Teil hat er aber – entgegen der Vorlage – zum ersten Anti-Kriegs-Roman Europas, ja vielleicht der Weltliteratur ausgeweitet und umfunktioniert, und zwar – wie bereits gesagt – aus einem radikalen christlichen Verständnis heraus.[26] Irgendwelche Bewußtseinsänderungen hat er leider, wie alle späteren Autoren in dieser Richtung, nicht bewirkt.

C. Rückblick und Zusammenfassung

Die fünf vorgestellten Beispiele aus der Blütezeit der mittelhochdeutschen Erzählliteratur zeigten strafwürdige Untaten, Verbrechen und Sünden verschiedener Art: Verbrechen, die gegen die Gesetze der Welt, und Sünden, die gegen die Gesetze Gottes be-

26 Warum Wolfram die Geschichte nicht gemäß seiner altfranzösischen Vorlage zu Ende erzählt hat, ist unklar und umstritten; der Fragment-Charakter des Romans wird von manchen Interpreten mit seiner radikalen Aussage in Verbindung gebracht. – Toleranz im heutigen Sinn thematisiert Wolfram nicht, sondern das christliche Tötungs-Verbot und die Vorstellung der Gotteskindschaft aller Menschen; zur Kriegsthematik siehe zuletzt Horst Brunner: Kriegsbilder in der deutschen Literatur vom Mittelalter bis zum 20. Jahrhundert; in: Václav Bok/Frank Shaw (Hrsg.): *Magister et amicus*. Festschrift für Kurt Gärtner zum 65. Geburtstag. Wien 2003, S. 775–786.

gangen werden, also kriminelle Taten innerhalb der Gesellschaft und gegenüber Gott: Beides war damals, wie schon erwähnt, nicht zu trennen (und dies bis heute nicht immer scharf zu trennen), aber ein Unterschied zeigte sich jeweils in der Art der Bestrafung:

(1) Genelun im „Rolandslied“ wird für seinen Hochverrat vom kaiserlichen Gericht, allerdings mit Hilfe des archaischen Rechtsmittels eines Gottesurteils, bestraft;
(2) Herzog Ernst begeht (vielleicht aus Notwehr?) zwei Verbrechen, nämlich Mord und Rebellion, verfällt dadurch der vom Kaiser verhängten Reichsacht und muß fliehen; er entgeht durch einen Gnadenakt des Kaisers der letzendlichen Bestrafung;
(3) die Serie der Verbrechen, die im „Nibelungenlied“ erzählt werden, erfährt – im Gegensatz zu den zuvor erwähnten kriminellen Taten – keine Sühne oder Bestrafung durch ein Gericht oder einen Herrscher; dies obwohl König Gunther hinsichtlich der Ermordung Siegfrieds dafür zuständig gewesen wäre, so daß seine Schwester Kriemhild, die Witwe Siegfrieds, eine Rache unter Verletzung des Gastrechtes initiiert und damit allerdings alle Beteiligten und viele Unschuldige ins Verderben reißt;
(4) die Untaten Parzivals sind Verbrechen vor Gott, also Sünden, und sie müssen durch Buße bezahlt werden; irdische Strafe wird nicht vollstreckt, auch nicht im Falle des Totschlags an Ither;
(5) Verbrechen, die durch die einverständliche („Willehalm“) und vor allem gewaltsame Entführung einer Frau („Kudrun“) begangen werden, verlangen nicht nur Restituierung, sondern strenge Bestrafung; in beiden Fällen werden große militärische Strafexpeditionen unternommen, wobei Wolfram nach dem blutigen Sieg Willehalms zumindest eine versöhnliche Geste andeutet, wohingegen der „Kudrun“-Dichter eine Versöhnung zwischen Besiegten und Siegern thematisiert.

Die Gründe für alle diese Verbrechen hängen mit dem zusammen, was sich stets – bis heute – in diesem Kontext als Ursache findet: Macht, Geld, eine Frau, verletzte Ehre. Insofern zeigt sich auch hier, daß sich über alle Zeiten und gesellschaftlich-politische Veränderungen hinweg die Grundstrukturen menschlichen Verhaltens (wie bekannt) nicht verändert haben, höchstens die Reaktionen auf die jeweiligen Verbrechen und Sünden.

Auffällig ist das Folgende: Eine heute weitverbreitetes Motiv, nämlich individuelle Eifersucht, kommt in allen diesen Werken nicht vor…

VI. Varia & Ausblick

Albrecht Götz v. Olenhusen

Factum clarum jus nebulosum – Alan Patrick Herberts Beitrag zum englischen Urheberrecht und Uncommon Law

Die Frage nach dem historischen und dem aktuellen Status des Autors ist heute berechtigter denn je. Selbst in Zeiten, da der Autor seine Stimme erhebt, um seine Rechte oder besser gesagt einen defizitären Status einzuklagen, scheint er sich nicht in einen Hahn im 1. oder 2. Korb der Urheberrechtsreform verwandeln zu können. Aber ich werde mich hier nicht auf dieses heißumkämpfte gesetzgeberische Schlachtfeld wagen, auf welchem Blut, Schweiß und Tränen fließen, wenn es darum geht, dass eine überschaubare Gruppe von Parlamentariern, deren Ehrbarkeit teils nicht vollständig gesichert erscheint, über die Existenz einer Handvoll Autoren und Künstler entscheidet, deren unterernährtes Erdenwallen in der Verkündigung ästhetischer Botschaften sich erschöpft. Hier scheint neuerdings wieder die Dogmatik des Entbehrlichen über die Dogmatik des Notwendigen zu obsiegen. Und der parlamentarischen Gruppe der wenig und sogar der sehr Bibelfesten ist hier anscheinend Nehmen seliger als Geben. Vielleicht wäre der Gesetzgeber zuweilen mit einem Blick in Hegels Rechtsphilosophie daran zu erinnern, dass „im Eigentum die Freiheit sich Dasein“ gibt, der Begriff sonach zur Idee wird und Hegel hier auch das geistige Eigentum des Schriftstellers mit einbezieht.[1]

1 Georg Friedrich Wilhelm Hegel, Philosophie des Rechts. Die Vorlesung von 1819/20 in einer Nachschrift. Hrsg. v. Dieter Henrich, Frankfurt a.M. 1983, S. 70, 78f.

Für den englischen Juristen ist der Status des Autors nicht so sehr durch eine hehre rechtsphilosophische Begründung, sondern durch seinen realen Status bestimmt. Am Beispiel des Werks des englischen Schriftstellers, Juristen und Parlamentariers A.P. Herbert (1890–1971), hierzulande durch die schmale Auswahl „Rechtsfälle – Linksfälle", herausgegeben von Konrad Zweigert und Peter Döpffel bekannt geworden, lässt sich zeigen, dass durch ihn Probleme des Urheberrechts in spezifisch britischer Art und Weise aufgegriffen geworden sind.[2]

Herberts einzigartige Position als Schriftsteller und Politiker in England seit den zwanziger Jahren läßt sich auch daraus ersehen, daß er mit führenden Protagonisten wie Hilaire Belloc,

2 Alan Patrick Herbert, Rechtsfälle – Linksfälle. Juristische Phantasien. Ins Deutsche übertr. u. rechtsvergleichend erl. von Konrad Zweigert und Peter Dopffel, 4. Aufl. Göttingen 1984. Sh. ferner A. P. Herbert, Clear Facts, Muddled Laws. Alles, was Recht ist.Mit einem Nachwort von Richard Fenzl, München 1989. Hinweise auf A. P. Herbert bei Albrecht Götz v. Olenhusen, Satire – eine Ehrensache, in: Nils Folckers, Wilhelm Solms (Hrsg.), Was kostet der Spaß? Marburg 1998, S. 95–108, 99f. Dort auch mein Versuch, rechtliche und andere Rahmenbedingungen von Satire im Recht und Recht als Gegenstand von Satire systematisch und grundsätzlich zu analysieren. – Rudolf von Jhering, Im juristischen Begriffshimmel ist abgedruckt in: ders., Scherz und Ernst in der Jurisprudenz, 13. Aufl 1924, S. 249 ff. (Reprint Darmstadt 1992). – Gute Übersicht über die allgemeine englische Debatte und Diskursanalyse zur Satire bei Paul Simpson, On the Discourse of Satire, Amsterdam/Philadelphia, 2003. Simpson analysiert (S. 187 ff.) den Fall Alan Clark vs. The Evening Standard. Die Zeitung hatte eine scheinbar vom Kläger, einem prominenten skandalumwitterterten Politiker stammende Tagebuchserie veröffentlicht und wurde wegen Verstoßes gegen Sect. 84 des Copyright Act von 1988 (wegen „passing off" und „false attribution of authorship") verurteilt (All England Law Reports = AELR; 959, web.) Hier findet sich, unter anderem, ein Beispiel dafür, wie die mythische Figur des „reasonable man", hier des „national reasonable reader", gegen die Satire gewendet wurde und Angehörige der eigenen Partei als Zeugen des Klägers den Maßstab dieses Begriffes bildeten. Sh. dazu auch A.P. Herberts Fardell vs. Potts. The Reasonable Man.

H.G. Wells, Arnold Bennet, John Galsworthy und Rudyard Kipling befreundet war, mit dem gefürchteten G. B. Shaw erfolgreich Dispute zur Rechtschreibreform ausfocht und, von den bedeutendsten englischen Juristen abgesehen, mit Politikern wie Sir Robert Menzies, Stanley Baldwin, Winston Churchill oder Edward Heath auf vertrautem und freundschaftlichem Fuße stand.

I Albert Haddock, Autor vs. Die ganze Welt

Welche Stellung A.P. Herbert, seit 1945 Sir A.P. Herbert, freilich in satirische Diktion verhüllt, dem Schriftsteller zusprach, mag ein Zitat aus einem in der Zeitschrift „Punch" veröffentlichten Rechtsfall zeigen: Suet v. Haddock. Albert Haddock ist die der juristisch – subtilen Rede und Suada fähige Kunstfigur, die – mal als Kläger, mal als Beklagter – in den Fantasiefällen Herberts seit den 20er Jahren auftritt.[3]

In seinem summing up des Casus erklärt der Richter der Jury, dass der Anspruch auf Produkt-Kritik zu weit gehe. Er bestimmt Stand und Funktion des Autors:

3 Die folgenden Zitate sind entnommen aus A.P. Herbert, Uncommon Law, London 1935 (Reprint 1964); More Uncommon Law, London 1982. Die Zitate wurden vom Verf. neu übersetzt. Es wurden jeweils die Fallbezeichnungen angegeben und auf Seitenzahlen verzichtet, weil die Fälle in zahlreichen verschiedenen englischen Ausgaben enthalten und über die Fallbezeichnungen leicht auffindbar sind. – Zur rechtsvergleichenden Diskussion u.a. satirischer Kritik sh. Uwe Wolf, Spötter vor Gericht. Eine vergleichende Studie zur Behandlung von Satire und Karikatur im Recht der Bundesrepublik, Frankreichs, Englands und USA, Frankfurt a.M. 1996; Wilhelm Solms, in: Folckers/Solms (Hrsg.), Was kostet der Spaß? Marburg 1997, S. 9ff.; Thomas Würtenberger, NJW 1982, S. 610, 1983, S. 1144; Georgios Gounalakis, NJW 1995, S. 809.

> It assumes that literature is as important as trade, and that the author has the same rights as the business man. But this has never been the law. It must be clearly understood that an author, as such, has no rights. At Common law he ranked with women and cattle demenant, and any man, in the absence of malice, violence, or fraud, is entitled to take away his livelihood by hostile utterances however ill founded. But it is quite another thing for an author to take away the livelihood of an honest trader by ill-considered judgment on the quality of his goods, for this is to assail the whole fabric of our Commonwealth. (Suet vs. Haddock. Status of Authors).

Haddock hatte sich – so war der Sachverhalt – als emsiger Rezensent Besprechungsexemplare von Rolls Royce kommen lassen und positiv besprochen („Das Werk verspricht einiges. Diese junge Gesellschaft, deren Name mir bisher unbekannt war, hat offensichtlich den Kern der Sache begriffen und wird, wenn sie sich erneut energisch bemüht, vielleicht eines Tages ein Produkt von wirklich bedeutendem Werte herstellen.“). Er lebte inzwischen mit einem ganzen Wagenpark in einem Rezensions-Fertighaus, mit Freiexemplaren von Möbeln, Klavieren, Plattenspielern, Radios und Anzügen, sah sich aber wegen einer abfälligen Kritik an einem potenten Kräftigungsmittel mit Namen „Sinko“ auf Schadensersatz verklagt: „‚Sinko‘ does not remove That Sinking Feeling. For I have tried it.“

A.P. Herbert, 1890 geboren, irischer Abstammung, absolvierte eine traditionelle Ausbildung – Winchester und New College, Oxford –, studierte Jura mit glänzendem Abschluss und wurde 1918 Anwalt in „The Inner Temple“. Aber er praktizierte nie. Im Jahre 1935 wurde der Autor als sog. Unabhängiger für die Universität Oxford ins englische Unterhaus gewählt.[4] Hier trat er lei-

4 A.P. Herbert, A.P.H. His Life and Times, London 1970; mit einem Rückblick auf die Justizsatiren 1970, S. 138ff.; Die Parlamentserfahrungen sind beschrieben in A.P. Herbert, Independent Member, London 1950; Reginald Pound, A.P. Herbert. A Biography, 1976; kurze Biographie in: Oxford Dictionary of National Biography, ed. by H.C.G.Matthew u. Brian Harrison, Vol. 26, Oxford 2004, S. 651–652 (R. Pound rev. Katherine Mullin). Eine komplette Bibliographie seiner Schriften fehlt bislang. Bibliographie der Bücher in der Autobiographie, S. 341–343.

denschaftlich für eine Reform des Scheidungsrechts, der Schmutz- und Schund-Gesetze und gegen die Vergnügungssteuer unüberhörbar in Erscheinung. Die juristischen Experimente und gerichtlichen Abenteuer seines Helden Mr. Albert Haddock, der nach dem Urteil von Lord Atkin[5] so viele Drangsale zu erdulden hatte wie der Heilige Paulus und in seiner moralischen Strenge Ähnlichkeit mit dem Autor Herbert nicht verleugnen kann, sind in satirischer Form Beiträge zur Reform des Rechts und Rechtswesens, das nach seiner Meinung als eine Art schwarze, geheimnisvolle Kunst praktiziert wird, welche niemand außer wenigen auserwählten Eingeweihten zu verstehen hoffen darf. Herbert selbst, mal im bunten Narrengewand, mal im Mantel des Propheten oder dem des Präzeptors, sah seine Berichte aus der Welt des Rechtswesens als satirische Imitationen der filigranen Argumente und elaborierten Sprache der Richterbank.

In eine Reihe von Bänden, welche die Beiträge, meist im „Punch" erstmals publiziert, sammelten, hat Herbert sich unter dem Gesamtmotto „Factum clarum, jus nebulosum" in einer Weise des Rechtswesens angenommen, die in der englischen – und amerikanischen – Literatur gute Tradition hat, aber in der deutschen trotz Rudolf von Ihering („Scherz und Ernst in der Jurisprudenz", 1884) auch der Zahl nach weit geringere Nachahmer, Nachfolger oder Adepten gefunden hat als in einem England, in dem mit Autoren wie J.B. Morton, Theobald O. Mathew bis hin zu John Cleese in Literatur, Film und Fernsehen der Justiz den Zerrspiegel vorhalten.[6] A.P. Herbert war engagierter Präsi-

5 A.P. Herbert, Uncommon Law, London 1964, Vorwort von Lord Atkin, S. VIIf. – Der Kampf gegen Vergnügungs- und Wettsteuer wird beschrieben in: Herbert, Independent Member, a.a.O., S. 91ff.

6 Sh. Daniel R. White (ed.), Trials and Tribulations, London 1989; Theobald O. Mathew, Forensic Fables, London 1926, vollständige Ausgabe der von 1926 bis 1932 erschienenen Bände London 1961. William L. Prosser (ed.), The Judicial Humorist: A Collection of Judicial Opinions and Other Frivolities, Boston 1952.

dent der englischen Autorengesellschaft und Vizepräsident der Performing Right Society.

Die bekanntesten Titel von A.P. Herbert:

Misleading Cases in the Common Law, London 1927
More Misleading Cases, London 1930
Still More Misleading Cases, London 1933
Uncommon Law, London 1935, 1969
Codd's Last Case and Other Misleading Cases, London 1952
Bardot M.P. and other Modern Misleading Cases, London 1964
Whigs at Work, London 1948

Ins Deutsche sind von den fantastischen Fällen des Uncommon Law nur wenige veröffentlicht worden. Einer von Herberts Romanen „The Water Gypsies" wurde übersetzt.[7]

Mit A.P. Herbert begann jedenfalls im „Punch" so etwas wie ein engagierter Kampagnenjournalismus gegen altehrwürdige Zöpfe des Gerichts- und Rechtswesens.

Da geht es um so epochale Rechtsfragen wie „Ist Heiraten ungesetzlich?" (Marrowfat vs. Marrowfat) Dürfen schamlose Karikaturisten ihren Ministerpräsidenten als schädliches Nagetier, mit dem Ausdruck scheinheiliger Selbstzufriedenheit, als Schimpansen, als herrschsüchtig, tierisch stumpfsinnig und geistlos abkonterfeien? (Rex vs. Low) Um die komplexe Frage, ob Miss Brigitte Bardot nach EG-Recht ins englische Unterhaus gewählt werden durfte. Überhaupt um beklagenswert negative Effekte des Europäischen Rechts auf den britischen Way of Life. Es geht ums geheiligte Lotterie- und Wettrecht, um die nachhaltige Erhöhung von Abgeordneten-Diäten, um das unberührbare Sakrament der Sonntagsruhe, um perfide Tricks und Kniffligkeiten juridischer Kleinkunst bei Beleidigung und Verleumdung, und einer der letzten Höhepunkte ist die Klage des Autors Haddock gegen eine Bank, deren Computer, die Leasingfirma, die Elektrizitätsgesell-

7 A.P. Herbert, The Water Gipsies, London 1930.

schaft sowie den Computer selbst. Letzterer wird im Zeugenstand ins Kreuzverhör genommen, weil er – infolge Stromabfalls in mangelhaftem Zustande – sich über den Kläger beleidigend und kreditgefährend geäußert hatte (Haddock vs. The Generous Bank Ltd., Computer 1578/32/W1, The Magical Eletronic Contrivances Ltd, and the Central Electricity Board).

II. „Uncommon Law and Other Misleading Cases"

Justice must not only be done; it must be seen to be believed.
(J. B. Morton)

Ist ein Autor, rechtlos nach Common Law, wenigstens gegen libel und über eine Schadensersatzklage gegen Verleumdung geschützt, wenn ein Gemischtwarenhändler Werke von George Eliot, Lord Lytton, André Maurois und Albert Haddock neben gebrauchten Zahnbürsten, Verschlüssen von Milchflaschen, Lumpen und Altpapier im Schaufenster feilhält, was insinuiert, dass diese edlen Geisteswerke Abfall und Müll gleichzusetzen sind? Die Klage wird abgewiesen.

Herberts alter ego Haddock kämpft immer wieder gegen die Nachteile und perfiden Ungerechtigkeiten des Einkommenssteuerrechts. Er wünscht als Herstellungskosten und Erhaltungsaufwand auch die Kosten des Autors berücksichtigt zu sehen, welche, da das ganze Leben sein Rohstoff ist, in dem enormen Aufwand für Freundschaften, Liebesaffairen, Heiraten, Reisen, Sport, Lektüre und Geselligkeit auf der Debetseite seiner Gewinn- und Verlustrechnung zu buchen und abzuschreiben sind.

Er will nicht nur profane Objekte wie Bleistifte und Radiergummis, Büroklammern und Schreibkräfte, sondern auch ansehnlichere Posten wie Champagner, Nachtclubs, Monte Carlo, Segeljacht in Acapulco und überhaupt jegliche kostenträchtige Teilnahme am

Dolce Vita, wenn er darüber schreibt, als abzugsgeeigneten Aufwand geltend machen können wie jeder Seifenfabrikant.

In der streng abgestuften Hierarchie der Kulturindustrie rangiert der Autor und Künstler an oberster Stelle.

> The authors, writers and composers are in a sense the biggest employers in the country, for they are the only original creators of employment. Their books, their articles, their music must be typed and printed and bound and distributed, performed upon the stage, the wireless, the grammophone, and the screen. The publishers, printers, compositors, bookbinders, and booksellers, the actors, musicians, singers, and stage-hands – nay, the very newspaper proprietors and their enormous staffs, owe their employment, their earnings, and their profits to the creative mind and technical skill of the writer, since without him their occupation would be nothing and their machines be silent. He is the producer and they an army of middlemen; he is the true creator of wealth, and they, if may employ the genial language of a certain political party, are but parasites upon his brains and labour.

Der Verlagsvertrag zwischen Autor und Verleger („Bookmaker and Publisher") ist ein Wettvertrag, bei dem der Autor z.B. mit dem Verleger um 1000 Pfund wettet, dass von seinem Werk mehr als 4000 Exemplare verkauft werden würden. Mit der Folge, dass die Einnahme aus einer Sportwette nach Steuerrecht nicht der Einkommensteuer unterliegt. (Rex vs. Haddock and Vine). Unübersehbare Einnahmeausfälle im Literatengewerbe, sind die dramatische Folge, das immer einer Lotterie gleicht.

In einer Reihe von Fällen diskutiert Haddock bei den Gerichten Größe und Grenze der Meinungsfreiheit des Autors und Künstlers. In eleganter Ironie, eines Swift würdig, spricht sich hier der Lord Chancellor gegen eine Petition für Redefreiheit aus: die öffentliche Rede von Politikern falle in die gleiche Kategorie wie gefährliche Werkzeuge, Kraftfahrzeuge und Feuerwaffen; begründet auch damit, dass bei einem Verbot von Ansprachen aller Personen des öffentlichen Lebens binnen sechs Monaten eine so enorme Ära des Wirtschaftsaufschwungs zu erwarten sei, welcher selbst durch folgende Äußerungen der gleichen, zuvor zum Schweigen verdonnerten Personen nicht mehr tangiert werden könnte.

Das Pflichtabgabegesetz zugunsten zahlreicher englischer Bibliotheken in Section 15 des Copyright Act von 1911 wird in einem rechtshistorisch, ökonomisch und rechtspolitisch sehr gut begründeten ironischen Gerichtsbericht (Cheap Literature. Regina vs. Dark and Haddock) gegeißelt.[8]

In dem einen oder anderen Fall wird auch die Frage aufgeworfen, weshalb denn eigentlich die Autoren nicht eine Art Bibliothekstantieme erhalten sollen. Hier bewährt sich Herberts Befähigung und die Personalunion als Rechtshistoriker, Schriftsteller und Rechtspolitiker in sorgfältig begründeten Analysen und Gesetzesinitiativen.[9]

Die Freiheit von Kunst und Literatur gegen den Vorwurf der Unsittlichkeit wird in einem Casus verteidigt, bei welchem das Schöffengericht in Eton die Klassiker daraufhin überprüft, ob sie mit dem Gesetz von 1857 gegen Schmutz und Schund vereinbar sind. Sämtliche werden beanstandet: etwa weil der Umgang von Zeus in Gestalt eines Schwanes mit wehrlosen Frauenspersonen wie Leda, die strafwürdigen Fehltritte von Ödipus und Medea sowie die zur Nachahmung aufstachelnden Erzählungen von

8 Sh. A. P. Herbert, Uncommon Law, London 1982, S. 205 ff. mit einer ausführlichen rechtshistorischen Anmerkung S. 208–212. Zur Rechtslage heute Hugh Laddie, Peter Prescott, Mary Vitoria, The Modern Law of Copyright, London 1980, 14.15–14.25. – Zu A.P. Herberts Kampf gegen die Vergnügungssteuer sh. A.P. Herbert, No Fine on Fun, London 1951; ders., Independent Member, a.a.O., S. 91 ff.

9 Richard Findlater (ed.), Public Lending Right. A Matter of Justice, London 1971; A.P. Herbert, A.P.H. His Life and Times, London 1970, S. 197–250; Laddie, Prescot, Vitoria, a.a.O., 14.13–14. Zur historischen Entwicklung des Urheberrechts in England und der Einschränkungen Gillian Davies, Copyright and the Public Interest, Weinheim, New York 1994, zum Public Lending Right Act 1979 ebd., S. 30. Zur historischen Entwicklung des modernen Begriffs des Autors sh. Martin Kretschmer, Friedemann Kawohl, in: Music and Copyright, ed. Simon Frith and Lee Marshall, Edinburgh 2004, S. 29 ff.; Martha Woodmansee, Peter Jazzi (ed.), The Construction of Autorship, Durham 1994; Mark Rose, Authors and Owners: The Invention of Copyright, Cambridge/Mass., 1993. – Zu A. P. Herberts parlamentarischer Tätigkeit sh. A.P. Herbert, Independent Member, London 1950.

Vater-, Bruder- und Kindsmord nur dem beklagenswerten Hang zur Gewalt, Grausamkeit und blutiger Rache frönen. (Rex vs. The Headmaster of Eton).

III. Copyright und Satire

In der Geschichte des englischen Copyright hat A.P. Herbert als MP für die Universität Oxford (1935–1950) und als Präsident der Society of Authors eine herausragende Rolle gespielt. Als Romanautor, Dramatiker und Verfasser von Musicals, aber auch von Versen, als erfolgreicher, auch über die Jahrzehnte hinweg produktiver und stilistisch ungemein gewandter, wandlungsfähiger und brillanter Autor mit Sinn für subtile Satire, elegante Ironie und tiefere Bedeutung ebenso wie für puren Nonsense, aber mit sicherem Blick für Gegenstand und Zielrichtung sachlich motivierter und treffend formulierter Polemik – zumal für die Narreteien, Schlampereien, Widersprüche und absurden historischen Relikte des Rechts – hat er die Rückständigkeiten der Gerichtsbarkeit mit deren eigenen Mitteln, in den Formen des Gerichtsreports über erfundene, aber der Realität nachempfundene Fälle und zugleich in der erhabenen, aber oftmals die Grenze zur Lächerlichkeit überschreitend Sprache, welche im Zauberwald der Gelehrsamkeit gepflogen wird, ad absurdum geführt – zumeist verbunden mit Interpretationskunststücken und einer Heuristik, welche dem anatomisch-pathologischen Begriffskabinett aus der Feder Jherings nicht nachstehen. Nur mit dem Unterschied, dass Jherings satirischer Rechtshimmel, bestens ausgerüstet mit Fiktions- und Konstruktionsapparaten, Interpretationspresse, Eliminatoren und dialektischen Bohrmaschinen und primär gegen die zeitgenössische Begriffsjurisprudenz, Teil der eigenen romanistischen Disziplin, gerichtet, bei A.P. Herbert in einem Pandämonium seines juristischen Personals und in surrealen Fallkonstellationen unvergessliche Gestalt gewinnt, welche ihre Vorbilder bis zur Kenntlichkeit entstellen

A. P. Herbert hat als rechtlich fundierter kultivierter Autor namentlich unter englischen Juristen früh einen Kultstatus erlangt. Ein Vergleich mit dem Schriftsteller J.B. Morton (Beachcomber, 1893–1975), 51 Jahre lang überkandidelter täglicher Kolumnist beim „Daily Express" und mit einem ähnlichen Hang zur nonsense-geneigten Justizsatire begabt, zeigt ihn als einen weniger exzentrischen, weil auf pragmatische rechtspolitische Wirkung zielenden Autor.[10] Bei Morton's dementia-praecox-Literatur zielt etwa der berühmte Fall der 12 rotbärtigen Zwerge, 1938 publiziert, denn auch mehr auf die komplette Absurdität und das anarchistische Chaos eines Gerichtsmarathons aufgrund einer Prozess-Situation mit einem vergleichsweise simplen Tatbestand:

> A Mrs. Tasker is accused of continually ringing the doorbell of a Mrs. Renton, and then, when the door is opened, pushing a dozen red-bearded dwarfs into the hall and leaving them there.

Das tragische Ende: vor einem schier verzweifelnden Richter Cocklecarrot gehen die Akten des sonst nimmer endenden Falles (mit seinen inzwischen tausenden von Zeugen auf beiden Seiten) plötzlich in Flammen auf.

Herbert ist eher Vorbild und Vorläufer eines Schriftstellers und Fernsehautors wie John Mortimer,[11] in dessen Kriminalfilmen Rumpole of the Bailey als gewitzter kleiner Strafverteidiger der middle class das ironisch gezeichnete hochnäsige englische barrister-, Q.C.- und Gerichtswesen als reale Karikatur und Kulisse verwendet wie John Cleese in dem Spielfilm „A Fish named Wanda" oder wie das in Sketchen der Monty Pythons geschieht.

10 Sh. Albrecht Götz von Olenhusen (ed.), Beachcomber: Das Zwergen-Zerwürfnis, Lengwil a.B., 1998, Nachwort S. 66–71; Michael Frayn (ed.), The Best of Beachcomber, Harmondsworth 1963; Beachcomber, The Works of J.B. Morton, ed. Richard Ingrams, 1974.

11 Sh. John Mortimer, Rumpole of the Bailey, Harmondsworth 1978.

IV. „Nachrichter der Kulturgreuel" vs. Satirischer Diskurs – Karl Kraus und A. P. Herbert. Ein Vergleich

A. P. Herbert steht in einer bedeutenden satirischen Tradition, die im angelsächsischen Literaturwesen auf große Vorbilder zurückblicken kann. Das soll der Versuch eines interkulturellen Vergleichs mit dem Satiriker Karl Kraus zeigen.[12]

Die klassische Satiretheorie unterscheidet seit dem Frühhumanismus die „strafende" von der „scherzhaften" Satire. Für Lichtenberg, für den die Satire das Complement der Gesetze darstellt, ist sie wie für Swift ein Mittel zur Behebung von Missständen. Das moralische Strafgericht über Laster, wie Gottsched das nennt, verweist in Deutschland schon bei Schiller auf den normativen Horizont, auf die sogenannte Normbindung der Satire.[13] Nun haben die Strafrechtler zur „strafenden" Satire eine hier nicht zu erörternde tiefschürfende Legitimationsdebatte geführt,[14] und es gibt nicht nur bei Karl Kraus subtile Reflexionen zum satirischen Objekt und zur individualisierenden, persönlich angreifenden Polemik. Die scharfen boshaften bis vernichtenden Attacken gegen die militaristische österreichische Kriegsberichterstatterin Alice Schalek, gegen den publizistischen Erpresser Imre Bekéssy (der schließlich wegen Kraus Wien verlassen muß), gegen den

12 Zur reichhaltigen Literatur über das Werk von Karl Kraus und speziell zur Satire in seinem Werk Sigurd Paul Scheichl, Kommentierte Auswahlbibliographie zu Karl Kraus, in: Karl Kraus, hrsg. v. Heinz Ludwig Arnold, München 1975, S. 158 ff., 197 ff.

13 Reinhard Merkel, Strafrecht und Satire im Werk von Karl Kraus, Frankfurt a. M. 1998, S. 318 ff. mit weiteren Nachweisen, auch zum folgenden.

14 Sigurd Paul Scheichl, Die politischen Polemiken von Karl Kraus, in: Friedrich Aspetsberger (Hrsg.), Staat und Gesellschaft in der österreichischen Literatur, Wien 1977, S. 45 ff.; ders., Zur Struktur Kraus'scher Polemiken – Am Beispiel „Innsbruck und Anderes" (1920), in: LuK 22, 1987, S. 131 ff. Die Abgrenzung von Satire und satirischer Polemik ist fragwürdig. Zur Trennung der Gegenstandsbereiche von Satire und Strafrecht Merkel, a. a. O., S. 333 ff.

Wiener Polizeipräsidenten Schober, gegen literarische Erzfeinde wie Alfred Kerr, Franz Werfel, Willy Haas und andere sind bekannt. Im Vergleich zu Karl Kraus wäre A.P. Herbert eher dem Typus des satirischen Teilnehmers an einem „allgemeinen praktischen Diskurs" zuzurechnen. Er ist nicht der gnadenlose „Moralrichter", der „Nachrichter der Kulturgreuel", bei Karl Kraus bekanntlich Presse und Journalismus aber auch die Justiz mit ihrer scheinheiligen Doppelmoral, sondern ein sich bis zum Absurdem steigernder genialer Stimmenimitator in satirisch-humorvoller aufklärerisch-entlarvender Absicht. Während bei Kraus auch in seinen tiefgründigen Reflexionen die strafende Funktion der Satire dominiert (Walter Benjamin nennt ihn in seinem fulminanten Essay einen Menschenfresser),[15] tritt bei Herbert eher die Mischung von Humor, Komik, aberwitzigem Nonsense und grotesker Justizsatire in Erscheinung. In ihren Übertreibungen und Verzerrungen, in der sprachlichen Ironie und Parodie wird auf eine Art Generalprävention und auf eine generelle wie individuelle Besserung des Rechts und seiner Akteure gezielt. Hier ist die Satire also weniger gnadenloses Strafgericht vor den Augen der Öffentlichkeit, sondern „transparente Entstellung".[16] Bei Kraus, literarischer Scharf-

15 Walter Benjamin, Karl Kraus, in: ders., Illuminationen, Ausgewählte Schriften, Frankfurt a.M. 1969, S. 374ff., 395: „Der Satiriker ist die Figur, unter welcher der Menschenfresser von der Zivilisation rezipiert wurde." Vgl. auch den Abdruck in: Walter Benjamin, Gesammelte Schriften, hrsgg. v. Rolf Tiedemann u. Hermann Schweppenhäuser, Frankfurt a. M. 1977, II.1, S. 334 ff., Anm. II.3, S. 1078ff. Bei Kraus wird die Rechtsordnung unter die Anklage des Hochverrats des Rechtes an der Gerechtigkeit gestellt. Der Menschenfeind Kraus vereinigt in seiner Autorität legislative und exekutive Gewalt.

16 Wolfgang Preisendanz, Zur Korrelation zwischen Satirischem und Komischen, in: Wolfgang Preisendanz, Reiner Warning (Hg.) Das Komische (Poetik und Hermeneutik, Bd. 7), München 1976, S. 411 ff. – Im Sinne der Lichtenbergschen Formel von der satirischen Kritik als „Complement der Gesetze" sollen diese nach Kraus zugunsten der Rechtsunterworfenen korrigiert oder gegenüber sozialschädlichem Verhalten entschiedener oder überhaupt wahrgenommen werden. Dazu Merkel, a.a.O., S. 359ff. – Zur Satire als Teil eines Diskurses sh. Simpson, a.a.O., insbesondere S. 153ff. Simpson analysiert auch die Satire der Zeitschrift „Private Eye".

richter, Richter und Vollstrecker zugleich, wird noch unverdrossen auf die vernichtende Reaktion der Öffentlichkeit vertraut, während bei Herbert zwar auch das öffentliche Gelächter befreiende Wirkungen entfalten soll, immer aber noch die optimistische Erwartung von besserer Einsicht sich andeutet, und selbst bei sinnloser Rabulistik und hohler Rhetorik eine Art Prinzip Hoffnung auf britischen Common Sense durchschimmert.

Kraus und Herbert treffen sich in ihrer oft fundamentalen, sprachlich witzigen und mit messerscharfer Logik vorgetragenen Kritik an Normen und Begriffen, an Unschärfen, Unvollkommenheiten und Unverständlichkeiten gesetzlicher Grundlagen, an den Absurditäten juristischer Heuristik und Argumentationstechnik.[17]

Was sich bei Kraus als explizite scharfzüngige Kritik am strafrechtlichen Analphabentum und an der Ignoranz der Geschworenengerichte liest,[18] wird bei Herbert nicht prinzipiell mit theoretisch basierter Systemkritik in Frage gestellt.

17 Absurditäten und Anomalien im Recht von libel und slander werden bei Herbert und in der Rechtswissenschaft oft kritisch betrachtet. Sh. William L. Prosser, Handbook of the Law of Torts, 4. Aufl. 1971, 38–40: „It must be confessed at the beginning that there is a great deal of the law of defamation which makes no sense. It contains anomalies and absurdities for which no legal writer even has a kind word, and it is a curious compound of a strict liablity imposed upon innocent defendants, as rigid and extreme as anything found in the law, with a blind and almost perverse refusal to compensate the plaintiff for real and very serious harm." Zu Prosser als Satiriker sh. William L. Prosser (ed.), The Judicial Humorist: A Collection of Judicial Opinions and Other Frivolities, Boston 1952; Richard A. Posner, The Economics of Justice, Cambridge/Mass., London 1981, S. 287ff. m. Nachw. z. Geschichte der defamation S. 289 Fn. 49. – Zu Herberts parlamentarischem Kampf für eine Reform von libel und slander sh. Herbert, Independent Member, a.a.O., S. 124ff., auch zu Fragen der Beleidigung durch fiktionale Werke. Sh. dazu auch Cmd. 7536. „Report of the Committee on the Law of Defamation."

18 Sh. ausführlich Merkel, a.a.O., S. 500ff. vgl. ferner Heinz Müller-Dietz, Grenzüberschreitungen, Baden-Baden 1990, S. 370ff.

In dem Dilemma zwischen bösartiger und lebensfremder Justiz und einer von Vorurteilen beladenen spießbürgerlichen veröffentlichten Meinung bezweifelt etwa der liberale Strafrechtskritiker Kraus, ob man eher die richtige oder die falsche Anwendung des Gesetzes beklagen soll. In der Messerschärfe einer polemischen Rechts- und Justizkritik konnte Herbert dem österreichischen Schriftsteller nicht nachstehen – etwa bei dem von ihm lange Jahre und schließlich erfolgreich bekämpftem, heuchlerischen englischen Ehe- und Scheidungsrecht oder im Kampf für Literatur- und Kunstfreiheit gegen Doppelmoral und pharisäerhafte Gesinnung von Sittlichkeitswächtern.

Im literarischen Feld gehören das Urheberrecht, sein allzu enger oder zu weitgehender Schutzbereich, der Ehren- und Persönlichkeitsschutz und der sog. Schmutz und Schund zu Kernproblemen.[19] Die juristische Regelung von Literatur oder Medienprodukten überhaupt auf solchen konfliktbelasteten Teilgebieten kann, wie das vor allem Richard Posner gezeigt hat, von der vertieften Kenntnis und dem Studium der Literatur im Kontext des Rechts nur gewinnen.

Auf dem literarisch-juristischen Feld wird mit einem solchen erweiterten Forschungs- und Wertungs- Ansatz die gefährliche Tendenz zur primär finanziell-kompensatorischen Wahrung von realen und symbolischen Machtpositionen, erobert durch jahrelange „Euphemisierungsarbeit" (Pierre Bourdieu), konterkariert.[20] Die finanzielle und kommerzielle Strukturierung und Stabilisierung von Ehrenschutz und Allgemeinem Persönlichkeitsrecht, die Expansion von Zensurmechanismen im weitesten Sinne bei Kunst und Literatur und die Fragilität des komplexen Verhältnisses von Kreativität und Copyright können so bewusster und eindring-

19 Richard A. Posner, Law and Literature. A Misunderstood Relation, Cambridge/Mass., London 1988, S. 319ff., auch zum folgenden.

20 Pierre Bourdieu, Ökonomisches Kapital, kulturelles Kapital, soziales Kapital, in: Reinhard Kreckel (Hrsg.), Soziale Ungleichheiten, Göttingen 1983; ders., Die verborgenen Mechanismen der Macht, Wien 1990.

licher gesehen werden. Damit kann sich dann die Hoffnung oder Erwartung auf wirksame Weisheiten eines Gesetzgebers verbinden, der sich nicht in der zunehmenden „Temporalisierung“ von Recht und Rechtsgeltung und der bloß nachklappenden Abbildung von Rechtsformen als Funktion und Folge von Technologie und industriellem Fortschritt erschöpft.

In einer von Fundamentalismen geprägten Epoche, in der in China ein Poster mit einer halbnackten Pamela Anderson die kulturelle correctness – Grenze schamlos überschreitet, in der nach US-Fernsehrecht neuerdings der Schutz der durch den Anblick einer halbentblößten Brust schwer geschädigten US-Familie nur noch mit einer Geldstrafe von 500000 Dollar adäquat geahndet werden kann, in der in Europa Figuren stadtbekannter Lebensgefährtinnen weltberühmter Weltaußenminister, großdeutscher Tennisbotschafter und ständige BegleiterInnen von sensibel auf private Existenz bedachten TV-Alleinunterhaltern nur noch dann in der Presse ungestraft abgelichtet werden dürfen, wenn sie prinzlichen Geblüts, mit enormer Schlagkraft, unhaltbarem Harndrang oder rezidivierender Dementia begabt sind, bedürfte es eines modernen Karl Kraus oder A.P. Herbert mehr denn je.

Martin Usteri

Der menschengerechte Staat heute – ein Versuch am Beispiel des schweizerischen Gemeinwesens

Vorbemerkungen

Dieser Beitrag beruht auf einem grösseren Artikel, den der Autor zum 225-jährigen Jubiläum der Neuen Zürcher Zeitung auf den Tag der Jubiläums-Generalversammlung der Aktionäre verfasst hat.[1]

Er hat ein erfreulich grosses Echo gefunden, so dass es sich rechtfertigt, hier die Hauptgedanken nochmals zusammen zu fassen. Dies um so mehr, als der Autor nunmehr 25 Jahre öffentlich mit Manfred Rehbinder die Disziplin der Rechtspsychologie in Zürich, aber auch international pflegt.[2]

Er hat in diesen langen Jahren vom Jubilaren (M.R. verbittet sich allerdings diesen Ausdruck!), dem eminenten Rechtssoziologen so viel Anregung erfahren, dass er mit den Gedanken über

1 Siehe das Heft „Zeitfragen. Der menschengerechte Staat heute Ein Versuch. Der Neuen Zürcher Zeitung zum 225 Jahr-Jubiläum gewidmet von Hans Martin Usteri IX". Privatdruck der Fotoplast AG Zürich, 1. A. April 2005, zweite leicht veränderte A. Juni 2005 (mit Beilage: Zeitfragen. Elemente der Unverwechselbarkeit des schweizerischen Gemeinwesens. Von Prof. Dr. Martin Usteri (Zürich). In: NZZ Nr. 85 vom 12./13. April 1980, Seite 37.) (Umständehalber ist der Artikel von 2005 in der NZZ nicht erschienen.)

2 Siehe Schriften zur Rechtspsychologie Bd 1 „Psyche, Recht, Gesellschaft. Widmungsschrift für Manfred Rehbinder, hg. von Raimund Jakob, Martin Usteri, Robert Weimar" 1995, Stämpfli Bern/C.H. Beck München. Vorwort und S. 227/28.

den menschengerechten Staat heute gleichzeitig seinen herzlichen Dank für wissenschaftliche und persönliche Freundschaft abstatten möchte.

In den Tagen von Ostern und Pfingsten 2005

In den Ostertagen 2005 ist das 26-jährige, bereits als historisch bezeichnete Pontifikat von Johannes Paul II., Bischof von Rom und „König" der römisch-katholischen Weltkirche zu Ende gegangen. Er konnte als Pole aus Galizien, gegründet in seinem tiefen Glauben an Gott, die Mutter Maria und die Vorsehung viel, sehr viel für die Würde des Menschen und den Frieden auf Erden bewirken. Doch der Preis war hoch, sehr hoch. Der Schweizer Hans Küng und der Deutsche Eugen Drewermann haben immer und immer wieder moniert, dass insbesondere die Familienpolitik, die Unterdrückung der Befreiungstheologie und das Dogma der Unfehlbarkeit des „ex cathedra" lehrenden Papstes verheerende Auswirkungen auf die Gläubigen der grossen Weltkirche habe. Auch der extreme Zentralismus der Kurie wird nicht leicht durch den Nachfolger Benedikt XVI., vormals Kardinal Ratzinger, wieder abzubauen sein. Denn eines ist klar: Die römisch-katholische Weltkirche wird in der heutigen Form nicht überleben können: Es muss ihr gelingen, wieder als eine echte Bischofskirche mit autonomen „Hirten der Diözese" gestaltet und nicht zentral von Rom aus geführt zu werden. Die Kurie muss lernen, sich als Koordinator und Coach zu verstehen.

Warum ein Versuch?

Robert Bossard[3] (ursprünglich aus dem Ochsen in Zug), der führende Vertreter der Allgemeinen Geschichtswissenschaft in Zürich und weiland Vorstandsmitglied des EIRP hat in einem Aufsatz von 1992 dargelegt, dass es zwei Wege zur Erforschung der Zukunft (Präkognition) gibt: Die Zukunftsvisionen, wichtigster Vertreter Nostradamus[4], und die wissenschaftlichen Prognosen, führend immer noch „unser" Paracelsus[5]. Dieser grosse, europaweit berühmte Arzt, erster Vertreter der wissenschaftlichen Medizin, Universalgelehrter und Erforscher der Zukunft hat dargelegt, dass die grossen weltgeschichtlichen Epochen nach folgendem Schema ablaufen: Als Beginn einer Krise erscheint ein Komet; Höhepunkt der Krise ist „das grosse Erdbeben". Und dann folgt die Katharsis – die Reinigung – und der Regenbogen mit einer friedlichen, ausgeglichenen und erfreulichen Epoche. Bezüglich der grossen ökonomischen „Wellen" von ca. 50 Jahren hat der Russe Kondratieff grundlegende Aussagen gemacht. Danach befinden wir uns in den Epochen des 5. und 6. Kondratieff. Gret Baumann-Jung, eine Tochter des grossen C.G. Jung, hat bereits 1960 den Übergang vom „Jahrtausend der Fische" zum „Jahrtausend des Wassermanns" vortrefflich beschrieben. Und schliesslich hat Hans Marti die Urbilder der Verfassung erforscht. Max Imboden hat seine grundlegenden Werke über die Politischen Systeme und

3 Dr. phil. Robert Bossard, Zollikon, geb. 1920. Hauptwerk: Die Gesetze von Politik und Krieg, Grundzüge der allgemeinen Geschichtswissenschaft, Verlag Paul Haupt Bern und Stuttgart 1990 (eine Rezension in der NZZ fehlt). Ders: Zukunftsvisionen und wissenschaftliche Prognosen, Sonderdruck (SD) aus: Andreas Resch: Aspekte der Paranormologie, die Welt des Aussergewöhnlichen, Innsbruck 1992.

4 Bossard 1992, S. 539/40 und 550/51.

5 Vgl. u.a. Ernst Keiser: Paracelsus in Selbstzeugnissen und Bilddokumenten, Rowohlt 1969. Man konsultiere ferner die Werke von Pirmin Meier, Mittelschulprofessor in Beromünster.

die Staatsformen geschrieben. Beide Autoren waren fasziniert vom Lebenswerk von C.G. Jung.

Als Beispiele aus der Geschichte des humanistischen Staates können die antike Polis von Athen, die aufgeklärten Reiche der Habsburger in Österreich, diejenigen in Preussen, das Fürstentum Anhalt-Dessau mit dem Wörlitz-Park oder das Weimar der Göthe- und Schiller-Zeit genannt werden.

In den Rechts- und Staatswissenschaften stehen die Vertreter der personalistisch-anthropoethischen, „menschengerechten" Staatslehre, insbesondere Günther Winkler in Wien, Friedrich Koja, Heinz Schäffer und Harald Stolzlechner in Salzburg, H.R. Klecakky, Sigbert Morscher und Peter Pernthaler sowie Bruno Weber in Innsbruck, Peter Schneider in Mainz[6] sowie Francois Aubert in Neuenburg auf den Schultern ihrer grossen akademischen Lehrer „der Rechte": Karl Gareis (Rechtsenzyklopädie 2.A. 1900), Fritz Fleiner (Schweizerisches Bundesstaatsrecht 1923), Zaccaria Giacometti[7] (Fleiner/Giacometti: Schweizerisches Bundesstaatsrecht 1948, man beachte das Vorwort!, Staatsrecht der Schweizerischen Kantone 1941, man beachte das 6. Kapitel: „Allgemeine Theorie" der unmittelbaren Rechtssetzung und Verwaltung), Hans Nef (Rechtsphilosophie), alle in Zürich, Walther Burckhardt (Methode und Systems des Rechts, Polygraphischer Verlag AG Zürich 1936, Organisation der Rechtsgemeinschaft, Untersuchungen über die Eigenart des Privatrechts, des Staatsrechts und des Völkerrechts a.a.O. 1944) in Bern. Sie wurden stark durch das Lebens-

6 Peter Schneider (1920–2002), ein Spross alter Zürcher Familien wurde später als Ordinarius nach Mainz berufen und führte die hochrenommierte Universität als Rektor und Präsident mit ruhiger und sicherer Hand durch alle Fährnisse der Zeit und nahm Einfluss auf das Grundgesetz sowie auf die Staatsrechtspraxis der BRD. Er bewirkte u.a. die „Regeneration" des grossen Rechtsphilosophen Ignaz Paul Vital Troxler und des bekannten Staatsrechtslehrers und Verfassers der Bände über das „Glück" Carl Hilty.

7 Zaccaria Giacometti (1893–1970), von Stampa, mit allen Künstlern und Angehörigen der Familie Giacometti auf dem Friedhof von Stampa begraben, Ordinarius der Rechte in Zürich.

werk von Hans Kelsen und seiner Schüler beeinflusst. Sie haben aber die Schwächen der „Reinen" Rechts- Staats- und Gerechtigkeitslehre erkannt und eben im Sinne der Menschengerechtigkeit überwunden. In der schweizerischen *Praxis* wurde diese Staatsrechtslehre hauptsächlich durch Leo Schürmann (Raumplanungsrecht, Wirtschaftsverwaltungsrecht und Kartellrecht) umgesetzt. Der Rechtskonsulent einer Weltfirma in Basel, Heinrich Zschokke hat viele wesentliche Impulse gegeben. Auf dem Gebiete des Privatrechts sind in der Schweiz Karl Oftinger, Arthur Meier-Hayoz in Zürich und Eugen Bucher in Bern führend.

„Der erwachsene Mensch erträgt jedoch professorale Belehrung nicht" (Rudolph R. Sprüngli); auch wenn der Professor sich bemüht, durch Lehren zu lernen. Es ist wahr: Die menschengerechte Staatsrechtslehre muss ins Bewusstsein der Leser des Weltblattes NZZ und in dasjenige der Bürgerinnen und Bürger jedes föderalistischen und demokratischen Staates gebracht werden. „Sans vertu civic répandu le sistème démocratique ne fonctionne pas" (Kardinal Georges Cottier, theologischer Berater des verstorbenen Papstes). Und den vertrauenswürdigen Lehrern folgen die Bürgerinnen und Bürger aller Erfahrung nach gerne, weil sie wissen, dass sie für ihre Erziehungsaufgaben und ihre Bildung nur profitieren können. Von den eklatanten Missbräuchen in der Wirtschaft der Hochkonjunktur, insbesondere von den Schandtaten übermütig gewordener Manager wollen wir heute nicht reden.

Neue Regeneration und Revitalisierung

Nach den Erschütterungen der französischen Revolution, der Hinrichtung von Ludwig XVI. in Frankreich[8] und der Katharsis

8 Als Reaktion darauf hat Johann Martin IV Usteri 1793 seinen Rundgesang: „Freut Euch des Lebens…" gedichtet. Nach den Greueltaten der Franzosen

(Reinigung) in der Napoleonischen Zeit schrieb der grosse Menschenfreund, Pädagoge und „Vater der Waisen von Stans" Johann Heinrich Pestalozzi-Schulthess in seinem Büchlein „An die Unschuld" 1815[9]: „Wir sind gewarnt, wie die Menschheit selten gewarnt worden ist [...] Es ist für den sittlich und geistig bürgerlich gesunkenen Weltteil keine Rettung möglich, als durch die Erziehung, als durch die Bildung zur Menschlichkeit, als durch die Menschenbildung!"

Und wer heute offenen Sinnes durch die Welt geht, kann nur staunen, wie nach den Erschütterungen und der Katharsis der letzten 20 Jahre eine weitere Regeneration und Revitalisierung die „neue Erde" zum blühen bringt. Auf allen Gebieten des Lebens von den Äckern und Gärten, der Kunst und der Kultur, in den Natur- und Geisteswissenschaften, vom Design der Alltagsgegenstände über die Mode der Unterwäsche bis zur Haute Couture, vom Sport bis zur Filmwelt (ein Schweizer erobert sogar Hollywood) kann der Umbruch und Aufbruch im Zeitalter der Globalisierung in den letzten 20 Jahren festgestellt werden[10]. Heute ist gleichzeitig das Jahr der Jubiläen: 275 Jahre Tagblatt der Stadt Zürich, 250 Jahre Bank Leu in Zürich, 225 Jahre NZZ, 150 Jahre Eidgenössiche Technische Hochschule, 125 Jahre Telefonbuch.

in Stans zeichnete er das „Vater Unser eines Unterwaldners". Siehe das „Usteri-Büchlein" von Conrad Ulrich (Obmann zum Schneggen) im Verlag Berichthaus 1990.

9 Siehe Martin Bohrer „Anthropologische Grundlagen zum Staatsverständnis J.H. Pestalozzis" anhand der „Nachforschungen" und deren Vorstudien, Diss. phil. I. Zürich 1986, Verlag Hans Schellenberg Winterthur.

10 So der Titel des letzten Kapitels im schönen Buch von Thomas Maissen: Die Geschichte der NZZ 1780–2005, Verlag NZZ 2005. Das neue Bilderbuch bei Orell Füssli: Im Wechsel der Perspektiven, 250 Jahre Bank Leu (in Zürich) betrachtet sich und liest sich wie ein ausgezeichneter Kommentar dazu.

Die Tradition des menschengerechten Gemeinwesens[11]

Ganzheitliches Menschenbild

Vor etwa zwanzig Jahren konnte man feststellen, dass das Menschenbild in der Welt der hochgezüchteten Technik, der Wirtschaft und Gesellschaft der grossen Zahlen, der räumlichen Mobilität und der Akzeleration aller Art stark dem Wirtschaftlichen und Materialistischen, also dem säkularen „homo oeconomicus" verhaftet war. Es wurde die Orientierungskrise diagnostiziert. Der Zivilisationsschritt des säkularen Prozesses vom „raum-bestimmten Wesen zum Wesen des Seins in der Zeit", die Notwendigkeit der Absage an das „Haben" und der urvertrauenden Hinwendung zum „Sein", der jahrhundertweise zu sehende Schritt der „Wende zum Menschen", die „Mutation des Bewusstseins" und die „Wege und Irrwege in die Zukunft" wurden dargestellt. Die Krisensymptome wurden als unterirdisches Erdbeben unserer Kultur erkannt. Doch das damals „neue" Menschenbild war im kollektiven Unbewusstsein bereits konstelliert und ist seither stark zur Entfaltung gelangt. Viele Aspekte sind durch neueste Forschungsergebnisse in Natur- und Geisteswissenschaft bestätigt und erhellt worden:

Der Mensch ist ein ganzheitliches Wesen, je nach Geschlecht mit verschiedenen animus- und anima-Anteilen, in der Gesellschaft weder ein vereinzeltes Individuum (ohne Bindung) noch ein Teil eines Kollektivs (ohne Eigenleben), eine je einzigartige, unverwechselbare Person. Wesentliches Element ist seine Mit-

11 Vgl. zum Folgenden Mirjam Helg/Martin Usteri: Führt der sogenannte „dritte Weg" zum Glück? In: Glück als Ziel der Rechtspolitik (Fn 18). Dieselben: „Individuation und Recht" Versuch eines Überblicks, SD aus Recht im Wandel seines sozialen und technologischen Umfeldes, Festschrift für Manfred Rehbinder, Verlag C.H. Beck Stämpfli Verlag 2002.

menschlichkeit. Das Element der Rationalität hat sich aus den Anlagen der Gefühle entwickelt. Soll sich das Selbst und die Individuation der Menschen entfalten können, müssen die Elemente des Musischen und echt Weiblichen zum Durchbruch gelangen (ohne dass der Mensch zum larmoyanten „Empfindungsmenschen“ degeneriert). Die symbolischen Benennungen des so erfassten Menschen weisen auf die „anima mundi“, den platonischen Urmenschen, den Anthropos und mystischen Adam hin. Sie beschreiben den Menschen als rund (Ganzheit), vierteilig (das Verschiedene in sich vereinigend), hermaphroditisch (oder modern ausgedrückt: androgyn, also jenseits geschlechtlicher Trennung) und feucht (d.h. psychisch = beseelt), kurz – auf die Gestalt der unbeschreiblichen Ganzheit hin. Das ist der Anthropos am Ende des Individuationsprozesses (Alfred Ribi, Theoor Abt). In der Sprache des zweitausend Jahre alten christlichen Glaubens heisst das: Der Mensch ist ein je unverwechselbar Einzelner, ein zur Selbstfindung seiner Individuation, zu seiner persönlichen Heilsfindung Erwählter. Bosheit und Erlösung des Menschen sind gleicherweise Realitäten. Als Person ist er für die Nächsten (die Mitmenschen) verantwortlich. Die Entwicklung soll auf das ewige Leben, nicht den ewigen Tod hinsteuern.

Wiederentdeckung des Personalismus

Auf dieses geklärte Menschenbild nun muss die Philosophie, insbesondere die politische Philosophie aufbauen. Es gilt, in der abendländischen Welt die politische Philosophie des christlichen Personalismus wieder zu beleben und weiterzuentwickeln.

Das historisch-kulturelle Phänomen des Personalismus hat sich seit 1932 im Umfeld der französischen Zeitschrift „Esprit“ entwickelt. Es hat sich vor allem unmittelbar nach dem Zweiten Weltkrieg auf die europäischen Länder, die Vereinigten Staaten und Lateinamerika ausgedehnt.

> Es handelt sich um eine geistige Bewegung, die insbesondere auf der Einsicht gründet, dass Freiheit und Menschenwürde wieder auf ein sicheres Fundament gestellt werden müssen, nachdem diese Werte von den pantheistischen Tendenzen im modernen Denken, die in die grossen Systeme des Hegelianismus und Marxismus mündeten, in Frage gestellt und bedroht worden waren.
>
> Auf der politischen Ebene äussert sie sich zunächst – in den Dreissigerjahren – im Kampf gegen den Dualismus von Marxismus und Liberalismus, später im Kampf gegen den Totalitarismus. Nicht zufällig findet der Personalismus seine wichtigsten Impulse dort, wo ein christlich geprägtes Denken vorherrscht, nämlich in den katholischen Gebieten Europas und im protestantischen Amerika.

Im „Manifeste au service du personalisme" von 1933 heisst es: „(Personalistisch ist) jede Lehre, jede Zivilisation, die den Vorrang der menschlichen Person vor den materiellen Notwendigkeiten und den kollektiven Einrichtungen bejaht, welche deren Entwicklung garantieren."

Zuletzt hat dieses Gedankengut von Zürich aus in der ganzen abendländischen Welt im Werk des grossen reformierten Theologen Emil Brunner Verbreitung gefunden:

> Aber ebenso wie die Konstruktion der Gemeinschaft aus dem Vertrag ist hier auch das Aufgehen des Einzelnen im kollektiven Ganzen unmöglich. Genau so wie die auf der individuellen Verschiedenheit begründete Gemeinschaft, ist auch die Selbständigkeit des Einzelnen göttliche Schöpfung. Die in der Gottesebenbildlichkeit der Menschenschöpfung begründete Personenwürde bekommt der einzelne nicht von der Gemeinschaft her, sondern er bringt sie sozusagen in die Gemeinschaft schon mit; er hat sie unmittelbar von Gott, aus jenem Gottesruf, der ihn, den einzelnen, zur verantwortlichen Person schafft.

Diese Gerechtigkeitslehre wurde dank des Einsatzes von Brunners Schüler Eugen Gerstenmaier als Mitglied des Bundestages im deutschen Grundgesetz verwirklicht.

In diesem Sinne spricht der Nobelpreisträger Richard Ernst von der „Verantwortlichen Marktwirtschaft" („Responsible Market Economy").

Der menschengerechte Staat heute

Da die Geschichte nicht zu Ende ist, ist auch der Nationalstaat nicht veraltet, denn er garantiert die Identität des dort lebenden Volkes. Man konsultiere Montesquieu[12].

Änderung der Lebensverhältnisse

Heute sind die Lebensverhältnisse vollständig verändert. Die Säkularisation schreitet einerseits weiter fort, andererseits entstehen neue Formen von Religiosität und Spiritualität. Huntington diagnostiziert den „clash of civilisation". Insbesondere im katholischen Teil der USA wird im Rahmen des politischen Programms des „Compassionate Conservatism" danach gestrebt, die Sozialpolitik oder wenigstens wichtige Teile derselben kirchlichen Organisationen zu überlassen. Allenthalben wird nach neuer Ethik, insbesondere in Wirtschaft und Gesellschaft gerufen.

Vor allem aber bringt die technologische Revolution in der Informations- und Computertechnik neue Möglichkeiten der Kommunikation und Information weltweit. Daraus sind bereits entstanden und entstehen weiter die globalisierten Produktions-, Handels- und Dienstleistungsbeziehungen (Märkte) mit global tätigen Unternehmungen und Organisationen (z.B. WTO). Beat Kappeler spricht von der „Weltstaatlichkeit", welche mit der Globalisierung der Märkte einhergeht. Allenthalben wird privatisiert und dereguliert. Der Wettbewerb wird in allen Lebensbereichen zum Popanz erhoben. Ein neuer „Manchester"-Kapitalismus mit „shareholder-value" ist entstanden. Allerdings bilden sich in al-

12 Charles-Louis Montesquieu Baron de Secondat (1689–1755): De l'Esprit des lois, Paris 1748.

len Branchen neue KMU heraus, die Chancen eines „neuen" Mittelstandes sind.

Für Bildung und Ausbildung werden gewaltige Anstrengungen unternommen und finanzielle Mittel bereitgestellt. Die Beschleunigung der Lebensverhältnisse schreitet fort.

Auch in der Weltpolitik manifestiert sich seit dem Zusammenbruch des Sowjetreiches die zunehmende Interdependenz der Machtzentren und der Konfliktherde. Es ergeben sich für die Menschheit wohl zwei Möglichkeiten der Entwicklung in der Zukunft: Entweder kippt eines Tages das ganze „System", weil die Menschen die ins Masslose gesteigerte Komplexität der Lebensverhältnisse nicht mehr zu bewältigen und zu meistern vermögen. Zusammenbrüche aller Art (in der Elektrizitätsversorgung, Nicht-Bewältigung von Naturkatastrophen, Seuchen bei Mensch und Tier, Terrorismus) werden die Folge sein. Wie es nach dem „grossen Aufräumen" weitergeht, können wir nicht wissen.

Die wohl aufgrund der biblischen Verheissungen eines neuen Himmels und einer neuen Erde (Cornelio Sommaruga) wahrscheinlichere Entwicklung bedeutet allerdings, dass es gelingt, die Komplexitäten zu konsolidieren, auf das Mass des Menschen auszurichten, damit zu vereinfachen und langsamer zu gestalten. Was Winckelmann für das Kunstwerk festgestellt hat, gilt für jegliches menschliche Werk: Es muss „edler Einfalt und stiller Grösse" genügen.

Das Wesen des menschengerechten Gemeinwesens

Vor zwanzig Jahren konnte man das dem ganzheitlichen Menschenbild und der personalistischen politischen Philosophie adäquate menschengerechte Gemeinwesen einigermassen zuverlässig beschreiben:

Kernstück ist und bleibt die Freiheit jedes einzelnen Menschen. Gerechtigkeit bedeutet, dass jedem das Seine entsprechend seiner persönlichen Eigenart zukommt. Dazu tritt ein zweiter Kerngedanke: Der Bereich der privaten Tätigkeiten und Freiheiten aller Art bildet mit dem Bereich der Staatstätigkeit der Organe aller Stufen zwei gleichwertige und dynamisch gleichgewichtige, ineinander verzahnte Bereiche. Es muss ein privater Bereich für die Einzelnen und ihre Gruppen und Organisationen bestehen, in welchem die Evolutionsanstösse sich entfalten können. Der Bereich der Staatstätigkeit sorgt für Stabilisierung (nicht für das Gleichgewicht selbst!) zur Vermeidung von krankmachenden Fehlentwicklungen.

Zu den Kernstücken gehört auch eine der Freiheit adäquate Regelung des Verhältnisses von Staat und Kirche, wobei die Landeskirche mit Kirchgemeinden durchaus diesem Erfordernis entspricht. Im Kanton Zürich ist aufgrund der neuen Verfassung die Ausdehnung der öffentlich-rechtlichen Anerkennung von den Landeskirchen auf die israelitischen Kultusgemeinden und Muslime möglich.

Folgende weitere Institutionen gehören zum Konzept eines menschengerechten Gemeinwesens: Umfassende Freiheitsrechte, nach Zaccaria Giacomettis berühmter Formel: „Jedes je aktuell werdende Freiheitsrecht", also weiterhin auch Wirtschafts- und Eigentumsfreiheit ist garantiert. Ferner direkte, in Initiative und Referendum ausgestaltete Demokratie, umfassende Gewaltenteilung (auch innerfunktionelle Gewaltenteilung innerhalb der grossen Verwaltungsapparate), Unabhängigkeit der Justiz, Gemeindefreiheit.

Neueren Datums sind die Institutionen des Gebotes der Verfassungstreue, der Ergänzung des Gesetzmässigkeitsprinzips durch das Prinzip der unmittelbaren Anwendbarkeit der Verfassung, wo Gesetze fehlen, Machtkontrolle durch „checks and balances", Sicherung der Privaten und ihrer Organisationen vor Übergriffen durch staatliche Organe, also die Institute betreffend den „excès de pouvoir", das „régime judiciaire", die volle Entschädigung bei Enteignung und enteignungsähnlichen Tatbeständen.

Immer wichtiger wird, dass die klassische Dreiteilung der Staatsfunktionen durch die moderne Fünfteilung abgelöst wird: Die Verfassungsgesetzgebung, die einfache Gesetzgebung, die materielle Verwaltung im Sinne der direkten Wahrnehmung öffentlicher Interessen (auch ausgewiesener „service-public"-Leistungen), die Streitentscheidung und die Regierung im Sinne der systematischen Rechtsvorbereitung. Dabei sind die öffentlichen Interessen als klassische Gefahrenabwehr (also Sicherheitsgarantie), als Schutz und Abwehr schwerwiegender Gleichgewichtsstörungen sowie als breit gefächerte Dienstleistungen zur Selbstentfaltungshilfe zu erfassen. Die Prinzipien der Notwendigkeit und Verhältnismässigkeit aller Staatstätigkeit stellen einerseits Legitimationsgrundlage derselben, andererseits auch Garantien zugunsten der Privaten und ihrer Organisationen dar.

Im modernen menschengerechten Gemeinwesen ist die Unterscheidung und Einteilung in öffentliches und privates Recht eine notwendige und abschliessende. Das Privatrecht als verzichtbares Recht dient zur Regelung im Privatbereich; das öffentliche Recht ist das unverzichtbare Recht.

In Bezug auf die Institutionen der politischen Freiheit verbinden sich heute Prinzipien, die früher als unüberwindliche Gegensätze erschienen: Der Normativismus mit der Hierarchie des materialen Wertsytems und die Demokratie mit dem Rechtsstaat. Nach der realistisch-freiheitlichen Motivierung der Demokratie garantiert die (direkte oder indirekte) Mitwirkungsmöglichkeit an den wesentlichen Staatsgeschäften die Integration des Zwanges in den Individuationsprozess. Wird in diesem Zusammenhang die Regierungsfunktion als systematische Rechtsvorbereitung erfasst, so ist das Rechtsvorbereitungsverfahren institutionell zu regeln.

Ein weiteres Kernstück des modernen menschengerechten Gemeinwesens ist der Föderalismus, der Staatsaufbau von unten. Die Rechtsgemeinschaften der Glieder bilden den Bundesstaat. Mit dem Erfordernis doppelter Mehrheiten, nämlich demokratischer und föderativer beim Erlass des Bundesrechts entsteht im

Bund gleichzeitig grössere Mitwirkungsmöglichkeit der Bürger. Nur noch wenige Staaten sind echte Bundesstaaten, insbesondere die USA und die Schweiz, Österreich und Deutschland sind „Quasi-Bundesstaaten".

Zu den wichtigen Institutionen des modernen menschengerechten Gemeinwesens gehört schliesslich die Gemeindeautonomie.

Transformation zu einem modernen menschengerechten Gemeinwesen

Soll entsprechend der zweiten Möglichkeit der Entwicklung die Menschheit und ihre Zivilisation überleben, muss es gelingen, die Institutionen des menschengerechten (anthropoethischen) Gemeinwesens so zu transformieren, dass damit die gewaltigen Probleme der „postmodernen" Zeit in Politik, Wirtschaft und Gesellschaft auf evolutionäre, einigermassen friedliche Weise einer Lösung zugeführt werden können. Was dies im Einzelnen bedeuten könnte, soll im nachstehenden Versuch -in notwendigerweise gedrängter Form – aufgezeigt werden:

Um Freiheit, Demokratie, Rechtsstaat und Föderalismus erfolgreich zu gestalten, muss das Hauptproblem unserer Zeit gelöst werden: Immer mehr setzt sich die Erkenntnis durch, dass die zentral geführten globalen Einheiten in Staat, Wirtschaft und Gesellschaft nicht überlebensfähig sind. Dezentralisation tut not! Die absolut überlebensnotwendige Effizienz nach dem Mass des Menschen kann nur in überschaubaren wirtschaftlichen Einheiten, in gesellschaftlichen kleinen Kreisen, in den politischen Organisationen autonomer Gemeinden, in den Gliedern eines Bundesstaates oder in autonomen Regionen erreicht werden.

Den „Zentralen" kann nicht die hierarchische Führung mit Weisung und Befehl zukommen. Vielmehr ist Aufgabe aller zentralen Organe die Koordination und das Coaching. Dank der zeitverzugslosen Vernetzung ermöglicht diese Organisationsform die verlangte Effizienz mit möglichst wenig Reibungsverlusten und die gewünschte Flexibilität. Die Schwerfälligkeit aller Bürokratien kann abgebaut werden. Das Konzept der sogenannten „wirkungsorientierten Verwaltungsführung" ist noch allzu sehr dem Denken des liberalisierten Obrigkeitsstaates verhaftet. Der öffentliche Dienst an den Menschen, nicht die Herrschaft über die Menschen, muss das Leitbild sein.

Ein weiterer wichtiger Punkt ist die weitere Förderung des Qualitätsdenkens. Diesbezüglich werden bereits heute grosse Anstrengungen unternommen. Doch weht auch auf diesem Gebiet noch allzu sehr die Stickluft des Bürokratismus, die die Kreativität behindert. Die Steigerung der Qualität auf allen Gebieten statt der Ausweitung der Massen führt von selbst zur Konsolidierung der Komplexität und Vereinfachung. Ferner tritt die notwendige Verlangsamung der Entwicklung automatisch ein. Es gilt auch hier das Prinzip der Ästhetik: Schön ist nur, was einfach ist.

Von den Konzepten der „zeitverzugslosen Führung" im Staat und der „Beschleunigung demokratischer Verfahren" ist nichts zu halten. In die richtige Richtung gehen hingegen die Postulate der sogenannten „Verwesentlichung" der Demokratie. Dies bedeutet zunächst, dass in allen politischen Gemeinwesen nicht nur das Instrument der Wahlen, sondern auch die Institute von Volksinitiative und Referendum eingerichtet sein sollen. Dies allerdings nur in wesentlichen Angelegenheiten. In Gemeinden mögen dies zwar immer noch Schulhausbauten sein; auf der Ebene von Gliedstaaten oder im Bund kann dagegen bei unbestrittenen Vorlagen, die von den wichtigsten politischen Kräften gemeinsam getragen werden, vom obligatorischen zum fakultativen Referendum übergegangen werden. Für heute als ökologisch wichtig gehaltene Vorlagen, z. B. die Konzessionen für Stauseen von Wasserkraftanlagen, Atomenergie-Anlagen, Eisenbahn- und Autobahn-Trassees sollte die Möglichkeit des Referendums eröffnet werden.

Dort, wo für ein Parlament Wahlen nach dem Proporz-System vorgesehen sind, sollte ernsthaft über dessen Reform nachgedacht werden. Es sollte ein System erfunden werden, in dem das Element der Persönlichkeitswahl sich stärker auswirken kann, als es heute üblich ist. Im Rahmen der Institutionen darf der Rechtsstaat nicht zum Rechtsmittelstaat degenerieren. Es soll das Prinzip gelten, dass über jede private oder öffentliche Streitsache zwei Instanzen mit freier Kognition sowohl bezüglich des Sachverhaltes als auch bezüglich der Rechtsfragen urteilen sollen, aber nicht mehr. Im Bundesstaat stellt sich dann noch das Problem der einheitlichen Rechtsanwendung in den vereinheitlichten Rechtsmaterien. Hierfür eignet sich wohl am besten eine einzige Willkürinstanz. Um als menschengerechte Rechtsstaaten gelten zu können, müssen Auswüchse abgeschafft werden. So sind die in den USA gebräuchlichen Institute der Sammelklagen und des Erfolgshonorars sowie der „quota litis" für die Anwälte zu beseitigen. Sie öffnen aller Erfahrung nach der Erpressung Tür und Tor.

Um schliesslich noch ein Gebiet moderner Politik in Staat, Wirtschaft und Gesellschaft anzuschneiden, seien einige skizzenhafte Bemerkungen zum Gesundheitswesen angebracht. Es handelt sich um eines der Kerngebiete des 5. und vor allem des 6. Kondratieff. Bisher hat sich weder das Konzept der unentgeltlichen Staatsmedizin, noch das z.B. in der Schweiz überkommene System durch Krankenversicherer mit staatlichen Subventionen und „Wettbewerb" bewährt. Es muss wohl von Grund auf ein neues System erfunden werden. Dabei sind für die Bekämpfung der Volksseuchen (Aids, Alkohol, Nikotin, Drogen) wohl staatliche Agenturen die besten Instrumente.

Ein wichtiges Gebiet muss die Gesundheitsvorsorge werden. Man weiss heute, wie eine gesunde Ernährung gestaltet sein muss und welcher „lifestyle" mit genügend Bewegung der Gesunderhaltung der Menschen dient. Auch über die Lebensphasen von Mann und Frau von der Zeugung bis zum Tod weiss man viel. In der Psychiatrie gilt es, von der naturwissenschaftlich-biologischen Betrachtung zum Natur/Kultur-Konzept überzugehen (Daniel

Hell). Auf allen diesen Gebieten sollten die Bürger und die sogenannten Leistungserbringer auf privater Basis lokal eng zusammenarbeiten. Insbesondere für die Zusammenarbeit von niedergelassenen Ärzten und Apothekern sind neue Modelle zu entwickeln.

Für die spital-externe Krankenpflege sind in der Schweiz in neuerer Zeit bereits Einrichtungen (Spitex) aufgebaut worden[13]. Bei der Ausgestaltung der Krankenbehandlung nach dem Versicherungsprinzip muss das Entstehen einer sogenannten „Zweiklassen-Medizin“ verhindert werden Für die Behandlung von „Katastrophen“-Krankheiten (Krebs, insbesondere Leukämie und Tumoren verschiedenster Art, Herzinfarkt, Apoplexie), die sehr teuer ist, sollte überlegt werden, ob nicht ein Pool der Versicherer eingerichtet werden sollte. Ein solches System hat sich in der Schweiz bei der Elementarschaden-Versicherung bestens bewährt. Durch den richtigen Einsatz der ergänzungsmedizinischen Methoden, der regulativen Medizin und der modernen Palliativ-Medizin sowie der sog. integrativen Medizin können die Kosten im Gesundheitswesen zusätzlich in erträglichem Ausmass gehalten werden.

Grenzen der Transformation

Trotz der unumstrittenen Notwendigkeit einer Transformation ist diese in einem menschengerechten Gemeinwesen nicht unbegrenzt sinnvoll und erstrebenswert. Dies soll am Beispiel der Europafrage für die Schweiz kurz gezeigt werden. Zufolge der Kam-

13 Insbesondere die von der Zürcher Ärztegesellschaft geschaffenen Institutionen: Notfalltelefonzentrale, Kriseninterventionszentrum (Dr. med. Conrad Usteri-Caflisch, geb. 1921, langjähriger internistischer Chefarzt am Krankenhaus Bethanien in Zürich).

merung der Landschaft, der Armut an Rohstoffen, der Lage im Herzen Europas, einer nur unter grossen Erschwernissen zu betreibenden Landwirtschaft, der wirtschaftlichen Säule des tertiären Sektors sowie der Viersprachigkeit muss die Schweiz bei der Kleinstaatlichkeit bleiben. Andernfalls verliert sie ihre Identität.

Die Europäische Union ist eine zentralistische supranationale Organisation. Hauptträger der Macht sind und bleiben Frankreich und Deutschland. Bei einem Beitritt der Schweiz zur Europäischen Union würde sie auf wesentlichen Gebieten die Entscheidungsfreiheit verlieren. Ihre Mitwirkungsmöglichkeiten wären sehr beschränkt. Dazu kommt ein entscheidender Faktor: Alle wichtigen Sachgebiete würden zu Angelegenheiten der Aussenpolitik und würden damit in erster Linie in die Zuständigkeit des Bundesrates fallen. Zwar garantiert die neue Bundesverfassung dem eidgenössischen Parlament und den Kantonen die Mitwirkung in der Aussenpolitik, Initiative und Referendum sind bisher jedoch auf fundamentale Fragen beschränkt.

Durch einen Beitritt zur Europäischen Union würde die Schweiz unversehens in einen dezentralisierten Einheitsstaat umfunktioniert. Das Recht würde statt volkstümlichen einen obrigkeitsstaatlichen Charakter annehmen. Es würde der Weg des kollektivistischen und bürokratischen Rechts beschritten werden.

Demgegenüber garantiert der bereits eingeschlagene Weg der bilateralen Vertragspakete mit der Europäischen Union der Schweiz ihre Entscheidungsfreiheit. Sie vermag ihre menschengerechte Staatsstruktur zu behalten, kann sie im oben angedeuteten Sine folgerichtig weiterentwickeln. Die wichtigen Sachgebiete der Kommunikation, der Medien, des Gesundheits-, des Bildungs- und Finanzwesens können durch menschengerechte Lösungen geordnet werden. Wenn genügend eigenständige politische Kräfte vorhanden sind, können solche Lösungen auch gegen die Wünsche der Grossmächte der USA und Europas verwirklicht werden.

Sollten die Europäer eines Tages die Eidgenossen anfragen, ob sie bereit wären, aus ihrem Land einen „District of Columbia“ zu machen mit Bern (oder Genf?) als Hauptstadt – das wäre eine völlig neue Situation, die dannzumal debattiert und entschieden werden müsste.

Beispiele aus Europa

Über die Regeneration in Österreich, über die der Autor am besten orientiert ist[14], werden die Leser der NZZ durch den früheren Korrespondenten in Wien und heutigen Auslandredaktor Andreas Wysling (awy.) auf dem laufenden gehalten (er ist der Sohn von Hans Wysling, dem früheren Ordinarius für neuere deutsche Literaturwissenschaft an der Universität und Kustos des Thomas-Mann-Archivs in Zürich und der Apothekerin Claire, geb. Zeller). Der geistige Kopf des neuen Bündnisses Zukunft Österreich (BZÖ) wird – so hoffen wir – zu dem durch die österreichische Volkspartei (ÖVP) regenerierten Österreich seinen Beitrag leisten. Der Staatsrechtslehrer Günther Winkler in Wien ist zuversichtlich. Er hat aufgrund minutiöser Analysen wortgewaltig die sogenannten Sanktionen der EU gegen Österreich an den Pranger gestellt und verteidigte kürzlich das kleine Liechtenstein gegen den mächtigen Europarat. In Deutschland und Frankreich, den europäischen Grossmächten ist die Lage der Regeneration noch undurchsichtig, wie die dortigen Korrespondenten berichten. Italien hat sich schon eh und je „durchgewurstelt“, Spanien und Portugal haben sich dank der – auch von der Schweiz mitfinanzierten – Subventionen der EG aus ihren jeweiligen Miseren empor gearbeitet. Die Stabilisierung der Regeneration und Revitalisierung ist in den altfreien Benelux-Staaten und den skandinavischen Ländern dank ihren Traditionen schon weit fortgeschritten.

14 Der Autor war im SS 1997 auf Einladung des früheren zweimaligen Rektors der Universität Prof. Dr. Dr. Dr. hc mult. Friedrich Koja o. ö. Gastprofessor für vergleichendes Verfassungsrecht in Salzburg.

Einige Gedanken zum menschengerechten Staat im heutigen schweizerischen Gemeinwesen

Die neue fortgeschriebene Bundesverfassung

Es ist gelungen, auf den 1. Januar 2000 eine neue Bundesverfassung in Kraft zu setzen. Sie schreibt im wesentlichen das bisherige Verfassungsrecht fort. Es brauchte allerdings die Anstrengungen einer eigentlichen Kampagne unter dem Coach, dem Unternehmer Rudolph R. Sprüngli, um gegen rotgrüne Tendenzen die Eigentums- und Wirtschaftsfreiheit mit ihren jeweiligen verfassungsrechtlichen Schranken durchzusetzen. Initiative, Innovation und Kreativität der Privaten sollten nicht durch staatliche Bürokratien, z.B. auf dem Gebiete der Raumplanung oder des Interventionismus des Wirtschaftsrechts behindert werden[15]. Hoffentlich machen die beim Begräbnis des verstorbenen Papstes verwendeten Farbsymbole dem Schweizer Volk wieder einmal bewusst, was es bedeutet: Weisses Kreuz im roten Feld und rotes Kreuz im weissen Feld. Erfreulich, dass sich der Bundesrat als echtes Kollegium von „Landammännern" (Kurt Eichenberger) immer wieder zu Lösungen schwieriger Probleme zum Wohle des Landes zusammenfindet.

Allerdings müssen auch in der heutigen Schweiz zwei Wermutstropfen registriert werden: Das neue Kartellgesetz ist verfassungswidrig: Es verkehrt das verfassungsmässige Missbrauchs-Bekämpfungs-System in sein Gegenteil: Verbotsprinzip mit Erlaubnisvorbehalt (USA/EU). Nur dank einer vernünftigen

15 Vgl. Martin Usteri/Emil E. Jaeggi+/Robert Bossard: „Vorschlag für eine revidierte und erneuerte Bundesverfassung der Schweizerischen Eidgenossenschaft", Schriften zur Rechtspolitik, Schulthess Polygraphischer Verlag Zürich 1996.

Praxis ist bis heute kein grösserer Schaden angerichtet worden. Und das neue Ehe- und Scheidungsrecht ist nach übereinstimmendem Urteil der Praktiker verunglückt: Die Ehe ist zum Vertrag auf Zeit degeneriert. Die Folgen der Scheidung sind weder für Mann noch Frau noch Kinder gerecht geregelt.

Die neue Verfassung des Kantons Zürich

In vielen Kantonen sind in den letzten Jahren neue Verfassungen angenommen worden. Oft ist jedoch die Kosmetik stärker als die inhaltliche Totalrevision. Nicht so im Kanton Zürich. Nach dem Scheitern einer ersten Vorlage im Verfassungsrat haben sich kreative Theologen, Juristen, Mediziner, Unternehmer, Kaufleute, Landwirte und Praktiker aufgemacht, um eine *konsensfähige neue Vorlage* zu gestalten. Eine kleine Kommission unter dem Vorsitz des Theologen Hans-Heinrich Schmid, früher erster Dauerrektor der Universität, die sich um die Präambel und die Grundsätze kümmerte, und die übrigen Kommissionen haben eine unerhörte Anstrengung unternommen, um eine in höchsten Tönen zu lobende Verfassungs-Vorlage dem Stimmvolk zu unterbreiten. In der Präambel wird die religiöse Tradition unseres Kantons in zeitgemässer Sprache fortgeführt. Der Verfassungsgesetzgeber schliesst ausdrücklich an die liberale Verfassung von 1831 und die demokratische Verfassung von 1869 an: Er schafft eine *partnerschaftliche* Verfassung und setzt das Konzept eines menschengerechten Staates um. Sogar der Zankapfel der „historischen Rechtstitel der Landeskirchen" wird „wie schon zu Zwinglis Zeiten" in rechtsstaatlicher Weise aufgehoben. Die bisherige Garantie wird in den Übergangsbestimmungen fortgeführt. Für die kommende Gesetzgebung über die Kirchen und Religionsgemeinschaften sollen sich die extremen Feministinnen keinen Illusionen hingeben: Ihre Theologie und ihre sprachlichen und politischen Forderungen entsprechen *nicht* dem menschengerechten Gemeinwesen: Aufgrund der Evangelien sind die Menschen schöpfungsgemäss – und nicht egalitär – gleich, wie Emil Brunner gültig dargelegt hat[16].

Das humanistische Zürich des beginnenden 21. Jahrhunderts

Die Heimatstadt

Angesichts der grossen Frauengestalten in der zürcherischen Geschichte und der partnerschaftlichen Verfassung unserer Gesellschaft möchte der Autor nicht mehr von seiner Vaterstadt, sondern von seiner Heimatstadt reden. Heimat und Eigentum sind für jeden Menschen existenznotwendig, erklären die Tiefenpsychologen aller Schattierungen. Man könnte viele Geschichten über die grossen Frauenpersönlichkeiten in unserer Stadt erzählen[17]. Hier nur einige Beispiele: Katharina von Zimmern, die letzte Äbtissin am Fraumünster: Sie übergab dem Rat von Zürich Amt und Güter. Frau Anna Zwingli: Als Witwe Zwinglis heiratete sie wieder und betreute eine grosse Familie (Genealogen behaupten, die alten Zürcher stammten samt und sonders nicht nur von Karl dem Grossen, sondern auch von Frau Anna Zwingli ab!) Anna Pestalozzi-Schulthess, die Frau von Johann Heinrich Pestalozzi, dem grossen Pädagogen. Judith Gessner-Heidegger, die Frau des universal tätigen Idyllendichters Salomon Gessner (1780

16 Emil Brunner: Gerechtigkeit, eine Lehre von den Grundgesetzen der Gesellschaftsordnung, Zwingli Verlag 1943. Gemäss freundlicher Mitteilung seiner Schwiegertochter Frau Brunner-Gyr in Zug erhielt er den Orden der Bundesrepublik Deutschland für dieses Werk.

17 Siehe Verena Bodmer-Gessner: Die Zürcherinnen. Zürich Verlag Berichthaus 1961, 3. A. 1966.

Mitgründer der Zürcher Zeitung; zusammen mit seinem Schwiegervater Bürgermeister Heidegger, Martin Usteri-Scheuchzer im Thalegg und andern führend in der Porzellan-Manufaktur im Schooren/Kilchberg etc. etc.) Frau Anna Schinz war die aufopfernde Gattin von Johann Caspar Lavater und betreute seelsorgerlich ihre Familie und ihre Freunde (unter anderen Charlotte von Brandenburg und deren Gatten Fürst Franz von Anhalt-Dessau (Wörlitz-Park), Goethe wohnte bei Lavaters in der Reblaube und ging dort ein und aus, bevor es zur Entfremdung kam). Man denke an Barbara (Bäbe) Schulthess-Wolf, die Zürcher Freundin Goethes und Wahlverwandte von Johann Caspar Lavater („Zürich, Deine Wohltaten erhalten dich!"). Sie ist die Mutter der beiden Töchter Dorothee (Döde) und Barbara (die jüngere Bäbe) Schulthess. Beide heirateten die Brüder Gessner. Georg Gessner wurde später Antistes (Vorsteher der Zürcher Kirche). Seine Frau, die jüngere Bäbe, starb im Kindbett. Doch Barbara (Bäbeli) Gessner überlebte zur grossen Freude der Familien (nachmalige Frau Barbara Usteri-Gessner im Neuenhof am Paradeplatz). Bäbeli wurde im wesentlichen von der zweiten Frau von Antistes Gessner, Anna Lavater, der einen Tochter von J.C. Lavater erzogen und gebildet. Frauen prägen in unseren Tagen Kunst und Kultur, die Frauenzentrale (in der Generation des Autors Frau Dr. iur. Liselotte Meyer-Fröhlich), die Rechtsberatungsstelle für Frauen, die abstinente und nicht abstinente Gastronomie und Hotellerie, insbesondere auch die Soldaten- und Gemeindestuben seit dem zweiten Weltkrieg. Die feministischen Ideologinnen und Ideologen haben eben nicht recht: Es war schon immer so wie geschildert. Schon die Stauffacherin ruft in Schillers Wilhelm Tell ihrem Werner zu: „Sieh vorwärts Werner, und nicht hinter Dich!" Kein Blutstropfen musste in Zürich beim Übergang vom Ancien Regime zur Neuen Zeit vergossen werden.

Medien, Politik, Kunst und Kultur

Die heutige Regeneration und Revitalisierung von Zürich widerspiegelt sich augenfällig in der äussern Gestalt unserer überschaubaren Weltstadt: Gepflegte Zeugen der Vergangenheit (z.B. Vorderberg/Fluntern), quartiergerechte Bauten, Neue Quartiere, renovierter Hauptbahnhof, S-Bahn, Verkehrsverbund etc. etc. (fast) alles aufs Schönste. Was für Luzern Jean Nouvel ist, ist für Zürich Santiago Calatrava (Bahnhof Stadelhofen, Rechtswissenschaftliches Institut). Getreulich bringen die alten und neuen Medien die Nachrichten den Einwohnern ins Haus. Von den Quartierzeitschriften bis zum Tagblatt der Stadt Zürich, dem Tages-Anzeiger und der NZZ. Statt „Unglücksfälle und Verbrechen" stehen jetzt sogar in den Boulevard-Blättern und der Regenbogenpresse „Glücksfälle und Glückssträhnen" im Vordergrund. In Zürich wurde im Mai 2001 sogar das international viel beachtete Symposium „Glück als Ziel der Rechtspolitik" abgehalten [18]. TV DRS wird anthropoethisch umgekrempelt.

In der Politik spannt sich der Bogen vom legendären „Stapi" Landolt (FDP) über den Historiker und Schriftsteller Sigmund Widmer (Landesring der Unabhängigen), den Mediziner und Juristen Thomas Wagner (FDP, er hat in zwei Amtsdauern viel bewirkt) zum heutigen liberalen Sozialdemokraten Ledergerber (!) als Stadtpräsidenten, das sagt alles.

Wir geniessen alle Kunst- und Kultureinrichtungen einer Weltstadt: In der Tonhalle (Zinmann), Clubhaus, Schauspielhaus und Opernhaus (Intendant Alexander Perreira) Aufführungen von Weltrang (im Schauspielhaus müssen sie erst noch vom „Unterhosentheater" wegkommen). Das Theater stiftet nach Lessing Gemeinschaft und ist ein festlicher Akt. Im seriösen und weniger seriösen Kabarett werden Höchstleistungen erbracht. Ballett (Heinz Spoerli)

18 Manfred Rehbinder/Martin Usteri (Hrsg.): Glück als Ziel der Rechtspolitik. Bern Stämpfli 2002.

und Tanztheater blühen. In den unzähligen Galerien, im renovierten und erweiterten Kunsthaus kann man die schönsten Kunstwerke aus allen grossen Epochen der Kunst betrachten. Alle Erscheinungen der modernen Kunst und Kultur sind präsent.

Symbol dafür, dass unsere Stadt auch nach 2500 Jahren mit einer kelto-römisch-allemannischen Bevölkerung und Zugewanderten aus allen Teilen der Welt *behütet* ist, schwebt der Engel der Künstlerin Niki de Saint-Phalle im Hauptbahnhof.

Zukunft für die nächsten Generationen

Zur gegenwärtigen Hochkultur von Zürich gehören verschiedene *neue* Entwicklungen und Einrichtungen. Es können hier nur drei besonders wichtige aufgezählt werden:

1. Wie es mit dem NZZ-Konzern inhaltlich und technisch *weiter*gehen soll, kann man in den umfangreichen Schriften, welche zum 225-jährigen Jubiläum veröffentlicht wurden, nachlesen: Zwei Bücher, Jubiläums-Nummer, Katalog des Verlages. Die technischen Einrichtungen des NZZ-Konzerns sind auf dem Stand der Technik von 2007/08 und werden laufend rasant weiterentwickelt. An der inhaltlichen Modernisierung wird täglich weiter gearbeitet. Die noch 50 Jahre ältere „Tante“: Das Tagblatt der Stadt Zürich. Städtisches Amtsblatt ist nach etlichen Peripetien wieder erstanden (es wird zwar nicht mehr unter dem Vorsitz von Dr. Conrad Ulrich-Hürlimann, Obmann zum Schneggen, im „Plettlihuus“ (Berichthaus) an der Münstergasse redigiert und gedruckt, sondern an der Werdstrasse (bei Tamedia = Tages-Anzeiger im Kreis 4). Die Stadtkreise 4 und 5, ehemals „Chreis Cheib“, sind heute wieder zu einem fashionablen Quartier geworden. Der neue „Seidenkönig“ von Zürich, Andy Stutz, die Apothekerin in der Zeughaus-Apotheke, Frau Gisela Keller-von Brunn, und die frühere Präsidentin des Zürcher Apothekervereins und der Galenika AG,

Frau Dr. phil. II Dorothee Padrutt-Farner, prägen die neue Kultur des alten Quartiers Aussersihl (1893 war diese, damals noch selbständige Gemeinde, in die Stadt Zürich „eingemeindet" worden, um das Überleben des Quartiers überhaupt zu garantieren).

2. Wie es mit der Universität und ETH in Zürich weitergeht, findet der Leser in der am 4. April 2005 zugestellten Nummer des Uni-Journals im Zeitungsformat. Bemerkenswert ist vor allem die Tatsache, dass der neue Zusammenarbeitsvertrag zwischen Uni und Poly am historischen 11. September 2001 unterzeichnet wurde. Bemerkenswert ist ferner, dass die beiden Zürcher Hochschulen das Collegium Helveticum in der Semper Sternwarte regeneriert und revitalisiert haben. Das Publikum kann bereits die ersten Früchte, vor allem des Leiters Prof. Dr. Gerd Folkers und seines „Professor-Assistenten" Vladimir Pliska geniessen. Beide sind überdies mit den altzürcherischen Traditionen eng vertraut.
3. Die juristische Fakultät unserer Universität muss noch gründlich renoviert werden, was auch Absolventen anderer Fakultäten insbesondere prominente Mediziner verlangen: Die formale Neugestaltung nach dem Bologna-Modell ist zwar im Gange. Doch das Reglement muss noch *inhaltlich* neu gestaltet werden. Es darf keine weitere Niveau-Senkung eintreten. Die zukünftigen Juristen in und aus Zürich benötigen zunächst Unterricht in den *Grundlagen-Fächern*: Rechtspsychologie (inklusive Rechtsanthropologie) / Rechtssoziologie / Rechtsphilosophie und Rechtsenzyklopädie. Allgemeine Geschichtswissenschaft sowie antike Rechtsgeschichte von Hamurabbi bis zum corpus iuris und deutsche Rechtsgeschichte (inklusive mittelalterliche Rechtsgeschichte). Alsdann Einführung in das evangelisch-reformierte, römisch-katholische und ökumenische Kirchenrecht, das Recht des Judentums und des Islam. Sodann allgemeine Staatslehre (inklusive Grundlagen der Ökonomie) und allgemeines Staats- und Verfassungsrecht. Quasi als vorbereitende Einrichtung für dieses neue Pro-

gramm der Juristenausbildung kann das kleine private, von einem Patronatskomitee und einem Förderkreis finanzierte Europäische Institut für Rechtspsychologie im Rothen Adler an der Kirchgasse 42 in Zürich 1 dienen. Es ging 1991 – wie bekannt – aus interdisziplinären rechtspsychologischen Veranstaltungen an der Juristischen Fakultät hervor. Wertvolle rechtspsychologische und rechtsanthropologische Veranstaltungen (Seminare, Symposien und wissenschaftliche Projekte) werden iniziiert und durchgeführt[19]. Gegenwärtig steht das Institut unter der Leitung von Prof. Dr. Manfred Rehbinder (er ist auch Spezialist im Arbeitsrecht, Recht der Medien und des Geistigen Eigentums)[20]. Umfangreichstes Projekt ist dasjenige von Caroline Walser Kessel (Zürich) und Monica Hamolsky (University of San Diego/CA/Zürich) und einer Schar freiwilliger Wissenschafter: Fair-play. Kinder, Gerechtigkeit und Bild (seit 2002)[21].

Weitere Generationen mögen in unserer feinen Weltstadt Zürich hochgemut, doch demütig arbeiten, immer wieder aber auch das Leben geniessen!

19 Vgl. die bisher 8 Bände der Schriften zur Rechtspsychologie, insb.: Bd. 5 „Gene, Kultur und Recht", hg. von Wolfang Fikentscher (Dr. iur. h.c. der Universität Zürich, Hauptwerk: Modes of Thought. A study in the Anthropology of Law and Religion. J.C.B. Mohr (Paul Siebeck) Thübingen 1995), Wolfgang Wickler (Prof. an der Universität München, als Nachfolger von Konrad Lorenz, Leiter des Max Planck Institutes für Verhaltensphysiologie in Seewiesen/BRD) und Martin Usteri/Zürich, Bd. 6, „Glück als Ziel der Rechtspolitik" (Fn 18), Bd. 7, „Die psychologische Dimension des Urheberrechts", hg. von Manfred Rehbinder, Bd. 9–10 in Vorbereitung. Alle im Stämpfli Verlag AG Bern (Rezensionen in der NZZ fehlen).

20 Siehe: Recht im Wandel seines sozialen und technischen Umfeldes. Festschrift für Manfred Rehbinder. Verlag Ch. Beck/Stämpfli Verlag München und Bern 2002.

21 Da der „alte" (veraltete) Nationalfonds das Projekt zweimal abgelehnt hat, werden noch Sponsoren gesucht!

Die Autoren

BAUR Georges, Dr., Deputy Head of Mission, Liechtensteinische Botschaft in Brüssel

BLANKENBURG Erhard, Prof. em., Dr. (Faculteit der Rechtsgeleerdheid, Vrije Universiteit Amsterdam), Amsterdam

BOSSARD Robert, Dr., Historiker und Psychologe, Zollikon (Zürich)

GMÜR Mario, PD, Dr. med., Psychotherapeut, Zürich

GÖTZ VON OLENHUSEN Albrecht, Dr. jur., Rechtsanwalt, Vorstand LFK, Baden-Württemberg, Freiburg i. Br.

HOMMERS Wilfried, Prof., Dr., Institut für Psychologie, Universität Würzburg

JAFFÉ Philip D., Dr., Psychotherapeut, Chargé de cours, Faculté de Psychologie, Université de Geneve

JAKOB Georg, Researcher, Mag. iur., Scuola Superiore Sant'Anna di Studi Universitari e di Perfezionamento, Pisa

JAKOB Raimund, ULektor, WissOR, Dr., FB für Sozial- und Wirtschaftswissenschaften (GF), Universität Salzburg

KILLIAS Martin, Prof. ord., Dr., Faculté de Droit, Université de Lausanne

KÜHNE Adelheid, Prof., Dr., FB Erziehungswissenschaften (Psychologie), Universität Hannover

LACHMAYER Friedrich, Dr., Ministerialrat i. R., aUProf. (RW-Fakultät, Universität Innsbruck), Wien

LENK Hans, Prof. em., Dr. Dr. hc. mult. (Institut für Philosophie, Universität Karlsruhe), Welt-Präsident des Institut international de philosophie (I. I. P., Paris), Karlsruhe

MÜLLER Ulrich, oUProf., Dr., FB Germanistik, Universität Salzburg

ROBLES MORCHON Gregorio, Prof. Cat., Dr., Facultad de Derecho, Universidad de las Islas Baleares (Palma de Mallorca)

Salagean Emil, Ass., lic. iur., RW-Fakultät, Universität Zürich
Usteri Martin, Prof., Dr., Ehrenpräsident Europäisches Institut für Rechtspsychologie, Zürich
Walser Kessel Caroline, Dr., Rechtsanwältin, Zürich
Waschulewski Ute, Ass., Dr., FB Erziehungswissenschaften (Psychologie), Universität Hannover
Weimar Robert, UProf., Dr. Dr. Dr. hc., LL.M., LL.M., Department of Law, Universität Siegen